Conditio Judaica 64
Studien und Quellen zur deutsch-jüdischen Literatur- und Kulturgeschichte

Herausgegeben von Hans Otto Horch
in Verbindung mit Alfred Bodenheimer, Mark H. Gelber und Jakob Hessing

D1717290

Mirjam Sieber

Paul Celans
»Gespräch im Gebirg«

Erinnerung an eine
»versäumte Begegnung«

Max Niemeyer Verlag
Tübingen 2007

Gedruckt mit Unterstützung der Stiftung Irene Bollag-Herzheimer, Basel

Bibliografische Information der Deutschen Nationalbibliothek

Die Deutsche Nationalbibliothek verzeichnet diese Publikation in der Deutschen Nationalbibliografie; detaillierte bibliografische Daten sind im Internet über *http://www.d-nb.de* abrufbar.

ISBN 978-3-484-65164-7   ISSN 0941-5866

Die vorliegende Arbeit wurde von der Philosophischen Fakultät der Universität Zürich im Wintersemester 2004/2005 auf Antrag von Prof. Dr. Ulrich Stadler und Prof. Dr. Alfred Bodenheimer als Dissertation angenommen.

© Max Niemeyer Verlag, Tübingen 2007
Ein Imprint der Walter de Gruyter GmbH & Co. KG
http://www.niemeyer.de
Gedruckt auf alterungsbeständigem Papier.
Druck und Einband: Laupp & Goebel GmbH, Nehren

Inhalt

Vorbemerkungen

Vor nunmehr sieben Jahren hörte ich zum ersten Mal Paul Celans *Gespräch im Gebirg*, gelesen vom Autor.[1] Dass ich es hörte, bevor ich es las, mag entscheidend dazu beigetragen haben, dass ich mich entschloss, diesem Text meine Studie zu widmen.

Der dominierende erste Eindruck von diesem abgründigen Text, der in archaischer Weise zugleich fremd und vertraut scheint, war das Klopfen eines Stockes auf einem Steinweg im Gebirge, verbunden mit der Vorstellung eines zögernden Gehens, eines Tastens. Das gleichmäßige Klopfen des Stockes scheint sich durch den ganzen Text zu ziehen, obwohl nur zu Beginn die Rede davon ist.

Der Stock gehört einem Juden. Dieser begegnet einem zweiten, fast identisch dargestellten Juden, die beiden beginnen zu reden. Ein zwielichtiger Erzähler, der die Geschichte in einem abgründig-märchenhaften Ton zu erzählen begonnen hat, verschwindet. Aber das Gespräch zwischen den Figuren scheint irgendwie nicht recht zu gelingen; es stockt. Bis der eine Jude auf einen Stein aufmerksam wird, hinhört und sich erinnert. Er erzählt nun eine, seine Geschichte. Und er verändert sich dabei. Er wird immer unterscheidbarer von der zweiten Figur und sagt immer vernehmbarer »ich«. Der Schluss von *Gespräch im Gebirg*, das Ende der Geschichte in der Geschichte, scheint ein Anfang zu sein.

In seiner *Rede anlässlich der Verleihung des Georg-Büchner-Preises*, die als sein wichtigster poetologischer Text gilt, sagt Paul Celan über *Gespräch im Gebirg*:

> Und vor einem Jahr, in Erinnerung an eine versäumte Begegnung im Engadin, brachte ich eine kleine Geschichte zu Papier, in der ich einen Menschen »wie Lenz« durchs Gebirg gehen ließ. (ME, S. 201)[2]

»In *Erinnerung* an eine *versäumte* Begegnung« [Hervorhebung M. S.]: Hat diese Charakterisierung des Textes vielleicht etwas zu tun mit der Befremdung,

---

[1] Die Aufzeichnung durch das Schweizer Radio DRS von 1967 ist als Hörbuch erhältlich (1997).

[2] Paul Celan: Gesammelte Werke in fünf Bänden. Hg. von Beda Allemann und Stefan Reichert unter Mitwirkung von Rolf Bücher. Frankfurt am Main: Suhrkamp 1983, Bd 3, S. 185–202. Zitate aus dieser Rede, der Celan nachträglich den Namen *Der Meridian* gab, werden mit dem Kürzel »ME« und der entsprechenden Seitenzahl nachgewiesen.

die er bewirkt? Mit dem seltsamen Verhältnis der beiden Figuren, dem zwielichtigen Erzähler? – Kann *versäumt* nicht nur auf den Anlass der Geschichte, eine geplante und nicht zustande gekommene Begegnung mit Theodor W. Adorno in Sils-Maria im Sommer 1959, bezogen werden, sondern auch auf deren Thema und deren Struktur? Ist dies ein Text über die Unmöglichkeit einer Begegnung? Ist *Gespräch im Gebirg*, die einzige von Celan auf deutsch veröffentlichte Erzählung, vielleicht zugleich sein hermetischster Text?

Für die konstitutive Bedeutung der *versäumten Begegnung* spricht, dass Celan das *Gespräch im Gebirg* mit eben diesen Worten in seiner Büchnerpreisrede erwähnt, es also durch sie charakterisiert. Es liegt nahe, dass er mit der Bemerkung an diesem prominenten Ort etwas über seinen Text aussagt und nicht nur über dessen Anlass. Ob und in welcher Weise die *versäumte Begegnung* tatsächlich konstitutiv ist für *Gespräch im Gebirg*, soll in der vorliegenden Arbeit untersucht werden. Die Formulierung Celans bildet Ausgangs-, Referenz- und Zielpunkt meiner Studie.

Die Auseinandersetzung mit Celans *Gespräch im Gebirg* gliedert sich in drei Teile und acht Kapitel. In einem ersten Teil versuche ich, den Text genau und aufmerksam zu lesen. Bei der ausführlichen Lektüre (1) sammle ich Fragen und suche Antworten darauf, vornehmlich im Text selber. Die bestehende Sekundärliteratur beziehe ich natürlich ein. Manchmal füge ich auch kleine Untersuchungen ein, die nicht textimmanent sind. Vieles wird dabei deutlicher, manches auch undeutlicher. Im Anschluss an die Lektüre betrachte ich die Varianten von *Gespräch im Gebirg* im Hinblick auf die Erkenntnisse und aufgeworfenen Fragen der vorangehenden Lektüre der Druckfassung. Ergeben sich neue Befunde? Präzisierungen? Differenzierungen? Manche Fragen bleiben noch offen. In Bezug auf meine Ausgangsfrage gehe ich in einem zweiten Teil der Frage nach, ob und inwiefern in *Gespräch im Gebirg* eine Begegnung sytematisch verhindert wird, zwischen den Figuren ebenso wie zwischen Erzähler/Text und Adressat.[3] Diese Frage betrifft die poetologische Dimension von Celans Formulierung. Daher analysiere ich in diesem Teil die Erzählung zunächst mit Hilfe von Gérard Genettes Theorie der Erzählung (2). Dabei steht der Erzähl*diskurs* ganz im Vordergrund. Die Analyse soll mir Aufschluss geben über die Erzählinstanz, das Verhältnis von Figuren und Erzähler und dessen Veränderungen sowie die Referenzen von Ich und Du. Dies alles ist nämlich sehr verwirrlich und scheint einer Begegnung entgegenzustehen. Sodann lese ich Celans Poetik, wie sie im *Meridian* dargelegt ist, seiner Theorie der Dichtung und des Gedichts. Dabei geht es mir v. a. um Celans Konzept von Begegnung als poetologischer Größe: um das Gedicht als Ort der Begegnung und um dessen Voraussetzungen, um die Voraussetzungen eines Sprechens, das *in der Begegnung* [steht] – *im Geheimnis der Begegnung* (ME, S. 198). Im Anschluss daran frage ich in Bezug auf

---

[3] In dieser Arbeit werden für Funktionsbezeichnungen wie »Erzähler« oder »Adressat« die gängigen männlichen Formen verwendet, für empirische Personen die männlichen und weiblichen, etwa »Leserinnen und Leser«.

Gespräch im Gebirg, ob die Gerichtetheit, die Zugewandtheit und die Bezogenheit des Gedichts auch die der Erzählung sei, ob also die Poetik der Begegnung auch die Poetik des *Gespräch*[s] *im Gebirg* sei, oder, anders formuliert, ob und in welcher Weise das *Gespräch im Gebirg* dialogisch sei (3). Es wird also darum gehen, die Charakteristika von Celans Poetik der Begegnung zu entwickeln und sie auf *Gespräch im Gebirg* zu beziehen. Dabei werden die Erkenntnisse über die Struktur des Textes und die Konzeption der Erzählinstanz aus Kapitel 2 einbezogen. Ein dritter Teil schließlich widmet sich der konkreten inhaltlichen Dimension der Formulierung *in Erinnerung an eine versäumte Begegnung*. Welche Bedeutung kommt im Text der Person und dem Werk Theodor W. Adornos zu, mit dem eine Begegnung versäumt wurde? Die immer wieder so oder ähnlich geäußerte Behauptung, in *Gespräch im Gebirg* begegne Celan Adorno, er hole also gewissermaßen die versäumte Begegnung nach, soll geprüft werden. Gegenstand von Kapitel 4 sind die Umstände der geplanten und dann nicht zustande gekommenen Begegnung Celans mit Theodor W. Adorno im Engadin im Sommer 1959, die Anlass zu verschiedenen Spekulationen gegeben hat. In Kapitel 5 ziehe ich die Briefe im Umkreis von *Gespräch im Gebirg*, besonders jene zwischen Adorno und Celan, bei und untersuche sie auf Hinweise über die Bedeutung des Anlasses, der Person Adornos oder von dessen Schriften für *Gespräch im Gebirg* hin. Die Schriften Adornos sind dann Thema des Kapitels 6, in dem ich prüfe, ob und allenfalls was für eine Beziehung zwischen dem Denken von Adorno, so wie es sich in den in Frage kommenden Texten darstellt, und *Gespräch im Gebirg* besteht. Kapitel 7 schließlich bezieht in die Betrachtungen des dritten Teils Celans Adorno-Lektüren ein, wie sie sich in den Adorno-Bänden seiner Bibliothek niedergeschlagen haben.

Manche Leserinnen und Leser mögen sich fragen, warum ich meine Studie nicht mit den Briefen beginne, da diese doch die eindeutigsten Hinweise auf die Bedeutung des Prosatextes böten. Ich könnte mir dann die Lektüre und die poetologische Analyse sparen.

Dieser Meinung ist entgegenzuhalten, dass, wenn alles, was im literarischen Text steht, auch im Brief zu lesen wäre, auf ersteren verzichtet werden könnte. Und wenn der literarische Text nur Adorno etwas zu sagen hätte, bräuchte er auch nicht veröffentlicht zu werden. Hinzu kommt ein psychologisch begründetes methodisches Problem: Liest man zuerst die Briefe, besteht die Gefahr, im literarischen Text nur noch das Bekannte wiederzufinden. Es engt den Blick ein. Das gilt übrigens nicht nur für Briefe, sondern überhaupt für Aussagen von Autorinnen und Autoren zu ihren Texten, wie ja exemplarisch gerade die Interpretation von *in Erinnerung an eine versäumte Begegnung* zeigt: Nachdem Marlis Janz herausgefunden hatte,[4] dass die Bemerkung auf eine Begegnung mit Adorno zielte, war man zufrieden und las die Bemerkung fortan nur noch als »in Erinnerung an eine versäumte Begegnung mit Adorno«

---

4 Marlies Janz: Vom Engagement absoluter Poesie. Zur Lyrik und Ästhetik Paul Celans. Frankfurt am Main: Syndikat 1976.

oder gar als »Begegnung mit Adorno« – als ob damit schon viel gewonnen und alles gesagt wäre. Es entspricht überdies meiner Auffassung von Literaturwissenschaft und meinem Literaturbegriff, dass der literarische Text den Gegenstand unseres Nachdenkens bildet. Materialien, wenn sie in die Betrachtung einbezogen werden, müssen auf ihren Hinweischarakter und ihren möglichen Stellenwert in der Argumentation hin geprüft werden. Manchmal können sie als Belege taugen, nie als Beweise. Das Kriterium einer richtigen Lektüre ist, mit Peter Szondi gesprochen, die Evidenz.[5] Fakten haben eher den Charakter von Hinweisen als von Beweisen.[6] Manchmal sind sie Bestätigungen, manchmal setzen sie einen Akzent, eröffnen einen zusätzlichen Aspekt oder lassen eine Präzisierung zu.

Der Aufbau der Arbeit, bei der die Materialien erst nachgeliefert werden, entspricht also nicht nur ihrer Genese, sondern hat auch programmatischen Charakter.

Von der Erarbeitung und der Verfassung bis zum Abschluss und schließlich zur Publikation einer Dissertation vergeht gewöhnlich einige Zeit. Dies bringt mit sich, dass die Arbeit zum Zeitpunkt der Publikation stets schon wieder nicht mehr ganz aktuell ist (oder fortwährend aktualisiert werden müsste und dann nie publiziert werden könnte). Zwischen diesen Extremen liegt natürlich eine breite Skala. Die vorliegende Arbeit wurde im Herbst 2004 fertiggestellt und eingereicht. Sie repräsentiert den Stand der Forschung zu diesem Zeitpunkt. Für die Publikation, bei der sich aus technischen Gründen eine zusätzliche Verzögerung ergeben hat, wurde sie überarbeitet und neu publizierte Dokumente (im Besonderen der Briefwechsel zwischen Celan und Szondi sowie der Katalog der Anmerkungen Celans in seiner philosophischen Bibliothek) wurden einbezogen, jedoch nur noch punktuell aufgearbeitet.

Abschließend sei noch eine Beobachtung angeführt, die vielleicht auch verständlich macht, warum ich etwa drei Jahre meines Lebens viereinhalb Seiten Literatur gewidmet habe: *Gespräch im Gebirg* hat mich viel gelehrt und sich doch nie ganz preisgegeben. Es ist befremdend geblieben; von eigenartiger Schönheit und Repulsivität.

Zürich, 15. Mai 2006   Mirjam Sieber

---

[5] Peter Szondi: Schriften. 2 Bände. Hg. von Jean Bollack u. a. Frankfurt am Main 1978, hier Bd 1, S. 280.
[6] Ebd.

Erster Teil

1 Lektüre

1.1 Eine Lektüre zwischen Hermeneutik und Dekonstruktion. Methodologische Vorbemerkungen

> Das vollkommenste Lesen
> ist das unvollkommene.[1]

Ein Kapitel von rund fünfzig Seiten in einer Dissertation einfach mit »Lektüre« zu überschreiben, verlangt eine Erklärung. Lesen tun ja alle. Was aber rechtfertigt es, das Protokoll meiner Lektüre hier abzudrucken? Und was unterscheidet die private Lektüre von einer mit wissenschaftlichem Anspruch? Was hebt das Protokoll einer Lektüre über den »Rechenschaftsbericht eines Literaturgenießenden« hinaus, wie Szondi die Interpretationen seiner Zeit kritisch nennt?[2] – Der Begriff der Lektüre hat in der Literaturwissenschaft der letzten dreißig Jahre einen prominenten Platz erobert. Allerdings wird er in verschiedener Weise verwendet und es drängt sich deshalb auf, darzulegen, was man damit meint, beziehungsweise was man tut, wenn man liest und wenn man aufschreibt, was man liest. Ich versuche daher im Folgenden, die Art meiner schriftlich verfassten Lektüre von *Gespräch im Gebirg* zu bestimmen und im Zusammenhang der Studie zu rechtfertigen.

Der Begriff »Lektüre« spielt sowohl im hermeneutischen wie im poststrukturalistischen Kontext eine Rolle. Im ersten Fall ersetzt er mehr oder weniger die althergebrachte Interpretation, allerdings mit einem modifizierten Anspruch und einer differenzierteren Form von »Verstehen« einhergehend, wohingegen er im anderen Fall einen Text als Ergebnis einer nur auf den literarischen Text bezogenen Aufmerksamkeit meint, die dem Spiel der Signifikanten möglichst weitgehend gefolgt ist und keinen Anspruch auf einen kohärenten Sinn noch gar auf den Sinn, den der Autor in den Text hineingelegt haben könnte, erhebt.[3]

---

[1]   Hans Jost Frey: Palinurus. Die Unerfahrbarkeit des Endes. In: Aleida Assmann (Hg.): Texte und Lektüren. Perspektiven in der Literaturwissenschaft. Frankfurt am Main: Fischer Taschenbuch-Verlag 1996 (Fischer-Taschenbücher; 12375. Philosophie der Gegenwart), S. 67–75, hier S. 75.

[2]   Szondi, Schriften (wie Vorbemerkungen, Anm. 5), Bd 2, S. 109.

[3]   Vgl. Assmann (Hg.), Texte und Lektüren (wie Anm. 1), S. 12. – Derrida spricht in ähnlichem Sinne von »zwei Interpretationen der Interpretation [...]«: »Die eine

In Anlehnung an Bernd Witte lassen sich dem hermeneutischen und dem poststrukturalistischen Paradigma die Konzepte »Oralität« und »Literalität« zuordnen.[4] Das Konzept der Oralität bezieht sich auf die Genesis als Ursprungsmythos und setzt die Autorität eines Sprechenden, eben eines Autors voraus, während die Sprach- resp. Schriftauffassung der Literalität Texte als Zeichensysteme auffasst und die Kabbala als Ursprungsmythos betrachtet. In der literalen Sichtweise sind Texte prinzipiell intertextuell. Im ersten Fall, dem hermeneutischen Paradigma, das durch Oralität gekennzeichnet ist, erschließt sich die Bedeutung eines Textes dadurch, dass man – eben mittels hermeneutischer Verfahren – seinen Sinn gewinnt, im andern Fall ergibt sich Sinn, gemäß dem poststrukturalistischen Paradigma, ohne Kohärenz und Zentrum, immer neu, durch das freie Spiel der Signifikanten. Die zugehörige Methode im Umgang mit konkreten Texten wird als Dekonstruktion bezeichnet. Statt des Kommunikationsprozesses stehen in der dekonstruktiven Lektüre Sinnbildungsprozesse im Zentrum der Aufmerksamkeit.[5] Derrida geht von einer ursprünglichen und irreduziblen Metaphorizität der Sprache aus.[6]

---

träumt davon, eine Wahrheit und einen Ursprung zu entziffern, die dem Spiel und der Ordnung des Zeichens entzogen sind, und erlebt die Notwendigkeit der Interpretation gleich einem Exil. Die andere, die dem Ursprung nicht länger zugewandt bleibt, bejaht das Spiel und will über den Menschen und den Humanismus hinausgelangen [...].« Die zweite *Interpretation der Interpretation* sei von Nietzsche vorgezeichnet und die beiden Interpretationen der Interpretation gänzlich unversöhnbar (Jacques Derrida: Die Struktur, das Zeichen und das Spiel im Diskurs der Wissenschaften vom Menschen. In: ders.: Die Schrift und die Differenz. Aus dem Französischen von Rodolphe Gasché. Frankfurt am Main: Suhrkamp 1976 [Suhrkamp-Taschenbuch Wissenschaft; 177], S. 422–442, hier S. 441). Ist im zitierten Satz eine potentielle Monstrosität, die in der zweiten angelegt sei, mitgesagt? Vgl. dazu: »Die Sprache ist nur insofern das, was sie ist, nämlich Sprache, als sie die Polysemie unter Kontrolle bringen und analysieren kann. Restlos. Eine nicht kontrollierte Streuung (*dissémination*) ist nicht einmal eine Polysemie, sie gehört dem Außerhalb der Sprache an. [...] Jedes Mal, wenn die Polysemie irreduzibel ist, wenn eine Sinneinheit ihr nicht einmal in Aussicht gestellt ist, befindet man sich außerhalb der Sprache. Infolgedessen außerhalb des Menschlichen.« (Jacques Derrida: Die weiße Mythologie. Die Metapher im philosophischen Text. Aus dem Französischen von Mathilde Fischer und Karin Karabaczek-Schreiner. In: ders.: Randgänge der Philosophie. Hg. von Peter Engelmann. Wien: Passagen-Verlag 1988, S. 205–258, hier S. 239.)

[4]   Bernd Witte: Literaturwissenschaft heute. »Oralität« und »Literalität« als Kategorien eines Paradigmenwechsels. In: Anne Bentfeld/Walter Delabar (Hg.): Perspektiven der Germanistik. Neueste Ansichten zu einem alten Problem. Opladen: Westdt. Verlag 1997, S. 59–74.

[5]   Vgl. Aleida Assmann: Im Dickicht der Zeichen. Hodegetik – Hermeneutik – Dekonstruktion. In: Deutsche Vierteljahrsschrift für Literaturwissenschaft und Geistesgeschichte 70 (1996), S. 535–551, hier S. 548.

[6]   Vgl. etwa Derrida, Die weiße Mythologie (wie Anm. 3). Eine sehr gute Einführung zu Derridas Dekonstruktion findet sich im Vorwort zur Dissertation von Rike Felka:

Das Verhältnis zwischen Hermeneutik und Dekonstruktion ist dergestalt, dass die einen letztere in Frontstellung zu ersterer sehen und dass andererseits, besonders im deutschsprachigen Raum, die Neigung besteht, von einer dekonstruktiven Hermeneutik zu sprechen,[7] um die Gemeinsamkeiten und die Verwandtschaft der beiden zu betonen.[8]

So unterschiedlich die Sprachauffassungen sind, so ähnlich können die daraus resultierenden Arbeiten am literarischen Text sein. »Ohne die Prämisse der ›différance‹ ist es nicht immer leicht, die Dekonstruktion von Verfahren wie explication de texte, close reading, wörtlichem Lesen oder schlicht von philologischer Kleinarbeit zu unterscheiden«.[9] Beide Methoden nehmen denn auch in Anspruch, genau zu lesen.[10] Aleida Assmann fasst das Verhältnis so, dass

Psychische Schrift. Freud – Derrida – Celan. Wien, Berlin: Turia und Kant 1991, S. 9–18. Vgl. auch ebd. das Kapitel »Derridas Begriff der ›psychischen Schrift‹«.

7   Vgl. z. B. Assmann, Im Dickicht der Zeichen (wie Anm. 5), S. 537.

8   Johanna Bossinade, die den Band *Poststrukturalistische Literaturtheorie* in der Sammlung Metzler verfasst hat, spricht von der »Fehde« zwischen Dekonstruktion und Hermeneutik (Stuttgart, Weimar: Metzler 2000 [Sammlung Metzler; 324], S. 184), allerdings nicht ohne die Gegenüberstellung auch wieder zu relativieren. Wellbery verwendet, um die Unvereinbarkeit von Poststrukturalismus und Hermeneutik anzuzeigen, für die poststrukturalistischen den Begriff »posthermeneutische Theorietendenzen« (womit ja dennoch ein Zusammenhang, zumindest eine Kontinuität angezeigt ist). (David E. Wellbery: Interpretation versus Lesen. Posthermeneutische Konzepte der Texterörterung. In: Lutz Danneberg/Friedrich Vollhardt (Hg.): Wie international ist die Literaturwissenschaft? Methoden und Theoriediskussion in den Literaturwissenschaften. Kulturelle Besonderheiten und interkultureller Austausch am Beispiel des Interpretationsproblems. Stuttgart, Weimar: Metzler 1996, S. 123–137, hier S. 129). Vgl. auch Georg W. Bertram: Hermeneutik und Dekonstruktion. Konturen einer Auseinandersetzung der Gegenwartsphilosophie. München: Fink 2002, S. 29f.: »Hermeneutik und Dekonstruktion sind zwei Philosophien, die man nicht erst in Beziehung zueinander setzen muss. Immer wieder werden sie in einem Atemzug miteinander genannt, zumeist um sie entweder in einer vagen Einheit zusammenfliessen zu lassen oder um sie gegeneinander auszuspielen. Die Protagonisten der jeweiligen Position haben keinen Zweifel daran gelassen, dass sie sich in Konfrontation zu der anderen Position sehen«. Er selber sieht das Verhältnis so, dass Dekonstruktion und Hermeneutik an gemeinsamen Fragestellungen arbeiten, aber doch auch ein grundsätzlicher Unterschied zwischen beiden besteht. Er fasst die Dekonstruktion nicht als Hermeneutik auf (vgl. ebd., S. 23, 196), wohingegen Hamacher Verstehen so konzipiert, dass die Unhaltbarkeit einer sinnhaften Letztbegründung aus dem Konzept selber resultiert (Werner Hamacher: Entferntes Verstehen. Studien zu Philosophie und Literatur von Kant bis Celan. Frankfurt am Main: Suhrkamp 1998 [Edition Suhrkamp; 2026], S. 7–48).

9   Bossinade, Poststrukturalistische Literaturtheorie (wie Anm. 8), S. 186.

10   Vgl. auch Klaus Weimar: Text, Interpretation, Methode. Hermeneutische Klärungen. In: Danneberg/Vollhardt (Hg.), Wie international ist die Literaturwissenschaft (wie Anm. 8), S. 99–122, hier S. 117f.: »Bei allen Unterschieden [...] sind die hausbackenen Interpretationen alten Stils und die konsequente Dekonstruktion (und mancherlei dazwischen) nur Spielarten eines und desselben, des habituellen Querverste-

die Dekonstruktion zwar auf Verstehen verzichte, nicht aber auf Deuten, und dass weiterhin eine Kunst des Lesens im Zentrum stehe.[11] Das dekonstruktive Lesen konzentriere sich auf das, was dem »zwanghaft verstehenden« Lesen verborgen bleibe: auf Dissonanzen, Verschiebungen, Brüche und den Subtext des Unbewussten.[12] Bossinade spricht der Dekonstruktion Derridas eine ethische Seite zu, insofern seine Lektüren erwiesen, dass genaues Lesen eine starke Waffe gegen einseitige Autoritäts- und Repräsentationsansprüche sein könne.[13] Derrida schreibe der Literatur eine immanente Widerständigkeit gegen die kategorialen Systeme zu, die sie zu beherrschen beanspruchen.[14]

Der Poststrukturalismus hat als Theorie ungeheure Bewegung in den geistes- und sozialwissenschaftlichen Betrieb gebracht, ja, er hat in seiner Subversivität, die durch die Dezentrierung des Subjekts zustande kommt, auch außerordentliche politische Wirkungen gehabt. Durch sein zeichenorientiertes Verständnis von Kunst wurde in der Literaturwissenschaft die Aufmerksamkeit für den Text erhöht und darüber hinaus das geschriebene Wort neu als Zusammenstellung von Signifikanten wahrgenommen. Die Dekonstruktion, die als Verfahren dem literalen Paradigma entspricht, ist wesentlich eine Tätigkeit, ein Spiel, ein Prozess mit unbekanntem und veränderlichem Ausgang.

Die Bedingtheit und Veränderlichkeit der Ergebnisse betrifft aber auch schon die Hermeneutik. Sogar die Kommentierung ist davon berührt, hat doch schon die Auswahl der als relevant erachteten Fakten interpretatorische Qualität. Peter Szondi hat in seinem Traktat »Über philologische Erkenntnis« die Bedingtheit literaturwissenschaftlicher Erkenntnis analysiert:

> Diese Interdependenz von Beweis und Erkenntnis ist eine Erscheinungsform des hermeneutischen Zirkels. Wer nicht wahrhaben will, dass ein Faktum erst als gedeutetes die Richtigkeit einer Deutung zu beweisen vermag, verfälscht den Kreis des Verstehens in jenes Wunschbild der Geraden, die vom Faktischen stracks zur Erkenntnis führen soll.[15]

Die Literaturwissenschaft sollte sich dessen bewusst sein und diese Tatsache als genuin mit ihrem Gegenstand verbunden anerkennen und zugleich Aner-

---

hens nämlich oder der ›wilden Semiose‹ (Aleida Assmann: Die Sprache der Dinge und die wilde Semiose. In: Hans Ulrich Gumbrecht/K. Ludwig Pfeiffer (Hg.): Materialität der Kommunikation. Frankfurt am Main: Suhrkamp 1988 [Suhrkamp-Taschenbuch Wissenschaft; 750], S. 237–251), die sich der Domestizierung ebenso hartnäckig widersetzt wie jedem Verbot.«

[11] Vgl. Assmann, Im Dickicht der Zeichen (wie Anm. 5), S. 548. – Die Formel »deuten, aber nicht verstehen« hilft allerdings auch nicht viel weiter, wenn die beiden Begriffe nicht definiert werden. Vgl. dazu auch Hamacher, Entferntes Verstehen (wie Anm. 8). Bertram dagegen vertritt die Ansicht, es stehe nicht in Frage, ob man überhaupt verstehe (Bertram, Hermeneutik und Dekonstruktion [wie Anm. 8], S. 184).

[12] Assmann, Im Dickicht der Zeichen (wie Anm. 5), S. 550.

[13] Bossinade, Poststrukturalistische Literaturtheorie (wie Anm. 8), S. 285f.

[14] Ebd., S. 181.

[15] Szondi, Schriften (wie Vorbemerkungen, Anm. 5), Bd 1, S. 279.

kennung für sie beanspruchen. Alles andere wäre seinerseits unwissenschaftlich. Und sie sollte, auch wenn sie sich der Unmöglichkeit absoluten Verstehens bewusst ist, nicht aufhören, Verständnis zu suchen. Denn wozu sind Kunstwerke gut, wenn niemand mehr den Dialog mit ihnen sucht?

Es scheint mir nun, gerade in Bezug auf Celan, sinnvoll, die beiden Paradigmen »Interpretieren« und »Lesen« anhand ihres Umgangs mit dem Fremden, der Fremdheit der Schrift, zu vergleichen und zu prüfen. Hören wir zunächst auf Seiten der Hermeneutik Gadamer zu:

> Es gibt nichts so Fremdes und zugleich Verständnisforderndes wie die Schrift. [...] Schrift und was an ihr teil hat, die Literatur, ist ins Fremdeste entäußerte Verständlichkeit des Geistes. Nichts ist so sehr reine Geistesspur wie Schrift, nichts aber auch so auf den verstehenden Geist angewiesen wie sie. In ihrer Entzifferung und ihrer Deutung geschieht ein Wunder: die Verwandlung von etwas Fremdem und Totem in schlechthinniges Zugleichsein und Vertrautsein. [...] Wer schriftlich Überliefertes zu lesen weiß, bezeugt und vollbringt die reine Gegenwart der Vergangenheit.[16]

Assmann weist darauf hin, dass das Heilmittel für die Fremdheit der Schrift hier die Hermeneutik der Wiederbelebung sei. Mit andern Worten: Ziel ist die Aufhebung der Fremdheit; Verstehen heißt, das Fremde zu Eigenem zu machen. Derrida dagegen habe, so Assmann, am Ende seines Husserl-Buches (dt. 1987) einen »Strich durch die phänomenologische Rechnung« gemacht: »Er [behält] die Fremdheit und [verzichtet] auf die Heimkehr.« Fremdheit und Intransparenz des Textes gelten nun als unhintergehbare Qualitäten.[17] Die neuen Formen der Lektüre seien damit befasst, den Texten ihre Fremdheit zurückzugeben. Das führe zu einer Akribie des Lesens, die der mühsamen Entzifferung von Spuren gleiche.[18]

Jauß, der hier für eine moderne, sich gegen die Dekonstruktion behauptende Hermeneutik stehen soll, hält fest, dass das Nichtidentische nicht absolut gesetzt werden dürfe. Ein Verstehen des Anderen knüpfe immer an Bekanntem an, das Andere könne nur im Rekurs auf noch Gemeinsames in seiner Differenz erkannt werden.[19] Absolute Differenz sei ein Konstrukt, dem, da ihm die

---

[16] Hans-Georg Gadamer: Wahrheit und Methode. Grundzüge einer philosophischen Hermeneutik. Tübingen: Mohr 1960, S. 156.

[17] Assmann, Im Dickicht der Zeichen (wie Anm. 5), S. 546–548.

[18] Assmann (Hg.), Texte und Lektüren (wie Anm. 1), S. 17.

[19] Hans Robert Jauß: Probleme des Verstehens: Das privilegierte Du und der kontingente Andere. In: Gerhart von Graevenitz/Odo Marquard (Hg.): Kontingenz. In Zusammenarbeit mit Matthias Christen. München: Fink 1998 (Poetik und Hermeneutik; 17), S. 457–488, hier S. 467, und ders.: Ich selbst und der Andere: Bemerkungen aus hermeneutischer Sicht. In: Reto L. Fetz/Roland Hagenbüchle/Peter Schulz (Hg.): Geschichte und Vorgeschichte der modernen Subjektivität. Berlin, New York: de Gruyter 1998 (European Cultures; 11), S. 369–379, hier S. 373f. – Jauß' bildliche Ausdrucksweise hat an dieser Stelle eine erheiternde Seite. Er führt gegenüber Lyotard ins Feld, in der »hermeneutischen Nacht« der absoluten Differenz seien »alle Kühe schwarz« (ebd., S. 374). Es scheint eine eigentümliche Vorliebe Jauß' zu sein, die Dekonstruktion mit einer dunklen Nacht zu vergleichen, die alle Tiere schwarz

Substanz fehle und der feste Bezugspunkt, leicht auch die Differenz selber abhanden komme.

Unvereinbar mit dem Poststrukturalismus ist Jauß' Festhalten am Verstehen des Anderen. Entsprechend nennt er »anerkennen und verstehen« des Andern immer zusammen. Dagegen meine ich, dass Verstehen gerade da aufhört, wo das Andere als Fremdes, Nichtidentisches begegnet und als solches anerkannt und respektiert wird. Das Andere wäre dann die Grenze des Verstehens.[20]

Einen Schritt in diese Richtung geht Jauß selber, wenn er in seinem Vortrag *Das Verstehen von Geschichte und seine Grenzen*, gehalten am 15. Februar 1997, die Züge einer »Hermeneutik der Alterität«[21] skizziert. Er weist darin auf den Anderen, das fremde Individuum als eine Grenze des Verstehens hin, die Dilthey nicht beachtet habe.[22] Für die moderne, nach und gegen Dilthey konzipierte Hermeneutik dagegen sei der entscheidende Ausgangspunkt für das Verstehen die Erfahrung des Fremden. Dieses Verstehen beruhe darauf, dass »Andersheit […] nicht Fremdheit schlechthin [ist], die ein hermeneutischer Nullwert wäre«.[23] Eine naive Hermeneutik verfehle jedoch das Andere, da sie im Fremden nur das Eigene, im Du nur das Ich wiederfinde und damit das Eigene des Anderen verkenne. Die Fremdheit des Andern könne hingegen ein Verstehen ermöglichen, das in der Konfrontation des Eigenen mit dem Fremden die Möglichkeit, auch anders sein zu können, erfahrbar mache und damit den Andern in seinem Eigenrecht anerkenne.[24] Als Grenzen des Fremdverstehens erwähnt Jauß einerseits absichtsvolles Missverstehen und andererseits die Auflösung des Fremden in einem grenzenlosen Verstehen-Wollen.[25] Führe die Anverwandlung des Fremden zu seiner völligen Integration in das Eigene, schlage das Verstehen des Andern in seine Bemächtigung um, was Schleiermacher mit der »Wut des Verstehens« bezeichnet habe.[26] Ausdrück-

---

aussehen lasse, und dabei die Katzen aus der bekannten Redewendung durch Kühe zu ersetzen. An einer Stelle ist gar von dekonstruierten Kühen die Rede – eine Formulierung, die selber viel Interpretationsspielraum lässt.

[20] Vgl. etwa Hamacher, Entferntes Verstehen (wie Anm. 8).

[21] Hans Robert Jauß: Das Verstehen von Geschichte und seine Grenzen. In: ders.: Probleme des Verstehens. Ausgewählte Aufsätze. Mit einem Nachwort von Rainer Warning. Stuttgart: Reclam 1999 (Universal-Bibliothek; 9764), S. 188–210.

[22] Ebd., S. 196.

[23] Ebd., S. 208.

[24] Ebd.

[25] Ebd., S. 209.

[26] Die oft erwähnte und selten nachgewiesene Formulierung »Wut des Verstehens« findet sich nicht etwa in Schleiermachers Schriften zur Hermeneutik, sondern in der zweiten Rede *Über die Religion*, und zwar nur in deren erster Fassung von 1799 (Friedrich D. E. Schleiermacher: Kritische Gesamtausgabe. Hg. von Hans-Joachim Birkner, Gerhard Ebeling, Hermann Fischer, Heinz Kimmerle und Kurt-Victor Selge. 5 Abteilungen. Berlin, New York: de Gruyter 1980ff., Abt. 1.2, S. 252). Vgl. dazu Jochen Hörisch: Die Wut des Verstehens. Zur Kritik der Hermeneutik. Erweiterte Neuaufl. Frankfurt am Main: Suhrkamp 1988 (Edition Suhrkamp; 1485), S. 55, 135, und

lich gliedert Jauß damit Schleiermacher wieder in die Gemeinde der Herme-
neutiker ein und tritt Versuchen entgegen, ihn »als Dekonstruktivisten avant la
lettre« zu vereinnahmen.[27] Dadurch, durch die Geste des Erbschaftsstreits,
weist er aber gleichwohl implizit selber auf die Verwandtschaft von Hermeneutik und Dekonstruktion hin.[28]

Für Celan selber ist es von außerordentlicher Bedeutung, ein Kernstück seiner Poetik und deren Ethik, wie in Kap. 3 dargelegt wird, dass das Andere in
seiner Andersheit wahrgenommen, dem Fremden sein Fremdsein gelassen
wird. Das Gedicht seinerseits, sagt Celan im *Meridian*, lässt das *dem Andern*
[als das auch – nicht nur – der Leser gelten kann] *Eigenste mitsprechen: dessen Zeit* (ME, S. 199).[29] Das Andere ist im Gedicht demnach nicht be- oder
festgeschrieben, sondern sein Platz wird offen gehalten. Das Andere ist dem
Gedicht eingeschrieben. Celan ist zugleich ein Autor, der mit Bestimmtheit
einer oralen Sprachauffassung zugeneigt ist. Nicht nur, dass er seine Gedichte
oft selber vorliest. In seiner Poetik, wie er sie im *Meridian* darlegt, spielt das
Sprechen des Gedichts eine wichtige Rolle (vgl. ME, S. 196, 197, 198), ebenso
seine Stimmhaftigkeit (ME, S. 201) und in Verbindung damit der *Atem* (ME,
S. 188, 195). Das Ich, das im Gedicht *spricht*, ist zwar nicht identisch mit dem
Ich des empirischen Autors, sondern bildet sich je Gedicht heraus und ist daher
auch in jedem ein anderes, es steht aber doch immer in einem unauflöslichen
Verhältnis zu diesem Autor (vgl. ME, S. 197f.).

Da Celans Dichtung sich zentral als Teil eines Dialogs versteht und auf ihrem Bezug zur Umwelt besteht, bin ich geneigt, meine eigene Lektüre daran zu
orientieren. Insbesondere aber ist die von mir anvisierte Lektüre eine, die, so
hoffe ich, die Chance birgt, einem Text im Verständnis nahe zu kommen, ohne
ihn zu vereinnahmen:

Friedrich D. E. Schleiermacher: Schriften. Hg. von Andreas Arndt. Frankfurt am Main:
Deutscher Klassiker Verlag 1996 (Bibliothek deutscher Klassiker; 134), S. 1143ff.

[27] Jauß, Das Verstehen von Geschichte und seine Grenzen (wie Anm. 21), S. 210.

[28] Der Streit und das unklare Verhältnis von Dekonstruktion und Hermeneutik haben
mit der Begründung der Hermeneutik als Theorie des Verstehens bei Friedrich Schleiermacher und den von diesem unterschiedenen zwei Momenten im Verstehensakt zu
tun – die Rede muss grammatisch in ihrer Sprachbeziehung, aus der Totalität der Sprache, und psychologisch als Tatsache des Geistes verstanden werden – und mit der ein-
seitigen Rezeption dieser Theorie durch die geisteswissenschaftliche Hermeneutik in
der Nachfolge Diltheys. Vgl. dazu Szondi, Schriften (wie Vorbemerkungen, Anm. 5),
Bd 2, S. 106–130, bes. S. 113ff. Szondi erinnert daran, dass Schleiermacher, der »als
Strukturalist avant la lettre« scheinen könne, die philosophischen Prämissen der
Sprachkonzeption des Deutschen Idealismus habe (ebd., S. 123). Vgl. zu dieser Kontroverse auch Hörisch, Die Wut des Verstehens (wie Anm. 26).

[29] Vgl. dazu auch die Kritik der Dekonstruktion bei Witte, Literaturwissenschaft heute
(wie Anm. 4), S. 67: »Aber auch die als blosses Signifikantensystem verstandene
Sprache, in deren Unendlichkeit und Kontingenz sich das Individuum auflöst, ist
noch ein solcher aufklärerischer Großmythos, der die Erfahrung von Zeit, von der
Endlichkeit des Einzelmenschen nicht ernst nimmt.«

Ich versuche in meiner Lektüre also einerseits, Sinn zu finden, und gleichzeitig die Verweigerung von Sinn, die Hermetik, das Fremde, Abstoßende und
Unverständliche des Textes anzuerkennen und ernst zu nehmen. Mehrdeutig-
keiten sollen nicht vereindeutigt werden. Wegweisend und vorbildlich ist für
mich dabei in verschiedener Hinsicht Peter Szondis Lektüre von Celans *Engführung*.[30] Szondi schreibt dort in Bezug auf die Mehrdeutigkeit: »Die Mehrdeutigkeit, Mittel der Erkenntnis geworden, [...] dient der Präzision.«[31] Überdies betrachte ich den Text nicht als Repräsentation von Wirklichkeit, sondern
in seiner eigenen Text-Realität. Szondi schreibt dazu in der erwähnten Studie:

> [D]er Text als solcher weigert sich, weiter im Dienst der Wirklichkeit zu stehen und
> die Rolle zu spielen, die ihm seit Aristoteles zugedacht wird. Die Dichtung ist nicht
> Mimesis, keine Repräsentation mehr: sie wird Realität. Poetische Realität freilich,
> Text, der keiner Wirklichkeit mehr folgt, sondern sich selbst als Realität entwirft
> und begründet. [...] Dass aber die Text-Repräsentation [...] durch die Text-Realität
> ersetzt wird, deutet nun keineswegs auf Ästhetizismus; vielmehr gibt sich darin der
> entschiedene Wille des Dichters kund, nicht an die Realität des Todes und der Ver-
> nichtungslager zu rühren, und so zu tun, als ließe sich ein poetisches Bild von ihnen
> machen. Zugleich aber lässt er die ästhetische Realität seiner Dichtung bestehen, die
> fast ausschließlich dem Gedenken des Todes gewidmet ist.[32]

Auch wenn Szondi in seiner Lektüre der *Engführung* den Bezug des Gedichts
zur atomaren Bedrohung, auf den Celan selber aufmerksam gemacht hat, nicht
berücksichtigt, ist seine Lektüre gültig. Die Begebenheit weist exemplarisch
auf die Leistung wie auf die Unabschließbarkeit von Lektüren hin.[33] – Die
vorliegende Lektüre bedenkt die theoretischen Errungenschaften der Dekonstruktion und geht doch in einer eher hermeneutischen Weise und mit einer
eher hermeneutischen Auffassung von Literatur vor. Sie ließe sich theoretisch
als forcierte Hermeneutik der Alterität beschreiben oder aber als dekonstruktiv
aufgeklärte hermeneutische Lektüre[34] oder mit Assmann als dekonstruktiv
hermeneutisch.[35] Auf Schleiermachers Konzeption des Verstehens, wie sie
Szondi darlegt, bezogen, ließe sie sich auch als technische Interpretation be-

---

[30] Peter Szondi: Durch die Enge geführt. Versuch über die Verständlichkeit des mo-
      dernen Gedichts. In: Szondi, Schriften (wie Vorbemerkungen, Anm. 5), Bd 2,
      S. 345–389. Der Essay wurde im französischen Original unter dem Titel *Lecture de
      Strette. Essai sur la poésie de Paul Celan* zuerst veröffentlicht in Critique 288
      (1971), S. 387–420.
[31] Szondi, Schriften (wie Vorbemerkungen, Anm. 5), Bd 2, S. 389.
[32] Ebd., S. 348f.
[33] Ebd., S. 353, bemerkt selber, dass eine Lektüre des Gedichts *Engführung* »freilich
      nie abschließbar« sei. Zur grundsätzlichen Unabschließbarkeit der Lektüre vgl. auch
      Frey, Palinurus (wie Anm. 1).
[34] Vgl. die Bemerkungen zum »methodischen Verstehen« und zur »hermeneutisch
      aufgeklärten Interpretation« von Klaus Weimar, Text, Interpretation, Methode (wie
      Anm. 10), S. 120.
[35] Assmann (Hg.), Texte und Lektüren (wie Anm. 1).

greifen, wobei die nachfolgende poetologische Analyse der grammatischen Interpretation zuzurechnen wäre.[36] Die Lektüre ist nicht textimmanent, ich benutze alle mir zur Verfügung stehenden Materialien – Faktenwissen, Intertexte – und beziehe das Verstehen und Wissen anderer, wie es in der Sekundärliteratur vorliegt, in die Darstellung ein.

Mit Susan Sontag ließe sich Lektüre – für mein Vorhaben sehr passend – als »Modus gesteigerter Aufmerksamkeit« umschreiben.[37]

Das folgende Protokoll ist die Verschriftlichung meiner Lektüre, also selber ein Text. Gemäß Roland Barthes ist es »l'enjeu du travail littéraire, [...] de faire du lecteur, non plus un consommateur, mais un producteur du texte«.[38] Dies hat zu tun mit der Lesbarkeit, der Unfertigkeit des Textes: »Was Lesen sein kann, bemisst sich an der Unauflösbarkeit der Spannung zwischen der Unfertigkeit des Lesbaren und dem Sinnanspruch des Lesens.«[39] In diesem Spannungsfeld ist der Lektüretext zu situieren. Er kann gültig, aber nie fertig oder definitiv sein. Er bleibt notwendigerweise bruchstückhaft. Celans Poetik bezeichnet diesen Umstand als Offenheit des Gedichts für die Zeit des Andern (ME, S. 199).

Der Anspruch meiner Lektüre ist es demnach, eine persönliche, historisch bedingte und zugleich philologisch gültige Antwort auf Celans literarischen Text zu sein. Sie bildet die Grundlage für die nachfolgenden Analysen. Durch diese werden dann rückwirkend die Leistungen und Grenzen der Lektüre als literaturwissenschaftlicher Praxis ausgewiesen. Und schließlich bietet mir das Lektürekapitel die Möglichkeit, viele Dinge in *Gespräch im Gebirg* zur Sprache zu bringen, auf die ich nachher nicht mehr eingehen kann aufgrund der Fokussierung auf die Hauptthese. So wirft dieses erste Kapitel auch ein Licht auf die fortwährende Lesbarkeit des literarischen Textes und vermag vielleicht sogar andere Forscherinnen und Forscher zur Vertiefung in von mir nicht weiterverfolgte Themen anzuregen.

Um die ganze Problematik und den Beweggrund des Lesens, wie sie hier entfaltet wurden, nochmals auf den Punkt zu bringen, lasse ich zum Schluss Hans-Jost Frey sprechen, dem dies in den Schlusssätzen seines Aufsatzes *Palinurus. Die Unerfahrbarkeit des Endes* wunderbar gelingt:

---

[36] Es sei an dieser Stelle angemerkt, dass Szondis Aufsatz *Schleiermachers Hermeneutik heute* Celan gewidmet ist. Szondi hatte Celan in einem Brief angefragt, ob er ihm den Aufsatz widmen dürfe, und Celan hatte dem Vorschlag freudig zugestimmt. Zum Zeitpunkt der (deutschen) Publikation lebte Celan jedoch nicht mehr, weshalb Szondi die Widmung nachträglich geändert hat zu: *Paul Celan zum Gedächtnis* (wobei die Erstpublikation 1970 französisch war; die erste deutsche Veröffentlichung folgte erst 1976).

[37] Susan Sontag: Against Interpretation. New York: Picador 1966, S. 3–34. Zit. nach Assmann (Hg.), Texte und Lektüren (wie Anm. 1), S. 20.

[38] Roland Barthes: S/Z. Paris: Seuil 1970, S. 10.

[39] Frey, Palinurus (wie Anm. 1), S. 75.

Ein verstehendes Lesen ist – unabhängig davon, ob das totale Verstehen eine Illusion ist – der Tendenz nach darauf ausgerichtet, alles zu verstehen und damit die Lesbarkeit des Textes zu ersticken, der als vollkommen verstandener ein für alle Mal gelesen und durch diese Lektüre ersetzbar wäre. Andererseits würde der Verzicht, den Text zu verstehen, diesen ungelesen als bloße Möglichkeit des Gelesenwerdens belassen. Wenn es ein Lesen gibt, das Verständnis erreicht, ohne den Text durch die Vernichtung seiner Lesbarkeit zu verraten, ist es das Lesen, das *nicht ganz* versteht. Das vollkommenste Lesen ist das unvollkommene. Das Ideal des Lesens ist das Fast-Verstehen. […] Der beinahe verstandene Text bleibt noch und immer wieder lesbar. Jedes Textverständnis bleibt in der Beinähe, aber es ist ein Unterschied, ob das Lesen mit dem Anspruch, ganz zu verstehen, oder im Hinblick auf die Erhaltung der Lesbarkeit unternommen wird. Nur im zweiten Fall holt das Lesen seine eigene Problematik ein.[40]

1.2 Protokoll einer Lektüre

> Will aber die Sprache der Lektüre die Verfälschung des Gelesenen vermeiden,
> so darf sie ihrem Gegenstand keine Eindeutigkeit, keine positive Gewissheit
> unterlegen, da er weder daraus entspringt noch darin mündet.[41]

Ich wende mich dem Text *Gespräch im Gebirg* nun als erstes in einer intensiven, aufmerksamen, langsamen Lektüre zu. Das Kapitel ist ein Protokoll dieser Lektüre.[42]

> Eines Abends, die Sonne, und nicht nur sie, war untergegangen, […].[43]

Die *kleine Geschichte* (ME, S. 201) beginnt unauffällig. Ein Erzähler hebt mit einer herkömmlichen Wendung an zu erzählen, wobei schon in der ersten Zeile der Einschub *und nicht nur sie* aufhorchen lässt. Wer oder was ist denn noch untergegangen? – Diese Anspielung scheint an jemanden gerichtet, sie ruft einen Adressaten auf, der sie versteht. Als reale Leserin[44] versuche ich die Stelle des implizierten Lesers einzunehmen. Es erweist sich als schwierig. Ist das, was noch untergegangen ist, nur für diesen einen Tag untergegangen, und vielleicht auch nur zum Schein, wie die Sonne, oder wirklich und für immer? – In diesen zunächst so harmlos und konventionell wirkenden Anfang mischt sich sofort etwas Irritierendes, Bedrohliches. Denn wenn von etwas anderem als der Sonne gesagt wird, es sei untergegangen, ist es einmalig, definitiv. Ein

---

[40] Ebd.
[41] Szondi, Schriften (wie Vorbemerkungen, Anm. 5), Bd 2, S. 354.
[42] Begriffe wie »Erzähler«, »Erzählinstanz«, »Stimmen« werden hier noch einigermaßen naiv gebraucht; sie sind Thema des nächsten Kapitels, wo sie auf dem Hintergrund von Genettes Theorie definiert und auf den Text bezogen werden.
[43] Celan, Gesammelte Werke in fünf Bänden (wie Vorbemerkungen, Anm. 2), Bd 3, S. 169–173. Der Text wird im Folgenden fortlaufend und vollständig zitiert.
[44] Im Folgenden wird im Singular nur die weibliche Form »die Leserin« verwendet, da die Autorin der Arbeit zugleich als exemplarische Leserin des Textes von Celan fungiert.

Untergang ist, außer der scheinbare der Sonne, selten romantisch. Bedrohlich und bedrückend ist, dass ich noch nicht weiß, von welchem Untergang die Rede ist, und dass er schon geschehen ist, das Unheil schon da. Ich werde aufmerksam sein, ob sich die hier markierte Leerstelle später zu füllen vermag. Die Irritationen setzen sich sogleich fort.

> [...] da ging, trat aus seinem Häusel und ging der Jud, der Jud und Sohn eines Juden, und mit ihm ging sein Name, der unaussprechliche, [...].

Wieder scheint sich der Erzähler mit seinem Adressaten, jetzt also mit mir, über etwas zu verständigen, nämlich über die Unaussprechlichkeit des Namens des Juden, und zwar so, als handle es sich um etwas Selbstverständliches, Bekanntes. Diese Wirkung wird erreicht durch den bestimmten Artikel beim nachgestellten Adjektiv. Warum der Name unaussprechlich ist, wird nicht erklärt, und es steht auch dem später genannten Namen entgegen.

Es scheint naheliegend, den unaussprechlichen Namen wie Renate Böschenstein-Schäfer mit dem Namen Gottes in Verbindung zu bringen, der im Judentum als unaussprechlich gilt.[45] Genauer: der nicht ausgesprochen wird, weil dem Strafe droht, der den heiligsten, eigentlichen Gottesnamen, JHWH, missbraucht (Ex. 20,7). Die Heiligkeit des Namens wäre für den gewöhnlichen Menschen, der ihn ausspricht, zerschmetternd. Diese Gewalt des Namens hat mit dem jüdischen Glauben zu tun, dass sich im Namen das eigentliche, innerste Wesen von jemandem offenbart.[46] Der Gottesname JHWH, häufig ehrfurchtsvoll als Tetragramm umschrieben, ist deshalb ein unfassbar, unaussprechlich heiliges Wort.[47] »Unaussprechlich« kann aber auch bedeuten »kaum oder schwierig auszusprechen«.

Aber warum wären nun die Namen der Juden im Text unaussprechlich (ein zweiter Jude, ebenfalls mit unaussprechlichem Namen, kommt später hinzu)? Groß und Klein, wie die beiden heißen (auch das wird später erwähnt), sind ja nun keineswegs unaussprechliche Namen, und sie werden im Text auch leichthin ausgesprochen, im ersten Teil vom Erzähler und im letzten Teil von der einen Figur, dem Juden Klein. Es sind auch nicht Namen, die eine besonders zentrale Eigenschaft ihrer Träger offenbaren würden. Der größere der beiden Juden heißt kurzerhand Groß, der andere entsprechend Klein. Unaussprechlichkeit in Bezug auf diese Namen geltend zu machen, wirkt schon fast paro-

---

[45] Renate Böschenstein-Schäfer: Anmerkungen zu Paul Celans »Gespräch im Gebirg«. In: Dietlind Meinecke (Hg.): Über Paul Celan. Frankfurt am Main: Suhrkamp 1970, S. 226–238, hier S. 232.

[46] Vgl. Stéphane Mosès: »Ich werde sein, der ich sein werde«. Die Offenbarung der Namen in der biblischen Erzählung. In: Carola Hilfrich-Kunjappu/Stéphane Mosès (Hg.): Zwischen den Kulturen. Theorie und Praxis des interkulturellen Dialogs. Tübingen: Niemeyer 1997 (Conditio Judaica; 20), S. 65–77, hier S. 69, 71.

[47] Vgl. Jüdisches Lexikon. Ein enzyklopädisches Handbuch des jüdischen Wissens in 4 Bänden. Begründet von Georg Herlitz und Bruno Kirschner. Frankfurt am Main: Athenäum 1987, Bd 2, Sp. 1235–1237, Art. »Gottesnamen«.

distisch, wenn nicht gar blasphemisch. Dieses Problem sowie das Paradox,
dass die Namen unaussprechlich genannt und dann doch ausgesprochen werden, lösen sich, wenn Groß und Klein nicht als eigentliche Namen betrachtet
werden, also auch nicht als die unaussprechlichen. Tatsächlich sind Groß und
Klein im Text mehr attributiv zugeschriebene Bezeichnungen als Namen im
jüdischen exegetischen Verständnis.

Im *Jüdischen Lexikon* ist nachzulesen, dass jüdische Namen ursprünglich
die Form X, Sohn bzw. Tochter des Y hatten. X und Y waren hebräische Namen.[48] Infolge der Namensgesetzgebungen im 18. und 19. Jahrhundert nahmen
die Juden bürgerliche Familiennamen verschiedener Herkunft und Bedeutung
an, oft deutsche. In Österreich wurde in Verbindung mit den josephinischen
Reformen 1787 für alle Juden (außer jenen in den ungarischen Provinzen) die
Annahme von festen Familiennamen vorgeschrieben. Insbesondere deutsche
Vor- und Familiennamen sollten die traditionelle jüdische Namensform ersetzen.[49] Juden in der Diaspora gaben und geben ihren Kindern neben den bürgerlichen Familiennamen und Vornamen oft noch einen hebräischen oder jiddischen.[50] Dieser Name kommt im religiösen Kontext zum Tragen.[51]

---

[48] Ebd., Bd 4.1, Sp. 397f.

[49] Vgl. ebd., Sp. 400. Anschaulich kommt dieser Tatbestand in einer Geschichte von
       K. E. Franzos zum Ausdruck, die er von einer alten Frau gehört zu haben angibt. In
       der Geschichte geht es um die Tat einer tapferen Frau zur Rettung der unterdrückten
       Judengemeinde. Über die Frau heißt es: »Lea hiess sie und war die Gattin des rei-
       chen, frommen Samuel – das Geschlecht ist später, als die kaiserliche Herrschaft ins
       Land kam und deutsche Namen für unsere Familien festgesetzt wurden, Beermann
       genannt worden.« (Karl Emil Franzos: Erzählungen aus Galizien und der Bukowina.
       Hg. von Joseph Peter Strelka. Berlin: Nicolai 1988, S. 6). – Teilweise enthielten die
       Namensgesetzgebungen im 18. und 19. Jahrhundert auch Bestimmungen über die
       Vornamen der Juden, die das eine Mal üblich sein sollten, wie in Österreich, das an-
       dere Mal nicht christlich sein durften. In seinem zuerst 1837 erschienenen Bändchen
       »Die Namen der Juden« führt Leopold Zunz gegen eine solche Gesetzgebung (Ver-
       bot von christlichen Vornamen in Preußen) die Geschichte ins Feld und legt dar,
       dass die Juden immer schon fremde resp. landesübliche Namen angenommen hatten
       und dass umgekehrt zahlreiche »christliche« Namen hebräisch sind (vgl. Leopold
       Zunz: Namen der Juden. Eine geschichtliche Untersuchung. Hildesheim: Gersten-
       berg 1971, bes. S. 27 und 48).
       Zur Geschichte, wie die Juden zu ihren bürgerlichen Namen kamen, und zum Be-
       dürfnis der Mehrheitsgesellschaft ab Mitte des 19. Jahrhunderts, die emanzipierten
       und assimilierten Juden mittels angeblich jüdischer Namen erneut zu kennzeichnen
       und zu stigmatisieren, das seinen Höhe- resp. Tiefpunkt in der antisemitischen nati-
       onalsozialistischen Namenspolitik erreichte, vgl. Dietz Bering: Der »jüdische« Na-
       me. In: Julius H. Schoeps/Joachim Schlör (Hg.): Antisemitismus. Vorurteile und
       Mythen. München, Zürich: Piper 1995, S. 153–166.

[50] Paul Celan trug den jüdischen Namen Pessach.

[51] Vgl. Chajim Halevy Donin: Jüdisches Leben. Aus dem Englischen von Fanny S.
       Breuer. Israel: Verlag u. Buchvertrieb Morascha 1987, S. 280.

… Dann wären Klein/Groß die fremden, nichts sagenden, im Grunde austauschbaren Familiennamen und der unaussprechliche Name wäre der individuelle, eigentliche, der unbekannt bleibt?

Diese eigentlichen Namen der beiden Figuren, die deren Wesen bergen und offenbaren würden, kennen wir nicht, oder sie haben keine. Die beiden Figuren erscheinen im Text denn auch lange als sehr unindividuell, eigentlich bis zuletzt, als der eine – man kann ihn als Klein identifizieren, was aber wohl nicht von Bedeutung ist – eine Art Geschichte erzählt. Er erzählt sie in seinem Namen, sehr pointiert als ein Ich. Sein Name bleibt aber unausgesprochen, unaussprechlich. Vielleicht ist der Name auch unaussprechlich, weil es ihn noch gar nicht gibt? – Das Wesen der beiden Figuren wird nicht offenbart; kein ausgesprochener Name gibt Anlass zu Interpretationen. Das scheint konsequent: Der Name, wenn er denn das Innerste einer Person zu offenbaren vermag, ist nicht aussprechbar. Die Person soll nicht festgeschrieben werden. Dieser Gestus ist verwandt mit dem Ansprechen des Du im Gedicht, das immer (zumindest auch) als ein unbekanntes Anderes gedacht ist.[52]

Unaussprechlich kann aber, in einer dritten Bedeutung des Wortes, auch der Name einer verschmähten Person sein, einer persona non grata. Jemandes Namen nicht auszusprechen, ihn in diesem Sinne für unaussprechlich zu halten und darzustellen, ist eine starke Form der Missachtung. Diese Dimension des unaussprechlichen Namens korrespondiert mit der Bezeichnung der Figur als *Jud,* insofern damit auch die antisemitische Verwendung dieser ursprünglich jiddischen Selbstbezeichnung zitiert ist. Die antisemitische Verwendung des Wortes »Jud« sprach den damit Bezeichneten tatsächlich und in immer schärferer Form die Individualität ab, wie bekannt ist.

Ein weiterer Aspekt der Unaussprechlichkeit der Namen der beiden Juden ist in einem Bezug zum heiligsten Gottesnamen begründet. Dessen hebräische Schreibweise umfasst, wie oben erwähnt, die vier Buchstaben JHWH. In dieser Schreibung erscheint der Gottesname allerdings nur in den Torarollen. In sonstigen, weniger heiligen Texten, etwa Gebetstexten, wird er durch zwei oder drei J abgekürzt.[53] Der hebräische Buchstabe ׳ heißt Jod oder Jud. Wenn im Text zwei Juden, im Idiom des Textes ein Jud und ein Jud, vorkommen, verbirgt sich darin also der unaussprechliche Gottesname selber. (Auch dieses Zeichen für den Gottesnamen, das ja seinerseits auf das Tetragramm verweist, ist aber noch so heilig, dass es von religiösen Juden nicht ausgesprochen wird. An seiner Stelle sprechen sie, wie auch an der Stelle des Tetragramms, Adonaj: Herr aus.)

So wie die zwei »Jud« auf das Tetragramm und dieses auf den eigentlichen Gottesnamen verweisen Klein und Groß auf den unaussprechlichen eigentlichen Namen der Figuren und schützen ihn zugleich, lassen ihn unausgespro-

---

[52] Vgl. dazu den Aufsatz *Die Geste im Namen. Benjamin und Kafka* von Werner Hamacher (Hamacher, Entferntes Verstehen [wie Anm. 8]). Zum Verhältnis von Prosa und Gedicht bei Celan vgl. Kap. 3.3.

[53] Vgl. Jüdisches Lexikon (wie Anm. 47), Bd 2, Sp. 1238.

chen. – Wenn sich die Unaussprechlichkeit des Gottesnamens durch die lautliche Übereinstimmung des Zeichens ⁣ mit *Jud* und *Jud* auf die beiden so genannten Figuren übertragen würde, wäre *Jud* zu heilig, um ausgesprochen zu werden, während *Jud* als antisemitische Bezeichnung für einen Juden tödlich sein kann. Zwar besteht auch hier zunächst das Paradox, dass das Wort »Jud« ja hemmungslos ausgesprochen ist im Text. Allerdings ist festzustellen, dass dies nur der Erzähler tut – in zwischen antisemitischer Herabsetzung und jiddischer Selbstbezeichnung changierender Weise, wie noch genauer gezeigt wird –, nie aber die Figuren selber. Sie bezeichnen sich selber und einander als *Juden*, als *Geschwisterkinder*, als die mit *unsern Namen, den unaussprechliche*n, und mit den bürgerlichen Namen *Groß* und *Klein*.

Oder sind die eigentlichen Namen vielleicht für Groß und Klein selber unaussprechlich, weil sie sich nicht zum Judentum bekennen; weil sie sich vielleicht von ihrem Gott verraten fühlen, weil er sie nicht mehr »beim Namen ruft« (Jes. 43,1)? Weil die Hoffnung, die mit dem jüdischen Namen verbunden war, der Bund, auf den er verwies, sie nicht mehr trägt? – Oder, im Gegenteil, weil sie die Unaussprechlichkeit des Gottesnamens, die sich auf Jud und Jud projiziert, respektieren? Auf jeden Fall wird an diesem Namen festgehalten, ebenso wie an seiner Unaussprechlichkeit.

Vor dem Hintergrund der Adressierung des Textes von Celan an Adorno, die beide ihren Familiennamen unterdrückt oder verändert haben – Adorno den von seinem jüdischen Vater kommenden Namen Wiesengrund, Celan seinen Familiennamen Antschel – ergibt sich eine weitere Sinndimension.[54] »Celan« und »Adorno« sind demnach selber gewissermaßen uneigentliche, beliebige, sekundäre Namen wie Groß und Klein. Gemäß dieser Überlegung könnte Celan in *Gespräch im Gebirg*, in virtueller Auseinandersetzung mit Adorno, nach einer Möglichkeit säkularer jüdischer Identität suchen, die dennoch den Gottesnamen nicht entweiht.[55]

Vom unaussprechlichen Namen heißt es, dass er *mit ihm ging*. Dieser Name scheint etwas Schattenhaftes zu haben; tatsächlich wird er auch oft gleichzeitig mit dem *Schatten, dem eignen und dem fremden,* genannt. Es gibt zweierlei Namen, wie es zweierlei Schatten gibt: den unaussprechlichen, unbekannten, eigentlichen Namen, dem der eigene Schatten zugeordnet werden könnte, und

---

54 Der Familienname Antschel ist seinerseits wohl eine jüdische Adaption des deutschen Namens Anselm, Amsel oder Amshelm (vgl. Zunz, Namen der Juden [wie Anm. 49], S. 61 und 111f., dort allerdings »Anschel« als Vorname). In neueren Verzeichnissen jüdischer Namen wird der Name in erster Linie von Asher oder Asser, hebräisch für selig, glücklich (Gen. 30,13) hergeleitet. Celan selbst leitet seinen Namen vom deutschen »Amsel«, dem Vogel, her (Vgl. Paul Celan: Die Gedichte. Kommentierte Gesamtausgabe in einem Band. Hg. und kommentiert von Barbara Wiedemann. Frankfurt am Main: Suhrkamp 2003, S. 746).

55 Zur Authentizität in der jüdischen Literatur der Moderne vgl. auch Alfred Bodenheimer: Wandernde Schatten. Ahasver, Moses und die Authentizität der jüdischen Moderne. Göttingen: Wallstein 2002.

den genannten, bekannten, belanglosen Namen, der entsprechend mit dem fremden Schatten korrespondierte.

Auffällig sind die Wörter *Häusel* und *Jud* für Haus und Jude. Dieser Diminutiv und die Elision sind Charakteristika jiddischer Sprache. Es gibt noch viel mehr davon in *Gespräch im Gebirg*, auch solche syntaktischer Art.[56] Zeigen diese eine Identifikation des Erzählers mit den Figuren an, zeigt er sich damit als jüdischer Erzähler, oder sind es im Gegenteil spöttische, antisemitische Imitationen des jüdischen Sprachgebrauchs? Beides scheint möglich, man könnte metaphorisch, indem man diesen optischen Begriff in den akustischen Bereich überträgt, sagen, dass der Tonfall dieser Sprache schillert.

Wie genau verwendet Celan die jiddischen Spracheigentümlichkeiten in *Gespräch im Gebirg*? Welche Bedeutung kommt ihnen zu?

Die Geschichte des Jiddischen ist eng mit der Geschichte der Juden in Europa, ihrer Geschichte des Exils und der Vertreibungen verbunden.[57] Die Juden im Mittelalter haben auf der Flucht nach Osten ihr mit Hebraismen durchsetztes, sich noch wenig vom Mittelhochdeutsch unterscheidendes Deutsch mitgenommen, dort die alte Sprachform konserviert und mit slawischen Wörtern angereichert, die sie auf der Flucht vor polnischen Verfolgungen wieder nach Deutschland zurückgebracht haben, wo das Jiddische im Zeichen der Assimilation praktisch verschwand und kurz darauf in antisemitischer Literatur zur negativen Charakterisierung jüdischer Figuren wieder auftauchte. So trägt das Jiddische die verhängnisvolle Verbindung der Juden und des Deutschen mit sich, es trägt ihre Zeichen am Leib, ja es verkörpert sie geradezu, die Geschichte der Liebe und der Treue der Juden zum Deutschen genauso wie die Geschichte der Judenfeindschaft und der Judenverfolgungen.

---

[56] Renate Böschenstein-Schäfer (Anmerkungen zu Paul Celans »Gespräch im Gebirg« [wie Anm. 45], S. 231) und Stéphane Mosès (»Wege, auf denen die Sprache stimmhaft wird.« Paul Celans Gespräch im Gebirg. In: Amy D. Colin [Hg.]: Argumentum e silencio. Internationales Paul Celan-Symposium. Berlin, New York: Walter de Gruyter 1987, S. 43–57, hier S. 49f.) haben schon früh auf die jiddischen Sprachmerkmale in *Gespräch im Gebirg* hingewiesen. Letzterer hat sie auch genauer beschrieben und zusammengestellt. Vgl. zu den jiddischen Eigentümlichkeiten und deren Bedeutung in *Gespräch im Gebirg* auch Mirjam Sieber: »Judendeutsch« und »krummnasig«. Ein Kommentar zu Paul Celans »Gespräch im Gebirg«. In: Bulletin der Schweizerischen Gesellschaft für Judaistische Forschung. Beiheft zu Judaica 4 (2003), S. 17–27.

[57] Zur Geschichte des Jiddischen vgl. Salcia Landmann: Jiddisch. Das Abenteuer einer Sprache. 2. Aufl. Olten, Freiburg i. Br.: Walter 1970; Uriel Weinreich: Yiddish Language. In: Encyclopaedia Judaica. Bd 16. Berlin: Eschkol 1971, Sp. 789–798; Franz J. Beranek: Jiddisch. In: Deutsche Philologie im Aufriss. Hg. von Wolfgang Stammler. 2. überarbeitete Aufl. Berlin: Erich Schmidt 1957, Sp. 1955–1998; Salomo A. Birnbaum: Grammatik der jiddischen Sprache. Mit einem Wörterbuch und Lesestücken. 5., ergänzte Aufl. Hamburg: Buske 1988, sowie, in historischer und soziologischer Perspektive, Michael Brenner (Hg.): Jüdische Sprachen in deutscher Umwelt. Hebräisch und Jiddisch von der Aufklärung bis ins 20. Jahrhundert. Göttingen: Vandenhoeck & Ruprecht 2002.

Der Celan-Biograph John Felstiner würdigt die Jiddischismen in *Gespräch im Gebirg* in ihrer Bedeutung folgendermaßen:

> Dieses Gespräch will eben nicht »judenrein« gemacht sein [...]. Das Gespräch im Gebirg schmeckt nach gesprochenem Jiddisch [...]. Celan beglaubigt die jüdische Muttersprache, indem er das mit ihr verwandte deutsche Idion [sic] zum Leben erweckt. Die Jiddischismen und das Judendeutsch in diesem Gespräch [...] verdienen gerade darum besondere Aufmerksamkeit, weil sie in Europa (und sogar in Celans begeistert »österreichischem« Elternhaus) auf Verachtung stießen und weil das Jiddische zusammen mit denen, die es sprachen, ausgelöscht wurde.[58]

Dies ist aber nur die eine Seite. Das Jiddische oder eine stilisierte (oft genug falsche) Nachahmung davon erscheint in deutscher Literatur seit dem 19. Jahrhundert in antijüdischer Absicht bis hin zu antisemitischer Literatur und Propaganda.[59] Und diese antisemitische Verwendung des Jiddischen wird hier ebenfalls aktualisiert. Das Jiddische wird also, indem es von Celan verwendet wird, hörbar gemacht als Sprache der Juden und zugleich als antisemitische Parodie. Es erinnert an die jüdische Sprache und zugleich an die Angriffe, denen seine Sprecher und Sprecherinnen ausgesetzt waren, und es wird schließlich dem antisemitischen Gebrauch entwunden und den Juden zurückgegeben.

Exemplarisch lässt sich dies am Wort »mauscheln« zeigen, das Celan ebenfalls im Zusammenhang mit *Gespräch im Gebirg* braucht, wenn er, wie berichtet wird, über diesen Text sagt, es sei *eigentlich ein Mauscheln mit Adorno*.[60] Das jüdische Wort »mauscheln« bedeutet eigentlich »reden wie Mose (= Mausche)« und im übertragenen Sinn »jiddisch reden«, »für Nichtjuden unverständlich reden«. Aus dieser Bedeutung leitet sich die nichtjüdische, latent judenfeindliche umgangssprachliche Verwendung des Wortes im Deutschen für »betrügerisch spielen«, »heimlich Vorteile aushandeln« her. Neutral umgangssprachlich bedeutet »mauscheln« auch »undeutlich, unverständlich reden«.[61] Im Rotwelsch-Glossar von Salcia Landmann wird »mauscheln« von

---

[58] John Felstiner: Paul Celan. Eine Biographie. Deutsch von Holger Fliessbach. München: Beck 1997, S. 194f.

[59] Vgl. dazu Hans Peter Althaus: Soziolekt und Fremdsprache. Das Jiddische als Stilmittel in der deutschen Literatur. In: Zeitschrift für deutsche Philologie 100 (Sonderheft) 1981, S. 212–232. Althaus hält die Möglichkeiten der literarischen Verwendung des Jiddischen in hochdeutscher Literatur nach seiner komischen, naturalistischen, realistischen, böswillig karikaturistischen und den Antisemitismus parodierenden Verwendung für ausgeschöpft. Celans subtile Verwendung geht darin aber nicht auf.

[60] Janz, Vom Engagement absoluter Poesie (wie Vorbemerkungen, Anm. 4), S. 229, Anm. 146.

[61] Vgl. die entsprechenden Einträge im Duden-Wörterbuch (Duden. Das große Wörterbuch der deutschen Sprache in acht Bänden. 2., völlig neu bearbeitete und stark erweiterte Aufl. Mannheim, Leipzig, Wien, Zürich: Dudenverlag 1994) und im Brockhaus-Wahrig-Wörterbuch (Brockhaus-Wahrig: Deutsches Wörterbuch in sechs

»maschal« (hebräisch für »Beispiel«, »Gleichnis«) hergeleitet und wörtlich übersetzt mit »Gleichnisse erzählen«. Auch dort wird als gewöhnliche Bedeutung angegeben: jiddisch oder mit jiddischem Akzent reden. Zusätzlich wird darauf hingewiesen, dass im korrekten Jiddisch der Begriff nur sehr selten und dann ausschließlich in der ersten Bedeutung verwendet werde.[62] Celan weist also mit dem Wort »mauscheln« auf den jüdischen Gehalt in *Gespräch im Gebirg* ebenso wie auf dessen jiddische Spracheigentümlichkeiten hin, und er benutzt einen antisemitisch gewordenen Begriff in der ursprünglichen jüdischen Bedeutung, womit er den Begriff den Juden zurückgibt und zugleich auch als Waffe gegen die Antisemiten einsetzt, indem er an ihre Machenschaften erinnert. Die jiddischen Worte in *Gespräch im Gebirg* tragen die Geschichte der Juden mit der deutschen Sprache mit sich. So wird das Jiddische von Celan dem Antisemitismus entgegengestellt.[63]

Der Jude (oder der Name, die Referenz ist nicht eindeutig) trat also aus seinem Haus und ging,

[...] ging und kam, kam dahergezockelt, ließ sich hören, kam am Stock, kam über den Stein, [...].

Wie kann diese Figur gleichzeitig kommen und gehen, was zwei in Bezug auf einen festen Punkt gegenläufige Bewegungen sind, oder aber Bewegungen, die sich auf zwei verschiedene Bezugspunkte beziehen? Geht die Figur hin und her oder ändert der Betrachter den Standpunkt? *Kam* wird im Laufe des Satzes

---

Bänden. Stuttgart, Wiesbaden: Brockhaus 1982). Im Deutschen Wörterbuch von Jacob und Wilhem Grimm (Deutsches Wörterbuch. 16 Bde (in 32 Teilbänden). Leipzig: S. Hirzel 1854–1960, hier Bd 6, Sp. 1820) lautet der Eintrag zu »mauscheln«: »wie ein schacherjude verfahren«. Belege gibt es in Bezug auf handeln und Aussprache. Aufschlussreicher ist der Eintrag zu »Mauschel«: »Spottname für einen juden, weitergebildet aus dem jüdischen namen Moses, in jüdisch-deutscher aussprache Mausche oder Môsche, wie denn diese und verwandte formen als allgemeiner rufname für juden begegnen. [...] Die Form ›mauschel‹ bezeichnet in verächtlicher weise den juden, namentlich den schacherjuden« (ebd., Sp. 1819). Zur antisemitischen Verwendung des Begriffs vgl. auch Elvira Grözinger: Judenmauschel. Der antisemitische Sprachgebrauch und die jüdische Identität. In: Karl E. Grözinger (Hg.): Sprache und Identität im Judentum. Wiesbaden: Harrassowitz 1998 (Jüdische Kultur; 4), S. 173–198. Alexander Moskowski schreibt 1923 (zit. nach ebd., S. 181): »In Deutschland gibt es wohl keine verächtlichere Benennung einer Sprachgemeinheit als Mauscheln« [Hervorhebungen im Original]. Vgl. auch Christoph Daxelmüller: Zehntes Bild: Das »Mauscheln«. In: Schoeps/Schlör (Hg.), Antisemitismus (wie Anm. 49), S. 143–152, der sehr genau die antisemitische Bedeutung und Funktion des Begriffs darstellt.

62 Landmann, Jiddisch (wie Anm. 57), S. 461.

63 Etwas Ähnliches macht Celan in *Gespräch im Gebirg* auch mit den antisemitischen Vorurteilen, durch die Art und Weise, wie er sie im Text zitiert, und mit von den Nationalsozialisten missbrauchten Wörtern und Dingen, wie etwa »Stern« resp. dem Davidstern.

dreimal wieder aufgenommen, wird zusätzlich verstärkt durch das Adverb *daher*, es löst also eigentlich *ging* ab und bezeichnet einen Bezugspunkt gegenüber dem Juden innerhalb der erzählten Wirklichkeit. Es ist, als ob der Erzähler – und wir mit ihm – plötzlich in die erzählte Welt, in die Szenerie, hineinspringen würde. Die Stelle *ließ sich hören* bewirkt in dieser Hinsicht etwas Ähnliches, denn wo gehört wird, muss auch jemand sein, der hört. Der Erzähler nimmt hier einen Ort in der erzählten Welt ein, und zwar, wie sich gleich zeigen wird, den Ort der später auftauchenden zweiten Figur, die der ersten entgegenkommt.

In der Fortsetzung des Satzes kommen unvermittelt Pronomen erster und zweiter Person vor:

> […] hörst du mich, du hörst mich, ich bins, ich, ich und der, den du hörst, zu hören
> vermeinst, ich und der andre, […].

Wer sagt das und zu wem? Die Rede ist ohne Anführungszeichen in den Satz eingefügt. Das Ich kann sich auf den Juden beziehen, der sich hören lässt, dann ist das Du der Stein, oder auf eine zweite, noch nicht eingeführte Figur oder auf den Stein, der ja mit dem Stock zusammen das Geräusch erzeugt, dann ist das Du der Jude. Die weiteren Erwähnungen des Stockes (Z. 73, Z. 118f.)[64] bestätigen eher die erste Lesart. Die variierte Wiederaufnahme dieser Rede durch die zweite Figur (Z. 82) deutet ebenfalls eher auf diese Version hin, wobei auch an dieser Stelle die Rede des Juden und die des Steins nicht eindeutig auseinanderzuhalten sind und sich auch ein Bezug zur Rede des Steins in Zeile 79 ergibt, was wiederum dafür sprechen würde, auch diese Rede dem Stein zuzuschreiben. Und in allen Fällen höre ich auch noch die Stimme des Erzählers mit, der zu seiner Figur oder zu mir spricht (vgl. Kap. 2.2) und dabei seine eigene »Zweistimmigkeit« zur Sprache bringt: *ich und der andre*.

Der Satz ist eine vielstimmige Anrede, die in die Erzählung einbricht, mit einem mehrfachen Adressaten, der aber nicht in der Lage ist, das doppelte, sich entziehende Ich richtig wahrzunehmen – was ihm von diesem auch explizit unterstellt wird. Er (also das Du) seinerseits hat keine Gelegenheit, sich als Hörender und evt. sogar Antwortender zu erweisen. Fühle ich mich als Leserin an dieser Stelle angesprochen, fühle ich mich zugleich verwirrt und ausgeschlossen. Die derartige Hermetik und die damit verbundene Verwirrung scheinen systematisch zu sein. Im imaginären Raum stehen bleiben das Klopfen des Stockes auf dem Stein und die Frage: *Hörst du mich?*

> […] – er ging also, das war zu hören, ging eines Abends, da einiges untergegangen
> war, ging unterm Gewölk, ging im Schatten, dem eignen und dem fremden – […].

Der Satz nimmt bereits Gesagtes wieder auf und führt es etwas weiter. *Zu hören* ist jetzt allerdings nur noch das Gehen des Juden bzw. das Klopfen des

---

64 Die Zeilennummern beziehen sich auf *Gespräch im Gebirg* in: Celan, Gesammelte Werke in fünf Bänden (wie Vorbemerkungen, Anm. 2), Bd 3, S. 169–173.

Stocks auf dem Stein. Untergegangen ist *einiges,* ähnlich wie oben die *Sonne, und nicht nur sie.* Beim *Schatten* ist wieder dasselbe Phänomen zu beobachten wie beim *Namen:* Durch den bestimmten Artikel beim nachgestellten Adjektiv werden seine Eigenschaften als etwas Bekanntes markiert. Diese suggestive Redeweise wiederholt sich oft im Text, und wieder führt sie zu Verwirrung:

In Frage steht, ob es sich an dieser und den folgenden Stellen beim Schatten um einen doppelt bestimmten, also einen fremden und zugleich eigenen, oder um zwei verschiedene Schatten handelt. Zwei Schatten wären allerdings physikalisch völlig unmöglich, wenn überhaupt keine Schatten erzeugende Lichtquelle da ist, allerdings ist ein einzelner Figurenschatten gleichermaßen unmöglich beim diffusen Licht nach Sonnenuntergang und dazu noch bei Bewölkung. Oder geht die Figur im Schatten, gerade weil die Sonne untergegangen ist, woraus ja folgt, dass eine ganze Erdseite in ihrem eigenen Schatten liegt? Die Figur ginge dann im alles dominierenden, generellen Schatten, den die Erde bei »untergegangener« Sonne auf sich selber resp. auf ihre eine Hälfte wirft. Korrespondieren vielleicht die beiden Schatten (falls es denn zwei sind) mit der Sonne und dem, was sonst noch untergegangen ist? Oder mit der Nacht und dem Gewölk? Auch bei Bewölkung liegt alles in einem großen Schatten, der alle individuellen Schatten schluckt. Das würde auch das Gehen *im Schatten* erklären, das ja schwerlich den selbst geworfenen bezeichnen kann. Aber welcher wäre dann der »eigene« und welcher der »fremde«? – Da später, bei der zweiten auftretenden Figur, nur vom fremden (resp. vom geborgten) Schatten die Rede ist und der Schatten immer in der Einzahl auftritt, neige ich zur Annahme, dass es sich dabei um einen doppelt bestimmten Schatten handelt, also um den eigenen, der zunächst durch Fremdbestimmung völlig überformt ist, so wie der Figurenschatten nach Sonnenuntergang oder bei Bewölkung (der Überschatten ist also seinerseits doppelt bestimmt) im größeren Schatten aufgeht. – Im Laufe der Erzählung geht das Übermächtige und Diffuse des Schattens zunehmend zurück und wird von der Figur her genauer bestimmt: Geht sie zunächst *im* Schatten, so beschreibt sie sich selber später als der Jude *mit dem Schatten, dem eignen und dem fremden* (Z. 93; 132f.). Es bleibt jedoch dabei, dass der eigene auch der fremde Schatten ist.

An dieser Stelle scheint eine andere Stimme in die Erzählung einzufallen; es könnte sich aber auch um einen Einschub des vorangehenden Erzählers handeln.

> [...] – denn der Jud, du weißts, was hat er schon, das ihm auch wirklich gehört, das nicht geborgt wär, ausgeliehen und nicht zurückgegeben –, [...].

Dann wäre also auch sein Schatten etwas, das ihm nicht gehört? Den er sich unrechtmäßig angeeignet hat? Und das Ganze die Erklärung für den *fremden Schatten?* Momentweise erscheint der Schatten jetzt wieder als (obschon unmöglicher) Figurenschatten; Peter Schlemihl und der unheimliche »Herr im grauen Rock«[65] blitzen auf. Bis man sich erinnert, dass es in der erzählten Geschichte ja dunkel ist, dass der Schatten, von dem die Rede ist, der übermächtige, diffuse Schatten der Bewölkung und der Nacht ist, der den Figurenschatten gleichsam geschluckt hat: Das Bild wird absurd. – Wurde hier eine Trope ad absurdum geführt, wie Celan es im *Meridian* beschreibt?

> Und was wären dann die Bilder?
> Das einmal, das immer wieder einmal und nur jetzt und nur hier Wahrgenommene und Wahrzunehmende. Und das Gedicht wäre somit der Ort, wo alle Tropen und Metaphern ad absurdum geführt werden wollen. (ME, S. 199)

Gespräch im Gebirg ist zwar kein Gedicht, aber das Bild der beiden Schatten wird durch den (der Prosa gedankten und geschuldeten) Erzählerkommentar mit dem Vorurteil – selber ein fixiertes Bild, ein Klischee – des sich unrechtmäßig bereichernden Juden zusammengebracht und beide werden dadurch ad absurdum geführt:

Steht der Schatten etwa für den Verlust der Lebensfreude, unter der der Jude geht, seit große Teile seines Volkes umgebracht wurden und auch er nur durch Zufall entrann (vgl. Z. 83: *ich mit der Stunde, der unverdienten*)? Seit er mit Trauer um die verlorenen Nächsten und *Geschwisterkinder*, mit dem Schuldgefühl des Überlebenden und mit dem Verlust des Sinns und der Hoffnung leben muss? Diese metaphorischen Lesarten – Schatten als Traurigkeit oder Schuldgefühl – werden durch das zweite Bild, das zitierte Klischee, unterminiert. Umgekehrt gibt das Bild des fremden Schattens, in dem der Jude geht, zusammengebracht mit dem Vorurteil, dass die Juden alles sich unrechtmäßig angeeignet hätten, dieses seiner Untauglichkeit preis.

Die Absurdität wirkt auf beide zueinander gezwungenen Bilder zersetzend. Nicht nur der fremde Schatten steht in Frage, sondern genauso sehr das Vorurteil, das Klischee in Form einer rhetorischen Frage, deren Rhetorizität plötzlich erschüttert wird: Warum sollte denn der Jude einen fremden Schatten haben wollen? Etwa, weil kein Licht mehr da ist, das einen eigenen Schatten erzeugen könnte? Aber der große (*fremde*) Schatten ist ja eben die Ursache für die individuelle (*eigene*) Schattenlosigkeit! Das zitierte Bild vom Juden, der sich alles unrechtmäßig angeeignet hat, wird erschüttert und ein Gegensinn lesbar: Warum eigentlich hat der Jude nichts Eigenes, was ihm wirklich gehört? Und wenn der fremde Schatten das anhaftende Vorurteil bezeichnete – jetzt lese ich metaphorisch –, das dem Juden nicht (an-) gehört, würde es zugleich zurückgewiesen. Durch die Absurdität wird in dem Bild plötzlich eine Weigerung, ein Aufbegehren lesbar.

Was heißt es nun dagegen, wenn der Schatten einmal, nur jetzt und nur hier als eigener und fremder Schatten dieser Figur wahrgenommen wird? In der Geschichte ist der Schatten durch die Bewölkung und durch die untergegange-

---

[65] Auf den Bezug zu Peter Schlemihl gehe ich weiter unten noch etwas genauer ein.

ne Sonne verursacht. Fremd ist der Schatten, weil er nicht von der Figur geworfen wird. Und inwiefern ist er ein eigener? Wo ein allfälliger Figurenschatten in diesem Überschatten doch gar nicht sichtbar wäre? Ist unter diesen Umständen der fremde auch der eigene? Oder existiert ein eigener gar nicht? Muss
der fremde Schatten von der Figur als eigener betrachtet werden, insofern er zu
ihren Lebensbedingungen gehört?

Sieht man die beiden Juden (ein zweiter tritt später auf) im *Gespräch im
Gebirg* in der Tradition von Adelbert von Chamissos Peter Schlemihl, so ergibt sich das Folgende: Für Peter Schlemihl ist die Schattenlosigkeit ein Problem als sozialer Makel. Die Leute meiden ihn, wenn er ohne Schatten geht, sie
scheinen ihn zu fürchten. Schlemihl hat seinen Schatten dem unheimlichen
Herrn im grauen Rock für einen immervollen Geldbeutel abgetreten. Die Wirkung ist fatal. So sehr die Leute ihn auch lieben oder wegen seines vielen Gel-
des seine Nähe suchen: noch mehr fürchten und meiden sie ihn wegen des
fehlenden Schattens. Um diesen Makel zu verbergen, muss er, wenn immer
möglich, im Schatten von etwas oder jemand anderem gehen oder stehen. Ist
sein fehlender Schatten nicht sichtbar, ist alles gut. So borgt er vorübergehend
den eigenen Schatten wieder vom grauen Mann aus und ist sofort sehr angesehen. Nur im Tausch gegen seine Seele bekäme er jedoch seinen Schatten ganz
zu eigen zurück, was er verweigert. Schlemihl muss deshalb zuletzt einsam als
Naturforscher leben, was ihm aber zu einer Quelle von neuem Glück, oder
wenigstens Sinn, wird.

Die Juden im *Gespräch im Gebirg* gehen im eigenen und fremden Schatten,
heißt es. Der antisemitische Einwurf zielt auf den fremden Schatten, der als
geborgter und unrechtmäßig angeeigneter denunziert wird. Bei Schlemihl
dagegen ist der geborgte der eigene. Während Schlemihls Makel nur in der
hellen Sonne deutlich und zum Problem wird, ist es in *Gespräch im Gebirg*
umgekehrt der »Überschatten«, der den Juden den Schatten »stiehlt«, ihn ver-
einnahmt, verschluckt. Die zwei Juden in der Szenerie können keinen Figurenschatten werfen, weil es dunkel und bewölkt ist. Der eigene, der fremde und
der geborgte Schatten müssen daher mit dem »Überschatten« identifiziert
werden, dem Erd- und dem Wolkenschatten, und die Ähnlichkeit zerfällt. Der
eigene, der Figurenschatten fällt dem »Überschatten« zum Opfer; und dann
sollte der Jude zugleich diesen als Kompensation geborgt haben? – Das Problem der Figuren in *Gespräch im Gebirg* ist also ganz verschieden von dem
Schlemihls, und der Einbezug der literarischen Tradition, die durch die Bilder
und einzelne Worte provoziert wird, macht nur eben diese Differenz überdeut-
lich und die Unangemessenheit und Absurdität des Vorwurfs, die Juden hätten
sich den Schatten geborgt, weil sie keinen eigenen hätten. Ihre »Schattenlosigkeit« ist kein sozialer Makel, sie ist eher sozial verursacht, ist man geneigt
vereinfachend zu sagen, und der Antisemitismus des Einwurfs – und der Haltung der Leserin, wenn sie, im Suchen nach Sinn, momentweise geneigt ist,
dem Einwurf Gehör zu schenken, indem sie nach Sinn sucht (was sich an ver-

schiedenen Interpretationen von *Gespräch im Gebirg* verfolgen lässt) – kann dies nicht mehr verdecken, macht es im Gegenteil umso deutlicher.

Schlemihl hat nach dem unglückseligen Handel zwar noch seine Seele, aber keinen Schatten mehr, was ihn von der Gemeinschaft der Menschen ausschließt. Will er seinen Schatten zurück, muss er die Seele drangeben. Die zwei Juden in *Gespräch im Gebirg* haben auch keinen Schatten oder zwei, einen eigenen und einen fremden, jedenfalls keinen sichtbaren Figurenschatten. Sie scheinen ebenfalls isoliert zu sein: Sie kommen von weither, es kommen keine anderen Menschen vor in der Geschichte und sie fühlen sich nicht zuhause auf der Erde. Sie erscheinen zunächst schemenhaft, unwirklich; sie haben einen unaussprechlichen Namen und kaum Individualität. Anders als bei Schlemihl scheint ihr Schatten aber wegen der untergegangenen Sonne (und einem weiteren Untergang, von dem in Zeile 1 die Rede ist) zu fehlen und nicht in der Sonne offenkundig zu werden. Je mehr sie sich zum »Überschatten«, der ihren Figurenschatten gleichsam schluckt – in der Logik des Textes müsste man vom Erdschatten sprechen –, in Beziehung setzen, desto individueller werden sie. – Würden die Juden vielleicht ihre Seele verlieren, wenn sie ihren persönlichen Schatten zurücktauschten und dabei den Überschatten ignorierten?

Wer sagt hier überhaupt zu wem *du*? Ordnet man die Rede dem Erzähler zu, bezieht sich das Du auf den Adressaten. Als konkrete Leserin werde ich dabei mit einer sprachlichen Geste des vorausgesetzten Einverständnisses mit der folgenden antisemitischen Äußerung angesprochen: *Du weißt* […]. Aber das Zitat mitsamt seiner vereinnahmenden und auf Übereinstimmung zählenden Geste ist, wie oben gezeigt wurde, verräterisch: Sofort wird es, zuerst durch den gleichzeitigen Hinweis auf die Besitzlosigkeit und vollends durch den Zusammenhang mit dem Schatten, seiner Absurdität preisgegeben, wird seine Unangemessenheit bloßgestellt. Das Oszillieren der Erzählerstimme zwischen jüdisch und antisemitisch ist verwirrend, verunsichernd. Renate Böschenstein-Schäfer spricht treffend von einem »rätselhaft doppelzüngigen Erzähler«, ohne allerdings näher darauf einzugehen.[66]

In einer neuerlichen Erzählschlaufe mit Wiederholungen heißt es in der Fortsetzung des Satzes, im »alten«, neutralen, nüchternen Ton:

> […] da ging er also und kam, kam daher auf der Straße, der schönen, der unvergleichlichen, ging, wie Lenz, durchs Gebirg, er, den man hatte wohnen lassen unten, wo er hingehört, in den Niederungen, er, der Jud, kam und kam.

Der lange, in seiner Aneinanderreihung von Teilsätzen und Phrasen litaneihafte erste Satz kommt damit an sein Ende. Die erwähnte Straße stelle ich mir nicht wirklich schön vor. Die Attribute der Straße scheinen dieser durch Dritte zugeschrieben, vielleicht auch vom Erzähler selbst; aber durch seine Doppel-

---

[66] Böschenstein-Schäfer, Anmerkungen zu Paul Celans »Gespräch im Gebirg« (wie Anm. 45), S. 233.

züngigkeit schon gewarnt, glauben wir ihm nicht mehr alles. Ob die Straße unvergleichlich schön sein soll oder die Unvergleichlichkeit eher auf die Nicht-Metaphorizität der Straße abzielt, bleibt offen.

Der Erzähler gibt einen Verweis auf Büchners *Lenz* resp. auf die Person Lenz, wobei vage bleibt, ob er dies als Erzähler, der sich literarisch kundig zeigt, tut oder als dem Juden nahestehender Erzähler, der weiß, dass sich der Jude in diesem Moment wie Lenz fühlt und sich selber mit ihm vergleicht. Dennoch lässt sich fragen: Was ruft der intertextuelle Verweis auf?

Von Lenz heißt es bei Büchner, dass er gleichgültig ging, dass er die Natur als dicht, schwer, feucht, träg, plump empfand, dass er keine Müdigkeit spürte und, für Celan am wichtigsten, dass er *den 20. Jänner* ging und es ihm manchmal *unangenehm* [war]*, dass er nicht auf dem Kopf gehn konnte* (zit. n. ME, S. 195).[67] Diese Worte zitiert Celan im *Meridian* und ergänzt:

> Wer auf dem Kopf geht, meine Damen und Herren – wer auf dem Kopf geht, der hat den Himmel als Abgrund unter sich. (ME, S. 195)

Ebenso geht also auch der Jude im Text, wenn er *wie Lenz geht*. Der Kopf stößt am Boden an, die Füße dagegen finden keinen Halt in der Luft.[68] Auch er geht, wenn er *wie Lenz* geht, am 20. Jänner durchs Gebirge. Celan weist dem *20. Jänner* im *Meridian* einen bestimmten Sinn zu (vgl. Kap. 3.2.2). Der Jude geht demnach seiner *Daten eingedenk, unter dem Neigungswinkel seiner Existenz* (ME, S. 197f.). Der 20. Januar 1942 ist das Datum, das dieser Existenz den allerprägendsten Stempel, den alles überschattenden Einfluss aufgezwungen hat. Der Tag, an dem die industrielle Menschenvernichtung, die geplante

---

[67] Celan bezieht sich vermutlich auf die Büchner-Ausgabe von Bergemann. Die Angabe des Monats, also *Jänner*, findet sich nicht in der frühest erhaltenen Fassung des Textes, des von Karl Gutzkow besorgten Druckes von 1839, der auf einer Abschrift des Büchner-Manuskripts durch Wilhelmine Jaeglé beruht. Der Herausgeber Bergemann (1922) hat die Monatsangabe, zuerst als »Hartung«, in den späteren Fassungen als »Jänner« aufgrund des Tagebuchs von Oberlin ergänzt. In der Ausgabe von Lehmann (Georg Büchner: Sämtliche Werke und Briefe. Historisch-kritische Ausgabe mit Kommentar. Hg. von Werner R. Lehmann. Darmstadt: Wiss. Buchges. 1967, S. 79) wird *Januar* als Ergänzung aus dem Tagebuch Oberlins, das Büchner als Quelle benutzt hat, ausgewiesen (vgl. die Prolegomena zu dieser Ausgabe, S. 26). Vgl. auch die Lenz-Ausgabe von Poschmann (Georg Büchner: Sämtliche Werke, Briefe und Dokumente in zwei Bänden. Hg. von Henri Poschmann. Frankfurt am Main: Deutscher Klassiker Verlag 1992 [Bibliothek deutscher Klassiker; 84], Bd I, S. 225 [Text], S. 791f. [Textgrundlage], S. 816 [Stellenkommentar]).

[68] In einem Brief an Franz Wurm beschreibt Celan das Gehen von Lenz folgendermaßen: *Lenz ging da* [an einem 20. Januar, M. S.] *durchs Gebirg, gesprächig, kopfgängerisch, dann, wieder, ging ein Gebirg unter ihm fort, er holt es (auf Gedankenkrücken, nein ohne!) wieder ein* (Paul Celan/Franz Wurm: Briefwechsel. Hg. von Barbara Wiedemann in Verbindung mit Franz Wurm. Frankfurt am Main: Suhrkamp 1995, S. 131, Nr 91).

Vernichtung des jüdischen Volkes, ihren Anfang nahm.[69] Es ist der Tag, an dem alle Hoffnung sich als nichtig erwies, der Himmel zum Abgrund wurde. Der Tag, an dem beschlossen wurde, dass für die Juden kein Platz auf der Erde sei.[70] Wenn der Jude in *Gespräch im Gebirg* »wie Lenz«, also am 20. Januar, durchs Gebirge geht, dann ist auch das Datum der Wannsee-Konferenz mitzudenken.

Celan sagt im *Meridian*, dass er sich im *Gespräch im Gebirg* von seinem *20. Jänner hergeschrieben* habe (ME, S. 201). Lenz und Celan verhalten sich anagrammatisch, wie übrigens, etwas entfernter, auch Klein und Celan.[71]

In der Fortsetzung des Satzes erscheint noch einmal ein antisemitischer Einwurf. Dabei steht das scheinbar berechtigte Wohnen in den Niederungen (*wo er hingehört*) im Gegensatz zum Gehen im Gebirg, wo der Jude demnach nicht hingehört.[72] Lässt die Figur die ihr zugewiesenen Niederungen hinter sich? Steckt in dem Satz, ähnlich wie oben beim Schatten, eine Revolte gegen die zugewiesenen Niederungen, gegen das durch die Nichtjuden beschnittene Leben, aber ohne Illusionen über dessen Bedingungen und Möglichkeiten, wodurch dem Satz etwas Lucilehaftes (vgl. Kap. 3.2.1) zukommt, etwas tragisch Absurdes (oder Absurd-Tragisches)? Ist es das, was den Juden Lenz ähnlich macht, *kopfgängerisch*: ein Revolutionär, der nur sich selber umstürzen kann? – Der erste Satz, der zugleich den ersten Abschnitt bildet, endet mit einer Wiederholung, die eine Vergeblichkeit anzudeuten scheint, vielleicht sogar einen Bezug zum Bild des vergeblichen Ruderns der Beine in der Luft herstellt:

> [...] er, der Jud, kam und kam.

Es scheint, als wüsste oder könnte der Erzähler nicht mehr weitersprechen. Die Wiederholung des Verbs überträgt sich auf die Bewegung des Juden, dieser scheint zu stocken, nicht weiterzukommen, ziellos zu gehen. Etwas Sinnloses, auch etwas Aussichtsloses kommt durch diese Wiederholungen in den Text und in das Gehen des Juden. Kommen-und-Kommen ist eine Sisyphos-Bewegung. Der Erzähler setzt zu einem neuen Satz und einem neuen Abschnitt an, kommt aber inhaltlich nicht über eine Wiederaufnahme von Gesagtem hinaus:

> Kam, ja, auf der Straße daher, der schönen.

---

[69] Janz, Vom Engagement absoluter Poesie (wie Vorbemerkungen, Anm. 4), S. 105f., hat zuerst auf die Übereinstimmung des Datums von Lenz' Wanderung und dem Datum der Wannsee-Konferenz (20. Januar 1942) hingewiesen.

[70] Zur Wannsee-Konferenz vgl. Kap. 3.2. und dort bes. Anm. 9.

[71] Darauf hat auch schon Jean-Pierre Lefebvre: Parler dans la zone de combat. Sur le »Dialogue dans la montagne«. In: europe 79 (2001), H. 861–862, S. 176–190, hier S. 180, hingewiesen. Zum Verhältnis von Autor, Erzähler und Figuren vgl. Kap. 2.

[72] Elfriede Jelinek hat in ihrem Stück *In den Alpen* (Drei Dramen. Berlin: Berlin-Verlag 2002), in das sie größere Passagen von *Gespräch im Gebirg* übernommen hat, besonders den Zusammenhang von Alpinismus und Antisemitismus herausgearbeitet.

Im nächsten Satz, auf der nächsten Zeile, wendet er sich wieder an ein unbe-
stimmtes Gegenüber:

> Und wer, denkst du, kam ihm entgegen?

Ich fühle mich an dieser Stelle als Leserin zwar angesprochen, aber nicht gemeint; ich bin als Adressat nicht *auserwählt und bei* [m]*einem Namen geru-
fen*,[73] wie ich es beim Lesen eines Gedichts, wenn ich will, oder genauer: wenn
das Gedicht mich findet, sein könnte. Woran das liegen mag? Der Erzähler
unterstellt mir eine Frage oder zumindest ein Interesse. Sie wird sogleich beantwortet, das Rätsel gelöst (auch das obige, betreffend die gegenläufigen
Bewegungen):

> Entgegen kam ihm sein Vetter, sein Vetter und Geschwisterkind, der um ein Viertel
> Judenleben ältre, [...].

Vetter und Geschwisterkind ist eine eigentümliche Verbindung: Vetter bezeichnet einen Cousin oder Onkel, während das Geschwisterkind eigentlich
der Neffe ist. Und dieses Geschwisterkind soll auch noch *um ein Viertel Judenleben* älter sein, kann also unmöglich der Neffe sein. Sein Alter wird in
Judenleben und nicht einfach in Jahren oder Menschenleben oder, was eigentlich zu erwarten wäre, in Menschenaltern angegeben – eine abgründige Formulierung: Die genaue Art der Verwandtschaft wird unwesentlich vor dem Hintergrund der historischen Erfahrung der Unwesentlichkeit von *Judenleben* im
Nationalsozialismus. Ein *Judenleben*, das ist auch ein Leben, das für den Aggressor nur wesentlich war, insofern es ausgebeutet werden konnte, also als
Arbeitskraft und materielle Ressource, und dann vor allem, um effizient ausge-
löscht zu werden. Andererseits bekommt ein *Judenleben* auch seine besondere
Wesentlichkeit vor dem Hintergrund, dass sechs Millionen Juden und Jüdinnen
ermordet wurden: Jedes Leben eines Juden ist das Leben eines Überlebenden.
Aber welche Bedeutung hat *ein Viertel Judenleben*? Ist ein Leben teilbar? Die
Formulierung tendiert plötzlich unheimlich in Richtung Nazijargon, wo von
Halb- und Vierteljuden die Rede war und Menschenleben von solcher biolo-
gistischen Arithmetik abhingen.[74]

Im Gegensatz zur Art der Verwandtschaft scheint die Tatsache derselben im
Text wesentlich zu sein, so sehr, dass sie einerseits immer wieder erwähnt wird

---

[73] Ossip Mandelstam: Über den Gesprächspartner. In: ders.: Gesammelte Essays I. Aus
dem Russischen übertragen und hg. von Ralph Dutli. Zürich: Ammann 1991, S. 7–
16, hier S. 12.

[74] Georg-Michael Schulz (Individuation und Austauschbarkeit. Zu Paul Celans *Gespräch im Gebirg*. In: Deutsche Vierteljahrsschrift für Literaturwissenschaft und
Geistesgeschichte 53 [1979], H. 3, S. 463–477, hier S. 466) weist darauf hin, dass
ein Viertel Judenleben, gerechnet als ein Viertel von 70 Jahren, dem Altersunterschied zwischen Adorno und Celan entspreche. Das ist zwar interessant, aber es
trägt nichts zum literarischen Verständnis des Textes bei, und insbesondere geht
Schulz mit dieser Rechnung unbesehen auf die Gleichsetzung von Alter und Leben
ein. Die Abgründigkeit der Formulierung entgeht ihm dadurch.

und andererseits die Persönlichkeit der beiden sich Begegnenden völlig überdeckt.
Sie sind Geschwisterkinder, haben als Verwandte dasselbe Schicksal oder, um
genauer zu sein und dem Schicksal in diesem Zusammenhang alles Fatale, Un-
vermeidliche zu nehmen, dasselbe *Datum* (ME, S. 196), denselben *Neigungswinkel* (ME, S. 197) der Existenz in Bezug auf eben die Verschwisterung als Juden.
      Der zweite Jud kommt also auf den ersten zu:

> […] groß kam er daher, kam, auch er, in dem Schatten, dem geborgten – […].

Also auch darin sind sie sich gleich. Und wieder fragt eine Stimme an dieser
Stelle, ähnlich wie oben:

> […] denn welcher, so frag und frag ich, kommt, da Gott ihn hat einen Juden sein las-
> sen, daher mit Eignem? –, […].

Die Frage gleicht stark dem obigen Einwurf, unterscheidet sich aber zugleich
subtil. Indem die Begründung für die Besitzlosigkeit weggelassen wird, kann
die Frage auch gelesen werden als zynische Reaktion auf die fremden Zu-
schreibungen, die diese zitiert, um ihnen eine ganz andere, sehr realistische
Bedeutung zu geben: die Klage eines tatsächlich Enteigneten. Der zweite Jude
kommt im geborgten Schatten daher, vom eigenen, vom zweifachen Schatten
ist keine Rede mehr. Er ist seines eigenen Schattens enteignet, deshalb geht er
in einem fremden, könnte man lesen. Die *Sonne, und nicht nur sie,* ist ja auch
ihm untergegangen. Dieser zweite Jude

> […] kam, kam groß, kam dem andern entgegen, Groß kam auf Klein zu, und Klein,
> der Jude, hieß seinen Stock schweigen vor dem Stock des Juden Groß.
> So schwieg auch der Stein, und es war still im Gebirg, wo sie gingen, der und jener.

Nun haben der Erzähler und mit ihm auch ich als Leserin also wieder den
Standpunkt des ersten Juden eingenommen, denn nun *kommt* der zweite ja auf
den ersten zu. Auch der zweite Jude *kommt* und *kommt*, kommt am Stock auch
er, stockend auch er. Seltsam ist aber, dass es gleich still ist, wenn Klein seinen
Stock schweigen heißt vor dem Stock von Groß. Hört man den Stock von Groß
nicht? Spricht der Stein unter seinem Stock nicht? Oder wird hier wieder die
unscharfe Geschiedenheit der beiden deutlich? Könnte dies gar so gelesen
werden, dass – in Anlehnung an Moses (resp. in Absetzung von ihm), der mit
seinem Schlagen mit dem Stock dem Felsen Wasser entlockt, und an das Sprechen des Steins, das dem Stock von Klein entspringt und das dem Sprechen
des Gedichts nahesteht (s. u.) – das Klopfen des Stockes von Groß den Stein
nicht zum Sprechen bringt, kein zeugendes, kein fruchtbares Klopfen ist? Und
was würde das bedeuten für Groß und für Klein und was erst auf Adornos
philosophisches und Celans dichterisches Sprechen bezogen?[75]

---

[75] In der Lesart von Gudrun Kohn-Waechter (»[…] ich liebte ihr Herunterbrennen«.
      Das Zerschreiben der Opferfaszination in *Gespräch im Gebirg* von Paul Celan und
      Malina von Ingeborg Bachmann. In: Gudrun Kohn-Waechter [Hg.]: Schrift der

> Still wars also, still dort oben im Gebirg. Nicht lang wars still, denn wenn der Jud daherkommt und begegnet einem zweiten, dann ists bald vorbei mit dem Schweigen, auch im Gebirg. Denn der Jud und die Natur, das ist zweierlei, immer noch, auch heute, auch hier.

Wieder nimmt der Erzähler einen Anlauf um weiterzuerzählen, wieder indem er einen schon geäußerten Satz nochmals aufnimmt. Viel weiter kommt er allerdings nicht, ab *denn wenn* begründet er mit einem weiteren Vorurteil – dem, dass die Juden geschwätzig seien –, warum es nicht länger still ist. Das Reden *auch im Gebirg* wird dabei fast als Frevel dargestellt. Bis hierher könnte die Geschwätzigkeit der Figuren auch von einem jüdischen Erzähler ironisch vermerkt werden, aber die nachfolgende, mit *Denn* eingeleitete Begründung für das Nicht-Schweigen-Können im Gebirge, dass *der Jud und die Natur [...] zweierlei* seien, bezieht sich eindeutig auf ein antisemitisches Stereotyp, in dem der Jude als Städter definiert und zusammen mit den Zumutungen der Großstadt bekämpft wird, während die Natur, die Scholle, die Berge, das bäuerliche Leben für das gute Eigene, für Sicherheit, Überschaubarkeit und Geborgenheit stehen.[76] Dennoch ist auch diese Begründung wiederum schillernd in ihrer Stimmhaftigkeit: Ist die Stimme anklagend, steht sie dem Juden nahe, der sich ausgeschlossen fühlt, nicht, nie, zuhause aufgrund seiner seit vielen Generationen dauernden Wanderschaft, und der durch die Schoah erlebt hat, wie sehr ihm der Platz auf der Erde verweigert wird? Oder gehört die Stimme jemandem, der ihm diesen Platz immer noch strittig macht? Ist sie gehässig oder kritisch? Die Aussage, dass der Jud und die Natur zweierlei seien, auf den ersten Blick als judenfeindliches Stereotyp zu entlarven, kann, wie die der Besitzlosigkeit, noch eine andere Bedeutung haben, in der die fehlende Natur-/Erdverbundenheit als Resultat des Antisemitismus erscheint.[77]

Flammen. Opfermythen und Weiblichkeitsentwürfe im 20. Jahrhundert. Berlin: Orlanda 1991, S. 226) bedeutet das Schweigen des Stocks von Klein dagegen die erste Reaktion Celans auf Adornos Verdikt gegen die Möglichkeit von Lyrik nach Auschwitz. Vgl. zu diesem Fragenkomplex den dritten Teil dieser Arbeit.

[76] Vgl. dazu Joachim Schlör: Siebzehntes Bild: »Der Urbantyp«. In: Schoeps/Schlör (Hg.), Antisemitismus (wie Anm. 49), S. 229–240. Schlör zeigt, wie dieses Stereotyp mit der Großstadtfeindschaft zusammenhängt. Vgl. etwa Peter-Heinz Seraphim: Das Judentum im osteuropäischen Raum. Essen: Essener Verlagsanstalt 1938, S. 427, zit. nach Schlör, ebd., S. 234): »*Der Jude auf dem Lande war von vornherein ein auf dem Lande wohnender Städter.* [...] Während jedes andere Volk mit dem Lande, auf dem es lebt, also mit der Scholle verbunden ist [...], ist der Jude, der *an sich überall ein ›Fremder‹* ist, innerlich nicht irgendwie bedeutsam an der Umwelt als solcher interessiert.«

[77] Böschenstein-Schäfer (Anmerkungen zu Paul Celans »Gespräch im Gebirg« [wie Anm. 45], S. 232f.) sieht darin das Thema der Fremdheit, in dem sich das Problem der jüdischen Existenz in diesem Text entfalte. Otto Pöggeler (Spur des Worts. Zur Lyrik Paul Celans. Freiburg/Breisgau, München: Alber 1986, S. 253) übernimmt die Redeweise, ohne auf deren zumindest partiell antisemitischen Gehalt und die Verwendungsweise im Text zu achten. Jürgen Joachimsthaler wiederum fügt die Stelle

Die zwei Deiktika am Schluss des Abschnittes, *hier* und *heute,* heben den
Erzähler halbwegs wieder aus der erzählten Welt heraus bzw. sie vermitteln
zwischen der erzählten Welt und der Welt des Erzählers; der Erzähler scheint
sich hier an seinen Adressaten zu wenden. Das Schillern der Bedeutung provoziert mich: Es zwingt die Leserin, Stellung zu beziehen, und erschwert es
zugleich, weil sich ihr Gegenüber, der Erzähler, durch seine Doppelzüngigkeit
entzieht.

> Da stehn sie also, die Geschwisterkinder, [...].

Plötzlich wird die Geschichte nun im Präsens erzählt, während vorher das Präteritum Erzähltempus war. Und unversehens stehen die beiden Figuren still,
obwohl sie vorher gegangen sind. Die erzählte Welt wird durch den Tempus-
wechsel der realen Welt der Leserin im Prozess des Lesens nähergerückt.

> [...] links blüht der Türkenbund, blüht wild, blüht wie nirgends, und rechts, da steht
> die Rapunzel, und Dianthus superbus, die Prachtnelke, steht nicht weit davon. Aber
> sie, die Geschwisterkinder, sie haben, Gott sei's geklagt, keine Augen. Genauer: sie
> haben, auch sie, Augen, aber da hängt ein Schleier davor, nicht davor, nein, dahinter,
> ein beweglicher Schleier; kaum tritt ein Bild ein, so bleibt's hängen im Geweb, und
> schon ist ein Faden zur Stelle, der sich da spinnt, sich herumspinnt ums Bild, ein
> Schleierfaden; spinnt sich ums Bild herum und zeugt ein Kind mit ihm, halb Bild
> und halb Schleier.

Der Abschnitt ist einerseits gekennzeichnet durch eine einheitlichere Stimme
des Erzählers, der nun ohne Stockungen erzählt, dafür mit wiederholten Zu-
rücknahmen und Präzisierungen, und andererseits durch das Erscheinen verschiedener Blumen: Türkenbund, Rapunzel und Dianthus superbus, die
Prachtnelke, kommen ins Bild. Ins Bild kommen sie allerdings unübersehbar
nur für die Leserin, denn die Figuren im Text sehen sie nicht, oder nicht richtig, wegen des Schleiers. Und die Leserinnen und Leser sehen sie natürlich
auch nicht mit den Augen, sondern nur in der Vorstellung, welche die Blumennamen auslösen. – Wenn nun Blumen solcherart ins Bild kommen, lässt
sich angesichts eines literarischen Textes fragen: Und wie kommen sie wieder
aus dem Bild heraus? Wie kommen sie wieder vom Bild in die Sprache? Sind sie
nun eigentlich Bild (als Vorstellung) oder Sprache? Wofür stehen diese Blumen
mit ihren auffälligen Namen, oder vielleicht zuerst: Wo stehen sie im Bild, wo
im Text? Und was bezeichnen sie resp. ihre Namen?
   Ein Blick in Grimms *Deutsches Wörterbuch* zeigt, dass »Rapunzel« der
Name einer Salatpflanze ist und »Türkenbund«, wegen der Ähnlichkeit der

---

in fragwürdiger, ihre Ambivalenz ignorierender Weise in seine Betrachtungen zum
»Eigenen« und seinem »Anderen« als hermeneutische Aporien ein (Jürgen Joa-
chimsthaler: Das »Eigene« und sein »Anderes« als hermeneutische Aporien [am
Beispiel Paul Celans und des Begriffs »Jude«]. In: Jürgen Joachimsthaler/Maria K.
Lasatowicz [Hg.]: Assimilation – Abgrenzung – Austausch. Interkulturalität in
Sprache und Literatur. Frankfurt am Main, Berlin, Bern u. a.: Lang 1999 [Oppelner
Beiträge zur Germanistik; 1], S. 91–109, hier S. 100).

Blüten mit einem Turban, der volkstümliche Name »für das freundliche lilium mártagon«.[78] Diese auffällige Beschreibung zwingt in Gestalt eines Oxymorons »freundlich« und den lateinischen Beinamen der Pflanze, der auf Mars, den römischen Kriegsgott, verweist, zusammen.

Ein ähnliches Oxymoron enthält auch die Titelzeile von Celans Gedicht *Ich höre, die Axt hat geblüht*.[79] Jürgen Lütz versteht »die Axt hat geblüht« als metaphorisches Oxymoron und als Periphrase, mit der Celan über den lateinischen Namen des Türkenbundes auf Bachmanns Verwendung desselben als Chiffre in der in den Roman *Malina* eingelassenen Erzählung *Die Geheimnisse der Prinzessin von Kagran*, bzw. einer frühen Fassung davon, antworte. In Bachmanns Erzählung ist der Türkenbund seinerseits ein Zitat aus Celans *Gespräch im Gebirg*.[80] Dies wäre ein Hinweis, dass Celan der Bezug der Blume zum Kriegsgott Mars durchaus bewusst war.[81]

Ein illustriertes Botanik-Buch zeigt eine auffällige, fleisch- bis fuchsiarote Blume, die durch ihr Aussehen und ihren volkstümlichen Namen (Türkenbund) auf den Osten verweist.[82] Bei Bachmann bringt sie der aus Südosten kommende Fremde mit. Auch Celan selber kommt von weit, kommt aus dem Osten. Das Ich in *Gespräch im Gebirg*, das von sich ebenfalls sagt, dass es von weit komme, definiert sich am Ende u. a. als *ich mit dem Türkenbund*. Osten, Krieg, Gewalt und Bund: diese Aspekte sind im Zusammenhang mit dem Türkenbund im Auge zu behalten. Ich werde weiter unten darauf zurückkommen.

Der Türkenbund also blüht links, *blüht wild, blüht wie nirgends* – ausgerechnet der exotische »Türkenbund« also flammt geradezu in dieser Schwei-

---

[78] Grimm, Deutsches Wörterbuch (wie Anm. 61), Bd 8, Sp. 122 und Bd 11, 1. Abteilung, 2. Teil, Sp. 1856. Diese Beschreibung ist aus Franz Söhns: unsere pflanzen. Leipzig: Teubner 1899, S. 62, zitiert.

[79] Celan, Gesammelte Werke in fünf Bänden (wie Vorbemerkungen, Anm. 2), Bd 2, S. 342.

[80] Jürgen Lütz: Der Name der Blume. Über den Celan-Bachmann-Diskurs, dargestellt am Zeugen »Ich höre, die Axt hat geblüht«. In: Axel Gellhaus/Andreas Lohr (Hg.): Lesarten. Beiträge zum Werk Celans. Köln, Weimar, Wien: Böhlau 1996, S. 49–80. Durch eine sorgfältige intertextuelle Studie macht Lütz das Vorhandensein einer frühen Fassung der Bachmannschen Erzählung plausibel (wenn auch die biographische Unterfütterung weit über eine intertextuelle Analyse hinausgeht), die Bachmann Celan, zwanzig Jahre nachdem sie sich in Wien 1948 kennengelernt hatten, zugeeignet habe und auf die Celan mit dem Gedicht *Ich höre, die Axt hat geblüht* geantwortet habe, das ursprünglich den Titel *Der zwanzigste Jänner 1968* trug.

[81] Dies heißt zwar nicht unbedingt, dass ihm dieser Bezug auch schon bei der Verfassung von *Gespräch im Gebirg* bewusst war. Nach Lütz hat sich Celan erst in der Auseinandersetzung mit Bachmanns Verwendung der Türkenbund-Chiffre mit der Bedeutung des Namens befasst. Aber bei der Sorgfalt, mit der Celan gewöhnlich seine Worte und Bilder auswählt, und der Auffälligkeit dieser Chiffre gehe ich davon aus, dass mit ihrer Nennung auch der Bezug zu Mars, zu Krieg und Gewalt also, gemeint ist. Und auf jeden Fall lässt sich der Bezug nicht von der Hand weisen.

[82] Dietmar Aichele/Marianne Golte-Bechtle: Was blüht denn da? Wildwachsende Blütenpflanzen Mitteleuropas. 50. Aufl. Stuttgart: Franck 1986.

zer[83] Bergwelt – und daneben, *rechts*, steht die viel unscheinbarere Rapunzel, eine essbare Pflanze mit weißen oder blauen Blüten, die außerdem aus dem Märchen »Rapunzel« bekannt ist. Das Grimm-Märchen »Rapunzel« stellt einen Bezug her zur deutschen Kulturgeschichte, die ja offensichtlich auch eine Rolle spielt für die Identität der Figur. Und *nicht weit davon* (in der erzählten Welt und im Text), mit lateinischem und deutschem Namen genannt, steht *Dianthus superbus, die Prachtnelke.* Von ihrem Phänotyp her steht sie zwischen den beiden anderen: Sie ist filigraner als der Türkenbund und hat lila bis weiße Blüten. Durch ihren lateinischen Namen könnte sie – neben dem Türkenbund, der den Bezug zu Osteuropa und zum Judentum schafft, und der »deutschen« Rapunzel – den lateinisch geprägten Aspekt europäisch-jüdischer Identität vertreten. Alle zusammen ergeben ein auffälliges, kontrastreiches Bild in der sonst eher kargen Berglandschaft. – Diese Blumen also werden von den Figuren nicht gesehen. Oder vielleicht doch? Denn sie werden von ihnen auch nicht vergessen. Sie kommen später in der Erzählung noch dreimal vor, allerdings ohne die dritte, *Dianthus superbus, die Prachtnelke,* die nur hier, ein einziges Mal, erwähnt ist. Ihrem deutschen Namen nach ist diese prächtig, dem lateinischen nach nur stolz, hochmütig. Möglicherweise steht sie mit der antisemitischen Stimme im Zusammenhang, die bis hierher immer wieder aufgetaucht ist, ohne einer Figur oder dem Erzähler eindeutig zugeordnet werden zu können. Denn diese verstummt an dieser Stelle, so wie auch die Prachtnelke verschwindet. Die Prachtnelke könnte im Text also jenen Dritten vertreten, von dem Celan in Bezug auf *Gespräch im Gebirg* einmal notiert:

> Es ist noch ein Dritter dabei, le témoin, von Gnaden der Sprache und malgré lui. Er sagt, grauhaarig wie er da steht, noch immer lauter Blondheiten.[84]

Eine weitere Sinndimension erschließt sich über den Klang der Blumennamen. Auf den ersten Blick irritierend, ist der Bezug, einmal wahrgenommen, nicht mehr wegzudenken: Türkenbund reimt sich auf Wiesengrund, Rapunzel auf Ancel. Damit verweisen die Blumen auf die abgelegten ursprünglichen Familiennamen von Adorno und Celan, den Personen, deren *versäumte Begegnung* (ME, S. 201) ausdrücklich den Anlass des Textes bildet. Diese Bezüge als versteckte biographische Daten an sich sind noch nicht besonders interessant, und es hätte ihrer auch nicht bedurft, hat Celan doch ohnehin auf die Beziehung des Textes zu Adorno hingewiesen. Interessanter und auch schwieriger ist die Art der Beziehung zwischen dem Text und den Personen zu fassen. Die Bezüge zwischen den Blumen und den Familiennamen verweisen in der Tat

---

[83] Als Schweizer Bergwelt ist die Szenerie freilich nur zu identifizieren, wenn man den Schauplatz im Engadin, den Celan im *Meridian* als Anlass für den Text angibt, auf den Text selber überträgt.

[84] Tübinger Celan-Ausgabe, S. 129. Vgl. zu diesem Zitat und seiner Bedeutung auch Kap. 2.3. »Malgré lui« ist zu übersetzen mit »gegen seinen Willen«. – Diese Deutung ist allerdings nicht kompatibel mit dem obigen Vorschlag, dass Dianthus superbus die lateinische Kulturwelt vertreten könnte.

auf eine zentrale Sinndimension des Textes, die insbesondere durch die weiter unten entwickelte Beziehung der Kerze zum Türkenbund erhellt wird: auf die Frage nach der Möglichkeit jüdischer Identität für einen Überlebenden des nationalsozialistischen Völkermordes, insbesondere für einen Juden, der sich vor dem Holocaust nicht oder kaum mit seinem Judentum identifiziert hat.

Dies alles kann aber nicht darüber hinwegtäuschen, dass die Blumen als Bild und Namen zu einem hohen Grad unverständlich und unübersetzbar, rätselhaft bleiben: Es sind keine Metaphern, sondern Chiffren.[85] Dass sie nicht gesehen, nicht gelesen werden können, wird ja im Text noch eigens gesagt und in der Folge (allerdings auch in seinem Gegensinn) ausgeführt.

Die Geschwisterkinder [...] *haben* [...] *keine Augen*, heißt es zunächst. Doch diese Aussage wird zweimal revidiert, präzisiert. Das Besondere, das »Sehhindernis« rückt dabei immer mehr ins Innere der Figuren. Zuerst fehlt den Figuren einfach ein Organ, sie haben keine Augen. Dann: *Genauer: Sie haben, auch sie, Augen, aber da hängt ein Schleier davor*. Aber auch das scheint noch zu wenig genau zu sein, der Schleier ist nämlich nicht außen, nicht davor, heißt es nun, sondern innen, *dahinter*. Also fehlt ihnen nicht etwa ein Organ, sondern sie haben im Gegenteil etwas Zusätzliches, eine Art Filter, im Auge, der ihr Sehen beeinflusst, beeinträchtigt – und zugleich auch ergänzt. Sie haben einen Schleier hinter den Augen; ein Gewebe aus Schleierfäden, die sich um jedes eintretende Bild spinnen und dann, was für ein seltsame Vorstellung, ein Kind mit diesem zeugen. Und was für ein Kind: *Halb Bild und halb Schleier*. – Im ambivalenten Bild des Schleiers vereinigen sich fruchtbare Momente mit solchen des Toten und Starren. Der Schleier kann ein Hochzeitsschleier sein oder auch eine Art Kokon (also scheinbarer Tod; eine Starre, die neues Leben vorbereitet) oder sogar die »Spinn-webe« (beide Wortteile kommen im Satz vor), die sich über alte, tote, vergessene Dinge legt. Der Schleier ist beweglich; er schmiegt sich um die eintretenden Bilder – oder aber erstickt sie. Ein Schleier zeigt und verhüllt zugleich, und er zeigt, dass er verhüllt.

---

[85] Ich verwende den Terminus »Chiffre« im Sinne der zweiten Definition von Wilpert im: Sachwörterbuch der Literatur. Hg. von Gero von Wilpert. 7., verbesserte und erweiterte Aufl. Stuttgart: Kröner 1989 (Kröners Taschenausgabe; 231), S. 146: »[...] Stilfigur des Wirklichkeitsschwundes: emblemartig abkürzende Zeichen (einfache Worte oder Wortverbindungen), deren Bedeutung nicht dem selbstverständl. Gehalt entspricht, sondern aus dem Textzusammenhang hervorgeht, diesen aber erst verständlich macht. Restform des vollplastisch ausgefüllten Symbols in Gestalt eines knappen, funktionellen Zeichens [...]«. Ähnlich definiert das *Kleine Lexikon literarischer Grundbegriffe*: »Rätselhafter Ausdruck, dessen Bedeutung sich, wenn überhaupt, nur aus dem Textzusammenhang erschließen lässt« (Otto Lorenz: Kleines Lexikon literarischer Grundbegriffe. München: Fink 1992 [UTB; 1662], S. 24). Das *Reallexikon der deutschen Literaturwissenschaft* (Neubearbeitung des Reallexikons der deutschen Literaturgeschichte. Gemeinsam mit Harald Fricke, Klaus Grubenmüller und Jan-Dirk Müller hg. von Klaus Weimar. Berlin, New York: de Gruyter 1997) definiert die Chiffre etwas abweichend, mit stärkerer Betonung ihrer Unübersetzbarkeit und ihres Geheimnischarakters.

Es gibt von Celan ein Gedicht mit dem Titel *Schliere*.[86] Pöggeler sagt in Bezug auf das Gedicht über die *Schliere im Aug*,[87] die bleibende Verwundung (metonymisch vertreten durch die Schliere) lasse heute (und das heißt in erster Linie: nach der Schoah) allein noch richtig sehen. Schliere ist ein Anagramm von Schleier. Was Pöggeler über die Schliere sagt, gilt ähnlich auch für den Schleier im Auge: Er steht im Zusammenhang mit der Schoah, und er beeinflusst wesentlich das Sehen, wie sich später noch genauer zeigen wird.

> Armer Türkenbund, arme Rapunzel! Da stehn sie, die Geschwisterkinder, auf einer Straße stehn sie im Gebirg, es schweigt der Stock, es schweigt der Stein, und das Schweigen ist kein Schweigen, kein Wort ist da verstummt und kein Satz, eine Pause ists bloß, eine Wortlücke ists, eine Leerstelle ists, du siehst alle Silben umherstehn; Zunge sind sie und Mund, diese beiden, wie zuvor, und in den Augen hängt ihnen der Schleier, und ihr, ihr armen, ihr steht nicht und blüht nicht, ihr seid nicht vorhanden, und der Juli ist kein Juli.

Der Erzähler bedauert die Blumen, weil sie nicht wahrgenommen werden und deshalb *nicht vorhanden* seien. Es ist allerdings paradox, dass der Erzähler die Blumen anspricht, um ihnen zu sagen, sie seien nicht vorhanden. Nicht vorhanden im Sinne von unsichtbar sind sie, wenn überhaupt, für die Juden: [...] *und in den Augen hängt ihnen der Schleier.* – Oder existieren vielleicht überhaupt nur die Worte, die Namen der Blumen, nicht aber die Blumen selber? Geht es vielleicht gerade darum, dass ein Autor »Türkenbund« schreiben, ein Erzähler im Text es sagen kann, ohne dass dem eine konkrete Blume entsprechen muss? Oder umgekehrt, dass die Natur selber keine Sprache hat und erst durch Menschen Sprache werden kann? Wenn die Menschen im Text, die auf der gleichen fiktionalen Ebene wie die Blumen sind, die Juden Groß und Klein, die Blumen nicht sehen und nicht benennen können: Existieren diese dann, im Universum des Textes, auch nicht?

Es gibt im zitierten Abschnitt eine eigenartige Überblendung der Blumen, der *Geschwisterkinder* und der Silben: Alle scheinen sie gleich verloren in der Landschaft zu stehen, in dieser Bergwelt, die nicht zu ihnen sprechen will: Das Gebirge, das zugleich birgt und verbirgt, gibt nichts her. Syntaktisch wird die Überblendung erreicht, indem die Referenten des *sie* (Z. 40) momentweise unklar bleiben: Es können die Blumen oder die Juden sein, erst nachgetragen werden *die Geschwisterkinder*. Auch *du* und *ihr* haben keine festen und eindeutigen Referenten in diesem Abschnitt. Der Anruf an Türkenbund und Rapunzel zu Beginn scheint diese als Angesprochene zu etablieren. In der Erzählerrede fungiert aber prinzipiell (vgl. Kap. 2.1.3.2) die Leserin als Adressat. Und die Blumen tendieren, wie gezeigt wurde, auch zur dritten Person. Ähnlich verhält es sich mit dem Stock und dem Stein und den Geschwisterkindern: Das »sie« (Z. 45) kann beide gleichermaßen bezeichnen. Wer schweigt nun also, und

---

[86] Celan, Gesammelte Werke in fünf Bänden (wie Vorbemerkungen, Anm. 2), Bd 1, S. 159.
[87] Pöggeler, Spur des Worts (wie Anm. 77), S. 248.

wer schweigt nicht? Wer ist *Zunge und Mund*? Wieder entspricht hier einer syntaktische Zweideutigkeit eine semantische: Das Schweigen von Stock und Stein gleitet gleichsam in das Nicht-Schweigen, in die *Wortlücke* der (nicht-?) redenden Geschwisterkinder über, ohne dass genau zu verzeichnen wäre wie.

Die Blumen stehen unverbunden neben den Silben, die ebenfalls *umherstehn*, und (noch) keinen Sinn ergeben: Der Türkenbund (die Blume) und »Türkenbund« (das Wort) haben nichts miteinander zu tun. Vielleicht sind die Worte noch nicht wieder gefunden, noch nicht wieder *zutage getreten* nach *all dem* (BRE, S. 186)?[88] – Was bedeutet »Zunge und Mund sein«? Unbedingt reden wollen? Sprechwerkzeug zu sein, ohne sprechen zu können? Keine Person zu sein oder im Gegenteil, eine zu sein: per-sona, das, wodurch es klingt? Oder eine zu sein nur vermittelst der Sprache, die aber keine Worte hergibt? Und worauf bezieht sich *wie zuvor*?

Mund und Zunge kommen später im Text wieder vor. Groß sagt zu Klein: *Weil ich hab reden müssen vielleicht, zu mir oder zu dir, reden hab müssen mit dem Mund und mit der Zunge und nicht nur mit dem Stock* (Z. 71–73). Vom Stein dagegen sagt Klein: [*U*]*nd dann sagt er, er und nicht sein Mund und nicht seine Zunge* (Z. 78). Das Reden der Figuren mit Mund und Zunge wird also dem Sprechen des Steins gegenübergestellt. Die eine Figur, Groß, bevorzugt das Reden mit Mund und Zunge gegenüber dem Reden mit dem Stock, der nur mit dem Stein rede, von dem er fragt, zu wem der rede. Klein korrigiert ihn: *Er redet nicht, er spricht* (Z. 75f.). Es gibt eine semantische Abstufung und Hierarchie der Verben des Sagens in *Gespräch im Gebirg*. Das – bedeutungsvollste – Sprechen wird nur dem Stein zugestanden, aber dieser schweigt (das korrespondierende Verb) an der fraglichen Stelle gerade. Das Sprechen des Steins aber erinnert an das Sprechen des Gedichts, wie es Celan im *Meridian* darstellt (vgl. Kap. 3.2).

So lässt sich der zitierte Abschnitt vielleicht derart verstehen, dass Stock und Stein, die sprechen könnten, schweigen. Die Geschwisterkinder aber reden, sie sind *geschwätzig*, wie es unten heißt, und bringen angeblich keinen sinnvollen Satz und kein ganzes Wort zustande. Selbst wenn sie nicht reden, entsteht deshalb kein Schweigen, sondern nur eine Wortlücke. Die Silben stehen herum und warten gleichsam auf ihren Einsatz. Der Unterschied zwischen Reden oder Nicht-Reden scheint relativ bedeutungslos zu sein neben dem bedeutungsvollen Schweigen, dem Nicht-Sprechen des Steins.[89]

---

[88] Zitate aus der *Ansprache anlässlich der Entgegennahme des Literaturpreises der Freien Hansestadt Bremen* von Paul Celan (Gesammelte Werke in fünf Bänden [wie Vorbemerkungen, Anm. 2], Bd 3, S. 185f.) werden nachgewiesen mit der Abkürzung »BRE«.

[89] In einer judaistischen Deutung der Stelle ließe sich für den zweiten »Juli« an der Stelle »der Juli ist kein Juli« die Trauerzeit der Juden, in der des zerstörten Tempels und anderer Katastrophen gedacht wird, einsetzen. Bemerkenswerterweise fiel der 23. Juli 1959 mit dem Fasttag des 17. Tammus zusammen, mit dem die drei Trauerwochen beginnen (pers. Mitteilung von A. Bodenheimer). Vgl. dazu auch Kap. 5.2.

Die Geschwätzigen! Haben sich, auch jetzt, da die Zunge blöd gegen die Zähne stößt und die Lippe sich nicht ründet, etwas zu sagen! Gut, lass sie reden …

Der Erzähler nennt die beiden geschwätzig, bevor sie in der Erzählung noch etwas gesagt haben, und wertet ihr Reden ab, um ihnen dann gleichwohl das Wort zu geben. Dadurch eröffnet er einen Gegensinn; dem Gespräch, so sinnlos es angeblich ist, wird Platz eingeräumt. Vielleicht hat dieses paraphrasierte Lallen (*da die Zunge blöd gegen die Zähne stößt und die Lippe sich nicht ründet*) denselben Sinn wie das *Lallen* in *Tübingen, Jänner*?[90] Das stockende, unartikulierte und sich wiederholende Sprechen erscheint dort als einzig mögliche, sinnvolle, ja weise Art des Sprechens in und von *dieser/Zeit*.

Bis zum Schluss tritt nun der Erzähler als solcher überhaupt nicht mehr in Erscheinung; er lässt nur die Figuren reden.

> »Bist gekommen von weit, bist gekommen hierher …«
> »Bin ich. Bin gekommen wie du.«
> »Weiß ich.«
> »Weißt du. Weißt du und siehst: […]«

Als Erstes fällt bei diesem Gespräch auf, dass die beiden Gesprächspartner, die zwei Figuren der Erzählung, kaum unterscheidbar sind. Es wird nicht gesagt, wer das Gespräch eröffnet, und die Beiträge sind bis auf die letzten so unindividuell, so wenig charakteristisch, dass die beiden Figuren dadurch keine Gestalt gewinnen. Man kann die Reden zwar abwechselnd zuordnen und sieht dann, dass der erste Jude auch die letzte, lange und ganz andere Rede spricht, aber sonst ergeben sich kaum Profile. Die Gesprächsbeiträge der beiden sind oft fast identisch, sie sprechen echoartig. Das ununterscheidbare Sprechen scheint Programm zu sein, denn später im Gespräch werden sogar Frage und Antwort und zugleich *ich* und *du* strukturell vermischt. Das passt zu dem fast identischen Auftritt am Anfang der Erzählung, den äußerlichen, beschreibenden Namen Groß und Klein und zum Reden von den *Geschwisterkindern*, worin der Erzähler ununterschieden von den beiden spricht.[91]

In einem konstatierenden, distanzierten Ton beschreibt nun der eine der beiden die Landschaft, in der sie stehen.

> »[…] Es hat sich die Erde gefaltet hier oben, hat sich gefaltet einmal und zweimal und dreimal, und hat sich aufgetan in der Mitte, und in der Mitte steht ein Wasser, und das Wasser ist grün, und das Grüne ist weiß, und das Weiße kommt von noch weiter oben, kommt von den Gletschern, man könnte, aber man solls nicht, sagen, das

---

[90] Celan, Gesammelte Werke in fünf Bänden (wie Vorbemerkungen, Anm. 2), Bd 1, S. 226.

[91] Dies im Widerspruch zu Pöggeler, der der Meinung ist, man müsse genau unterscheiden, »was der erste (Celan) sagt und was der zweite (Adorno)« (Spur des Worts [wie Anm. 77], S. 254). Pöggeler versucht, das *Gespräch im Gebirg* als ein Gespräch zwischen Adorno und Celan zu lesen, und setzt dabei kurzerhand die Figuren des Textes mit den realen Personen gleich.

ist die Sprache, die hier gilt, das Grüne mit dem Weißen drin, eine Sprache, nicht für dich und nicht für mich – denn, frag ich, für wen ist sie denn gedacht, die Erde, nicht für dich, sag ich, ist sie gedacht, und nicht für mich –, eine Sprache, je nun, ohne Ich und ohne Du, lauter Er, lauter Es, verstehst du, lauter Sie, und nichts als das.«

Der andere antwortet darauf mit einer Bestätigung und deren Begründung:

»Versteh ich, versteh ich. Bin ja gekommen von weit, bin ja gekommen wie du.«

Warum soll *man* nicht sagen, dass dies die Sprache sei, *die hier gilt*? Wer verbietet es? Wo ist »hier«? Was ist *das Grüne mit dem Weißen drin* für eine Sprache? Die Figur identifiziert die Erde mit der Sprache und diese mit dem grünen Wasser, das eigentlich weiß sei; das als weißes Gletscherwasser in den (grünen) See fließt. Oder ist das Wasser weiß wie grün nur aufgrund der Spiegelung der Berge mit den schneebedeckten Gipfeln im See, die erst dem Wasser Farben verleihen? Was soll man von einer solchen »Eigentlichkeit« halten? – Wenn die Erde Sprache sein soll, spricht sie die beiden Juden nicht an: Eine Begegnung von Mensch und Natur findet auf dieser Flur nicht statt. Die Berge sprechen nicht und das Wasser auch nicht, zumal sich herausstellt, dass das Grüne nicht wirklich grün, sondern eigentlich weiß oder farblos ist: In seiner historischen Dimension als weißes Gletscherwasser gesehen oder Spiegelung, Täuschung. Auf die angeblich echte, authentische Sprache der Natur, *die hier gilt,* ist also auch kein Verlass. Das Wasser mag weiß oder grün scheinen, die Berge mögen sich im See spiegeln, aber mit dem Menschen, der dies sieht, hat es nichts zu tun. Er wird nicht angesprochen: *eine Sprache, je nun, ohne Ich und ohne Du.*[92]

Von wem wäre denn die Erde nicht für die beiden gedacht, von ihrem Schöpfer oder von den Menschen, die versucht haben, sie als Juden zu töten? Die Menschen haben ihnen jedenfalls deutlich gemacht, dass hier kein Platz für sie sein soll.

---

[92] In Bezug auf diese Stelle kann ich Rike Felka nicht folgen, wenn sie »das Grüne mit dem Weißen drin« als geschmolzenes Eiswasser und zugleich als Sprache des Gedichts bestimmt und über letztere schreibt: »Sie löst die binäre Opposition von ›Ich‹ und ›Du‹ auf, indem sie vermittelt werden. Die sich starr Gegenüberstehenden gehen im Prozess des Schmelzens und an der Stelle des Zusammenflusses eine Verbindung ein. ›Eine Sprache, je nun, ohne Ich und ohne Du […]‹ Weil sie Bezug nimmt auf das Gefrorene und es in sich auflöst, verschwimmt auch die Opposition von Ich und Du. Die Sprache, der es gelingt, sich in Verbindung mit dem ›Weißen‹ zu setzen, ist zugleich eine, die den anderen erreicht.« Die Opposition von Ich und Du scheint mir gerade grundlegend für die Kommunikation, »die den andern erreicht«, und daher auch für Celans Gedichte. Zur Differenz der Sprache des Gedichts und der Sprache der Prosa bei Celan vgl. Kap. 3.3.
Zum Verhältnis von Kunst/Schrift und Natur bei Celan vgl. auch Anja Lemke: »Der für immer geheutigte Wundstein«. Poetik der Erinnerung bei Paul Celan. In: Hans-Michael Speier (Hg.): Celan-Jahrbuch 8 (2001/02). Heidelberg 2003 (Beiträge zur neueren Literaturgeschichte; 190), S. 115–130, hier S. 120f.

John E. Jackson weist darauf hin, dass es ein Kennzeichen monotheistischer Offenbarungsreligionen sei, dass der Schauplatz des Gesprächs zwischen Mensch und Gott sich gegenüber archaischen, mythischen Religionen von der Natur in die Geschichte verlagert habe.[93] An der oben zitierten Stelle in *Gespräch im Gebirg* zeigt sich zunächst dieser Übergang: Die Sprache der Natur ist für den Menschen unpersönlich geworden, eine Anrede findet nicht mehr statt. Die beiden Juden wissen das, weil sie *von weit* gekommen sind, was auf Geschichte überhaupt und insbesondere auf die jüdische Geschichte des Exils und der Wanderung verweist. Für die Juden wäre der Ort des Gesprächs mit Gott mithin die Geschichte. Das Gebirge mit seinen Schichtungen und Faltungen kann für beides stehen, Natur und Geschichte: Dadurch, dass sich das Gebirge aufgetan hat, ist sein Inneres, sein(e) Ge-Schichte offenbar geworden. Aber beide können die Juden nicht mehr ansprechen, die Begegnung findet nicht mehr statt. – Warum treffen sich denn die beiden trotzdem im Gebirge, was erhoffen sie sich?

> »Weiß ich.«
> »Weißt du und willst mich fragen: Und bist gekommen trotzdem, bist, trotzdem, gekommen hierher – warum und wozu?«
> »Warum und wozu … Weil ich hab reden müssen vielleicht, zu mir oder zu dir, reden hab müssen mit dem Mund und mit der Zunge und nicht nur mit dem Stock. Denn zu wem redet er, der Stock? Er redet zum Stein, und der Stein – zu wem redet der?«
> »Zu wem, Geschwisterkind, soll er reden? Er redet nicht, er spricht, und wer spricht, Geschwisterkind, der redet zu niemand, der spricht, weil niemand ihn hört, niemand und Niemand, und dann sagt er, er und nicht sein Mund und nicht seine Zunge, sagt er und nur er: Hörst du?«

Hier also deutet sich die Richtung an, in der die Rettung erwartet wird, nachdem auch die Geschichte als Ort der Begegnung von Mensch und Gott unmöglich wurde: die Sprache, das einzige, was unverloren blieb *trotz allem* (BRE, S. 185), und die Begegnung im Gespräch, wobei es auch ein Selbstgespräch sein kann (*zu mir oder zu dir*). Aber ein menschliches Reden, *mit dem Mund und mit der Zunge*, soll es sein. Frage und Antwort sind strukturell vermischt, diese Unterscheidung scheint nicht von Belang zu sein: Der eine Jude beantwortet die Frage, die ihm der andere unterstellt, gleich selber.

Ab *Weil ich hab reden müssen* beginnen die Reden der beiden Figuren sich zu unterscheiden. Während die eine das Reden des Steins als unbedeutend abtut, weil es keinen Adressaten habe, wertet die andere gerade dieses Reden zu einem Sprechen auf, ausgezeichnet dadurch, dass es an *niemand* beziehungsweise an *Niemand* gerichtet sei.

---

[93] John E. Jackson: Die Du-Anrede bei Paul Celan. Anmerkungen zu seinem »Gespräch im Gebirg«. In: Text und Kritik (1977), H. 53/54, S. 62–68.

Die Frage des Steins, *Hörst du*, erinnert an diejenige ganz am Anfang, wo der Stock, der Stein, der Jude oder der Erzähler fragt: *hörst du mich, du hörst mich, ich bins, ich, ich und der, den du hörst, zu hören vermeinst, ich und der andere.* Aber sie unterscheidet sich auch, und zwar darin, dass der Stein hier nur fragt, ohne ein mögliches Hören mit der eigenen Antwort zu ersticken. Der Stein sagt also: *Hörst du?* Er sagt es, *weil niemand ihn hört, niemand und Niemand.* Und doch ist die Frage »hörst du?« stark wie kaum etwas auf ein Du ausgerichtet, auf ein hörendes Du.

Ist ein substantivierter Niemand jemand? Der sprechende Stein scheint es zu hoffen, denn er spricht diesen Niemand an. Der Stein, *er und nicht sein Mund und nicht seine Zunge*, sagt: *Hörst du?* Damit ist aber auch gesagt: Dieses *Hörst du?* des Steins ist eigentlich ein ihm vom Juden zu-gehörtes. Denn dieser vernimmt es, obwohl der Stein zu niemandem redet, ohne Mund und ohne Zunge, also ohne artikulierte Worte. Der Stein spricht, indem er Stein ist. Sein Dasein, sein Stein-Sein, vielleicht auch das Klopfgeräusch, das der Stock auf ihm erzeugt, spricht zum Juden, spricht ihn an, lässt ihn horchen, aufmerksam werden. (Später wird sich zeigen, dass es gerade dieses Sprechen des Steins ist, das auch das Sprechen der einen Figur, die es hört, Klein, ermöglicht.)

»Hörst du?« zu fragen, ist eine Bitte oder eine Aufforderung, aufmerksam zu sein. *Aufmerksamkeit ist das natürliche Gebet der Seele*, zitiert Celan einen Ausspruch Malebranches im *Meridian* (ME, S. 198), nach Benjamins Zitat in dessen Kafka-Essay.[94] Wenn die beiden Juden hier das *Hörst du?* vernehmen, sind sie aufmerksam. Der Stein sagt aber nichts weiter. Er verweist die beiden auf sich zurück.

Aber: Ist der Stein denn nicht Teil der Natur, jener Natur – des Wassers, der Erde –, deren Sprache, *eine Sprache […] ohne Ich und ohne Du*, nicht für die beiden Juden gedacht sei? Oder ist er gerade die Ausnahme, und *nur er* ließe sich von daher verstehen als der, der doch »du« sagt? – Der Stein entgeht dem Schicksal des Türkenbundes und der übrigen Natur: Er wird nicht durch einen Schleier gesehen, sondern er wird gehört. Dass er aber gehört wird, bleibt nicht ohne Einfluss auf den Türkenbund (s. u.).

Der *Niemand*, zu dem der Stein spricht, bezeichnet also den Namen des noch unbestimmten Gegenübers, der im *Meridian* als der, die oder das Andere auftritt. Es ist der Name dessen, der angesprochen sein wird, der gewählt sein wird, der aber noch nicht bekannt ist. Die paradoxe und irritierende Formulierung, dass der Stein *Niemand* anspreche und *du* zu ihm sage, *Niemand* als Name, wird von daher sinnfällig. Sobald jemand hinhört, wie der eine Jude hier zum Stein, wie eine Leserin zum Gedicht, tritt er oder sie an die Stelle des

---

94 Walter Benjamin: Gesammelte Schriften. Unter Mitwirkung von Theodor W. Adorno und Gershom Scholem hg. von Rolf Tiedemann und Hermann Schweppenhäuser. Frankfurt am Main: Suhrkamp 1974–1987, Bd 2.2, S. 432.

Niemand.[95] Dass der Jude hier an die Stelle des Niemand tritt, wirft auch noch einmal Licht auf seinen unaussprechlichen Namen.

Im vorangehenden Abschnitt bezeichnet *er* zunächst den Stein und dann den Stein und jeden, der *spricht* (nicht aber redet).[96] Im folgenden Abschnitt macht sich Groß die Rede des Steins zu eigen und führt sie weiter.

> »Hörst du, sagt er, – ich weiß, Geschwisterkind, ich weiß … Hörst du, sagt er, ich bin da. Ich bin da, ich bin hier, ich bin gekommen. Gekommen mit dem Stock, ich und kein andrer, ich und nicht er, ich mit meiner Stunde, der unverdienten, ich, den's getroffen hat, ich, den's nicht getroffen hat, ich mit dem Gedächtnis, ich der Gedächtnisschwache, ich, ich, ich …«

Die Rede des Steins geht über in die Rede der Figur. Man könnte den Übergang festmachen an der Stelle, an der der Jude das *Ich bin da* des Steins wiederholt, es sich zu eigen macht. Die zitierte Rede wird zu seiner eigenen. Das wird deutlich an Attributen wie dem Stock, dem Gekommen-Sein und der Stunde. Aber noch eine Stimme ist hier vernehmbar: »Ich bin da« ist auch die Übersetzung des Namens, mit dem sich Gott am Sinai Mose offenbart (Ex. 3,14).[97]

An dieser äußerst bedeutsamen Stelle im Ersten Testament enthüllt Gott eine zentrale Dimension seines heiligsten, eigentlichsten Gottesnamens JHWH, der lautlich und schriftlich dem Verb »sein« in der dritten Person ähnlich ist und durch die Selbstoffenbarung in seiner Dimension des Daseins, des Ewig- und doch Immer-wieder-Anders-Seins, des auf den Menschen-bezogen-Seins akzentuiert wird. Gemäß Buber erhellt Gott, indem er sich Mose als »Ich bin da« zu erkennen gibt, eine zentrale Dimension der Bedeutung seines Namens JHWH, und zwar in Form eines unbedingten Zuspruchs für den zaudernden

---

[95] Vgl. dazu Martine Broda, die die Bedeutung von *niemand* und *Niemand* bei Celan vom russischen Original von Mandelstams Essay »Vom Gegenüber« her erhellt und in Bezug auf die *Niemandsrose* folgert: »*Niemand* stünde so für die irreduzible Transzendenz des Du. Ihn vorauszusetzen, wo wir von diesem Anderen noch nichts wissen, hieße, ihn in eine Projektion des Ich verwandeln« (Martine Broda: »An Niemand gerichtet«. Paul Celan als Leser von Mandelstamms »Gegenüber«. In: Werner Hamacher/Winfried Menninghaus (Hg.): Paul Celan. Frankfurt am Main: Suhrkamp 1988 (Suhrkamp-Taschenbuch; 2083), S. 209–211 und 215, hier S. 215). Diese präzise Bestimmung von *Niemand* scheint mir auch für *Gespräch im Gebirg* zu gelten. Sie macht zugleich deutlich, warum die verbreitete Interpretation von *Niemand* als Gott zwar nicht ganz falsch, aber auf jeden Fall zu eng ist. – In der Interpretation von *Gespräch im Gebirg* dagegen kann ich Broda gar nicht folgen. Vgl. auch die folgende Anmerkung.

[96] Meine Charakterisierung und Differenzierung von Reden und Sprechen im *Gespräch im Gebirg* steht jener von Broda fast genau entgegen. Ich und Du sind bei ihr im Reden gegeben, während sie schreibt: »Aus der andern Sprache – der Sprache, die *spricht* – ist der Jude seit je ausgeschlossen« (ebd., S. 212).

[97] Die Luther-Bibel übersetzt »ich werde sein, der ich sein werde«, die Einheitsübersetzung sowie die Verdeutschung von Buber/Rosenzweig haben »ich bin da«.

Mose und für dessen exiliertes, unterdrücktes Volk, das er aus Ägypten zu befreien gedenkt.[98]

Das *Ich bin da* des Steins bzw. des Juden bringt also auch Gottes Selbstoffenbarung Seines Namens zum Klingen. In den Worten *ich bin da* werden die drei Stimmen Gottes, des Steins und des Juden überblendet. In der Wiederholung der Worte macht der sprechende Jude sie sich zu eigen.

Das *Hörst du?* des Steins, das dieser gemäß Klein zu *niemand* und *Niemand* sagt, erinnert seinerseits an das »Höre Israel«, hebräisch »Schema Israel«, das »von Jisrael an Jisrael bezeugte Zeugnis«:[99] ein Text, der eine eminente Bedeutung hat im jüdischen Glaubensleben. Der Name des Textes, *Schema Israel*, entspricht dessen Anfangsworten. Der Text wird von gläubigen Juden morgens und abends und in der Todesstunde gebetet; die Worte sollen immer in ihren Herzen sein, heißt es darin, und an die Kinder weitergegeben werden. Der erste Abschnitt des Sch'ma (5. Mose 6,4–9) und der zweite (ebd., 11,13–21) stehen auch auf den kleinen Pergamentrollen, die in der M'susa, der kleinen Kapsel, stecken, die gläubige Juden an ihren Türpfosten festmachen, und in der T'fillin, der schwarzen Hülse, die sie sich beim Morgen- und Abendgebet mit den Gebetsriemen um Stirn und Arm binden.

Das Zeugnis, der Anfang des *Schema Israel*, lautet (nach 5. Mose 6,4–9): »Höre Jisrael, Gott unser Gott, ist Gott der einzig Eine! Gesegnet sei der Name der Herrlichkeit Seines Reiches zu der bestimmten verhüllten Zukunft.« Samson Raphael Hirsch sieht in den hebräischen Schriftzeichen einen Bezug zu »Auge« und »Zeuge«: »*Schema* tradiert das von unserer Gesamtsinneswahrnehmung getragene Wissen von Gott.«[100] – Diese Gewissheit sowie die es begründende Sinneswahrnehmung sind den beiden Juden im Text abhanden gekommen. Vom Bekenntnis zu einem starken und sich offenbarenden Gott ist

---

[98]   »Es [das Tetragrammaton] ist die einzige Gottesbezeichnung der Schrift, die durchaus Name, nicht Begriff ist; aber es ist ein Name, in dem sich für das biblische Bewusstsein ein Sinn, vielmehr *der* Sinn birgt und aus dem sich in der Offenbarung, im brennenden Dornbusch, der Sinn erschließt: Gott macht mit jenem »ehje«, das in der ersten Person ausdrückt, was der Name in der dritten verschweigt, keine theologische Aussage über sein Ansichsein, sein Sichgleichbleiben oder seine Ewigkeit, sondern er spricht seiner Kreatur das zu, was ihr zu wissen nottut, – dass er bei ihr da, ihr gegenwärtig ist, aber in stets neuen, nie vorwegzunehmenden Gestalten, in den Gestalten ihrer, dieser Kreatur, eigenen Lebenssituationen, und dass es also auf nichts andres ankommt, als ihn darin je und je wiederzuerkennen« (Martin Buber: Über die Wortwahl in einer Verdeutschung der Schrift. Dem Gedächtnis Franz Rosenzweigs. In: Werke. Bd 2. Schriften zur Bibel. München: Kösel u. a. 1964, S. 1111–1130, hier S. 1128f.). Zum Verhältnis des dem Mose offenbarten Namens (ehje ascher ehje) zum Tetragramm (JHWH) vgl. ausführlich Mosès (»Ich werde sein, der ich sein werde« [wie Anm. 46]).

[99]   Samson Raphael Hirsch: Siddur. Israels Gebete. Übersetzt und erläutert von Samson Raphael Hirsch. Zürich, Basel: Morascha 1992, S. 114.

[100]   Ebd.

nur eine Frage, eine Aufforderung zum Hören geblieben; nur die Frage, die Aufmerksamkeit schafft.

Es sind noch mehr Bezüge zwischen dem zitierten Textabschnitt und *Schema Israel* feststellbar, das aus folgenden Bibelstellen besteht: 5. Mose (= Deut.) 6,4–9 und 11,13–21 sowie 4. Mose (= Numeri) 15,37–41. *Sch'ma Israel* hat die Ewigkeit und Herrlichkeit Gottes, die von diesem verlangte Liebe und Treue, seine Verheißungen für sein Volk zum Inhalt. Es enthält aber auch die Ermahnung, nicht vom Einen Gott abzufallen, da sonst Sein Zorn Israel treffe und es hinwegschwinde von dem gelobten Land. Der Schluss des dritten Teils des Gebets- bzw. Gedenktextes lautet nach der Übersetzung von Buber/Rosenzweig: »Ich bin euer Gott, der ich euch aus dem Land Ägypten führte, euch Gott zu sein, Ich euer Gott« (4. Mose 15,41).[101] – Als *Hörst du,* *[…] ich bin gekommen.* […] *ich und kein anderer, ich und nicht er, ich mit* *meiner Stunde,* […] *ich, ich, ich* sind die Worte von *Sch'ma Israel* in der Rede des Steins/Juden präsent. Gott als sprechende und sich den Juden offenbarende Instanz ist nur mehr als Spur im Text vernehmbar, in den Worten eines Steines resp. eines Menschen.

Das Gedenken ist gemäß Willy Haas, wie ihn Walter Benjamin in seinem Kafka-Essay zitiert, »nicht eine, sondern die tiefste Eigenschaft sogar Jehovas«.[102] Yosef Yerushalmi erklärt in seinem Buch *Zachor: Erinnere dich!* *Jüdische Geschichte und jüdisches Gedächtnis*, dass Erinnerung in der Bibel beiden obliege, Israel und Gott: »Der biblische Alte Bund verlangt von beiden Parteien das ›Erinnern‹, von den Israeliten und von Gott. Wenn ER etwas ›vergisst‹, kann ER zur Rede gestellt, ja sogar gescholten werden […].«[103] Diese Partnerschaftlichkeit des Alten Bundes scheint in *Gespräch im Gebirg* aktualisiert, allerdings nicht, indem Gott gerügt wird, sondern indem sich seine Stimme mit der Stimme des Menschen bzw. des Steins deckt, die sagt: *ich mit* *dem Gedächtnis, ich, der Gedächtnisschwache.* Das Gedächtnis ist also von beiden Seiten her in Frage gestellt.

Liest man nun *Gespräch im Gebirg* hier als Palimpsest[104] und *Schema Israel* und den Gottesnamen als darunter liegende Texte mit, ergibt sich aus der

---

[101] Wenn nichts anderes angegeben ist, wird nach der Bibelübersetzung von Martin Buber und Franz Rosenzweig zitiert: Die fünf Bücher der Weisung. Verdeutscht von Martin Buber gemeinsam mit Franz Rosenzweig. 11., verb. Aufl. d. neubearb. Ausg. von 1954. Heidelberg: Schneider 1987.

[102] Benjamin, Gesammelte Schriften (wie Anm. 94), Bd 2.2, S. 429.

[103] Yosef Hayim Yerushalmi: Zachor: Erinnere dich! Jüdische Geschichte und jüdisches Gedächtnis. Berlin: Wagenbach 1988. (Englische Originalausgabe: Zakhor. Jewish History and Jewish Memory. Seattle, London: University of Washington Press 1982), S. 17 und 111.

[104] Vgl. den metaphorischen Titel von Gérard Genettes Buch zur Intertextualität, die er Transtextualität nennt: Gérard Genette: Palimpseste. Die Literatur auf zweiter Stufe. Aus dem Französischen von Wolfram Bayer und Dieter Hornig. Frankfurt am Main 1993.

Differenz zwischen den beiden »Textschichten«, dass Gott nicht mehr der Ewige ist, denn er ist der mit der Stunde. Und er ist nicht mehr nur der mit dem Gedächtnis, sondern auch gedächtnisschwach und hat mithin eine seiner tiefsten Eigenschaften verloren, oder sie ist jedenfalls unsicher, problematisch geworden: Er hat seine Verheißungen an sein Volk vergessen. Gott ist nur noch als Spur im Text erkennbar, in der Sprache des Steins bzw. des Juden. Er spricht nicht mehr selber. In der Auseinandersetzung mit seinen Worten und Verheißungen werden im Text sein Gedächtnis, seine Ewigkeit, seine Macht und seine Verheißungen in Frage gestellt. Das Zeugnis des »von unserer Gesamtsinneswahrnehmung getragene[n] Wissen[s] von Gott«[105] ist nicht mehr möglich; die Gesamtsinneswahrnehmung ebenso wie die Gewissheit sind abhanden gekommen.

An dieser Stelle, an dieser Spur im Text, am Stein kommt nun aber zugleich das Ich des einen Juden (Groß) gleichsam zu sich. Noch nie war er so präsent, so individuell: *ich und kein anderer, ich und nicht er.* Er definiert sich auf vielerlei Weise. Die Worte, die er anfänglich zitiert, führt er im eigenen Namen weiter. Es ist dabei nicht klar, wo genau die Rede des Steins aufhört und wo seine eigene beginnt. Sie werden überblendet, mitsamt der Spur der Rede Gottes im Text. Die Figur erinnert in ihrer Rede so zentrale, heilige Worte wie den Gottesnamen und das *Schema Israel*, weist sie als leer geworden aus und füllt sie mit ihrer Geschichte, der Geschichte eines Überlebenden der nationalsozialistischen Judenverfolgung. Da die Verheißungen und die Offenbarungen Gottes nicht mehr mit Sinn gefüllt werden können, geben sie nur noch die Form ab, in der die Leere offenbar wird und neue jüdische Identität gesucht wird.

Der Jude Groß definiert sich, indem er vom Schuldgefühl als Überlebender spricht und von der Unmöglichkeit zu leben, da es ihn zugleich getroffen und nicht getroffen hat. Er gedenkt und sagt zugleich, er sei gedächtnisschwach. Dadurch ist sein Jude-Sein in Frage gestellt. Die Gedächtnisschwäche rührt wahrscheinlich vom traumatischen, zugleich nicht zu vergessenden und nicht zu erinnernden Wissen um Verfolgung, Folter und Vernichtung der Angehörigen her, das seinerseits das Festhalten an Gott und am Bund mit ihm erschwert oder verunmöglicht.

Gedächtnisschwach steht in meinem Verständnis in Beziehung zum *Schleier im Auge*: Beide sind Hinweise auf das Trauma der Schoah und seine Folgen für die Beziehung zu Gott resp. zur Welt.

Während nun einerseits die Katastrophe der Judenvernichtung durch die Nationalsozialisten den Glauben an Gottes Macht und seine Verheißungen untergräbt, könnte sie andererseits im Blick auf die Warnung im *Schema Israel* auch als Folge der Vergesslichkeit, der Treulosigkeit, also der »Gedächtnisschwäche« der Juden gedeutet werden, als Strafe Gottes. Bis in die Neuzeit war das kollektive Gedächtnis der Juden durch das Strukturmodell Exodus–

---

[105] Hirsch, Siddur (wie Anm. 99), S. 114.

Exil geprägt, wie Yerushalmi darlegt.[106] Die Sinngebung der Geschichte folgte
daraus: Exil und Leiden sind Folgen der Abtrünnigkeit der Juden von ihrem
Gott. Aber bereits die Vertreibung aus Spanien markierte in diesem Ge-
schichtsverständnis einen empfindlichen Bruch. Der brutalen Vertreibung der
als vorbildlich fromm geltenden jüdischen Bevölkerung aus Spanien vermoch-
ten gemäß Yerushalmi schon die Zeitgenossen keinen überzeugenden Sinn in
der herkömmlichen Weise mehr abzugewinnen: Die mythische Deutung der
Geschichte und messianisches Denken, wie sie die lurjanische Kabbala anbot,
gewannen schnell viele Anhänger.[107] Die traditionelle Sinngebung hatte aber
weiterhin Bestand: So wurde in Osteuropa ein Gedenk- und Fasttag, der des
Kosakenpogroms von 1648 gedachte, bis zum Zweiten Weltkrieg in typologi-
schem Rückgriff auf eine Massenverbrennung von Juden im Jahre 1171 in
Frankreich begangen, die ihrerseits als »Brandopfer« verstanden wurde.[108] In
den fünfziger Jahren kam der Begriff »Holocaust« für die nationalsozialistische Judenverfolgung auf.[109] Mit »Holocaust« übersetzt Hieronymus in der
Vulgata das hebräische Wort für das Opfer Isaaks (1. Mose 22, 2, 3, 6, 7 und
13).[110] Der Begriff stellt also, für die Bezeichnung des nationalsozialistischen
Völkermordes an den Juden gebraucht, einen Bezug her zur Opferbereitschaft
von Abraham (und, je nach Deutung, auch von Isaak).[111] Die nationalsozialistische Judenverfolgung ist zwar in ihrem Ausmaß und auch in ihrer Anlage
überhaupt nicht mehr vergleichbar mit den mittelalterlichen Pogromen, was
schon allein daran deutlich wird, dass die französischen Juden den Scheiter-
haufen vor der Taufe gewählt hatten. Es gibt jedoch eine Reihe von Dokumen-
ten, die bezeugen, dass Juden die Folter und Ermordung im Konzentrationslager im Sinne eines Martyriums auf sich nahmen und der Heiligung des Namens weihten.[112]

---

[106] Yerushalmi, Zachor: Erinnere dich! (wie Anm. 103), S. 35f., 56, 72.
[107] Vgl. ebd., S. 83.
[108] Celan dürfte also diese Art der Sinngebung aus der Zwischenkriegszeit noch be-
       kannt gewesen sein.
[109] Vgl. Kohn-Waechter, »[...] ich liebte ihr Herunterbrennen« (wie Anm. 75), S. 230.
[110] Vgl. Verena Lenzen: Jüdisches Leben und Sterben im Namen Gottes. Studien über
       die Heiligung des göttlichen Namens (Kiddusch HaSchem). München, Zürich:
       Pendo 2002, S. 40f.
[111] Die Bindung Isaaks ist in der jüdischen Tradition das Paradigma für die Opferbe-
       reitschaft zur Heiligung des Namens (vgl. ebd., S. 49–86, bes. S. 77). Vgl. auch
       Schalom Ben-Chorin: Als Gott schwieg. Ein jüdisches Credo. Mainz: Matthias-
       Grünewald-Verlag 1989 (Topos-Taschenbücher; 191).
[112] Zur Heiligung des göttlichen Namens (Kiddusch HaSchem) vgl. die Studie von
       Lenzen, Jüdisches Leben und Sterben im Namen Gottes (wie Anm. 110). Zur reli-
       giösen Deutung des Gewaltopfers als Selbstopfer vgl. ebd., S. 49–86, bes. S. 80.
       Die Möglichkeit zu dieser Perspektive kommt selbstverständlich nur dem Opfer
       zu: »Das Leiden im Lager als Martyrium *al Kiddusch HaSchem* erlebt zu haben,
       mag äußerlich als politische Passivität erscheinen, und doch war es innerlich eine

Setzt sich Celan in *Gespräch im Gebirg* demnach möglicherweise auch mit solchen Versuchen der Sinngebung, wie sie im Begriff Holocaust virulent sind, auseinander?[113] Wenn der Jude Groß sich als gedächtnisschwach bezeichnet, bezichtigt er sich möglicherweise einer Schuld, die seinem Vergessen des Gedenkens an Gott und seinen Bund entspricht.

Denkbar ist aber auch, dass das *Hörst du?* des Steins selber eine Klage, eine Anrufung Gottes darstellt. Immer wieder finden sich in der Bibel Stellen, an denen Gott sagt, er habe das Schreien seines Volkes gehört und greife nun in die Geschichte ein, um es zu retten.[114] Im fünften Buch Mose sagt dieser zu seinem Volk: »Denn welcher große Stamm ist, der Götter hätte, ihm nah/wie Er unser Gott, allwann zu ihm wir rufen!« (5. Mose 4,7). Der Angerufene in *Gespräch im Gebirg* reagiert aber nicht. Das Elend, das die Steine zum Schreien bringt, scheint ihn nicht zu rühren, wie gleich noch deutlicher wird:

> »Sagt er, sagt er … Hörst du, sagt er … Und Hörstdu, gewiss, Hörstdu, der sagt nichts, der antwortet nicht, denn Hörstdu, das ist der mit den Gletschern, der, der sich gefaltet hat, dreimal, und nicht für die Menschen … Der Grün-und-Weiße dort, der mit dem Türkenbund, der mit der Rapunzel …«

Hörst du, also die Stein-Rede, die Anrufung, wird zu *Hörstdu*, zu einem Eigennamen. Über diesen *Hörstdu* wird dann einiges gesagt, was ihn mit der stummen Natur in Verbindung bringt. Man könnte ihn daher als Schöpfer-Gott identifizieren, als Schöpfer-Gott allerdings, der den Menschen fern ist; sein Name ist ein – unbeantwortet bleibender – Anruf. Dieser Gott spricht nicht, er antwortet nicht. Er wird der Natur zugeordnet, die, wie oben gesagt wurde, keine Sprache für die *Geschwisterkinder* hat, kein Ich und kein Du. Er hat sich gefaltet, wie die Alpen, und dreimal, wie der christliche Gott.[115] Er ist nicht für die Menschen. Er ist der Grün-Weiße, also der trügerische und unverständliche, und er wird Türkenbund und Rapunzel zugeordnet, die die beiden Juden aber nicht wahrnehmen können, oder nur durch den Schleier. Dieser Gott, wenn es einer ist, scheint sehr fern zu sein. Er ist nur noch vorhanden als Spur, als Leerstelle, als Frage und Anruf: *Hörstdu*.

---

letztmögliche religiöse Aktivität und ein geistiger Akt der Freiheit, über den Sinn des eigenen Leidens, Sterbens und Todes selbst zu entscheiden« (ebd., S. 81).

[113] Vgl. dazu Kohn-Waechter, »[…] ich liebte ihr Herunterbrennen« (wie Anm. 75), die eine Auseinandersetzung mit der Schuld der Sinngebung ganz ins Zentrum ihrer Deutung von *Gespräch im Gebirg* stellt, allerdings mit anderen, und wie mir scheint untauglichen, Argumenten (s. u.). Gegen Kohn-Waechter lässt sich vor dem Hintergrund religiöser Sinngebung der Schoah als Heiligung des Namens die Frage aufwerfen, ob nicht vielleicht der Zusammenhang von Gewalt und Heiligkeit das Tabu ist, dem Kohn-Waechter gehorcht (vgl. René Girard: Das Heilige und die Gewalt. Übersetzt von Elisabeth Mainberger-Ruh. Zürich: Benziger 1987). Und wem es denn zustehe, über die Schuld der Sinngebung zu urteilen.

[114] Vgl. z. B. 2. Mose 3,2 und 6,5 sowie Klagelieder 3,56f.

[115] Es gibt auch eine jüdische (kabbalistische) Dreieinheitslehre, vgl. Jüdisches Lexikon (wie Anm. 47), Bd 2, Sp. 193f.

Der Bezug auf Gott ist jedoch, wenn auch naheliegend, so doch nicht zwingend. *Hörstdu* als Name ist auch einfach ein hypostasierter Anruf – der Anruf, der den Menschen so sehr zum Menschen macht, indem er ihn in seiner sozialen Bedürftigkeit zeigt. *Hörstdu* im Text ist der vergebliche, unbeantwortet bleibende Ruf in der Bergwelt der Alpen, im Gebirge, von wo nur ein leeres Echo zurückkommt.

Die Leerstelle *Hörstdu*, ebenso wie oben *Niemand* und die Spur von Gottesnamen und *Schema Israel*, wird nun aber von der einen Figur übernommen, ausgefüllt: Ein *Aber,* von dem man nicht genau weiß, worauf es sich bezieht, markiert einen Bruch in der Rede dieser Figur (Klein) und leitet einen Satz ein, der erst am Ende der Rede und des ganzen Textes wieder aufgenommen und zu Ende geführt wird, in den eine ganze Geschichte eingebettet ist und der nicht einmal am Ende ein vollständiger grammatischer Satz ist:

> »Aber ich, Geschwisterkind, ich, der ich da steh, auf dieser Straße hier, auf die ich nicht hingehör, heute, jetzt, da sie untergegangen ist, sie und ihr Licht, ich hier mit dem Schatten, dem eignen und dem fremden, ich – ich, der ich dir sagen kann: […].«

Man könnte diesen ganzen, insgesamt über eine Seite langen, grammatisch unvollständigen Satz (mit der eingefügten Geschichte) als elliptischen adversativen Nebensatz zum vorhergehenden Satz auffassen, dann würde er sich auf dessen Verb beziehen. *Aber ich* wäre dann: »Aber ich antworte, sage dir.« Und die Geschichte, die das Ich erzählt, wäre die Antwort:

> – Auf dem Stein bin ich gelegen, damals, du weißt, auf den Steinfliesen; […].

Der Stein, den die beiden als *Hörst du* wahrgenommen haben, scheint dem einen den Zugang zu einer Erinnerung eröffnet zu haben. Der Stein ist das Material des Gebirges, auch der Straße. Der Stein ist stumm, außer jemand oder etwas rühre ihn an, wie der Stock. Er birgt Zeit. Über den Stein des Gebirgs und den Stein der Straße hat sich eine Verbindung hergestellt zu den Steinfliesen und den damit verbundenen Erinnerungen.[116] Vielleicht kann man sogar sagen: der Stein, auf den der Stock klopft, *ist* die Straße, die zu den Steinfliesen der Erinnerung führt.

Steine als Träger von Erinnerungen haben in der jüdischen Tradition einen prominenten Vorläufer: die Gedenksteine, die Gott Josua aus dem Flussbett des Jordans heben heißt, nachdem er dessen Fluten aufgehalten hat, damit das

---

[116] Vgl. dazu Walter Benjamin: *Ausgraben und Erinnern*: »So müssen wahrhafte Erinnerungen viel weniger berichtend erfahren als genau den Ort bezeichnen, an dem der Forscher ihrer habhaft wurde. Im strengsten Sinne episch und rhapsodisch muss daher wirkliche Erinnerung ein Bild zugleich von dem der sich erinnert geben, wie ein guter archäologischer Bericht nicht nur die Schichten angeben muss, aus denen die Fundobjekte stammen, sondern jene andern v. a., welche vorher zu durchstoßen waren« (Gesammelte Schriften [wie Anm. 94], Bd 4.1, S. 401). Vgl. auch eine fast identische Stelle in der *Berliner Chronik*, ebd., Bd 6.1, S. 468).

Volk Israel trockenen Fußes ins Westjordanland gelangen kann. Josua gibt den Befehl Gottes an zwölf Männer weiter und erklärt:

> […] damit dies ein Zeichen werde drinnen unter euch: / Wenn nachmals eure Söhne euch fragen, sprechend: Was bedeuten euch diese Steine? / sprecht zu ihnen: / Dass abrissen die Gewässer des Jordans vor dem Schrein SEINES Bundes, / als der durch den Jordan schritt, rissen die Wasser des Jordans ab. / Diese Steine seien zu einem Gedächtnis den Söhnen Jisraels auf Weltzeit! (Jos. 4,5–7).

Werden die Steine im Text mit diesen Gedenksteinen in Verbindung gesetzt, dann wird dadurch die riesige Diskrepanz im Verhältnis von Gott und Menschen offenbar: Riefen die Steine vormals die Macht des Bundes zwischen Gott und den Menschen in Erinnerung und das segensreiche Eingreifen Gottes zugunsten der Menschen, so rufen die Steine nun nur noch Gott als Abwesenden, nicht Eingreifenden auf, zeigen deutlich auf die Leerstelle, an der er nicht mehr zu finden ist, und verweisen die Figuren auf ihre eigene Geschichte als Juden. Diese nimmt in der folgenden Erinnerung der einen Figur Gestalt an:

> und neben mir, da sind sie gelegen, die andern, die wie ich waren, die andern, die anders waren als ich und genauso, die Geschwisterkinder; und sie lagen da und schliefen, schliefen und schliefen nicht, und sie träumten und träumten nicht, und sie liebten mich nicht und ich liebte sie nicht, denn ich war einer, und wer will Einen lieben, und sie waren viele, mehr noch als da herumlagen um mich, und wer will alle lieben können, und, ich verschweigs dir nicht, ich liebte sie nicht, sie, die mich nicht lieben konnten, ich liebte die Kerze, die da brannte, links im Winkel, ich liebte sie, weil sie herunterbrannte, nicht weil sie herunterbrannte, denn *sie*, das war ja *seine* Kerze, die Kerze, die er, der Vater unsrer Mütter, angezündet hatte, weil an jenem Abend ein Tag begann, ein bestimmter, ein Tag, der der siebte war, der siebte, auf den der erste folgen sollte, der siebte und nicht der letzte, ich liebte, Geschwisterkind, nicht sie, ich liebte ihr Herunterbrennen, und, weißt du, ich habe nichts mehr geliebt seither;

Es ist offensichtlich, dass diese Erinnerung höchst fragmentarisch ist, präzis und unpräzis zugleich. Vielleicht ist sie selbst mehr imaginär als konkret: ein inneres Bild für eine erlebte Situation oder Befindlichkeit: eine Erinnerung eben, ein Bild, das selbst noch gelesen werden muss. Was erfahren wir über den Raum, der sich hier eröffnet? Jüdische Kinder liegen auf Steinfliesen.[117] Diese wurden als Tempel- und Gefängnisfliesen gedeutet sowie als Fliesen der Bahnhöfe, durch die Celan auf seiner Flucht aus Bukarest nach Wien im Dezember 1947 kam.[118] Mosès deutet den Ort, der hier aufgerufen ist, als Ver-

---

[117] Wobei die *Geschwisterkinder* natürlich auch erwachsen sein können. Der Grund, warum ich hier von Kindern spreche, liegt weniger im Wort »Geschwisterkinder«, das diese Deutung nicht erfordert, sondern darin, dass die Erinnerung, die hier erzählt wird, gemäß meiner Deutung einer Vorzeit angehört, einer Zeit vor der Schoah. Die Vorstellung von Kindern vermag diese Vorzeit, die Zeit vor der Katastrophe, besser zu transportieren, auch wenn vom Text her nicht feststeht, ob die Figur in ihrer Erinnerung noch Kind oder schon erwachsen war.

[118] Vgl. Israel Chalfen: Paul Celan. Eine Biographie seiner Jugend. Frankfurt am Main: Insel-Verlag 1979, S. 154.

nichtungslager.[119] Dies liegt zwar nahe, aber von dem hier dargestellten imaginären Raum wissen wir nur das sicher, was im Text steht, und das ist
zugleich das, was darin Bedeutung hat: Kinder, viele jüdische Kinder liegen
auf Steinfliesen und *schliefen, schliefen und schliefen nicht, und sie träumten
und träumten nicht.* Die Stelle kann so verstanden werden, dass die einen
schlafen resp. träumen und die andern nicht oder dass alle manchmal schlafen
und manchmal träumen und manchmal nicht.[120] Das Ich sieht sich dieser Menge gegenüber. Es sind Kinder wie es, jüdische Kinder wie es, und trotzdem
ganz anders, mit denen es in einem Raum eingeschlossen ist, weil sie *Geschwisterkinder* sind, und mit denen es doch eigentlich nichts zu schaffen hat;
die es nur als Menge wahrnehmen kann, die es nicht kennt und nicht liebt. Das
Ich fühlt sich umgekehrt von den *Geschwisterkindern* auch nicht geliebt, denn
es ist *Eines,* ein einzelnes, einer Gruppe gegenüber, und als einzelnes kann es
von der Gruppe nicht geliebt werden, nicht in dem, was über sein Sein als
Geschwisterkind hinausgeht, und also nicht als das, was es zu dem bestimmten
Einen macht. Es finden keine Begegnungen statt zwischen einem und vielen.
Das Ich fühlt sich zugleich eingeschlossen (in diesem Raum, in dieser Gemeinschaft) und ausgeschlossen.[121] – Aber da ist eine Kerze, eine einzelne,
links (wie der Türkenbund), die das Kind liebt und der in der Erinnerung Bedeutung zukommt: Es ist die Kerze, die *er, der Vater unserer Mütter* – ist
dieser Vater Gott oder einer der Stammväter? – am Eingang des siebten Tages
– also des Schabbat – angezündet hatte. Die Formulierung scheint der Wendung »Gott eurer Väter« oder »Gott unserer Väter« nachempfunden, die gemäß Yerushalmi den Gott der Geschichte bezeichnet.[122] Traditionellerweise
zünden jedoch die Mütter in der Familie die Schabbatkerzen an. Dass außerdem der Eigenname des Schabbat vermieden wird, kann als Distanzierung von
diesem heiligen Tag verstanden werden. Die Kerze rekurriert auf die Schab-

---

119 Mosès, »Wege, auf denen die Sprache stimmhaft wird.« (wie Anm. 56), S. 54.
120 Eine bemerkenswerte Zusatzbedeutung ergibt sich an dieser Stelle aus der Präteri-
      tumsform von schlafen: schliefen. »schliefen« ist zugleich der Infinitiv eines alten
      Verbs der Bedeutung: in etwas Enges hineinkriechen. Diese Bedeutung des Wortes
      korrespondiert auffällig mit einer für Celan wichtigen Denkfigur aus dem *Meridi-
      an: Geh mit der Kunst in deine allereigenste Enge. Und setz dich frei* (ME, S. 200).
      Diese Figur hat, in der Ansprache und im *Gespräch im Gebirg,* gerade auch in Be-
      zug auf Adorno, eine zentrale Bedeutung. Wenn sie mitgehört wird, wird an dieser
      Stelle schon, durch dieses Wort, der mit der genannten Denkfigur gegebene Be-
      deutungszusammenhang aufgemacht und die Aufmerksamkeit auf etwas noch
      Verborgenes, aber Zentrales in *Gespräch im Gebirg* und in Celans Poetik gelenkt.
      Vgl. dazu das Gedicht *Engführung* (Celan, Gesammelte Werke in fünf Bänden
      [wie Vorbemerkungen, Anm. 2], Bd 1, S. 195–204) und dessen Lektüre durch Pe-
      ter Szondi (Schriften [wie Vorbemerkungen, Anm. 5], Bd 2, S. 345–389).
121 Die Figur der Liebe zu einem Einzelnen findet sich in Bezug auf Gott als Forde-
      rung im *Schema Israel* (s. o.), wie sie überhaupt die Struktur der monotheistischen
      Beziehung auszeichnet.
122 Yerushalmi, Zachor: Erinnere dich! (wie Anm. 103), S. 21.

batkerze und scheint doch nicht mit dieser identisch zu sein, ebenso wie die Szene die Feier des Schabbateingangs evoziert, ohne dieser zu entsprechen. Die Bezugnahme ebenso wie die Differenz gilt es zu beachten.

Diese Kerze liebte das Ich, *weil sie herunterbrannte.* Im Laufe des Satzes präzisiert das Ich: *ich liebte, Geschwisterkind, nicht sie, ich liebte ihr Herunterbrennen.* – Wenn die Schabbatkerze, die am Vorabend des Schabbat angezündet wird, um diesen Gedenk- und Ruhetag zu eröffnen, die an die Erschaffung der Welt, den Exodus und die erwartete Erlösung erinnert, herunterbrennt: Ist das ein Zeichen der Hoffnung, weil damit die Zeit der Erlösung, worauf die Kerze verweist, näher rückt, oder das Ende der Hoffnung, weil sich das Zeichen verzehrt? Oder, anders gefragt: Liebt das Kind die Zerstörung oder die Erfüllung der Bestimmung der Kerze?[123]

Werden hier im Text Hoffnung und Zerstörung der Hoffnung so enggeführt, dass sie nicht mehr zu trennen sind, so wie das Herunterbrennen einer Kerze zugleich deren Erfüllung und deren Zerstörung bedeutet?

Die Präzisierung des Ich, dass es das Herunterbrennen und nicht die Kerze des Vaters liebe, scheint ein Gestus, mit dem sich das Ich von der jüdischen Gemeinschaft, von der Tradition, den Glaubensinhalten distanziert. Die Akzentsetzung auf »sie« und nachher auf »seine« und der periodische Satzbau lassen allerdings verschiedene Lesarten und Bezüge zu. Der Beginn der Präzisierung: *ich liebte sie, weil sie herunterbrannte, nicht weil* sie *herunterbrannte, denn* sie, *das war ja* seine *Kerze* lässt sich entsprechend der Ambivalenz des Herunterbrennens auch genau umgekehrt lesen: Das Ich liebt das Herunterbrennen, aber nicht das Herunterbrennen (nun als Zerstörung) der Kerze, die ihm wertvoll ist, *weil* sie vom Vater der Mütter herkommt und am siebten Tag das Kommen des ersten anzeigt; die zeigt, dass es weitergeht.

Die Schabbatkerzen werden zum Anfang des Schabbat angezündet. Sie leiten einen Tag ein, der im mystischen Verständnis seiner Qualität nach bereits der messianischen Zeit angehört. Es ist der Tag, an dem Gott den Menschen begegnet. Das Ich sagt von der Kerze, dass sie angezündet wird zu Beginn eines Tages, *der der siebte war, der siebte, auf den der erste folgen sollte.* Diese numerisch-nüchterne Charakterisierung des Schabbats, des Zentrums jüdischen Glaubenslebens, der sonst als Braut, ja als Prinzessin besungen wird, ist auffallend. Warum so spröde? Warum nur »sollte«? Und warum anschließend, mit Betonung: *der siebte und nicht der letzte?*

Im Schabbat und in der diesen symbolisierenden brennenden Kerze kreuzen sich zwei Zeitstrukturen und zwei Mal zwei Zeitqualitäten: die lineare und die zyklische einerseits, die historische und die ewige resp. die irdische und die himmlische Zeit andererseits. Jeder Schabbat ist der siebte Tag der Woche und

---

[123] Vgl. dazu auch Kohn-Waechter, »[…] ich liebte ihr Herunterbrennen« (wie Anm. 75), S. 231, und Jackson, Die Du-Anrede bei Paul Celan (wie Anm. 93), S. 68. Sie kommen bezüglich der Bedeutung der herunterbrennenden Kerze zu unterschiedlichen Schlüssen.

verweist auf den folgenden ersten. Er hat damit eine zyklische Qualität innerhalb der linearen Zeit. Er ist ein Tag innerhalb der historischen Zeit und ein irdischer Tag.[124] Jeder Schabbat hebt aber zugleich die lineare, irdische Zeit auf, die als auf die Erlösung zugehende aufgefasst ist, und nimmt die »Ewigkeit«, die Fülle der Zeit momentweise vorweg. Er hat also auch himmlische Qualität im Irdischen und Ewigkeit in der historischen Zeit. Indem er in der Zeit auf die Erlösung und die Ewigkeit verweist und Anteil an ihr hat, ist er beiden Zeiten zutiefst und unauflöslich verbunden.

Im Text wird der siebte Tag einerseits beschrieben wie ein einmaliges Ereignis und andererseits wird er auf seine – allerdings konjunktivisch unsichere – Stellung in einem Kreislauf reduziert: *weil an jenem Abend ein Tag begann, ein bestimmter, ein Tag, der der siebte war, der siebte, auf den der erste folgen sollte, der siebte und nicht der letzte.* Die Kerze, von der die Rede ist, steht demnach nur für die (unsichere) Wiederkehr des Gleichen, den Übergang vom siebten zum ersten Tag. Diese liebt das Ich nicht. Zugleich scheint es sich aber in der Erzählung um einen ganz bestimmten, einmaligen Tag zu handeln und nicht etwa um jeden siebten Tag im Zyklus. Von einem Letzten Tag, auf den vom siebten Tag als Schabbat aus verwiesen würde, ist keine Rede, oder nur indirekt und negativ, indem der siebte Tag bestimmt wird als *nicht der letzte.* Es ergibt sich also im Verhältnis zur Schabbatkerze eine Säkularisierung. Diese findet sich in der Begründung des Ich, warum es die Kerze an sich nicht liebe. Wird demnach dem Vater der Mütter mangelnde religiöse Transzendenz vorgeworfen?[125] (Eine andere Bedeutung ergibt sich, wenn man den mit *weil an jenem Abend* beginnenden Nebensatz nicht auf den unmittelbar vorausgehenden Teilsatz bezieht, sondern auf den Hauptsatz *ich liebte die Kerze*, was nicht ganz ausgeschlossen ist. Das Ich nähme dann die diesseitsbezogene Interpretation der Schabbatkerze für sich in Anspruch.) – Die Deutung der ganzen Passage wird zudem in Frage gestellt durch die Unklarheit darüber, ob mit *denn* eigentlich die Begründung für das Lieben des Herunterbrennens (der Kerze) oder für das Nichtlieben der Kerze eingeleitet wird. Ein eigenartiges »syntaktisches Schaukeln« der Abhängigkeiten der Nebensätze und der Bezüge unterminiert eine eindeutige Interpretation.

Im Herunterbrennen, welches so untrennbar zur Kerze gehört, im Herunterbrennen, welches das Ich liebt, kommt dagegen der lineare, der endliche, der

---

[124] Für das Judentum mit seinem geschichtsmächtigen Gott ist die lineare Zeit, die historische Zeitauffassung die bestimmende (vgl. Yerushalmi, Zachor: Erinnere dich! [wie Anm. 103], S. 20–22 und bes. S. 113).

[125] Unwillkürlich fühlt man sich an Kafkas *Brief an den Vater* erinnert, wo Kafka dem Vater in Bezug auf dessen Judentum schreibt: »[…] zum Weiter-überliefert-Werden war es gegenüber dem Kinde zu wenig, es vertropfte zur Gänze, während du es weitergabst« (Franz Kafka: Nachgelassene Schriften und Fragmente. Bd 2. Hg. von Jost Schillemeit. Frankfurt am Main: S. Fischer 1992, S. 188f.). (Man achte auch auf den semantischen Bezug zwischen der herunterbrennenden Kerze und dem Kafkaschen »vertropfen«.)

zeitliche Aspekt zum Ausdruck; damit vielleicht aber auch der Verweis auf den Letzten Tag, der oben auf der vom Text gelegten Folie des Schabbat als fehlend offenkundig wurde. – Ob dieses Ich das Warten leid ist, das Ausharren, das Immergleiche? Oder kritisiert es umgekehrt die Erlösungserwartung, die mit dem Schabbat verbunden ist? Warum spricht es der Kerze den Bezug zum letzten Tag ab, um sich nachher auf ihr Herunterbrennen zu beziehen und damit den Bezug wiederherzustellen? – Die Fragen sind so nicht zu beantworten, die uneindeutigen syntaktischen Bezüge, das Spiel mit dem *letzten* und dem Letzten (Tag) verhindern es. Soviel aber ist zu sagen: Das Ich liebt eine Kerze, die im Hinblick auf die Schabbatkerze als defizitär in Bezug auf religiöse Transzendenz erscheint, als herunterbrennende Kerze. Aber auch eine Schabbatkerze ist eine solche nur als herunterbrennende. Die brennende Schabbatkerze verweist auf den Letzten Tag und damit auf das Ende der Endlichkeit, auf die Erfüllung der Zeiten, die im Schabbat sogar schon vorweggenommen, verwirklicht ist – innerhalb der Endlichkeit und am zyklisch sich wiederholenden siebten Tag der Woche. Seltsamerweise ist also der irdische Zeitaspekt gleichzeitig durch den zyklischen Ablauf der Wochentage und die Endlichkeit der (Schabbat-) Kerze charakterisiert, während der spirituelle, ewige Aspekt die Linearität der irdischen Zeit braucht, eines Letzten Tages, der die historische Zeit erfüllen, abschließen, aufheben würde. Die Komplexität der Symbolik der brennenden Kerze wird deutlich: Es gibt die Kerze als Symbol nur als herunterbrennende, und als solche hat sie, wie der Schabbat, von dem sie sich zugleich abhebt, Anteil an der endlichen, irdischen und an der ewigen, der messianischen Zeit. Die Formulierung: *ich liebte, Geschwisterkind, nicht sie, ich liebte ihr Herunterbrennen* beinhaltet die Unauflöslichkeit beider Aspekte. Ähnlich verhält es sich mit der Säkularisierung: Die Kerze fungiert als Reminiszenz an (fehlende: vermisste oder verabschiedete) religiöse Transzendenz, und sie steht in der Kreuzungslinie zweier Zeitstrukturen und -qualitäten. Indem sie jedoch auf unhintergehbare Weise auf beide Zeitqualitäten Bezug nimmt, holt sie die Transzendenz in säkularisierter Form wieder ein. So dementiert der Text in eigenwilliger Weise die religiöse Bedeutung der Kerze und lädt sie gleichzeitig wieder mit Transzendenz auf. In diesem Zusammenhang muss auch der *letzte* Tag nochmals in Betracht kommen: Durch die Kleinschreibung wird er dem religiösen Zugriff entzogen, auf lautlicher Ebene bleibt der Bezug jedoch intakt. In Übereinstimmung mit der ungewissen Deutung der vorausgehenden Passage, die in erster Linie durch das »syntaktische Schaukeln« hervorgerufen wird, ist auch ungewiss, ob der letzte Tag Katastrophe oder Erlösung und Erfüllung bedeuten würde, ob er herbeigesehnt oder gefürchtet wird – oder ob er überhaupt erst im Nachhinein als solcher erscheint.

Aufschlussreich ist der Bezug der Kerze zum Türkenbund. Im Text ist er zunächst angezeigt nur durch das Wort *links*, mit dem beide in Bezug auf Klein/Ich positioniert werden. Darüber hinaus ist eine gewisse optische Ähnlichkeit offensichtlich: Dass diese lilienartige Pflanze, aufrecht und mit roten Blüten, gleichsam flammend in der alpinen Landschaft, an eine brennende Kerze erinnern könnte, ist nachvollziehbar. Es ist aber darüber hinaus eine Strukturähnlichkeit auszumachen zwischen der Kerze und dem Türkenbund als Chiffren:

An die Kerze ist die Kindheitserinnerung des Ein- und Ausgeschlossen-Seins geknüpft, des Aufgehoben-Seins in einer Gemeinschaft, zu der sich das Ich doch nicht zugehörig fühlt. Die Kerze, welche die Schabbatkerze als jüdisches Symbol zugleich evoziert und negiert und deren Herunterbrennen das Ich geliebt hat, könnte für diese zwiespältige gefühlsmäßige Bindung stehen: Die Beziehung des Ich zum Judentum oder zur jüdischen Gemeinschaft ist eine erzwungene und eine mit Gewalt zerstörte. Durch die Schoah ist die Identifizierung mit dem Judentum zugleich erzwungen und zerstört worden. Dies kommt zum Ausdruck durch die Worte:

> [...] ich liebte, Geschwisterkind, nicht sie, ich liebte ihr Herunterbrennen, und, weißt du, ich habe nichts mehr geliebt seither; [...].

Die Identifizierung mit dem Judentum könnte als erzwungene aufgefasst sein, insofern das Judentum zahlreiche *Geschwisterkinder* das Leben gekostet hat und gleichzeitig der Grund war, der das Ich aus der Heimat vertrieben hat.[126] Und sie (die Identifizierung mit dem Judentum) ist eine mit Gewalt zerstörte, indem die Gewalt dem Juden die *Geschwisterkinder*, die Heimat und vielleicht auch eine mögliche jüdische Hoffnung, verkörpert gerade durch die Schabbatkerze, entrissen hat.

Sehr ähnlich liegt der Fall Paul Celans, der das Judentum seiner Eltern als Jugendlicher, und das heißt zugleich vor dem Zweiten Weltkrieg, weitgehend ablehnte,[127] dessen Eltern im Konzentrationslager umkamen und den der Antisemitismus aus der Heimat vertrieben hat. Christoph Schwerin, der Celan gekannt hat, schreibt in seiner Erinnerung, dass »die Zeit und nicht der Glaube« Celan zum Juden gemacht habe.[128] – Wie oben gezeigt, laufen in der herunterbrennenden (Schabbat-) Kerze Hoffnung und Zerstörung der Hoffnung in eins zusammen.

---

[126] Eigentlich ist natürlich nicht das Judentum der Grund, sondern die organisierte Gewalt gegen die Juden.

[127] Vgl. Chalfen, Paul Celan. Eine Biographie seiner Jugend (wie Anm. 118). Gemäß Jürgen Joachimsthaler sah sich Celan bereits vor dem Zweiten Weltkrieg einer »doppelten Bezeichnungszumutung ausgesetzt«: Da waren einerseits die rumänischen Antisemiten und die Fremdbezeichnung als Jude durch diese zum Zwecke der Diskriminierung »und andererseits die Bemühungen seines überzeugt zionistischen Vaters, ihm die Selbstbezeichnung ›Jude‹ (im zionistischen Sinne) als eine zu oktroyieren, mit deren semantischen [sic] Gehalt (im Verständnis des Vaters) er sich identifizieren [...] sollte [...]« (Joachimsthaler, Das »Eigene« und sein »Anderes« als hermeneutische Aporien [wie Anm. 77], S. 95f.).

[128] Christoph Schwerin: Bitterer Brunnen des Herzens. Erinnerungen an Paul Celan. In: Der Monat 279 (1981), S. 73–81, hier S. 75.

Der Türkenbund seinerseits verweist mit seinem deutschen Namen auf den Osten, aus dem das Ich wahrscheinlich kommt: Der Jude Klein ist Überlebender der Schoah, kommt von weit her und hat jiddische Anklänge in seiner Sprache.[129] Der Türkenbund erinnert ihn möglicherweise an die ferne Heimat, jedenfalls an das Fremdsein in dieser Bergwelt. Der Osten ist für die Figur in zweierlei Hinsicht Heimat: Osteuropa als Herkunftsort und Nahost als Wiege des Judentums. Die zunächst irritierende Beziehung zwischen »Türkenbund« und Heimat wird einsichtiger, wenn man den muslimischen Türken und Juden gemeinsamen abrahamitischen Bund mit Gott, der durch die Beschneidung bezeugt wird, bedenkt (vgl. 1. Mose 17). Der Türkenbund erinnert dann wörtlich auch an das, was die Figur mit den Türken verbindet: die östliche Heimat und der Bund mit dem Gott Abrahams. Mit seinem lateinischen Namen, lilium mártagon, verweist der Türkenbund dagegen auf Gewalt, denn mártagon bezieht sich auf den Kriegsgott Mars. Er verbindet also ebenfalls die Elemente Heimat/Geborgenheit und Zwang/Gewalt für das Ich. Auch die Bindung des Ich an die Heimat ist eine mit Gewalt zerstörte, wenn das Ich, wie angenommen werden kann, von dort geflohen ist. Wenn der Türkenbund hier für die Herkunft und die Beziehung zur eigenen Geschichte steht, dann liegen in dieser Geschichte Bindung und Gewalt sehr eng und verschlungen beieinander, wie im deutschen Namen (-bund) und im lateinischen Beinamen (mártagon) der Pflanze. Auch an den Türkenbund ist demnach die Erfahrung von Fremdheit, von Ein- und Ausgeschlossenheit geknüpft.

Die Kerze in der Erinnerung Kleins und das gesehene, äußere Bild des Türkenbundes entfalten eine Ähnlichkeit im Aussehen und in der ambivalenten Struktur (Gewalt/Trennung/Fremdheit und Geborgenheit/Beziehung/Heimat), beide sind verknüpft mit Erfahrungen von Ein- und Ausgeschlossensein. Sie gehören außerdem derselben Lebensphase des Ich an. Und beide stehen links. Die Homophonie mit einem englischen Wort stellt es genau dar: Das Wort *links* ist innerhalb der Erzählung der »Link« von der Erinnerung zur äußeren Welt, zur Szenerie.

Diese Geschichte von Bindung und Zwang, Geborgenheit und Gewalt, Ein- und Ausgeschlossenheit, Heimat und Einsamkeit kann zuerst nicht erinnert werden; der Türkenbund wird nicht gesehen. Im Moment der Erinnerung weist die Kerze jedoch auf den Türkenbund zurück. Durch das innere, vom Ich hergestellte Erinnerungsbild der Kerze wird erst der äußere, gesehene und doch nicht gesehene Türkenbund als Bild lesbar (für das Ich im Text und für uns Leserinnen und Leser); der Schleier, der ihn verhüllt hat, fällt (oder, um mit dem Text zu sprechen: wird *gelüpft*). Der Türkenbund hat eine Erinnerung aufgerufen und sie zugleich verdeckt, die erinnerte oder imaginierte Kerze stellt

---

[129] Nimmt man eine partielle Identität zwischen der Figur und ihrem Urheber, Celan, an, verdichtet sich die These. Zum Verhältnis zwischen Erzähler, Autor und Figuren-Ich in diesem Text vgl. Kap. 2.2.

sie dar und wirft Licht auf ihn zurück.[130] Am Schluss des Textes definiert sich
das Ich sowohl als der *mit dem Türkenbund* wie auch als der *mit der* [...] *Kerze*.

Was im Türkenbund und in der Kerze chiffriert ist und das, womit eine zunächst unerträgliche Ambivalenz verbunden ist, lässt sich nun folgendermaßen
paraphrasieren: Die Flucht aus dem Osten war eine Vertreibung aus einem Ort,
der kein Paradies war. Das Ich war einsam in der Welt, aus der es vertrieben
wurde, weil es zu ihr gehörte. Daran zu denken ist schmerzhaft, die nichtge-
liebte Welt ist nun die verlorene, enteignete, zerstörte; die, die einzig dem Ich
Identität gewähren könnte, die, die einzig noch geliebt werden könnte.

Der Abschnitt endet mit der Feststellung: *und, weißt du, ich habe nichts
mehr geliebt seither.* »Nichts mehr« ist zweideutig: das Ich hat seither nichts
stärker geliebt oder es hat überhaupt nicht mehr geliebt. Beide Bedeutungen
sind sinnvoll: Die Betonung der rätselhaften Liebe zum Herunterbrennen dieser Kerze, die zu einer Zeit gehört, als es noch Hoffnung gab und die *Geschwisterkinder* noch da waren und man sie lieben oder nicht lieben konnte.
Aber auch die Unmöglichkeit von Liebe seit dem Verlust der Hoffnung und
der *Geschwisterkinder*. Vielleicht fallen die beiden Varianten auch zusammen,
seitdem die Kerze ganz heruntergebrannt ist.

Die Blumen im Text ähneln den hölzernen Pflöcken im Gedicht *Heimkehr*.[131]
Diese stehen auf schneebedeckten Hügeln: *weithin gelagertes Weiß*, worunter
sich, *was den Augen so weh tut*, hervorstülpt, und gereichen, als *ein ins Stumme
entglittenes Ich*, einem *Gefühl, / vom Eiswind herübergeweht*, zur Fahnenstange,
an der es das Gefühl *sein tauben-, sein schnee-/farbenes Fahnentuch festmacht*.

Rike Felka schreibt in ihrer Dissertation *Psychische Schrift* über *Heimkehr*:

> Das Bild der weißen Fahne in einer Schneelandschaft ist keine empirische Erinne-
> rungsminiatur, keine Beschreibung eines realen Geländes, keine lyrische Imago ei-
> ner winterlichen Natur, sondern das Nachbild eines ›verlorenen‹ Affekts. Für das
> Gefühl des fehlenden Gefühls wird ein ›blanc‹ eingerichtet, das seine ›Heimkehr‹
> ermöglicht. Die ›wirklichen‹ Erinnerungsbilder werden zugunsten eines Nachbildes
> außer Kurs gesetzt, das ihre Bedeutung bloßlegt: dass sie ihre affektive Bedeutung
> nicht erreichten.[132]

---

[130] Türkenbund/Kerze entspricht der Konstellation des Bildes im benjaminschen
       Sinne, vgl. etwa: »Bild ist dasjenige, worin das Gewesene mit dem Jetzt blitzhaft
       zu einer Konstellation zusammentritt« (Benjamin, Gesammelte Schriften [wie
       Anm. 94], Bd 5.1, S. 576). Und: »Das dialektische Bild ist ein aufblitzendes. So,
       als ein im Jetzt der Erkennbarkeit aufblitzendes Bild, ist das des Gewesenen [...]
       festzuhalten. Die Rettung, die dergestalt, und nur dergestalt, vollzogen wird, lässt
       sich immer nur als auf der Wahrnehmung von dem unrettbar sich verlierenden ge-
       winnen« (ebd., Bd 1.2, S. 682). Zur Erläuterung vgl. Sigrid Weigel: Entstellte
       Ähnlichkeit. Walter Benjamins theoretische Schreibweise. Frankfurt am Main: Fi-
       scher Taschenbuch-Verlag 1997 (Fischer-Taschenbücher; 12964), bes. Kap. 3.
[131] Celan, Gesammelte Werke in fünf Bänden (wie Vorbemerkungen, Anm. 2), Bd 1,
       S. 156.
[132] Felka, Psychische Schrift (wie Anm. 6), S. 199.

Auch die Blumen in *Gespräch im Gebirg* markieren einen Ort in einer stummen Landschaft, und sie werden noch nicht einmal gesehen. Aber es ist wichtig, dass sie diesen Ort in der (ihrerseits imaginären) Landschaft festhalten, denn später werden sie durch eine Erinnerung der einen Figur sichtbar resp. partiell »lesbar«, und es wird auch klar, warum sie vorher nicht gesehen werden konnten: Sie bezeichnen den Ort eines traumatischen Erlebnisses resp. des damit verbundenen Affekts und den verlorenen Affekt selber.

Den Zusammenhang zwischen Chiffre und Trauma hat Felka folgendermaßen dargestellt:

> *Die Struktur des traumatischen* Erlebens [Hervorhebung i. O.] wird in ein poetisches Bild umgeprägt, in ein Nachbild von Situationen unmöglicher Realität und Verlautbarung, zu denen es sich, als transformierter Widerschein, in Beziehung setzt. Das ›Bild‹ ist die Evokation eines Inhalts, der nicht erscheint, eines Uncodierbaren, das trotz des Appells, zu deuten, uncodierbar bleibt.[133]

In der Psychoanalyse spielt der Begriff des Traumas eine zentrale Rolle. Er ist jedoch (wie die ganze Theorie) einer ständigen Entwicklung und Veränderung ausgesetzt. Allgemein bezeichnet das Trauma ein Ereignis im Leben des Subjekts, das »definiert wird durch seine Intensität, die Unfähigkeit des Subjekts, adäquat darauf zu antworten, die Erschütterung und die dauerhaft pathogenen Wirkungen, die es in der psychischen Organisation hervorruft«.[134] Wichtig ist dabei, dass das Trauma immer zweistufig ist: Ein erstes Erlebnis, das verdrängt wird, wird durch ein späteres, ihm ähnliches, evoziert und löst dabei eine so große Angst resp. Reizüberflutung aus, dass der psychische Apparat überfordert und blockiert wird. Erst durch die Erinnerung an das erste Erlebnis und dessen Bewältigung kann die Blockade aufgelöst werden. Ein traumatisches Erlebnis kann nicht in die bewusste Persönlichkeit integriert werden. Für die Wirkung des Traumas, wie sie in *Gespräch im Gebirg* zur Darstellung kommt, scheint mir die späte Erklärung Freuds hilfreich, die er in *Hemmungen, Symptom und Angst* (1926) gibt: Das Ich löse in einer bestimmten Situation ein Angstsignal aus, um »die Überwältigung durch die automatische Situation zu vermeiden, welche die traumatische Situation bestimmt, in der das Ich ohne Zuflucht ist«.[135]

Das Wort »Trauma« entspricht dem griechischen Wort für »Wunde«, das von der Psychoanalyse aus der Medizin übernommen und in metaphorischer Weise verwendet wurde. Nehmen wir noch eine Bestimmung aus der frühen Psychoanalyse hinzu, die besagt, dass ein Trauma im strengen Sinne vorliegt, wenn eine Erfahrung nicht abreagiert werden kann und deshalb »wie ein

---

[133] Ebd., S. 199f.
[134] Jean Laplanche/Jean-Bertrand Pontalis: Das Vokabular der Psychoanalyse. Aus dem Franz. von Emma Moersch. 12. Aufl. Frankfurt am Main: Suhrkamp 1994, S. 513.
[135] Ebd., S. 518.

Fremdkörper im Psychischen verbleibt«,[136] so wird die Ähnlichkeit zur Schliere offensichtlich, die sich im Auge bildet, wenn sich ein Fremdkörper darin
festgesetzt hat. Die Schliere ist nicht die Verletzung, sondern die Abwehr des
Auges gegen den Fremdkörper, den es weder absorbieren noch entfernen kann.
Celans Gedicht *Schliere* bildet den Abschluss des zweiten Zyklus von *Sprachgitter*, in dem sich auch *Heimkehr* findet.

Die *Geschwisterkinder* auf den Steinfliesen, die Kerze, der Türkenbund und
die andern Blumen bilden im Text eine Reihe von Chiffren mit steigender
Unlesbarkeit. Die Erinnerung, die mit den Worten *auf dem Stein bin ich gelegen* […] beginnend erzählt wird, hat selber eher den Charakter eines Bildes
oder eines Nachbildes, als den eines konkreten Erlebnisses. Sie ist mehr fragmentarisch als kohärent, mehr strukturähnlich dem verlorenen Affekt als anschaulich. Sie ist offensichtlich selber zu einem gewissen Grad chiffriert, es
handelt sich nicht um eine konkrete erinnerte Szene.[137] Der »verlorene Affekt«, die unerträgliche Ambivalenz der Gefühle in Bezug auf die gestohlene,
verlorene, gemarterte, vernichtete, geliebte und ungeliebte Heimat (die Religi-
onsgemeinschaft, die *Geschwisterkinder*), ist darin in ein weiteres Bild – die
herunterbrennende Kerze – gefasst, dem dieselbe ambivalente Struktur eignet.
Diese hat aber, anders als der Türkenbund und anders als die Schneelandschaft
in *Heimkehr*, auch inhaltlich Anteil am »verlorenen Affekt« und macht deshalb
die Türkenbund-Chiffre, insofern die beiden korrespondieren, lesbar und ermöglicht, dass die Erinnerung ihre »affektive Bedeutung« schließlich erreicht:
und, weißt du, ich habe nichts mehr geliebt seither.

Der Türkenbund im Text wird für die Figuren, wegen seiner optischen Ähnlichkeit mit der Kerze und der Ambivalenz von Heimat, Geborgenheit und
Gewalt, die sein Name beinhaltet, zum Angstsignal, das an das Trauma erinnert und deshalb zuerst nicht gesehen wird: Der Wahrnehmungsapparat wird
blockiert, der Vorhang, der Schleier – ein Anagramm von Schliere – fällt. Der
Türkenbund steht als Chiffre da. Dieser Schleier kann im Fortgang des Textes
gelüpft werden, durch den (durch den Stein eröffneten) Zugang zu der mit den
bedrohlichen Affekten verknüpften Erinnerung, gefasst in der herunterbrennenden Kerze und der ambivalenten Liebe zu dieser. Der Türkenbund wird für
die Figur sichtbar, die Chiffre ent-zifferbar: Im Türkenbund sind die ambivalenten Gefühle der Figur zu ihrem Judentum, die durch die Geschichte der
Figur als die Schoah überlebender Jude prekär werden, chiffriert.

Einen skizzenhaften, aber dennoch eindrücklichen Kommentar Celans zur
soeben ausführlich kommentierten Stelle bildet ein Briefausschnitt, auf den ich
nachträglich gestoßen bin. Beim Brief handelt es sich um Celans Begleitbrief
zu *Gespräch im Gebirg* an Rudolf Hirsch. Celan schreibt darin:

---

[136] Ebd., S. 515.
[137] Deshalb wirken Interpretationsversuche, die die Szene einer bestimmten biographischen Erinnerung Celans zuordnen wollen, unbeholfen.

Das Trauma, sagten Sie vorhin, ... Das Trauma – vielleicht auch das Stigma ... Oder auch: das Gewissen. Oder auch nur: ein Nicht-schlafen-können, manchmal ...[138]

[...] nichts, nein; oder vielleicht das, was da herunterbrannte wie jene Kerze an jenem Tag, am siebten und nicht am letzten; nicht am letzten, nein, denn da bin ich ja, hier, auf dieser Straße, von der sie sagen, dass sie schön ist, bin ich ja, hier, beim Türkenbund und bei der Rapunzel, und hundert Schritt weiter, da drüben, wo ich hinkann, da geht die Lärche zur Zirbelkiefer hinauf, ich seh's, ich seh es und seh's nicht, [...].

Ebenso geliebt wie das Herunterbrennen der Kerze hat das Ich also *das, was da herunterbrannte wie jene Kerze an jenem Tag, am siebten und nicht am letzten.* Kohn-Waechter weist wie andere darauf hin, dass hier eine Parallelisierung der ermordeten Juden mit der Kerze bestehe.[139] Wenn sie aber daraus ableitet, dass das Ich auch deren *Herunterbrennen* geliebt habe, weil es ihm als Opfer, das den nahen letzten Tag näher bringt, erschienen sei, folge ich ihr nicht mehr. Einerseits ist, wie oben gezeigt wurde, die Bedeutung der herunterbrennenden Kerze selber viel zu prekär, um eine einfache Übertragung zu erlauben, und andererseits hat das Ich geliebt, *was* wie die Kerze herunterbrannte, also, seine *Geschwisterkinder*: die Eltern, die Freunde, die Verwandten, die es durch den Völkermord verloren hat, und nicht deren Herunterbrennen – die *Geschwisterkinder*, von denen es zugleich gesagt hat, es habe sie nicht geliebt. Diese Ambivalenz ist es, die angesichts der Schoah kaum mehr zu ertragen ist und deshalb vorher nicht erinnert wurde.

Vielleicht ist aber nicht nur an die *Geschwisterkinder*, sondern an alles zu denken, was durch die Schoah verloren ging: eine Welt, ihre Menschen, ein Weltbild, eine Hoffnung.

Die Bestimmung von *jenem Tag* als siebtem und nicht letztem kann auf den indirekt angesprochenen »Tag« der Ermordung der Juden wie auf den – ebenfalls nur indirekt angesprochenen – Schabbat bezogen werden; auf die Kerze oder auf das, was wie die Kerze herunterbrannte. Beides wird wieder überblendet. – Was bedeutet es, wenn die Ermordung der Juden, wie der Schabbat, *am siebten und nicht am letzten* Tag stattfand?

Der Schabbat verweist als siebter Tag immer auf den folgenden ersten Tag der Woche und zugleich auf den Letzten, wenn die Zeit erfüllt sein wird. Jetzt, nach dem Massenmord an den Juden, die den Schabbat geheiligt haben, ist es skandalös, dass die Geschichte einfach weitergeht. Es war nicht der letzte Tag, als sie alle getötet und ihre Leichen verbrannt wurden. Es folgte aber auch kein erster mehr für all die Ermordeten. Wenn das nicht der letzte Tag war, wird es keinen geben. Eine Sinngebung in der Geschichte – für das Judentum, da sich Gott in der Geschichte offenbart, zentral – ist unmöglich geworden. Schabbat

---

[138] Paul Celan/Rudolf Hirsch: Briefwechsel. Hg. von Joachim Seng. Frankfurt am Main: Suhrkamp 2004, S. 85. Ein weiterer Ausschnitt aus demselben Brief findet sich in Kap. 5.5.

[139] Kohn-Waechter, »[...] ich liebte ihr Herunterbrennen« (wie Anm. 75), S. 228f.

damit ebenfalls. – Das ist, in Engführung mit und im Gegensatz zum Herunterbrennen der Schabbatkerze, das Skandalon: Sie, die auf den ersten Tag und zugleich auf die verheißene Erlösung verweist, die mit dem Messias am Letzten Tag kommen wird, wurde in ungeheurer Weise widerlegt und, wenn man mit dem Text denkt, beinahe parodiert, die mit ihr verbundene Hoffnung zerstört, und doch kommt immer wieder, wie Hohn, ein erster Tag der Woche.

Das Ich weiß jetzt, wo es steht in Bezug auf den Türkenbund und die Rapunzel (die mir jedoch als Chiffre weitgehend unlesbar blieb), Lärche und Zirbelkiefer dagegen werden erst halb gesehen.

Dass das Ich, übriggeblieben, da ist, auf einer Straße, und da und dort *hinkann*, ist eine fast nicht zu bewältigende Aufgabe, eine Zumutung. Die Zumutung des Überlebens. Das Ich überdenkt nun von daher seinen Ort auf dieser Erde, als Jude, der das Judentum vor der Schoah teilweise abgelehnt hat, als Jude, der jetzt ein Überlebender ist, Überlebender eines Massakers, das auch ihn hätte vernichten sollen.

Hier füllt sich die Leerstelle des Anfangs: *Die Sonne, und nicht nur sie, war untergegangen*. Das Ich, *der Jud* aus dem Anfang der Erzählung, steht nun hier, auf dieser Straße, und muss weiterleben mit dem Verlust der Hoffnung, der Heimat und der ungeliebten Geliebten.[140]

> […] und mein Stock, der hat gesprochen, hat gesprochen zum Stein, und mein Stock, der schweigt jetzt still, und der Stein, sagst du, der kann sprechen, und in meinem Aug, da hängt der Schleier, der bewegliche, da hängen die Schleier, die beweglichen, da hast du den einen gelüpft, und da hängt schon der zweite, und der Stern – denn ja, der steht jetzt überm Gebirg –, wenn er da hineinwill, so wird er Hochzeit halten müssen und bald nicht mehr er sein, sondern halb Schleier und halb Stern, […].

Seltsam, dass nun der Stock als der erscheint, der gesprochen hat, und nicht der Stein; der Anfang der Erzählung hatte allerdings die Unentscheidbarkeit des Urhebers dieses Sprechens schon inszeniert. Die Figur, die sich später als Klein bezeichnet, sagt zu Groß, dieser habe gesagt, der Stein könne sprechen. Das hat Klein aber selber gesagt, während Groß nur gefragt hat, zu wem der

---

[140] Für Stéphane Mosès taucht die Schabbatkerze im Gedächtnis auf als »letzter Schein jener Welt, die verschwunden ist, […] als Sinnbild der unwiederbringlichen Schönheit all dessen, was erloschen ist; zugleich aber weist sie auf die Erfahrung jenes Tages hin, der *der siebte war*, […] *der siebte, und nicht der letzte*, also auf die Vorstellung von der Ambivalenz der historischen Zeit: wenn der siebte Tag nicht der letzte ist, dann deshalb, weil die Zeiten nie erfüllt sein werden, weil es kein Ende der Geschichte gibt; doch ist diese der Zeit anhaftende Unvollkommenheit andererseits gerade die Garantie für die Fortdauer des Lebens; selbst die Katastrophe, wo die Zeit zum Stillstand gekommen schien, war nicht der letzte Tag […].« (Mosès, »Wege, auf denen die Sprache stimmhaft wird.« [wie Anm. 56], S. 156). Mosès weist wie ich auf die Ambivalenz des letzten Tages hin und auf die säkulare Tendenz in der ganzen Passage, aber in anderer Gewichtung und Füllung. Die positive Deutung der Fortdauer des Lebens dagegen scheint mir in *Gespräch im Gebirg* nicht gegeben.

1.2 Protokoll einer Lektüre

Stein rede. Wenn die Unterscheidung zwischen reden und sprechen von der Bedeutung ist, wie sie oben entwickelt wurde, dann muss diese Stelle so gelesen werden, dass die anfängliche Ungeschiedenheit der beiden Figuren hier nochmals aktualisiert wird oder aber dass Klein Groß provoziert, indem er diesem die für ihn selber so wichtige Unterscheidung unterstellt.

Der Jude hat den Schleier im Auge, und kaum hat er *den einen gelüpft*, denjenigen vor dem Türkenbund, *da hängt schon der zweite*. Wie vorher den Blumen ergeht es jetzt dem Stern. Die Hochzeit scheint eine zwiespältige Angelegenheit zu sein, ähnlich wie vorher die Zeugung des Kindes: Der Stern verliert dabei seine Identität. Es scheint nicht möglich, den Stern einfach als Stern, der über dem Gebirge steht, wahrzunehmen. Der Stern ist nicht nur ein ferner, leuchtender Himmelskörper, er ist auch der Davidstern, das jüdische Symbol, das im Dritten Reich zur Kennzeichnung und Diskriminierung der Juden missbraucht wurde: Das Symbol der jüdischen Identität wurde den Juden gestohlen und zum Zeichen einer aufgezwungenen, äußeren Identifizierung gemacht, die kein anderes Ziel als die Diskriminierung und schließlich die Vernichtung hatte. Der Stern am Himmel, der natürliche Stern, kann nun nicht mehr gesehen, nicht mehr gesagt, nicht mehr gedacht werden ohne den anderen, zum Todeszeichen gemachten Stern jüdischen Lebens. Hier wird deutlich, wie sehr diese Erinnerung über die Sprache funktioniert, denn der Stern am Himmel hat optisch wenig Ähnlichkeit mit dem sechseckigen, alten Symbol, das später Davidstern genannt wurde. Die Verbindung zwischen den beiden kommt über die gleiche Bezeichnung, über das Wort »Stern«, zustande. Die Stelle über die unverlorene Sprache aus Celans *Bremer Rede* wird hier noch einmal anschaulich:

> Sie, die Sprache, blieb unverloren, ja, trotz allem. Aber sie musste hindurchgehen durch ihre eigenen Antwortlosigkeiten, hindurchgehen durch furchtbares Verstummen, hindurchgehen durch die tausend Finsternisse todbringender Rede. Sie ging hindurch und gab keine Worte her für das, was geschah; aber sie ging durch dieses Geschehen. Ging hindurch und durfte wieder zutage treten, »angereichert« von all dem. (BRE, S. 185f.)

Auch »Stern« war zu einem todbringenden Wort geworden. Was damals geschah, kann mit den Worten der Sprache nicht adäquat gesagt werden. Aber Stern-Sagen bedeutet jetzt immer auch den anderen, den Davids- und Todesstern sagen.[141] Dichtung nach der Schoah hat nach Celans Verständnis damit zu tun: mit dem, was nicht gesagt werden kann, und dem, was immer auch

---

[141] Vgl. dazu das Gedicht *Sprich auch du* aus der Sammlung *Von Schwelle zu Schwelle* (1955), wo es heißt: *Gib deinem Spruch auch den Sinn: /gib ihm den Schatten.* Das Gedicht weist auch sonst eindrückliche Bezüge zur Erzählung auf: vom *Schattenentblössten* ist die Rede und vom *Stern, der herabwill [...]: um unten zu schwimmen, unten, / wo er sich schimmern sieht: in der Dünung wandernder Worte* (Celan, Gesammelte Werke in fünf Bänden [wie Vorbemerkungen, Anm. 2], Bd 1, S. 135).

gesagt wird, wenn nach der Schoah gesprochen wird, ganz besonders in dieser Sprache, in der die Vernichtung der Juden stattfand. Dichtung nach der Schoah muss die Erinnerung in der Sprache bewahren und wach halten.[142] Wenn die Erinnerung zu schwierig, zu schmerzlich ist, legt sich der Schleier zwischen das äußere Bild und das Bild im Kopf, eben hinter das Auge. Dort trübt er das Bild und markiert zugleich die Stelle, wo das Vergessene, die Wunde, das Trauma ist.

Ähnlich wie die Kerze ist der Stern als Davidstern das Symbol einer Hoffnung, die der Jude erst ablehnte, mit der er sich dann gezwungenermaßen identifizierte und die ihm gleichzeitig entrissen wurde, indem der Stern zum Todessymbol gemacht wurde.

Unvermittelt spricht das Ich, der Jude Klein, nun wieder das *Geschwisterkind* an:

> […] und ich weiß, ich weiß, Geschwisterkind, ich weiß, ich bin dir begegnet, hier, und geredet haben wir, viel, und die Falten dort, du weißt, nicht für die Menschen sind sie da und nicht für uns, die wir hier gingen und einander trafen, wir hier unterm Stern, wir, die Juden, die da kamen, wie Lenz, durchs Gebirg, du Groß und ich Klein, du, der Geschwätzige, und ich, der Geschwätzige, wir mit den Stöcken, wir mit unsern Namen, den unaussprechlichen, wir mit unserm Schatten, dem eignen und dem fremden, du hier und ich hier – […].

Klein sagt, er wisse, dass er ihm, Groß, begegnet sei. Warum nur wirkt das so wenig überzeugend? – Es ist schon seltsam genug, wenn eine Figur zu einer ihr gegenüberstehenden sagt: *ich weiß, ich bin dir begegnet, und geredet haben wir, viel* […]. Vielleicht hat es auch mit dem schieren Umfang von Kleins Rede zu tun; nach den kurzen und unindividuellen Reden, die vorausgingen, redet nun ein Ich plötzlich über eine Seite lang, und das Du hatte vorher zu wenig Konturen bekommen, um während dieser Rede präsent zu bleiben. Die beiden Figuren waren vorher kaum unterscheidbar, und jetzt hat die eine plötzlich gewissermaßen fast eine Seite lang Ich gesagt, denn was sie erzählt hat, gibt ihr Identität. Aber die andere Figur ist nicht in ähnlicher Weise zu einem Ich und damit für das Ich zu einem Andern, einem Du geworden. Wenn Klein

---

[142] Vgl. dazu auch Lemke, »Der für immer geheutigte Wundstein« (wie Anm. 92), bes. S. 116. Lemkes Darstellung der Poetik der Erinnerung ist über weite Strecken sehr präzis. Ihr metaphorisierendes Verfahren bei der Lektüre von *Stimmen* (Celan, Gesammelte Werke in fünf Bänden [wie Vorbemerkungen, Anm. 2], Bd 1, S. 147–149), bei dem sie Wortschöpfungen Celans unbesehen in Begriffe verwandelt, scheint mir jedoch nicht unproblematisch. Die Lektüre gerät dadurch in einen metaphorischen Aussagemodus, der nicht immer zur Genauigkeit beiträgt. Entgegen Lemke bin ich überdies der Meinung, dass die Poetik der Erinnerung stärker und anders mit der Poetik der Begegnung zusammenhängt, als es zum Ende des Aufsatzes dargestellt ist. Lesen, auch und gerade die Gedichte Celans zu lesen, ist mehr als »die wechselseitige Anerkennung der erlittenen Vereinzelung«, die gleichwohl dessen Voraussetzung darstellt, und *der für immer geheutigte Wundstein* (Celan, Gesammelte Werke in fünf Bänden [wie Vorbemerkungen, Anm. 2], Bd 2, S. 369), den Lemke zitiert, kann nicht mit der Vereinzelung gleichgesetzt werden.

im Folgenden *wir* sagt, reduziert er sich und den Gesprächspartner wieder offensichtlich darauf, *Geschwisterkinder* zu sein.

Das Gegenüber, mit dem Begegnung gefunden worden ist, ist die Vergangenheit. In der wiedergefundenen Erinnerung findet die Begegnung von Fremdem und Eigenem statt. Aus dieser Begegnung erwächst die Sprache, die Fähigkeit zu sprechen für das Ich. Die Begegnung hat dann aber eigentlich nicht zwischen den beiden Juden stattgefunden, sondern zwischen dem Juden Klein und der Geschichte seines Judeseins, und insofern der Gesprächspartner im Text eines der wiedergefundenen *Geschwisterkinder* ist, er dadurch auch ihm begegnet.

Der allerletzte Abschnitt des Textes, in dem die Figur den Anfang ihrer Rede wieder aufnimmt, gibt nochmals Rätsel auf. Der Satz ist innerhalb der Erzähler- und Figurenkonstellation überhaupt nicht zu verstehen. Wie kann die Figur, nachdem sie über eine Seite geredet hat, zu ihrem Gesprächspartner sagen:

> […] – ich hier, ich; ich, der ich dir all das sagen kann, sagen hätt können; der ich dirs nicht sag und nicht gesagt hab; […].

Denkbar ist entweder, dass verschiedene Ich sprechen, oder dass sich das Ich verändert. Das »Ich« in diesem letzten Abschnitt tritt gewissermaßen aus dem Text hervor und weist darauf hin, dass es alles Vorangehende nicht wirklich gesagt habe und dass der Weg ein Weg zu sich selbst gewesen sei. Zusammen mit Celans Hinweis im *Meridian* und der Datierung legt sich an dieser Stelle die Vermutung nahe, dass der Urheber, Celan selbst, aus seiner Figur und seinem Erzähler hervortritt und »Ich« sagt (vgl. dazu Kap. 2.3 und 3.4).

Die berühmte Stelle aus dem *Meridian*, die den Ausgangspunkt dieser Arbeit bildet und in deren Fortsetzung Celan sagt: *Ich bin […] mir selbst begegnet* (ME, S. 201), ließe sich dann so lesen, dass Celan in der Erinnerung an jene Nicht-Begegnung mit Adorno sich selbst als Juden begegnet, vielleicht könnte man sogar sagen: Er begegnet sich selbst in der Erinnerung an das Andere der eigenen Geschichte. Dem andern begegnet er daher nur, insofern dieser eines der *Geschwisterkinder* ist.

> […] ich mit dem Türkenbund links, ich mit der Rapunzel, ich mit der heruntergebrannten, der Kerze, ich mit dem Tag, ich mit den Tagen, ich hier und ich dort, ich, begleitet vielleicht – jetzt! – von der Liebe der Nichtgeliebten, ich auf dem Weg hier zu mir, oben.

Dieses Ich also, das alles Vorangehende nicht gesagt haben will, definiert sich zum Schluss anhand der Chiffren aus dem Text. In einer Engführung nimmt es verschiedene Motive aus dem vorangehenden Text in gedrängter Weise nochmals auf, wobei es Türkenbund und Rapunzel, welche die Figuren dem Erzähler zufolge anfangs gar nicht wahrnehmen konnten, die der Jude Groß nachher dem fernen Gott zugeordnet und die sich Klein dann beigeordnet hat, sich nun zuordnet, und zwar sehr eng, an dieser exponierten Stelle am Schluss, bei diesem letzten Ich-Sagen. Die Kerze, gleich nach den Blumen genannt, hat eine bemerkenswerte Wandlung durchgemacht. Das frühere Ich im Text liebte die herunterbrennende Kerze, es liebte *ihr Herunterbrennen.* Mit der *herunter-gebrannten, der Kerze* jedoch identifiziert sich das Ich am Schluss; mit der Kerze also, nachdem sie heruntergebrannt ist. – Was ist eine heruntergebrannte Kerze? Der Kerzenstummel, also das, was nach dem Herunterbrennen übrig bleibt, oder der Teil, der heruntergebrannt ist, zu Wärme und Licht, Rauch und Ruß geworden? –

Das Ich am Schluss des Textes, an zwei Orten (*hier* und *dort*) zugleich, wähnt sich auf einem Weg zu sich selbst (*ich auf dem Weg hier zu mir*) und dabei *vielleicht* begleitet von der *Liebe der Nichtgeliebten.* Woher diese Zuversicht, dass die (nach wie vor) nicht Geliebten das Ich plötzlich (*jetzt!*) lieben könnten? Steht sie im Zusammenhang mit dem Weg des Ich?

Das Gespräch auf einem Weg durchs Gebirge ist ein Weg zu dem Ich geworden, welches am Schluss von *Gespräch im Gebirg – oben –* da steht. Der Weg hat über den Stein bzw. über die Erinnerung geführt, die dieser aufgetan, aufgerufen, ausgelöst hat (in einem streng metaphorischen Sinn, wenn man das Gebirge als Ge-Schichte auffasst, aus dem sich der Stein resp. die Erinnerung aus-gelöst hat). Das Gebirge, der Stein, die Straße, nochmals der Stein und schließlich die Steinfliesen bilden die metonymische Reihe und den Weg, auf dem das Ich zum Schluss oben angelangt ist. Es ist der Weg einer Erinnerung, der Weg der Geschichte (als Historie und als Erzählung), der ganz eigenen Geschichte als Jude im 20. Jahrhundert, der Weg zur Sprache und zu einem Ich, das sprechen kann. Das *Gespräch im Gebirg* ist insofern eine Selbstbegegnung geworden, eine Verständigung mit sich selber und der eigenen Geschichte. Die Begegnung, oder besser: das Zusammentreffen (denn Begegnung im vollen Sinn, wie sie Celan im *Meridian* konzipiert, findet nur zwischen einem Ich und einem Andern statt, vgl. Kap. 3.2) mit dem *Geschwisterkind* im Text ist dabei eine Voraussetzung für das Hören auf den Stein. Denn zu Beginn des Textes löst das Aufschlagen des Stockes auf dem Stein nichts weiter aus als ein irritierendes Geflüster, von dem man nicht einmal sicher ist, ob es vom Stein kommt: *hörst du mich, du hörst mich, ich bins, ich, ich und der, den du hörst, zu hören vermeinst, ich und der andre.* Erst im Gespräch mit dem *Geschwisterkind,* das auf die Untauglichkeit der Sprache des Gebirgs hinweist und die Aufmerksamkeit auf den Stein lenkt, merkt Klein/Ich auf den Anruf, die Ansprache des Steins, hört und gibt Antwort.

Jetzt, am Ende dieser Lektüre, lässt sich fragen, was es eigentlich mit dem Titel des Textes auf sich hat: *Gespräch im Gebirg.* Welches Gespräch ist gemeint? Zwischen wem findet hier ein Gespräch statt? Die nächstliegende Antwort ist natürlich die, dass die *Geschwisterkinder* ein Gespräch geführt haben. Dies wird aber in Frage gestellt durch die Definition von Sprechen, die Klein im Text gibt: *wer spricht, Geschwisterkind, der redet zu niemand, der spricht, weil niemand ihn hört, niemand und Niemand* und durch die Ankündigung des »Gesprächs« durch den Erzähler, der die *Geschwätzigen reden* lassen will (Z. 51). Überdies müsste ein Gespräch, wie die Begegnung, zwei Gesprächspartner haben, die sich gegenseitig als Du ansprechen können, was in diesem *Gespräch* gerade nicht gegeben ist: Die zwei Figuren sind kaum unterscheidbar, ihre Beiträge im Gespräch ebenso wenig (außer dem letzten, großen von Klein), und sogar Frage und Antwort, Ich und Du werden vermischt (Z. 69–74). Wäre ein Gespräch zwischen Erzähler und Adressat denkbar? Die Erfahrung der Lektüre spricht dagegen. Die verwirrliche Ungeschiedenheit zwischen dem Erzähler und den Figuren sowie die schillernde Stimmhaftigkeit des Erzählers lassen keine Ansprache zu und entsprechend auch keine Antwort. Oder findet vielleicht ein Gespräch mit dem Gebirge statt? Aber das Gebirge spricht ja nicht; allerdings spricht der Stein, ein Teil des Gebirgs. Und Klein antwortet Groß resp. dem Stein – hier liegt der Ansatz zu einem Gespräch vor: »*Hörst du, sagt er* [...] *Und Hörstdu, gewiss, Hörstdu, der sagt nichts, der antwortet nicht,* [...] *aber ich, Geschwisterkind,* [...] *ich, der ich dir sagen kann:* [...].«

In dem Maße, in dem *Geschwisterkind* Groß sich die Frage des Steins zu eigen gemacht hat, ist die Antwort von Klein/Ich an es gerichtet. Das Gebirge bildet gewissermaßen den großen Echoraum, in dem, was gesprochen wird, hallt. Wenn sich ein Ich als Du erweist, ist das Gesprochene an dieses gerichtet. Ob das beim *Geschwisterkind* Groß der Fall ist, wissen wir nicht, denn es kommt nicht mehr zu Wort. Das Gespräch müsste außerhalb des *Gesprächs* eine Fortsetzung finden. Vielleicht da, wo Celan Celan und Adorno Adorno ist. Ob es je stattgefunden hat?

Die Äußerung Celans im *Meridian*, er habe die kleine Geschichte *in Erinnerung an eine versäumte Begegnung* zu Papier gebracht, hat, wie sich durch die Lektüre bereits abgezeichnet hat, Bedeutung weit über die Beziehung zu Adorno hinaus. Die *versäumte Begegnung* lässt sich auch auf Figuren in der Erzählung selber und überdies auf die spezifischen Schwierigkeiten der Lektüre, das Verhältnis von Erzähler und Adressat, beziehen. Dieses scheint insbesondere durch die irritierende Mehrstimmigkeit des sich entziehenden Erzählers und dessen zuweilen gleitendes Verhältnis zu den Figuren gekennzeichnet. Und schließlich bezeichnet *in Erinnerung an eine versäumte Begegnung* genau die Koordinaten dieser Geschichte: In Erinnerung an die mit Adorno versäumte Begegnung entsteht eine Geschichte, die eine Erinnerung an eine andere, ebenfalls versäumte Begegnung zum Inhalt hat, welche sich dann im Text selber ereignen kann. Die Erinnerung an etwas nicht Stattgehabtes bildet so gleichsam den Hohlraum, in dem die andere Begegnung, jene mit der eigenen, persönlichen Geschichte als die Schoah überlebender Jude, die Selbstbegegnung, in der Prosa von *Gespräch im Gebirg*, stattfinden kann.

In welcher Beziehung nun diese nicht mehr versäumte Begegnung, die Erinnerung, allenfalls wiederum zu Th. W. Adorno steht, soll im dritten Teil der Arbeit gefragt werden. Im zweiten wird die poetologische Dimension der Formulierung *in Erinnerung an eine versäumte Begegnung* durch die Analyse der Erzählstruktur des Textes und den Vergleich von dessen Poetik mit der Poetik von Celans Lyrik genauer bestimmt. Zunächst aber wende ich mich nun den überlieferten Varianten von *Gespräch im Gebirg* zu.

1.3 Die Varianten zu *Gespräch im Gebirg*: Darstellung und Einbezug in die Lektüre

1.3.1 Vorbemerkungen

Im Deutschen Literaturarchiv in Marbach, dem Besitzer des Nachlasses von Paul Celan, befindet sich eine Mappe mit vorläufigen Fassungen und Korrekturfahnen von *Gespräch im Gebirg* sowie drei Sonderdrucken aus der *Neuen Rundschau*.[143] Die Mappe, die ich im Januar 2003 einsehen konnte, beinhaltet außer den Sonderdrucken noch siebenunddreißig Blätter. Gegenüber der von Celan autorisierten Erstpublikation in der *Neuen Rundschau* handelt es sich dabei um vorläufige Fassungen. Diese Fassungen sind vom Archiv von der ältesten bis zur jüngsten rückläufig mit arabischen Ziffern nummeriert. Ich selber verwende zur Kennzeichnung der von mir besprochenen Fassungen die folgenden römischen Ziffern:

(I):   Originaltyposkript, 5 Blätter: älteste überlieferte Fassung (= Marbacher Dokument D: 90.1.3198/8).

(Ia):   Variante zu I: handschriftliche Korrekturen in I.

(II):   Typoskriptdurchschlag, 5 Blätter (= Dokument .../5).

(IIa):   Variante zu II: handschriftliche Korrekturen in II.

(III):   Typoskriptdurchschlag, 6 Blätter (= Dokument .../4).

(IIIa): Variante zu III: handschriftliche Korrekturen in III.

(IV):   Typoskriptdurchschlag, 5 Blätter (= .../3).

(IVa): Variante zu IV: handschriftliche Korrekturen von P. Celan in IV.

(V):   Umbruchkorrektur (= .../2). Diese Fassung beruht möglicherweise auf III und nicht auf IV. Die Chronologie ist hier nicht zweifelsfrei zu ermitteln.

(Va):   Variante zu V: handschriftliche Korrekturen (von P. Celan?) in V.

---

[143] Die Mappe findet sich unter der Zugangsnummer D: 90.1.3198/1–9. Zurzeit sind zwei groß angelegte Ausgaben der Werke Paul Celans in Arbeit und erscheinen nach und nach: die historisch-kritische Ausgabe sowie die Tübinger Ausgabe, die ausgewählte Dokumente zur Textgenese publiziert. In beiden Ausgaben ist jedoch *Gespräch im Gebirg* zum Zeitpunkt der Verfassung dieser Arbeit noch nicht erschienen.

(VI):   Korrekturfahne für die erste Buchveröffentlichung:[144] späteste erhaltene Vorfassung (= .../1)

(VIa): Variante zu VI: handschriftliche Korrekturen von P. Celan in VI.

Ich stelle im Folgenden die Varianten zu jenen Stellen in *Gespräch im Gebirg* zusammen, an denen signifikante Abweichungen vorliegen oder die im Zusammenhang mit meiner Fragestellung von besonderem Interesse sind, und beziehe sie in die Lektüre ein, indem ich sie auf ihr Verhältnis zur Druckfassung hin befrage. Die Kursivierungen in den Zitaten in diesem Kapitel stammen von mir und dienen der besseren Darstellung der Textgenese: Sie bezeichnen die Teile, die in der folgenden Variante verändert werden.

1.3.2 Gesamteindruck

Die vorliegenden Fassungen sind, abgesehen von den Korrekturfahnen, die von 1960 und 1961 datieren, in sehr kurzem Zeitraum, im Juli und August 1959, entstanden und unterscheiden sich insgesamt nur geringfügig.[145] Schon die älteste überlieferte Fassung (I) weist wesentliche Teile und Charakteristika des gedruckten Textes auf, so etwa den ungewöhnlichen Erzählduktus, die jiddischen Eigentümlichkeiten in Syntax und Morphologie, die Pflanzennamen, die Formeln der *Name, der unaussprechliche (Z. 3), niemand und Niemand (Z. 77), Hörstdu (Z. 86), der Grün-und-Weiße dort (Z. 89)* und *wer will Einen lieben (Z. 10f.)*, die Betonung durch Sperrung (später Kursivsetzung) von *s-i-e* (die Kerze) (Z. 105) und anderes mehr. Vor allem die exakte Formulierung des Schlusses und die Stelle rund um *Wortlücke* (Z. 43f.) erhalten ihre definitive Form jedoch relativ spät.

---

[144] In: Klaus Wagenbach (Hg.): Das Atelier 1. Zeitgenössische deutsche Prosa. Frankfurt am Main, Hamburg: Fischer Bücherei 1962, S. 124–127.

[145] Wenn die vorhandenen Fassungen eine kurze Entstehungsgeschichte dokumentieren, bedeutet das nicht unbedingt, dass der Text beinahe »vollendet« aus dem Nichts kam. Zum einen ist nicht ausgeschlossen, dass Notizen, ältere Ideen oder Entwürfe zu *Gespräch im Gebirg* verloren sind. Zum andern sind alle Notizhefte, die sogenannten Dossiers »i« und unter »Verschiedenes, Autobiographisches« Abgelegtes in Celans Nachlass noch gesperrt. So vermute ich etwa in einer Mappe mit dem Titel »Der ewige Jude«, die, da unter die Kategorie »Verschiedenes, Autobiographisches« fallend, nicht zugänglich ist, ebenfalls Materialien zu *Gespräch im Gebirg*. Ich gehe davon aus, dass Celan in *Gespräch im Gebirg* Themen verarbeitet, mit denen er sich schon länger befasst hat, und diese nun im Licht des konkreten Anlasses, des »versäumten« Treffens mit Th. W. Adorno im Engadin im Juli 1959, darstellt. Verschiedene Motive von *Gespräch im Gebirg* finden sich ja auch schon in den Gedichten des Bandes *Sprachgitter*, der bereits 1959 erscheint.

1.3.3 Titel

Die älteste Fassung des Textes (I) trägt noch keinen Titel, die zweite *Gespräch in Graubünden*, wobei *in Graubünden* (II) handschriftlich zu *im Gebirg* korrigiert ist (IIa). Ab (IIa) heißt der Text *Gespräch im Gebirg*.

1.3.4 Namen

In I figurieren noch zusätzliche Namen der Juden. Der Anfang lautet:

> Eines Abends, die Sonne, und nicht nur sie, war untergegangen, da ging, trat aus seinem Häusel und ging der Jud, der Jud Soundso, der Jud und Sohn eines Juden, er ging, und mit ihm ging sein Name, der unaussprechliche, der Name Ben-Ben-Ben, […]. So schwieg auch der Stein, und es war still im Gebirg, wo sie gingen, *Ben und Ben.* (I)

(Ia): der und jener

Am Ende von (I) kommt der Name Ben-Ben-Ben nochmals vor:

> Ich weiß, *Schwestersohn*, ich bin dir begegnet, hier, Ben-Ben-Ben, […] (Z. 125f.). (I)

Alle Fassungen ab (II) haben *Geschwisterkind* statt *Schwestersohn* und die Namen der Druckfassung.

Durch *Soundso* wird die Beliebigkeit des Namens, die auch in *Groß* und *Klein* gegeben ist, noch stärker betont. Außerdem ergibt sich eine partielle Assonanz zu *Jud und Sohn eines Juden*. Durch *Ben-Ben-Ben* als Apposition zum *unaussprechlichen Namen* wird dieser stärker als Name des Juden (und nicht etwa Gottes) kenntlich gemacht und die Unaussprechlichkeit durch die Simplizität des Namens konterkariert. Auch *Ben-Ben-Ben* scheint als Name eine gewisse Beliebigkeit zu haben; beide Figuren heißen so. Der Name – Ben ist hebräisch für »Sohn« – kennzeichnet die Figur zugleich als Juden und als Sohn, es ist somit fast gleichbedeutend mit der Umschreibung *Jud und Sohn eines Juden*. Es ist ein Name, der eigentlich kein Name ist, sondern nur in Verbindung mit einem Eigennamen, dem des Vaters, selber zum (Bei-)Namen werden kann.[146]

Dadurch, dass es sich bei Ben eigentlich um keinen Namen handelt, ist angezeigt, dass die Herkunft vom Vater, die Eigenschaft, Sohn eines Juden zu sein, die eigene Identität nicht hinreichend zu begründen vermag. Indem dieser Name, *Ben-Ben-Ben*, als der unaussprechliche neben dem Juden hergeht, *mit*

---

[146] Vgl. dazu Jüdisches Lexikon (wie Anm. 47), Bd 1, Sp. 809, Art. »Ben«: »Bis zu der um 1800 erfolgten bürgerlichen Namensgesetzgebung für die Juden wurde Ben […] zur Bildung des Eigennamens durch Verbindung mit dem Namen des Vaters verwendet« und ebd., Bd IV.I, Sp. 397, Art. »Namensgesetzgebung für Juden«: »Bis dahin führten die Juden […], dem jüdischen Brauche gemäß den hebräischen Namen X, Sohn des Y.« Im religiösen Kontext ist der Beiname »Ben Y« bis heute Bestandteil der Namensgebung.

ihm *geht*, ist aber zugleich deutlicher auf die unaufhebbare Eigenschaft des Jüdischseins hingewiesen, die zwar verschwiegen, aber nicht verloren werden kann. Ein Bezug zu den Familiennamen von Adorno und Celan liegt auf der Hand: Beide haben, wie erwähnt, ihren Geburtsnamen, der auch der Name ihres jüdischen Vaters war, verändert: Adorno hieß zunächst Theodor Wiesengrund-Adorno, Celan Paul Pessach Antschel.

Der Verzicht auf die Namen *Soundso* und *Ben* nimmt dem Text etwas an Bestimmtheit weg. So denken viele Interpreten und Interpretinnen beim *unaussprechlichen Namen* unweigerlich und manchmal auch ausschließlich an den jüdischen Gottesnamen. Ob Celan dies mit der Weglassung von *Ben-Ben-Ben* beabsichtigt hat, ist nicht zu entscheiden: Zusätzliche Bedeutung oder Vermeidung von Wiederholung können die Änderung motiviert haben. Denn auch ohne *Soundso* und *Ben* und *Ben-Ben-Ben* ist das ganze Bedeutungsspektrum da: *der Jud, der Jud und Sohn eines Juden, und mit ihm ging sein Name, der unaussprechliche, ging und kam* (Z. 3f.).

Auch pragmatische Überlegungen mögen bei der Änderung eine Rolle gespielt haben: Die zwei Figuren kamen in der ersten Fassung zusammen immerhin auf vier Namen, wobei einer für beide galt, was dem Autor etwas zu verwirrend scheinen mochte.

1.3.5 Der Altersunterschied zwischen den beiden Figuren: Varianten zu Zeilen 16–18

Der Altersunterschied zwischen den beiden Figuren wird unterschiedlich angegeben. Zunächst heißt es (Z. 16–18):

> Entgegen kam ihm sein Vetter, sein *Vetter und Schwestersohn, der ältre*, groß kam er daher [...]. (I)

In Fassung (II) wird der Altersunterschied genauer:

> sein Vetter und Geschwisterkind, *der um ein halbes Judenleben ältre* [...]. (II)

In der dritten Stufe wird der Altersunterschied verändert und die Stelle findet ihre endgültige Form:

> der um ein Viertel Judenleben ältre (III)

Die zweimalige, substantielle Veränderung der Stelle ist auffällig und reizt zur Interpretation. Zunächst ist festzuhalten, dass der Altersunterschied in einer ersten Bearbeitung genauer angegeben wird (II) und in einem zweiten Schritt diese konkrete Angabe verändert wird (III).

Interpretiert man die Schlussfassung der Stelle mit Schulz als Hinweis auf Adorno und *ein Viertel Judenleben* als Angabe des Altersunterschiedes zwischen Adorno und Celan (als ein Viertel von als Durchschnittslebensalter angenommenen zweiundsiebzig Jahren, also achtzehn Jahren), so lässt sich argumentieren, dass der Text durch die Änderung konkreter wird und eben dadurch ein Hinweis auf den bewussten Gesprächspartner eingebaut wird.[147] Diese Interpretation beruht jedoch auf einer fragwürdigen Gleichsetzung von Figuren eines Textes mit realen Personen und ignoriert die irritierende Formulierung *Judenleben*, die mit der Angabe des Altersunterschiedes zusätzlich in den Text kommt.[148] Abgesehen davon lässt sich die Tatsache der Änderung auch genau umgekehrt interpretieren: Wenn es ihm um den konkreten Altersunterschied gegangen wäre, hätte Celan nicht zuerst ein anderes Verhältnis angeben können. Das aktuelle Alter der zwei angeblichen Protagonisten im Jahre 1959, Celan war damals neununddreißig, Adorno sechsundfünfzig Jahre alt, hilft auch nicht weiter. Die Änderung von einem *halben* zu einem *Viertel* lässt sich allenfalls dadurch erklären, dass es realistischer ist, wenn die beiden Vettern keinen so großen Altersunterschied aufweisen. In beiden Varianten scheint mir jedoch die Bezugnahme auf die zynische Rechnung der Nationalsozialisten von Bedeutung, gemäß der es Halb- und Vierteljuden gibt. Die Messung eines *Judenlebens* behandelt dieses wie eine Ware, die abgewogen wird. Die Formulierung *ein Viertel Judenleben älter* kann aber auch die Vorstellung wachrufen, unter der viele Überlebende zu leiden hatten und haben, dass sie gewissermaßen auf Kosten oder anstelle der ermordeten Juden leben. Die Überlebenden übernehmen dabei vom Aggressor den Glauben, kein Recht auf ihr Leben zu haben, und fühlen sich gegenüber den Ermordeten schuldig.

Das Wort *Judenleben* mit seiner ganzen Bitternis sollte nicht einfach als Merkwürdigkeit hingenommen werden.

1.3.6 Rund um die *Lücke*: Varianten zu Zeilen 40–48

Der Abschnitt Z. 40–48 weist in der ersten Fassung einige Differenzen zur Schlussfassung auf und erhält seine definitive Form relativ spät. Allerdings sind die Änderungen weniger inhaltlicher als stilistischer Art. In I heißt es:

> […] und das Schweigen ist kein Schweigen, was da verstummt, ist kein Wort und kein Satz, eine Lücke ists, *kurz, zwischen* zwei Silben, sie sind, beide, Zunge und Mund wie vorher, im Aug hängt der *Schleier, ihr* seid nicht vorhanden. (I)

Handschriftlich ist das Typoskript korrigiert resp. ergänzt zu:

> […] und das Schweigen ist kein Schweigen, was da verstummt, ist kein Wort und kein Satz, *eine Lücke ists, kurz, eine Leerstelle zwischen zwei Silben, sie sind, beide, Zunge und Mund* wie vorher, im Aug hängt der Schleier, ihr, ihr armen, ihr seid nicht vorhanden, der Juli ist kein Juli. (Ia)

---
147 Schulz, Individuation und Austauschbarkeit (wie Anm. 74), S. 466.
148 Zur Formulierung »Judenleben« und zur Interpretation von Schulz (ebd.) vgl. auch meine Ausführungen in Kap. 1.2.

Die Fassungen II und III haben:

> und das Schweigen ist kein Schweigen, was da verstummt, ist kein Wort und kein Satz, eine Wortlücke ists, kurz, zwischen zwei Silben, eine Leerstelle; Zunge sind sie und Mund wie vorher, im Aug hängt der Schleier, ihr, ihr armen, ihr seid nicht vorhanden, der Juli ist kein Juli. (II und III)

Ab (IV) findet sich die Stelle in der endgültigen Fassung.

Die älteren heben sich von der Druckfassung v. a. dadurch ab, dass die Lücke *zwischen zwei Silben* steht, wodurch sie stärker als Fehlen eines Wortes oder einer Silbe gekennzeichnet ist. Die syntaktische Verwirrung zwischen den zwei Blumen, den zwei Silben und den zwei Juden scheint in I noch systematischer durchgeführt als später. In I, II und III wird sogar nahegelegt, den letzten Satz (*ihr seid nicht vorhanden*) eher auf die Juden als auf die Blumen zu beziehen, wohingegen er in der Druckfassung nicht ausschließlich, aber durch das Verb »blühen« und die Wiederholung des Attributs *arm* doch stärker auf die Blumen als auf die Juden bezogen ist. Die vorläufigen Fassungen bestätigen damit die Lektüre der Druckfassung.

1.3.7 Das grüne und weiße Wasser: Varianten zu Zeilen 55–61

Die Stelle über das Wasser im Gebirge (Z. 55–61) lautet in der ersten Fassung:

> Es hat sich die Erde gefaltet hier oben, wo wir sind, hat sich gefaltet einmal und zweimal und dreimal und sich aufgetan in der Mitte, und in der Mitte steht das Wasser, grün und weiß, das Weiße kommt *von den Gletschern*, man könnte, aber man solls nicht, sagen, das ist die Sprache, die hier gilt, Weiß und ein bisschen Grün darin [...]. (I)

Über dem ungestrichenen Typoskripttext fügt Celan handschriftlich ein:

> auf den Zungen der Gletscher (Ia)

Die Veränderungen sind schwierig zu deuten. Durch die Variante mit den Gletscherzungen (Ia) wird die Überblendung von Berglandschaft/Eis und Sprache verstärkt (durch das Wort »Zunge«), dagegen wird die konkrete Deutung des Weißen im Grünen als Spiegelung der Schneeberge im See erschwert, die allerdings ohnehin durch die Variante *Weiß und ein bisschen Grün darin* (I und Ia) unterminiert wird. Das Eis scheint hier (I und Ia) gegenüber dem Wasser (resp. der Schnee gegenüber der Wiese in der Spiegelung) quantitativ zu dominieren, während es später heißt: *das Grüne mit dem Weißen drin* (Z. 61). Naheliegender wäre in Ia die Vorstellung von Eisblöcken im Bergsee, was allerdings mit dem »realen« Schauplatz, dem Silsersee im Engadin im Spätsommer, kollidiert.[149] Eher gliche die Szenerie dann einer Hochgebirgsland-

---

149 Dies wäre allerdings nicht unbedingt ein Gegenargument. Auf die Problematik, in die man gerät, wenn man den Text zu sehr auf den biographischen Anlass bezieht,

schaft jenseits der Vegetationszone, was sich jedoch schwer mit den nachfolgend genannten Blumen in Übereinstimmung bringen lässt. Denkbar wäre in I und Ia auch die Vorstellung von weißem Wasser (geschmolzenes Gletschereis) mit grünen Pflanzen, Algen darin. Diese Vorstellung bleibt auch in der späteren Variante möglich. In allen Varianten bleibt die Doppelung von konkretem Bild, einem Bergsee, einerseits und der Metapher für die Sprache andererseits erhalten. Die Sprache, auch die Sprache der Natur, wird dabei als uneigentlich, als Täuschung ausgewiesen, sei es aufgrund der Spiegelung oder aufgrund des farblosen Wassers, das bald weiß (als Eis oder Eiswasser), bald grün (im See) erscheint. Die Deutung der beschriebenen Szenerie als Spiegelung der Farben im See, die in der Lektüre entwickelt wird und die mir die eingängigste und überzeugendste scheint, ist vor Fassung II jedoch nur schwer aufrechtzuerhalten.

1.3.8 *ich bin da*: Varianten zu Zeilen 80–85

Celan hat erwogen, die Stelle (Z. 80–85), in der das Ich ab Z. 81 so schillernd dem Juden, dem Stein und/oder Gott zugehört, ganz in die dritte Person zu setzen. Er hat die Fassung (I) in diesem Sinne handschriftlich korrigiert (Ia) und die Korrektur dann wieder annulliert (Ib = I). Gemäß der korrigierten Fassung, vor der Annullation, lautet der Anfang der Stelle:

> Hörst du, sagt er – ich weiß, Schwestersohn, ich weiß. Hörst du, sagt der Stein, *er ist da. Ist hier, ist* gekommen […]. (Ia)

In dieser Variante ist die Überblendung von Gott, Stein und Jude aufgehoben, die Rede des Steins, von Klein diesem zugeschrieben, kann nicht auf ihn selber bezogen werden. Sie muss auf die Figuren bezogen werden. Die Stelle kann allerdings auch so gelesen werden, dass die zitierte Steinrede mit dem Punkt endet (oder sogar schon nach *Hörst du*). Das Folgende (*Ist hier, ist gekommen* […]) wäre dann Figurenrede und ließe sich wiederum auf den Stein beziehen. (Dies ist auch in der Fassung I und allen folgenden möglich). Wenn der Text ab *ich bin da/er ist da* gar nicht als Rede aufgefasst wird, ist die Differenz der Variante Ia zu den übrigen weniger drastisch. Der Bezug auf Gott wird jedoch in beiden Fällen erschwert, da das signalisierende *ich bin da* wegfällt. Celan hat die Korrektur wieder annulliert und damit der durchgängig schwebenden syntaktischen Zuordnung den Vorzug gegeben, die den Bezug auf Gott ermöglicht, ja ihn erst evoziert.

---

habe ich in dieser Arbeit an verschiedenen Stellen hingewiesen. Der Text macht deutlich genug, dass er keine Ansichtskarte ist.

1.3.9 Verschiedenartige Begründungen: *darum/denn*: Varianten zu Zeilen 112–114

Die Zeilen 112–114 erfahren komplexe Veränderungen. Sie lauten in der ältesten Fassung:

> nichts, nein; *nur was* herunterbrannte wie sie, die Kerze; *und darum bin ich jetzt auf dieser Straße hier*, von der sie sagen […]. (I)

Das *nur* nach dem ersten Strichpunkt wird dann zunächst verändert zu:

> nichts, nein; *nichts, es sei denn das*, (II)

Die Stelle wird erst auf der ersten Korrekturfahne verändert zu:

> nichts, nein; oder vielleicht das […]. (V)

In diesen Veränderungen kommt eine Tendenz zu größerer Unsicherheit bezüglich der Liebe zum Ausdruck. Die Zweideutigkeit von *nichts mehr* (Z. 109) wird nicht tangiert.

Die Fortsetzung des Satzes erfährt in II folgende Veränderungen:

> nichts, nein; nichts, es sei denn das, was da herunterbrannte wie sie, die Kerze, an jenem Tag, am siebten und nicht am letzten; nicht am letzten, nein, denn da bin ich ja, hier, auf dieser Straße, von der sie sagen […]. (II)

Die Änderung nach dem zweiten Strichpunkt, von *darum* zu *denn*, modifiziert den Sinn. Während in (I) das Nichts-mehr-Lieben oder ev. das Herunterbrennen dessen, *was herunterbrannte wie sie, die Kerze*, als Grund dafür erscheint, dass die Figur *jetzt* auf der Straße steht, ist dieses (das Auf-der-Straße-Stehen) in den späteren Fassungen der Beweis, dass das Herunterbrennen nicht den letzten Tag bedeutet hat. Ab der zweiten Fassung steht diese Stelle in ihrer endgültigen Form.

1.3.10 Schluss

Der letzte Abschnitt von *Gespräch im Gebirg* findet seine definitive Form spät. In I schließt der vorangehende Abschnitt zunächst mit einem Punkt nach *fremdem* (Z. 133), der von Celan handschriftlich zu einem Gedankenstrich korrigiert wird, und der letzte Abschnitt beginnt mit *der ich dir dies* […], wobei Celan ein *ich* zu Beginn handschriftlich einfügt:

> […] wir mit unserm Schatten, dem eignen und dem fremden.
> *Der* ich dir dies sagen kann […] (I)

Die Stelle lautet dann:

> […] wir mit unserm Schatten, dem eignen und dem fremden –

> ich, der ich dir dies sagen kann, dirs sagen könnt, dirs nicht sag und nicht gesagt
> hab; ich mit dem Türkenbund links, ich mit der Rapunzel, ich hier und ich dort, ich
> auf dem Weg hier zu mir. (Ia)

Es fehlen also noch – neben einer kleinen Tempusänderung – einige Attribute
des Ich (die Kerze!), das auffällige *oben* am Ende des Textes und das für meine Lektüre bedeutende Schlusszeichen.

In der nächsten Fassung lautet die Stelle ab Z. 134 korrigiert:

> ich, ich. Ich, der ich dir all das sagen kann, sagen könnt, dirs nicht sag und nicht ge-
> sagt hab; ich mit dem Türkenbund links, ich mit der Rapunzel, ich mit der herunter-
> gebrannten, der Kerze, ich mit dem Tag, ich mit den Tagen, ich hier und ich *dort,
> ich auf* dem Weg hier zu mir, oben.« (IIa)

Das erste *Ich* ist handschriftlich zu Kleinschreibung korrigiert und das Schlusszeichen ebenfalls nachträglich eingesetzt. Der letzte Abschnitt wird durch diese Korrekturen näher an den vorangehenden gebunden, was bedeutsam ist (vgl.
Kap. 2.3). Außerdem fällt die Betonung von *ich* durch die Wiederholung auf. Es fehlt jetzt im Verhältnis zur Druckfassung nur noch der Einschub mit den *Nichtgeliebten*, der in der nächsten Fassung nachträglich als Variante erfolgt:

> [...] ich hier und ich dort, ich, begleitet vielleicht – jetzt! – von der Liebe der Nicht-
> geliebten, ich auf dem Weg hier zu mir, oben. (IIIa)

In der Fassung IV werden die *Nichtgeliebten* vorübergehend zu *Ungeliebten*.
Die Korrekturfahne (V) hat wieder *Nichtgeliebten*.

Die Veränderungen sind in erster Linie Erweiterungen, Präzisierungen und
Betonungen. Der Schluss wird dadurch expliziter, genauer, nachdrücklicher.
Die Betonung von Ich, die Wiederaufnahme und Engführung zentraler Motive
(der Kerze, der Liebe der Nichtgeliebten, der Tage) wird erst nach und nach
entwickelt. So kommt es zu dem fulminanten Schluss, der sich, in einer vertrackten Syntax, geradezu selbst auf den Höhepunkt (*oben*) hochzuschrauben
scheint. Hingegen sind die Wiederaufnahme von Türkenbund und Rapunzel
und der Widerspruch zwischen »gesagt haben« resp. »sagen können« und
»nicht gesagt haben« sagen, mithin die Vertracktheit dieses Ich und seiner
Beziehung zur Figur Klein, von Anfang an gegeben und werden durch die
Veränderungen nur noch akzentuiert.

Etwas verwirrend ist die Beigabe des Datums *August 1959,* das von mir als
zum Text gehörig gedeutet wird (vgl. Kap. 2.3). Das Datum ist erst der vierten
Fassung handschriftlich zugefügt, es ist aber nicht ganz sicher, ob es sich dabei
nicht einfach um die Datierung der Fassung handelt. Die Datierung lautet hier:

> / Paris, Ende Juli 1959 / (IVa)

Die Schrägstriche könnten daraufhin deuten, dass das Datum doch für die
Druckfassung des Textes gedacht war und Kursivdruck anzeigen. Auf der
ersten Korrekturfahne (V), die aber wahrscheinlich auf eine frühere Fassung

als IV zurückgeht, fehlt das Datum wieder. Auf VI, die als Korrekturfahne für die erste Buchpublikation zu erkennen ist, hat Celan am Ende handschriftlich ergänzt: *P. C. 18.9.1961*, was wiederum eher wie eine Unterzeichnung im Sinne einer Bestätigung der Korrekturen aussieht.

Es stellt sich nun die Frage, wie das Datum tatsächlich in den Text kam und welcher Status ihm einzuräumen ist resp. ob seine Deutung als Bestandteil des Textes, die in Kap. 2.3 entwickelt wird und auf der Wiedergabe in den *Gesammelten Werken* beruht, legitim ist. Die Überprüfung der beiden ersten Veröffentlichungen ergibt, dass das Datum in der Erstveröffentlichung von *Gespräch im Gebirg* in der *Neuen Rundschau* 2 (1960) abgedruckt ist, und zwar unten rechts, kursiv, als *August 1959*, in der ersten Buchpublikation jedoch fehlt.[150] Für die Ausgabe in den *Gesammelten Werken* ist die Erstpublikation maßgebend gewesen. Obwohl der Textstatus des Datums aufgrund der Fassungen also nicht mit letzter Sicherheit zu ermitteln ist, scheint es mir legitim, die Datierung als Bestandteil des literarischen Textes zu verstehen, zumal sie im Erstdruck erscheint, was zu dieser Zeit durchaus eine Außergewöhnlichkeit darstellt bei Paul Celan.

---

[150] Wagenbach (Hg.), Das Atelier 1 (wie Anm. 144), S. 124–127.

Zweiter Teil

2 Erzähltheoretische Analyse von *Gespräch im Gebirg*

Und die Erzählung muss, für jetzt, in den Abgrund zurück.[1]

In diesem Kapitel sollen mit Hilfe einer erzähltheoretischen Analyse der Status, die Eigenart und die Funktion der Erzählinstanz von *Gespräch im Gebirg* geklärt werden, um sie genauer beschreiben und anschließend in Kapitel 3 mit den Instanzen des Gedichts, wie sie der *Meridian* eröffnet, vergleichen zu können, beides im Hinblick auf die Möglichkeiten der Begegnung. In einem ersten Teil werden nun die Begriffe der strukturalistischen Erzähltheorie (Narratologie) von Gérard Genette dargestellt, die ich für die anschließende Analyse verwende.

2.1 Begriffe

2.1.1 Erzählung

Genette unterscheidet drei Begriffe von Erzählung, die voneinander abzugrenzen sind (vgl. S. 15–17):[2]

1. Die Erzählung als in einer bestimmten Form vorliegender Bericht von Ereignissen, als Text oder Rede vorkommend, nennt er *Erzählung* oder *narrativen Diskurs* (fr. »discours«). Die Erzählung in diesem engeren Sinn bildet den Signifikanten des Textes.

2. Die Abfolge der realen oder fiktiven Ereignisse, die den Gegenstand der Erzählung im Sinne von 1. bilden, und deren Beziehung zueinander werden mit den Begriffen *Geschichte oder Diegese* bezeichnet. Diese bildet den narrativen Inhalt, das Signifikat, des Textes.

3. Der Akt des Erzählens, die Produktion der Erzählung im ersten Sinne einschließlich der realen oder fiktiven Situation, in der sie erfolgt, kurz, der produzierende narrative Akt, heißt *Narration*.

---

[1] Benjamin, Gesammelte Schriften (wie Kap. 1, Anm. 94), Bd 2.3, S. 1284.

[2] Die Seitenzahlen in diesem Kapitel beziehen sich, wenn nicht anders vermerkt, auf Gérard Genette: Die Erzählung. Aus dem Französischen von Andreas Knop, mit einem Nachwort hg. von Jochen Vogt. 2. Aufl. München: Fink 1998 (UTB für Wissenschaft; 8083). Der Band enthält Genettes *Diskurs der Erzählung* (*Discours du récit*) und den *Neuen Diskurs der Erzählung* (*Nouveau discours du récit*), im Folgenden gekennzeichnet mit dem Kürzel *ND*, in welchem Genette die Kritik am *Discours* aufnimmt und verarbeitet.

Geschichte und Narration existieren im literarischen Text selbstredend nur vermittelt durch die Erzählung. Deshalb kann auch nur diese Gegenstand der Analyse sein. Analysiert werden können die Beziehungen zwischen Erzählung und Geschichte, jene zwischen Erzählung und Narration und, falls sie in den narrativen Diskurs eingeschrieben sind, diejenigen zwischen Geschichte und Narration.

Genette unterscheidet bei der Analyse des narrativen Diskurses in Anlehnung an die Grammatik des Verbs drei »Klassen von Bestimmungen«, die er den folgenden drei Kategorien zuordnet (S. 19):

1. *Zeit/Tempus*: Unter dem Aspekt der Zeit kommen die temporalen Beziehungen zwischen Erzählung und Geschichte in den Blick.
2. *Modus*: Der Modus betrifft die Weise der narrativen Darstellung in Bezug auf die Regulierung der narrativen Information durch *Distanz* und *Perspektive*.
3. *Stimme*: Unter dem Aspekt der Stimme wird die Art und Weise beschrieben, wie in der Erzählung die Narration (bezogen auf den Erzähler) impliziert ist: durch die narrative Instanz resp. die narrative Situation und ihre Protagonisten, den Erzähler und seine realen oder virtuellen Adressaten. Genette charakterisiert die Stimme etwas missverständlich durch die Frage »wer spricht?«; in den Blick kommen das (strukturelle und zeitliche) Verhältnis des Erzählers zu der von ihm erzählten Geschichte und deren Figuren sowie die narrativen Ebenen mit ihren jeweiligen Adressaten. Die Kategorien der Stimme sind *Zeit der Narration, narrative Ebene* und *Person*.

Bezogen auf die oben genannten Begriffe Erzählung, Geschichte und Narration ergibt sich: Tempus und Modus betreffen die Beziehungen zwischen Erzählung (Diskurs) und Geschichte, die Stimme die Beziehungen zwischen Erzählung und Narration sowie diejenigen zwischen Geschichte und Narration.

Für meine Fragestellung, die die narrative Instanz im *Gespräch im Gebirg*, die Beziehungen zwischen Erzähler und Figuren und jene zwischen Erzähler und Adressat betrifft, sind nur die Kategorien Modus und Stimme von Bedeutung.

2.1.2 Modus

Der Modus bewirkt eine Regulierung der narrativen Information durch die Distanz und durch die Perspektive, aus denen jeweils erzählt wird (vgl. S. 115).

2.1.2.1 Distanz

Ausgehend von Platons Begriffen »Mimesis« und »Diegesis« trifft Genette hinsichtlich der modalen Distanz eine grundsätzliche Unterscheidung zwischen der Erzählung von Ereignissen und der Erzählung von Worten. Während die Erzählung von Ereignissen immer Erzählung ist, d. h. Umsetzung von Nichtsprachlichem in Sprachliches, und damit immer diegetisch (allerdings mit verschiedenen Graden einer Mimesis-Illusion), kann die Erzählung von Worten diese wörtlich wiedergeben oder sie mehr oder weniger stark diegetisieren. Die Erzählung von Worten kann also mimetisch sein oder mehr oder weniger stark diegetisch. Mimetisch ist sie in der Wiedergabe in direkter Rede, wofür Genette aber den Begriff »Zitat« dem der Mimesis vorzieht. Der Erzähler spricht dabei, als wäre er die Figur; er erzählt also im strengen Sinn gar nicht (vgl. S. 121). Über die Mimesis-Illusion in der Erzählung von Ereignissen entscheiden die Quantität der narrativen Information und die Anwesenheit des Erzählers. Dazu kann aber unter modalem Aspekt nichts ausgesagt werden, diese Größen weisen auf Stimme und Zeit zurück und außerdem auf ein nicht strukturelles Element, den Stil, die Redeweise des Erzählers.

Die Erzählung von Worten nennt Genette im *ND* präzisierend und zugleich ironisch »(Re)produktionsweisen der Rede und des Denkens der Figuren in der schriftlichen literarischen Erzählung« (S. 225). Im Blick auf die narrative Distanz lassen sich verschiedene Formen der Personenrede unterscheiden, die abnehmenden Graden an Vermitteltheit entsprechen (vgl. S. 122f.):

1. Die distanzierteste Form der Wiedergabe einer Personenrede stellt die *narrativisierte* oder *erzählte Rede* dar, die vom Erzähler wie ein Ereignis vorgetragen resp. erzählt wird (z. B. »Sie lobte ihn herzlich«; »er widersprach vehement«).
2. Die *transponierte Rede* nimmt in Bezug auf den Grad der Mittelbarkeit die mittlere Stellung ein. Sie tritt als *indirekte Rede* in Erscheinung. Dabei ist »die Anwesenheit […] des Erzählers bereits auf der Ebene der Syntax des Satzes so stark, dass die Rede nie die dokumentarische Autonomie eines Zitats erlangt« (S. 122). Auch die *erlebte Rede* wird von Genette der transponierten Rede subsumiert. Durch das Fehlen des deklarativen Verbs kann dabei die Unterscheidung zwischen innerer und gesprochener Rede sowie zwischen Erzähler- und Figurenrede verwischt werden. Die narrative Funktion der erlebten Rede liegt in der Zweideutigkeit, wobei dieser meistens vereindeutigende Indizien beigegeben sind. Definitiv unentscheidbare Aussagen weisen nicht auf Identität zwischen Erzähler und Figur, sondern vielmehr auf »eine unmögliche Wahl zwischen zwei *gleichwohl inkompatiblen* Deutungsmöglichkeiten« (S. 228) hin. Das mimetische Vermögen der erlebten Rede ist gemäß Genette kleiner als das der direkten und größer als das der indirekten Rede. Sie ist sowohl vom grammatischen als auch vom mimetischen Standpunkt aus ein Zwischending (ebd.).
3. Die mimetischste Form der Wiedergabe einer Personenrede bildet die *berichtete Rede*. Sie gibt die Rede einer Person unverändert, in *direkter Rede* wieder (bzw. gibt vor, dies zu tun). Der *innere Monolog* stellt eine Weiterentwicklung dieser Möglichkeit zu einer eigenen Form des modernen Romans dar, die sich dadurch auszeichnet, dass sich die Rede »von Anfang an (›von der ersten Zeile an‹) von der narrativen Vormundschaft befreit und sich sofort in den Vordergrund der Szene schiebt« (S. 124). Genette nennt die als innerer Monolog bekannte Form »discours immédiat«.[3] Im *ND* stimmt er dem Vorschlag einer Kritikerin (Dorrit Cohn) zu, den inneren

---

3 Der Übersetzer schreibt dafür »unmittelbare Rede«, was diese aber zu sehr in die Nähe der grammatischen Kategorie der direkten Rede rückt, wie er selber anmerkt.

Monolog *autonomen Monolog* zu nennen (S. 226). Formal unterscheidet sich der autonome Monolog nur durch das Fehlen einer deklarativen Einleitung von der berichteten Rede. Im Gegensatz zur erlebten Rede, in der der Erzähler die Figurenrede »übernimmt«, wodurch Figur und Erzähler als Instanzen vermengt werden, tritt der Erzähler im autonomen Monolog völlig zurück und wird durch die Figur selber ersetzt (vgl. S. 124).[4] Wenn der autonome Monolog nur einen Teil der Erzählung bildet, wird die narrative Instanz durch den Kontext aufrechterhalten, wenn er die ganze Erzählung umfasst, wird die narrative Instanz gewissermaßen annulliert. Die Erzählung steht dann automatisch im Präsens und in der ersten Person (vgl. S. 124f.).

Im *ND* gibt Genette eine verfeinerte, siebenstufige Hierarchie der »Mimetismus«-Stufen wieder, die von Brian McHale vorgeschlagen wurde, und schließt sich ihr an (vgl. S. 228):

1. »Diegetisches Summary«: Der sprachliche Akt wird erwähnt, ohne seinen Inhalt zu spezifizieren.

2. »Weniger rein diegetische Summary«: Der Inhalt des sprachlichen Akts wird spezifiziert.

3. »Indirekte Paraphrase des Inhalts«: Entspricht der regierten indirekten Rede.

4. »Partiell mimetische regierte indirekte Rede«: Bleibt in bestimmten stilistischen Punkten der (re)produzierten Rede treu.

5. »Erlebte Rede«

6. »Direkte Rede«

7. »Freie direkte Rede«: Bildet den autonomen Zustand der unmittelbaren Rede; ohne abgrenzende Zeichen zu erzählenden Passagen.

1 und 2 entsprechen Genettes vormaliger »narrativisierter Rede«; 3, 4 und 5 seiner »transponierten Rede« und 6 und 7 seiner »berichteten Rede«.

Genette unterscheidet im Zusammenhang mit dem Modus nicht grundsätzlich zwischen Erzählungen in der 1. und solchen in der 3. Person. Die Unterscheidung habe keinen Einfluss auf den Status der Rede (vgl. S. 232), sondern nur auf die grammatische Person. Der eigentlich entscheidende Gegensatz sei der zwischen Konsonanz und Dissonanz von Erzähler und Figur (ebd., Anm. 3).[5]

---

4   Genettes Ausdrucksweise ist an dieser Stelle durch die Anschaulichkeit zumindest missverständlich, besteht er doch an anderer Stelle darauf, dass dem Erzähler prinzipiell die ganze Erzählung als narrativer Diskurs zuzuschreiben sei, was ich auch durchaus einleuchtend finde. Besser wäre an dieser Stelle, in Bezug auf die erlebte Rede davon zu reden, dass diese grammatisch als Rede des Erzählers gekennzeichnet ist, während im autonomen Monolog der Erzähler deckungsgleich ist mit der Figur, die »Ich« sagt und der die ganze Rede zugeschrieben wird. Später werden wir einen solchen Erzähler als extradiegetisch und extrem homodiegetisch beschreiben können.

5   Damit führt er nun allerdings wieder eine ganz neue und – zumindest dem Schein nach – inhaltliche Kategorie ein, die in den bisherigen Ausführungen keine Rolle gespielt hat. Möglicherweise spekuliert er dabei allerdings auf die Kategorie der Fokalisierung, die hier anschließend erläutert wird, oder auch auf Unterscheidungen

2.1.2.2 Perspektive

Der zweite Modus der Informationsregulierung ist die Perspektive, d. h. die Wahl oder Nicht-Wahl eines einschränkenden Blickwinkels (vgl. S. 132). An den traditionellen Erzähltheorien kritisiert Genette, dass sie seine Kategorien des Modus und der Stimme vermischen bzw. »die Frage ›Welche Figur liefert den Blickwinkel, der für die narrative Perspektive maßgebend ist?‹ mit der ganz anderen Frage ›Wer ist der Erzähler?‹«« (S. 132; man beachte die seltsame Redundanz in der ersten Fragestellung) oder, wie er sich selbst paraphrasiert, »die Frage ›Wer sieht?‹ mit der Frage ›Wer spricht?‹«« (ebd.).[6] Fokalisierungsinstanz und Narrationsinstanz sind bei Genette prinzipiell getrennt, »auch dann, wenn ein und dieselbe Person beide Instanzen vertritt (einzige Ausnahme: die Erzählung im Präsens im inneren Monolog)« (S. 138). Die Fokalisierungsinstanz ist die Figur (bei interner Fokalisierung), die den Blickwinkel leiht, den der Erzähler (die Narrationsinstanz) einnimmt: »Die Stimme des Erzählers ist immer als die einer Person gegeben, mag sie auch anonym sein, aber die fokale Position, wenn es eine gibt, ist nicht immer an einer Person festzumachen: so etwa, wie mir scheint, in der externen Fokalisierung« (S. 235). Genette ersetzt deshalb die Frage »wer sieht?« zur Charakterisierung der Perspektive im *ND* durch die Frage »wo liegt das Zentrum, der Fokus der Wahrnehmung?« (ebd.), was auch in anderer Hinsicht präziser ist.[7]

Genette kommt aufgrund seines Kriteriums der Perspektive, die er Fokalisierung[8] nennt, zu einer dreigliedrigen Typologie (vgl. S. 134 f.):
1. *Nullfokalisierung*: Sie entspricht der Erzählung mit allwissendem Erzähler.

---

der Stimme. Leider unterlässt es Genette, den »eigentlich entscheidenden Gegensatz« mit seinen übrigen Kategorien in Beziehung zu setzen.

[6] Dies scheint mir, in dieser Form, eine ziemlich fragwürdige Unterscheidung zu sein: Soll man sich Auge und Mund wirklich auf zwei verschiedene Instanzen verteilt vorstellen? – Aber man kann denselben Sachverhalt natürlich unterschiedlich beschreiben: Der Erzähler erzählt aus der Sicht der Figur x oder der Erzähler und die Figur x entsprechen sich oder sogar die Figur x erzählt. Der zugrunde liegende Unterschied liegt wohl in der Konstruktion der Erzählinstanz. Wenn sie als grundsätzlich immer vorhandene Instanz der Erzählung konzipiert ist, die den gesamten Erzähldiskurs hervorbringt, dann ist es natürlich letztlich immer der Erzähler, der spricht, und soweit ich sehe, verwendet Genette den Terminus so. Dann ist aber die Frage »wer spricht?« sinnlos. Vgl. die Ausführungen zur »Person«, Kap. 2.1.3.3.

[7] Vgl. Anm. 6.

[8] Dieser Begriff, der offensichtlich auch bei einigen der Kritikerinnen und Kritikern zu Verwirrung geführt hat, ist so zu verstehen, dass der Erzähler dabei einen bestimmten Blickwinkel wählt. Die Fokalisierung ist eine Einschränkung der Sicht, eine Selektion der Information, die der Erzähler weitergibt (vgl. S. 242). Das wird ersichtlich aus der Valenz des Verbs »fokalisieren«: Der Erzähler/die Erzählung fokalisiert auf eine Figur.

2. *Interne Fokalisierung*: Sie kann fest, variabel oder multipel sein. Bei diesem Fokalisierungstyp, der der Erzählung mit »point of view« oder »Mitsicht« entspricht, übernimmt der Erzähler den Blickwinkel und das Wahrnehmungsfeld einer Figur. Er erzählt also nur, was diese Figur in einem Moment wissen und wahrnehmen kann. Restlos verwirklicht ist sie laut Genette nur im autonomen (= inneren) Monolog.

3. *Externe Fokalisierung*: Sie wird traditionell auch »Außensicht« genannt. Der Erzähler nimmt dabei die Position eines außenstehenden Beobachters ein, er weiß also nichts über das Innenleben der Figuren, was nicht an ihnen ersichtlich würde.

Der Fokalisierungstyp muss sich nicht unbedingt auf ein ganzes Werk erstrecken, er kann variieren. Punktuelle Abweichungen vom dominanten Fokalisierungsmodus heißen Alterationen (vgl. S. 138f.). Wenn dabei die gegebene Information gegenüber der im Modus des Kontextes möglichen Information eingeschränkt wird, spricht Genette von Paralipse, wenn die Informationen die Grenze, die die Logik des gewählten Typs impliziert, überschreitet, spricht er mit einer Neuschöpfung von Paralepse. Kommen mehrere Fokalisierungstypen gleichzeitig vor, ohne dass ein dominanter Fokus auszumachen ist, spricht er von Polymodalität (S. 149).

2.1.3 Stimme

Das Personalpronomen »ich«, ebenso wie Deiktika, sind nur in Bezug auf den jeweiligen Sprecher identifizierbar, in einer Erzählung demnach in Bezug auf den Erzähler oder die jeweils sprechende Person. Die Kategorie der Stimme betrifft gemäß Genette die Frage: »Wer spricht?«. Sie steht dem Begriff der Narration sehr nahe, die ihrerseits den Akt der Hervorbringung des Diskurses bezeichnet und dabei die narrative Situation mit der narrativen Instanz und dem narrativen Adressaten umfasst.[9] Unter der Kategorie »Stimme« kommen

---

[9] Es besteht in diesem Zusammenhang eine seltsame terminologische Verwirrung, die ich auch unter Bezug von Expertinnen und Experten sowie Sekundärwerken nicht aufzulösen vermochte. Genette vergleicht die Produktionsinstanz des narrativen Diskurses mit der Produktionsinstanz von Aussagen und scheint dabei diese, mit einem Hinweis auf Emile Benveniste: Probleme der allgemeinen Sprachwissenschaft. München: List 1974 (List-Taschenbücher der Wissenschaft; 1428), S. 287–297, mit dessen Diskursinstanz zu vermengen. Anders kann ich mir nicht erklären, dass er plötzlich Narration (definiert als narrativer Akt einschließlich der Situation, in der er hervorgebracht wird) mit narrativer Instanz gleichsetzt, die ihrerseits als Produktionsinstanz des narrativen Diskurses definiert ist: »Wie man weiß, hat die Linguistik einige Zeit gebraucht, um sich daranzumachen, das aufzuklären, was Benveniste die *Subjektivität in der Sprache* genannt hat, d. h. um von der Analyse der Aussagen (énoncés) überzugehen zu jener der Beziehungen zwischen diesen Aussagen und deren Produktionsinstanz – was man heute den Aussagevorgang (énociation) nennt. Die Poetik scheint vergleichbare Schwierigkeiten zu haben, zur Produktionsinstanz des narrativen Diskurses vorzudringen, eine Instanz, der wir – entsprechend zu Aus-

die Beziehung zwischen Narration und narrativem Diskurs und jene zwischen Geschichte und Narration – vermittelt durch den narrativen Diskurs – in den Blick, unter der Unterkategorie »Person« dann im Besonderen die Beziehung des Erzählers zu der von ihm erzählten Geschichte (und ihren Figuren). Es geht also in der Kategorie »Stimme« um die Beschreibung der (fiktiven) Produktionsinstanz des narrativen Diskurses, kurz um die narrative Instanz, bekannt unter dem Namen »Erzähler«, um den sich Genette an dieser Stelle jedoch merkwürdig windet.[10] Der Erzähler resp. die narrative Instanz wird betrachtet hinsichtlich »der Spuren, die sie in dem narrativen Diskurs, den sie angeblich hervorgebracht hat, (angeblich) hinterlassen hat« (S. 152). Sie kann sich innerhalb eines Textes verändern. Sie wird unter drei Aspekten betrachtet resp. beschrieben:

1. Zeit der Narration
2. Narrative Ebenen
3. »›Person‹, worunter die Beziehungen des Erzählers – und eventuell seines oder seiner narrativen Adressaten (»narrataires«) – zu der von ihm erzählten Geschichte fallen« (S. 153). Der Begriff »Person« bezieht sich auf die traditionelle Unterscheidung von Ich- und Er-Erzählung, die Genette durch die Unterscheidung von Homodiegese und Heterodiegese ersetzt.

2.1.3.1 Zeit der Narration

Die Zeitbestimmung der narrativen Instanz ist eine relationale in Bezug auf die erzählte Geschichte. Es lassen sich daher vier Narrationstypen unterscheiden (S. 153f.):

---

sagevorgang (énonciation) – den Namen *Narration* (narration) geben« (S. 152). Daran anschließend spricht er vom Problem der Unterscheidung zwischen Autor und Erzähler. – Ich halte mich im Folgenden an die Praxis aller beigezogenen Hilfsmittel (R. Francillon: Petit lexique de termes techniques pour l'étude de la littérature française moderne. Versification, rhétorique, narratologie. Université de Zurich 1989; Lexikon literaturtheoretischer Werke. Hg. von Rolf Günter Renner und Engelbert Habekost. Stuttgart: Kröner 1995 [Kröners Taschenausgabe; 425]; Jeremy Hawthorn: Grundbegriffe moderner Literaturtheorie. Ein Handbuch. Tübingen, Basel: Francke 1994 [UTB für Wissenschaft: Uni-Taschenbücher; 1756]; Jochen Vogt: Aspekte erzählender Prosa. Eine Einführung in Erzähltechnik und Romantheorie. 7., neubearbeitete und erweiterte Aufl. Opladen: Westdt. Verlag 1990 [WV-Studium; 145]), ignoriere diese Unklarheit und verwende Erzählinstanz synonym mit narrativer Instanz und Erzähler, was Genette im Übrigen über weite Strecken auch selber tut. – An anderer Stelle (S. 156) verwendet er auch Narration und Erzähldiskurs wechselweise und synonym; gemäß seiner eigenen anfänglichen Definition geht es bei letzterem aber um den Diskurs und nicht um den Akt von dessen Hervorbringung (Narration).

10 Zu dem Begriff »Erzähler« hält Genette möglicherweise Distanz, weil er die Vorstellung eines konkreten, klar identifizierbaren Urhebers des Diskurses heraufbeschwört, während die narrative Instanz eben nur vermittelt über ihren Diskurs überhaupt in Erscheinung tritt und insofern ebenso, wie sie diesen hervorbringt, von ihm hervorgebracht wird, wie man in einer Weiterführung von Genettes Ansatz sagen könnte.

1. spätere Narration
2. frühere Narration (prophetisch, wahrsagend)
3. gleichzeitige Narration (die Narration begleitet die Geschichte simultan)
4. eingeschobene Narration (im Briefroman und im Tagebuch. Innerer Monolog und nachträglicher Bericht werden verknüpft).

Die spätere (ich würde lieber sagen »nachträgliche«; fr. »narration ultérieure«) Narration ist die üblichste. Ihr Tempus ist das Präteritum. Dieses markiert allein schon einen Abstand zwischen Geschichte und Narration, ohne allerdings etwas über dessen Größe auszusagen. »Die Geschichte kann datiert werden, [...] während die Narration undatiert bleibt« (S. 157). Manchmal laufen Erzählungen mit nachträglicher Narration ins Präsens aus, womit die Tatsache ins Licht gerückt wird, dass sich der Abstand der Geschichte zur Narration mit dem Fortschreiten der Geschichte ständig verkleinert. Dabei trägt der Narrationsakt selber in der späteren Narration in der Regel keine Zeichen von Dauer, seiner Fiktion nach ist er instantan. In Erzählungen in der ersten Person ist das abschließende Präsens »fast die Regel« (S. 158). Trotzdem werden Erzähler und Held im traditionellen Roman nicht identisch. »Das Spezifische des Romans ist die Suche [...], die mit einem Fund (der Offenbarung) endet, nicht aber der Gebrauch, der hernach von diesem Fund gemacht wird. Es ist also nötig, dass die Erzählung abbricht, ehe der Held mit dem Erzähler eins geworden ist [...]« (S. 162).

2.1.3.2 Narrative Ebenen

Ein Ebenenunterschied ist nach Genette wie folgt definiert: »Jedes Ereignis, von dem in einer Erzählung erzählt wird, liegt auf der nächsthöheren diegetischen Ebene zu der, auf der der hervorbringende narrative Akt dieser Erzählung angesiedelt ist« (S. 163). Obwohl etwas umständlich dargestellt, ist der Sachverhalt leicht einzusehen. Man könnte den Ebenenunterschied auch als Differenz zwischen Erzählungen verschiedener Stufe umschreiben oder, bei nur zwei Stufen, als diejenige zwischen Rahmen- und Binnenerzählung. Genette nennt die erste Ebene, in der eine Erzählung von einem Erzähler hervorgebracht wird und die selber nicht Teil der Geschichte ist, *extradiegetisch*. Alle in ihr erzählten Ereignisse sind *diegetische oder intradiegetische* Ereignisse. Wenn eines dieser Ereignisse die Erzählung einer weiteren Geschichte ist, eine Erzählung zweiter Stufe also, sind die darin erzählten Ereignisse *metadiegetische*. »Die narrative Instanz in einer ersten Erzählung ist also per definitionem extradiegetisch, die narrative Instanz einer zweiten (metadiegetischen) Erzählung per definitionem diegetisch usw.« (S. 163).

Der extradiegetische Erzähler befindet sich auf derselben Ebene wie seine extradiegetischen narrativen Adressaten, die gemäß Genette im realen Publikum bestehen, obwohl der extradiegetische Erzähler nicht identisch ist mit dem realen Autor. Ein extradiegetischer Erzähler kann aber zugleich Figur in seiner Erzählung sein und als solche intradiegetisch. Ob die Instanzen und Figuren jeweils reale oder fiktive sind, hat keinen Einfluss auf ihren narrativen Status.

Der Übergang von einer narrativen Ebene zur andern kann prinzipiell nur von der Narration bewerkstelligt werden, einem Akt, der genau darin besteht, in einer bestimmten Situation erzählend – durch einen Diskurs – eine andere Situation zu vergegenwärtigen. Jede andere Übergangsform ist, wenn nicht überhaupt unmöglich, so doch mindestens eine Transgression. (S. 167)

Transgressionen nennt Genette narrative *Metalepsen*. So etwa, wenn der extradiegetische Erzähler oder der narrative Adressat ins diegetische Universum eindringen (bzw. hineingezogen werden), oder umgekehrt, wenn eine Figur aus der diegetischen Ebene sich an das extradiegetische Publikum (die narrativen Adressaten) wendet. Wenn ein extradiegetischer Erzähler eine metadiegetische Erzählung plötzlich im eigenen Namen weitererzählt, liegt ebenfalls eine Metalepse, eine Überschreitung der narrativen Ebene, vor.

2.1.3.3 Person

Genette betont, dass die Unterscheidung zwischen Ich- und Er-Erzählung eigentlich inadäquat sei, weil der Erzähler als Subjekt des Aussagevorganges in seiner Aussage (der Erzählung) nur in der ersten Person vorkommen und sich daher prinzipiell auch jederzeit mit »ich« bezeichnen könne. Seine Präsenz sei einfach implizit oder explizit. Ein Erzähler, der sich als solcher in seine Erzählung einmischen könne, also jeder, stehe »per definitionem virtuell in der ersten Person« (S. 175f., vgl. auch S. 257).

Entscheidend ist nach Genette dagegen die Wahl der narrativen Einstellung, die von der klassischen Unterscheidung gerade verdeckt werde. Der »Romancier [...] kann die Geschichte von einer ihrer Figuren erzählen lassen oder von einem Erzähler, der selbst in dieser Geschichte nicht vorkommt« (S. 175).[11] Der Erzähler kann also »ich« sagen und damit nur sich als Erzähler meinen oder, wenn er personal identisch ist mit einer der Figuren, diese in der Geschichte vorkommende Figur:

Genette unterscheidet die *heterodiegetische* Erzählung, in welcher der Erzähler in der von ihm erzählten Geschichte nicht als Figur vorkommt, von der *homodiegetischen*, in der er entsprechend als Figur vorkommt. In einer homodiegetischen Erzählung kann er als Hauptfigur vorkommen, dann nennt Genette sie *autodiegetisch*, oder als Zeuge bzw. Beobachter. Im zeitgenössischen Roman löst sich die so definierte und im Prinzip invariable Beziehung zwischen dem Erzähler und seiner Geschichte bzw. seinen Figuren jedoch auf, d. h. sie wird variabel. Es liegt dann »ein Wechsel der ›Person‹, d. h. also eine

---

[11] Genette widerspricht hier seiner eigenen Konzeption des Erzählers. Die Ausdrucksweise, dass auch eine Figur die Geschichte erzählen könne, widerspricht der Auffassung, dass der Erzähler immer Subjekt des Aussagevorgangs, der Erzählung, sei und dass narrative Instanz und Fokalisierungsinstanz daher immer getrennt bleiben, selbst wenn der Erzähler, wie in der homodiegetischen Erzählung, personal identisch ist mit einer seiner Figuren und also zugleich als Figur in seiner Geschichte vorkommt.

Änderung der Beziehung zwischen dem Erzähler und seiner Geschichte – oder, kurz und konkret gesagt, ein Erzählerwechsel« vor (S. 257).

Im *Nouveau Discours* räumt Genette ein, dass die Hypothese, dass es für den homodiegetischen Erzähler nur die Wahl zwischen Held und Beobachter gebe, keinerlei theoretisches Fundament habe, und relativiert sie: Auch Nebenfiguren könnten theoretisch als Erzähler fungieren (S. 260). Außerdem betrachtet er nun, besonders im Hinblick auf moderne Erzählungen, auch die Grenze zwischen hetero- und homodiegetischer Erzählung als durchlässig. Eine Erzählung könne alternieren oder sich so nahe an der Grenze befinden, dass man nicht mehr genau wisse, auf welcher Seite sie situiert sei (S. 262). Er betrachtet es nun als oft nicht eindeutig, ob eine Homodiegese oder eine Heterodiegese vorliegt. Überdies gibt er zu bedenken, »dass bereits die Definition dieser Begriffe letztlich alles andere als absolut ist« (S. 262). Ein Text könne auch mit dem »(Dis)simulationsvermögen des Erzählers« (S. 262) spielen. Genette wendet sich im *ND* der Ansicht zu, dass es gemischte oder zweideutige Grenzsituationen gibt.

Die Grenze zwischen Hetero- und Homodiegese ist also nicht so eindeutig, wie es zuerst scheinen könnte, weder von der Systematik her noch (und noch viel weniger) von den möglichen und schon vorhandenen literarischen Texten her. Dass sich Genette, wie mir scheint, bisweilen nicht an seine eigenen Definitionen hält, macht die Sache nicht einfacher.[12]

Es gibt auch in Genettes Theorie eine Beziehung zwischen grammatischer Person und diegetischer Situation. Die Wahl der grammatischen Person »ich«, um eine der Figuren zu bezeichnen, führt laut Genette mechanisch zu einer homodiegetischen Beziehung zwischen Erzähler und Geschichte, denn es bedeutet, dass diese Figur der Erzähler ist, so wie »er« impliziert, dass die betreffende Figur nicht der Erzähler ist (vgl. S. 263). In einer »heterodiegetischen Autobiographie« (S. 263) ist der Erzähler von der Figur dissoziiert und der Autor mit dem einen oder anderen identisch.

Der Status des Erzählers kann also bis jetzt durch seine narrative Ebene (extra- oder intradiegetisch) und durch seine Beziehung zur Geschichte (hetero- oder homodiegetisch) charakterisiert werden. Daraus ergeben sich vier fundamentale Erzählertypen.

---

[12] Zum Beispiel ist die quasi offizielle Definiton der Homodiegese (S. 249 und 258) nicht vereinbar mit der Möglichkeit einer homodiegetischen-unfokalisierten Erzählung, müsste eine homodiegetische Erzählung, in der »ich« eine der Figuren bezeichnet, doch eigentlich mit einer Fokalisierung auf diese Figur einhergehen; jedenfalls insofern, als die Erzählung nicht auf eine andere Figur fokalisieren und über die anderen Figuren nur wissen kann, was entweder der Held oder jedenfalls der (nachträgliche) Erzähler erfahren hat. Im *ND* räumt Genette zwar ein, dass »mit der vokalen Wahl der homodiegetischen Erzählung a priori eine modale Einschränkung einhergeht«, eine »Präfokalisierung« (S. 244), was ihn aber nicht daran hindert, seine Kategorien weiterhin als frei kombinierbar zu betrachten.

In Erzählungen in autobiographischer Form sind die beiden Ich, das erzäh-
lende und das erzählte, zwar dieselbe »Person«, aber durch einen Alters- und
Erfahrungsunterschied getrennt und manchmal, wie in dem von Genette analy-
sierten Roman *A la Recherche du temps perdu* von Proust, auch durch einen
kategorialen Wissensunterschied, der durch eine Art Offenbarung konstituiert
wird (S. 181f.).

Genette weist dem Erzähler in Bezug auf die Aspekte der Erzählung (im
weiten, integralen Sinn) verschiedene *Funktionen* zu: Neben der *narrativen
Funktion*, der, die Geschichte zu erzählen, kann er noch folgende extranarrative Funktionen ausüben: in Bezug auf den narrativen Diskurs die *Regiefunktion*, in welcher der Erzähler sich in einem metanarrativen Diskurs auf den narrativen beziehen kann, um dessen innere Organisation zu verdeutlichen, und in
Bezug auf die Narration (die Erzählsituation), deren Protagonisten der narrative Adressat und der Erzähler sind, die *Kommunikationsfunktion*. In letzterer
richtet der Erzähler sich auf den Adressaten aus, bemüht sich, einen Kontakt
herzustellen und aufrechtzuerhalten. In der *Beglaubigungsfunktion* schließlich
bezieht sich der Erzähler auf sich selber, gibt Aufschluss darüber, in welchem
affektiven, moralischen, intellektuellen Verhältnis er zu seiner Geschichte
steht. Wenn die Einmischungen des Erzählers die Funktion eines autorisierten
Kommentars der Handlung annehmen, spricht Genette von dessen *ideologi-
scher Funktion*.

Die verschiedenen Funktionen sind meist nicht rein zu unterscheiden. Prinzipiell sind alle außer der ersten vermeidbar, dies aber kaum je vollständig. Die
vier extranarrativen Funktionen treten allerdings verstärkt in nicht-fokalisierten
Erzählungen auf, und die Beglaubigungsfunktion kommt praktisch nur in homodiegetischen Erzählungen vor (vgl. S. 279).

Der *narrative Adressat* kommt als letzte Dimension der narrativen Instanz
(eigentl.: der Narration oder der Stimme) in den Blick.[13] Er ist wie der Erzähler eines der Elemente der Erzählsituation und befindet sich stets auf derselben
diegetischen Ebene wie dieser. In einer extradiegetischen Erzählung wendet
sich der Erzähler an einen extradiegetischen narrativen Adressaten, »der hier
mit dem virtuellen Leser zusammenfällt und mit dem sich dann jeder reale
Leser identifizieren kann« (S. 187). Auch wenn sich der extradiegetische Erzähler nicht explizit an einen virtuellen Leser wendet, richtet sich gemäß Genette jede Erzählung, wie jeder Diskurs, notwendigerweise an jemanden.

Kombinationen zwischen Person und Perspektive (Fokalisierung) sind laut
Genette grundsätzlich alle möglich, nur bei homodiegetischer Erzählung mit
externer Fokalisierung bestehen Zweifel. Es ließen sich zur Beschreibung des
narrativen Status des Erzählers auch der Parameter der narrativen Ebene und
beliebig weitere integrieren.

---

[13] Genette fasst jede Erzählung als kommunikativen Akt auf mit einer »Aus-
sageinstanz, die die Narration bildet, mit ihrem Erzähler und ihrem narrativen Adressaten« (S. 260). Vgl. dazu Anm. 9.

Die Parameter der *Theorie der Erzählung* stehen gemäß Genette in keiner a priori definierten Beziehung zueinander, sie sollen es ermöglichen, alle vorkommenden Konstellationen möglichst genau unter verschiedenen Gesichtspunkten zu beschreiben.

2.2   Analyse

2.2.1 Vorbemerkungen

Wenn nun im Folgenden versucht wird, Genettes strukturalistische Erzähltheorie auf Celans Erzählung zu beziehen, ergeben sich nicht unerhebliche Schwierigkeiten, die nur zum kleineren Teil mit terminologischen Unklarheiten zusammenhängen. Es ist deshalb zuerst die Frage zu klären, inwiefern dieser Text überhaupt als Erzählung betrachtet werden kann und was für Ergebnisse von einer entsprechenden Analyse zu erwarten sind.

Auf den ersten Blick wird man *Gespräch im Gebirg* relativ eindeutig für eine Erzählung halten, insbesondere, weil der Anfang deutlich auf diese Textsorte referiert: *Eines Abends, die Sonne* [...] *war untergegangen, da ging* [...] *aus seinem Häusel* [...] *der Jud* [...]. Die Auslassungspunkte im eben zitierten Anfang des Textes weisen aber auch bereits auf seine Besonderheit hin, auf etwas, das vom ersten Satz an den evozierten Rahmen einer traditionellen Erzählung sprengt. Auf den zweiten Blick wird man deshalb unsicher, ob man es tatsächlich mit einer Erzählung zu tun hat, nicht nur, weil der Titel den Text ein Gespräch nennt und tatsächlich zwei Drittel des Textes aus direkten Reden bestehen, wovon man das letzte Drittel, in dem nur noch eine Figur spricht, nochmals als eigene Erzählung absetzen könnte. Es fallen auch manche lyrischen Elemente auf: Zeichen, die gesetzt und dann nicht erzählerisch entfaltet werden, wie etwa der Türkenbund und die anderen Blumen, und Akustisches wie das Klopfen des Stocks auf dem Stein. Weiter fallen die seltsame Sprechweise des Erzählers und der Figuren auf, die sich kaum entwickelnde Handlung, die beiden kaum voneinander unterscheidbaren Figuren und der uneinheitliche, schwer fassbare Charakter der Erzählinstanz, die einem amorph entgegentritt und sehr instabil scheint in ihrem Verhältnis zu den Figuren.

Das *Reallexikon der deutschen Literaturwissenschaft* definiert die Erzählung (1) als »Oberbegriff für die Textsortenklasse ›Darstellung von tatsächlichen oder fiktiven Ereignissen bzw. Handlungen in mündlicher, schriftlicher oder visueller Form‹«. Als ausschlaggebend für die Zuordnung nennt es in einer ersten Explikation

> [...] allein das Vorliegen der elementaren Struktur der ›Narrativität‹ (des ›Erzählerischen‹); deren Grundkomponenten, ein Erzählsubjekt [...] und das von ihm Erzählte [...], sind strukturell durch den Akt des Erzählens und seine formalen und stilistischen Konstituenten miteinander verbunden, wobei das Erzählte aufzufassen ist als

eine zeitlich organisierte Handlungssequenz, in der mindestens eine Figur einen dynamischen Situationswechsel erlebt.[14]

In einer zweiten Explikation weist das *Reallexikon* darauf hin, dass der Begriff »›Erzählung‹ zunehmend als Oberbegriff für alle literarischen bzw. fiktionalen narrativen Texte« fungiere und in dieser Verwendung »dann auch alle Texte, die nicht im Sinne der ersten Explikation Erzählungen sind, weil sie – besonders in der modernen Literatur – ›Zustände, Befindlichkeiten usw. ohne inhaltszeitlich vermittelte Abfolge‹ […] aneinanderfügen«, bezeichne.

In Bezug auf die erste Explikation ergibt sich für *Gespräch im Gebirg*: Die zeitliche Organisation scheint nicht besonders auffällig zu sein und sie fällt auch nicht in den Bereich meiner Fragestellung, der »dynamische Situationswechsel« einer Figur ist fraglich und jedenfalls nicht an einer äußeren Veränderung der Situation festzumachen. Das Erzählerische an sich steht dennoch nicht in Frage, ist doch zweifellos ein Erzählsubjekt gegeben – wenn auch vielleicht kein einheitliches oder jedenfalls kein leicht fassbares – und ein von ihm Erzähltes, wenn dieses auch eigentlich nur darin besteht, dass zwei Figuren sich auf einer Straße im Gebirge treffen und miteinander reden. Es gibt in diesem Text innerhalb des dialogischen Teils noch eine zweite Erzählung, erzählt von einer der Figuren, die bis zum Schluss des Textes fortgesetzt wird und dabei die erste Erzählung gewissermaßen auffrisst, überschwemmt, einverleibt oder übernimmt.[15]

Die Textsorte Erzählung ist zweifellos die Folie, auf die sich dieser Text bezieht und die seine äußere Form bestimmt. Wenn ich diesen Prosatext nun in der folgenden Analyse als Erzählung behandle, dann aus diesem Grund und um gerade die Orte, wo er sich gegenüber der Textsorte auszeichnet, bestimmen zu können. *Gespräch im Gebirg* mit einer strukturalistischen Erzähltheorie zu begegnen, bedeutet jedoch auch, manche seiner Eigenheiten gerade nicht erfassen und dafür manche in die Hand genommenen »Werkzeuge« nicht benutzen zu können. Möglicherweise befinden sich wesentliche Aspekte dieses Textes auch nicht in seinem Erzählerischen. Meine Fragestellung und die Lektüre lassen jedoch eine poetologische Analyse wünschenswert erscheinen.

Zunächst ist bei der narratologischen Analyse von *Gespräch im Gebirg* überhaupt nicht klar, wovon man ausgehen, was voraussetzen und was ableiten soll. Ich halte mich deshalb an die Äußerung Genettes, die er in Bezug auf die Auffassung der Nullfokalisierung als variable Fokalisierung macht: »Hier wie anderswo ist die Wahl rein operativ« (S. 242). Ich stelle entsprechend im Folgenden pro Kategorie verschiedene Hypothesen auf und zeige, zu welchen Ergebnissen und Beschreibungen sie jeweils führen.

---

[14] Reallexikon (wie Kap. 1, Anm. 85), S. 517.
[15] Ich kann an dieser Stelle das Phänomen erst in dieser figürlichen Weise beschreiben.

2.2.2 Modus

2.2.2.1 Distanz

Unter der Kategorie »Modus« kommt die Regulierung der narrativen Information im Ganzen in den Blick, unter der Kategorie »Distanz« im Speziellen
deren Vermitteltheit. Die Erzählung von Worten kann genauer beschrieben
werden nach dem Grad ihrer Diegetisierung. Ich beziehe mich dazu auf die
sieben Mimetismusstufen im *Nouveau Discours* (S. 228f.).

In *Gespräch im Gebirg* fehlen auffällig oft vereindeutigende Indizien für
den Status der Reden, weil das deklarative Verb und damit der Hinweis auf
den Urheber fehlen. In manchen Fällen ist deshalb gar nicht zu eruieren, ob es
sich um Erzählung von Worten, also Figurenrede, oder um Erzählung von
Ereignissen oder gar um einen Kommentar des Erzählers, also Erzählerrede,
handelt, so in Z. 1 (*und nicht nur sie*), Z. 3 (*der unaussprechliche*), Z. 12 (a:
der schönen, der unvergleichlichen, b: *wie Lenz*), Z. 13 (*wo er hingehört*),
Z. 33 (*Gott sei's geklagt*) und Z. 40 (*Armer Türkenbund, arme Rapunzel*),
wobei in Z. 1, 3, 12b, 33, 40 neben Erzählerrede auch Gedanken des oder der
Juden in Frage kommen, in Z. 12a dagegen freie direkte Rede einer unpersön-
lichen Menge (vgl. Z. 114f.: *auf dieser Straße, von der sie sagen, dass sie
schön ist*). In Z. 5f. liegt eine freie direkte Rede vor, es ist allerdings nicht klar,
wem sie zuzuschreiben ist, dem Juden bzw. seinem Stock, dem Stein oder dem
Erzähler. Auch in Z. 9–11 ist freie direkte Rede in den Text eingefügt, die aber
primär dem Erzähler zugeschrieben werden muss. *Den man hatte wohnen
lassen unten, wo er hingehört* (Z. 13) bildet, jedenfalls im ersten Teil, ein diegetisches Summary, der zweite Teil kann als regierte indirekte Rede von *man*
oder aber als Erzählerrede aufgefasst werden. Die Unbestimmtheit kommt
durch den Gebrauch des Indikativs zustande. *Klein, der Jude, hieß seinen
Stock schweigen vor dem Stock des Juden Groß* (Z. 22) bildet ein weniger rein
diegetisches Summary (ev. ist auch nur bis *schweigen* Figurenrede anzunehmen). Ab Z. 52 besteht der Text nur noch aus direkten Reden, die ich intern
nicht weiter analysiere.

Befund:[16]
In der Erzählung der Ereignisse ist die Distanz relativ groß: Durch Eigenheiten
der Redeweise ist der Erzähler stark anwesend, die Vermitteltheit groß, aber
dies ist mit einer strukturellen Analyse der Distanz nicht zu erfassen. In der
Erzählung von Worten dagegen ist die Distanz klein: Freie direkte Rede und
direkte Rede sowie Erzählerkommentare, die auch der Figur zugeschrieben
werden können, stellen eine relativ große Mimesis-Illusion her. Die Unbestimmtheit in der Zuordnung der Reden bewirkt jedoch gleichzeitig Distanz.

---

[16] In den Befunden werden der besseren Übersichtlichkeit halber die wesentlichen
Ergebnisse der Analyse nochmals erwähnt und eine kurze, erste Wertung gegeben.
Um die Konsequenzen, die die häufigen Zweideutigkeiten für die Bedeutung des
Textes haben, zu ermessen, muss man sie aber einmal nachvollziehen.

Ähnlich wie bei der erlebten Rede bewirkt der Verzicht auf das deklarative Verb »eine doppelte Vermengung« (S. 123): zwischen Gedanken und (gesprochenen) Worten und zwischen Figuren- und Erzählrede. Diese Zweideutigkeiten weisen »weniger auf eine Identität im Denken von Erzähler und Figuren hin […] als vielmehr auf eine unmögliche Wahl zwischen zwei gleichwohl inkompatiblen Deutungsmöglichkeiten« (S. 228). Celan macht davon regen Gebrauch, vermeidet er es doch im ersten Teil konsequent, den Reden vereindeutigende Indizien beizugeben. Die Unmöglichkeit einer eindeutigen Zuordnung der Reden erachte ich als konstitutiv, umso mehr, als sie mit den weiteren Befunden der Analyse korrespondiert.

2.2.2.2 Perspektive

Der Anfang der Erzählung (bis Z. 5: *Stein*) sieht zunächst wie eine nicht-fokalisierte, heterodiegetische Erzählung aus. Die angenommene Nullfokalisierung ist jedoch nicht eindeutig, nicht nur, »da die unfokalisierte Erzählung sehr häufig als eine *ad libitum* multifokalisierte Erzählung betrachtet werden kann«,[17] sondern auch, weil der Text an vielen Stellen zweideutig ist in Bezug auf den Modus. Die Probleme, die bei der Analyse der Distanz aufgetreten sind, hängen eng mit der Fokalisierung zusammen; so würden etwa im Rahmen einer internen Fokalisierung die Reden/Gedanken eher der Figur als dem Erzähler zugeschrieben.

Bereits der erste Einschub *und nicht nur sie* (Z. 1) und ebenso die Apposition *der unaussprechliche* (Z. 3) sind in ihrer Perspektive zweifelhaft. Fokalisiert der Erzähler hier auf die Figur, die unmittelbar nachher auftaucht, so dass die Einschübe deren Gedanken entsprechen, also eigentlich eine erlebte Rede darstellen? Oder ist die Stelle unfokalisiert und die Einschübe sind mithin ganz dem Erzähler zuzuschreiben? – Der Text ist nicht eindeutig. Da zu diesem Zeitpunkt noch keine Figur aufgetreten ist, ist man geneigt, den Einschub nicht als intern fokalisiert aufzufassen, die Tatsache, dass die Figur die Worte später aufnimmt (Z. 92), spricht jedoch für eine interne Fokalisierung und erlebte Rede. Eine Eigentümlichkeit in Z. 4 (*ging und kam, kam dahergezockelt*) kann als momentaner Fokalisierungswechsel interpretiert werden, *kam* wäre in diesem Fall auf die später auftauchende zweite Figur fokalisiert. Im Rahmen einer Nullfokalisierung wäre die Stelle als Beschreibung einer Änderung der Bewegungsrichtung der Figur, die dann hin- und hergehen würde, zu verstehen.

Der erste Textabschnitt hat auch Merkmale einer externen Fokalisierung, so die Betonung des Hör- und Sichtbaren (Z. 4: *ließ sich hören*) und die Anonymität des Juden. Allerdings müssten die Einschübe und die Information, dass der Jude auch Sohn eines Juden sei, dann als Paralepsen des Erzählstandpunk-

---

[17] Genette, Die Erzählung (wie Anm. 2), S. 136.

tes betrachtet werden. Der bestimmte Artikel bei *der Jud* suggeriert eine Be-
kanntschaft zwischen Figur und Erzähler, die die Leserin teilen müsste.[18]

Beim Klopfgeräusch liegt eine multiple Fokalisierung vor, wird das Geräusch doch nacheinander zuerst als simples Gehgeräusch, wie es für irgendeinen Anwesenden vernehmbar wäre (externe Fokalisierung), und dann als Rede
zwischen Stein und Jude, was es für die Betreffenden selber wahrscheinlich
darstellt (interne Fokalisierung), geschildert.[19]

Bei der freien direkten Rede in Z. 5f. ergibt sich wiederum das Problem der
Zuordnung. Wer denkt oder sagt oder hört diese Worte? Geht man von einer
Fokalisierung auf den Juden aus, schreibt man sie ihm zu. Aber hört er sie oder
sagt er sie? Dies ist auch im Rahmen einer internen Fokalisierung nicht zu
entscheiden, und entsprechend auch nicht, wer *ich* ist und wer *du*. Da in der
Folge jedoch das Geräusch, das durch das Aufsetzen der Füße und des Stockes
auf dem Stein entsteht, dem Juden zugeschrieben wird *(ließ sich hören)*, werden es tendenziell auch die Worte, wenn auch nicht unbedingt als ausgespro-
chene, sondern vielleicht gedachte. – Das Schillern in der Zuordnung dieser
Rede halte ich für konstitutiv, entspricht es doch der unentscheidbaren Frage,
wer das Geräusch erzeugt, wenn der Stock auf den Stein aufschlägt. Die Worte
(ent-)stehen also buchstäblich zwischen Stock und Stein bzw. zwischen Jude
und Stein; *ich* und *du* sind den beiden nicht eindeutig zuzuordnen.

Nimmt man an dieser Stelle Nullfokalisierung an, kann die Stelle auch so
gelesen werden, dass der Erzähler als solcher »ich« sagt und sich an seine
Adressaten wendet. Diese Version ist zwar eher unwahrscheinlich, aber auch
nicht ganz auszuschließen. Interessant an dieser Variante ist, dass der Erzähler
gerade mit diesen Worten auf seinen schillernden Status in diesem Text aufmerksam machen könnte. Er kann als allwissender Erzähler aber auch die
Bedeutung des Klopfens, die Worte des Stockes oder des Steins aussprechen,
noch bevor die Figur davon weiß.

Dieses Phänomen berührt auch die Frage der Stimme. Die Unbestimmtheit
bei der Zuordnung der Rede entspricht dann ihrer Zweistimmigkeit.

Die Fortsetzung des Satzes (Z. 6–9) kann wieder als extern fokalisiert aufgefasst werden, die Betonung auf das Hörbare legt dies nahe. Der eigene und
der fremde Schatten erscheinen dann als objektiv wahrnehmbar oder aber als
Paralepsen des externen Erzählstandpunktes. Die Stelle kann aber, genau wie
der Anfang, auch unfokalisiert oder intern auf den Juden fokalisiert sein. Der
zweite Fokus, der durch *kam* und *daher* gesetzt wurde, ist vorübergehend wieder verschwunden: *er ging.* Ab Z. 11 ist er jedoch wieder da: ein variabler
(oder fast schon multipler) Fokus: *da ging er also und kam, kam daher,* […]

---

[18] Genette weist im *ND* auf die Bedeutung solcher »allusiven (pseudo-anaphorischen
oder pseudo-deiktischen) Bezeichnungen« hin, die der Leserin eine enge Kompli-
zenschaft mit dem Erzähler aufzwingen (S. 238).

[19] Hier liegt meiner Meinung nach eine reine Transfokalisierung mit heterodiegeti-
schem Erzähler vor, was Genette (S. 236) als noch nicht existent beschrieb.

ging [...] *durchs Gebirg* [...], *er, der Jud, kam und kam.* Von Zeile 15 zu 16 ist wieder ein Fokuswechsel festzustellen: zuerst »kommt« der Jude und dann »kommt« ihm ein zweiter entgegen.

Die Beschreibungen der Straße (*der schönen, der unvergleichlichen* [Z. 12])[20] und der intertextuelle Verweis auf Lenz (*ging, wie Lenz*) können extern, auf die Figur fokalisiert oder unfokalisiert sein, Worte eines allwissenden Erzählers. [W]*o er hingehört* (Z. 13) kann als unfokalisiert verstanden werden oder als auf *man* fokalisiert oder oder sogar als auf den Juden, falls er diese Zuschreibung verinnerlicht hätte. Nimmt man Nullfokalisierung an, sind die Worte Erzählerrede in ihrer ideologischen Funktion.

Die Fortsetzung (Z. 15–25) ist unfokalisiert, extern oder intern auf Klein fokalisiert (*ihm* [...] *entgegen*). Die Frage im Anschluss an den Schatten (Z. 19f.) wäre entsprechend eher als Klage des Juden oder als Stänkern des Erzählers aufzufassen. Das Schillern dieser Rede hängt eng mit der Kategorie der Stimme zusammen.

Die Frage (Z. 16) ist einzig auf der Ebene des narrativen Diskurses durch die vorgängig erzeugte Irritation über den Fokuswechsel von *ging* zu *kam* motiviert. Die zweite Fokalisierung bekommt hier Sinn als Ort der auftretenden zweiten Figur, die sich in eben diesem Fokuswechsel, wenn auch sehr unmerklich, schon angekündigt hatte.

Die Zeilen 26–29 scheinen extern oder unfokalisiert, wobei auch eine Fokalisierung auf die beiden Juden nicht ausgeschlossen ist.

Der folgende Abschnitt (Z. 30–39) ist unfokalisiert, da nur ein allwissender Erzähler von den eigentümlichen Augen der beiden erzählen kann. *Gott sei's geklagt* wäre dann seine Rede, sein Kommentar, in dem er sein Mitgefühl für seine Figuren zum Ausdruck bringt, wobei das geäußerte Mitgefühl allerdings auch ironisch sein könnte. Eindeutig ist dies jedoch nicht, ebenso wenig wie eindeutig ist, ob die beiden Juden die Blumen wirklich nicht sehen, wie vom Erzähler suggeriert, aber nicht eindeutig gesagt wird. Ist die Stelle wenigstens partiell auf die Juden fokalisiert, könnte der Ausruf *Gott sei's geklagt* auch als erlebte Rede ihnen zugeschrieben werden.

Die Zeilen 40–48 sind unfokalisiert. Ein Erzähler gibt hier seine Beschreibung und seine Interpretation der Szene. Die Distanz des Erzählers zu den Figuren scheint ziemlich groß, während er jedoch gleichzeitig über ihr »Innenleben« Auskunft gibt. Erklärtermaßen gilt seine Empathie hier eher den Blumen, die jedoch partiell mit den *Geschwisterkindern* überblendet werden (vgl. Kap. 1.2). Noch mehr scheint sich der Erzähler in den Zeilen 49–51 von den Figuren abzusetzen, um sich dann gleichwohl zu ihren Gunsten zurückzuziehen.

---

[20] Woher dieser Apposition der ironische Zug zukommt, ist mir nicht ganz klar; möglicherweise dadurch, dass sie durch die Nachstellung wie zitiert wirken, womit der Erzähler Distanz signalisieren könnte. (Vgl. dagegen eine Ausdrucksweise wie: auf der schönen, unvergleichlichen Straße.) In Z. 115 werden die Worte denn auch tatsächlich als fremde ausgegeben: *von der sie sagen, dass sie schön ist.*

Befund:

Auch die Fokalisierung, oft zusammenhängend mit und entsprechend der Distanz, ist über weite Strecken zweideutig, manchmal gar dreideutig: Nullfokalisierung oder interne Fokalisierung, oft auch externe Fokalisierung mit ungewöhnlich viel Erzählerkommentar, kommen in Frage. Szondi sagt in seinen *Celan-Studien* an einer Stelle in Bezug auf *Engführung*: »[...] wir wissen es nicht, und das heißt genau, wir sollen es nicht wissen«.[21] Diese Einschätzung gilt auch hier. Die Unbestimmtheit ist konstitutiv. Ich betrachte die Fokalisierung zu diesem Zeitpunkt als amorph oder, genauer, als mehrdeutig geformt, darauf hinweisend, dass es für die Interpretation allerdings einen Unterschied macht, ob ein allwissender Erzähler (unfokalisierte Erzählung) oder ein personaler (intern oder extern fokalisiert) vorliegt und in welchem Verhältnis er zu den Figuren steht. So könnten etwa im Falle eines externen Erzählers alle Kommentare diesem zugeschrieben werden, da er die Gedanken der Figuren ja nicht kennt. Aber die Frage der Perspektive ist mittels einer strukturalistischen Analyse nicht zu entscheiden und soll deshalb auch nicht entschieden werden.

Immer noch unklar ist auch das Verhältnis des Erzählers zu den Figuren. Vielleicht hilft hier die Analyse der Stimme weiter.

2.2.3 Stimme

2.2.3.1 Zeit der Narration

Gespräch im Gebirg wird am Anfang nachträglich erzählt, ab Zeile 30 in gleichzeitiger Narration, ohne dass der Wechsel jedoch durch den Fortgang der Geschichte begründet wäre. Mit der gleichzeitigen Narration rücken sich Geschichte und Narration näher, und gleichzeitig nähert der Erzähldiskurs auch zwei »Stimmen« (im figürlichen Sinn) einander an, die am Anfang wechselweise und deutlich unterschieden zu hören waren: der Erzähler im Präteritum, der »Kommentator« im Präsens. Diese beiden Stimmen sind eigentlich zwei Funktionen der Erzählinstanz. Genette spricht im Zusammenhang mit der abschließenden Konvergenz von Geschichte und Narration in Erzählungen mit nachträglicher Narration von der Isotopie der Geschichte und ihres Erzählers. Dieser Ausdruck weist, wörtlich genommen, schon stark in Richtung Homodiegese. Innerhalb der metadiegetischen Erzählung ab Zeile 95 liegt wiederum nachträgliche Erzählung vor, ab Zeile 114 gleichzeitige.

Befund:

Die Zeit der Narration tendiert stark zur Gleichzeitigkeit. Diese hat ihrerseits eine Tendenz zur Homodiegese. Der Übergang von der früheren zur gleichzeitigen Narration ist in der Erzählung deutlich markiert, aber nicht diegetisch motiviert: [...] *immer noch, auch heute, auch hier. Da stehn sie also* [...]. Es

---

[21] Szondi, Schriften (wie Vorbemerkungen, Anm. 5), Bd 2, S. 347.

scheint, als wäre die Fortsetzung der Erzählung ein Effekt des Kommentars, dass es *immer noch, auch heute, auch hier* so ist. Innerhalb der metadiegetischen Erzählung wird der Übergang zur gleichzeitige Erzählung vorbereitet durch die Passage *und, weißt du, ich habe nichts mehr geliebt seither;* (Z. 112); nach einem Einschub, einer Einschränkung folgt der Übergang in die geichzeitige Erzählung, ebenfalls sehr deutlich markiert, in der Wendung: *an jenem Tag, am siebten und nicht am letzten; nicht am letzten, nein, denn da bin ich ja, hier* […].

2.2.3.2 Narrative Ebenen

Die narrativen Ebenen sind zunächst einigermaßen unproblematisch zu bestimmen. Der primäre Erzähler ist per definitionem extradiegetisch; er bringt den gesamten Erzähldiskurs hervor. Der Erzähler, der uns als erster entgegen tritt, ist also ein extradiegetischer. Möglicherweise schon in Zeile 40 (es ist nicht zu entscheiden, ob er zu den oder über die Blumen spricht) und jedenfalls in Zeile 46 wendet sich dieser jedoch mit einer Anrede an die Blumen, was eine narrative Metalepse darstellt, weil ein extradiegetischer Erzähler sich theoretisch nicht an Elemente der Diegese wenden kann. Das *Du* in Zeile 44 dagegen bezieht sich auf einen extradiegetischen Adressaten, der aber unbestimmt und unpersönlich bleibt, nahe bei einem »man« oder »ich«. Durch die Nähe von einem intradiegetischen *ihr* und dem extradiegetischen *du* ergibt sich zusätzlich eine Überlappung der beiden Bereiche. Ab Zeile 95 setzt die Figur Klein zu einer eigenen Erzählung an, sie ist also ein intradiegetischer Erzähler und die von ihr erzählte Geschichte eine metadiegetische Erzählung. *Du* bezieht sich darin auf die Figur des Juden Groß. Problematisch ist der Schluss (ab Z. 134), weil er nicht sinnvoll dem intradiegetischen Erzähler zugeschrieben werden kann, aber formal zu dessen Rede gehört: [D]*er ich dir all das sagen kann, sagen hätt können; der ich dirs nicht sag und nicht gesagt hab* […]. Wenn hier der extradiegetische Erzähler die Rede des intradiegetischen im eigenen Namen weiterführt, liegt ebenfalls eine narrative Metalepse vor.

Denkbar wäre auch, dass die Erzählinstanz (vom Schluss her gesehen) anfangs dissoziiert war (in den extradiegetischen Erzähler und die Figur Klein) und dann zusammengefügt wird. Der Erzähler widerspräche dann als extradiegetischer Erzähler innerhalb der Rede des intradiegetischen, was auf die Identität verweist, dessen Rede. Er erschiene dann als Erzähler, der sich auf inhaltlicher Ebene vom Gespräch seiner Figuren distanziert, um sich dann gleichwohl mit den Attributen der Figur Klein zu identifizieren, und der auf struktureller Ebene mit einer seiner Figuren identisch ist resp. wird.

Vorstellbar wäre auch, dass der primäre, extradiegetische Erzähler sich hier an einen bestimmten narrativen Adressaten (der viel bestimmter ist als das Du zu Beginn des Textes) wendet und sich als Erzählinstanz zeigt, die sich ein Gespräch ausgedacht und es aufgeschrieben hat. Dies ist aber wenig sinnvoll, wenn sie sich dabei nicht auf eine extranarrative Situation bezieht, denn jede

Erzählinstanz kann sich alles ausdenken bzw. ist, selber Instanz des Textes, selber eine ausgedachte. Bezieht sie sich aber auf eine extranarrative (reale) Situation, vermischen sich narrative und extranarrative Instanzen und deren Universen, was die Grenzen dieser Analyse sprengt. Und es bleibt der Umstand unbeachtet, dass sie dies innerhalb der Rede des intradiegetischen Erzählers tut. Schließlich bleibt noch die Möglichkeit, eine dritte, (extra-) narrative Ebene anzusetzen, die den beiden anderen vorausgeht (und sie gleichzeitig alle umfasst) mit einem dritten, quasi vordiegetischen, extranarrativen Erzähler, der sich auf eine vordiegetische, extranarrative Situation bezieht, der aber mithin keine Instanz des Textes mehr wäre, sondern mit dem Autor zu identifizieren, was wiederum die Grenzen der Analyse sprengt.

In jedem Fall muss mindestens eine (wenn nicht sogar *die*) narrative Schwelle überwunden werden, denn der intradiegetische Erzähler kann nicht, ohne seine Glaubwürdigkeit zu verlieren, seinem ebenfalls intradiegetischen Du, das vorher sein Gesprächspartner war, sagen, er hätte alles nicht gesagt. Wenn aber der intradiegetische Erzähldiskurs hier das extradiegetische (oder gar extranarrative) Erzähler-Ich hervorbringt, kann die Struktur von *Gespräch im Gebirg* als »mise en abîme« beschrieben werden: als In-den-Abgrund-Setzung der Erzählinstanz(en) dadurch, dass sie (bzw. die entsprechenden Ebenen) einander wechselseitig hervorbringen.[22] Was ich vorher nur behelfsweise und figürlich als Überschwemmen des extradiegetischen Erzähldiskurses durch den intradiegetischen beschreiben konnte, liegt in dieser Struktur begründet.

Das Ich am Schluss des Textes ist überdies, auch wenn es das des extradiegetischen Erzählers genannt wird, nicht identisch mit dem des extradiegetischen Erzählers aus dem Anfang des Textes, es hat sich gewandelt. Es sagt nun dezidiert »Ich« und versieht sich mit verschiedenen Attributen der Figur Klein resp. des intradiegetischen Erzählers. Und es ist ja in der Tat nicht dasselbe, denn es ist ein extradiegetisches im interadiegetischen oder zugleich extra- und intradiegetisch. Auch wenn man extra- und intradiegetisches Ich als Dissoziationen einer Erzählinstanz auffasst, sind sie am Schluss nicht ganz eins: *ich, der ich dir all das sagen kann, sagen hätt können, der ich dirs nicht sag und nicht gesagt hab.*

Wie man es auch dreht und wendet, es bleibt ein Riss, ein Abgrund in der Konzeption dieser Erzählinstanz.

---

[22] »Mise en abîme« (frz. In-den-Abgrund-Setzung) bezeichnet eine »Form v. a. literar. Rekursivität und damit Selbstreferenz, bei der mindestens ein Element einer übergeordneten Ebene (inhaltlicher oder formaler Natur) analog auf einer untergeordneten Ebene erscheint [...]« (Metzler Lexikon Literatur- und Kulturtheorie. Ansätze – Personen – Grundbegriffe. Hg. von Ansgar Nünning. Stuttgart, Weimar: Metzler 1998, S. 442). Vgl. auch Lucien Dällenbach: Le récit spéculaire. Essay sur la mise en abyme. Paris: Éditions du Seuil 1977, S. 37f., 51.

Befund:
Die Komplikationen in Bezug auf die narrativen Ebenen betreffen den Schluss der Erzählung ab Zeile 134. Der letzte Abschnitt gehört formal zur metadiegetischen Erzählung, kann aber nicht sinnvoll dem intradiegetischen Erzähler zugeschrieben werden. Es muss mindestens eine narrative Schwelle überwunden werden. Der extradiegetische Erzähler könnte die Worte im Rahmen einer narrativen Paralepse übernehmen. Er unterscheidet sich aber hier von dem anfänglichen extradiegetischen Erzähler, weil er in einem andern Verhältnis zur Figur Klein steht, ja möglicherweise identisch mit ihr ist. In einer »mise-en-abîme«-Struktur bringen die beiden Erzählebenen bzw. deren Erzählinstanzen bzw. deren Diskurse einander hervor. Dabei können die jeweiligen Erzählinstanzen auch als Dissoziationen einer einzigen aufgefasst werden. Diese würde am Schluss fast integriert.

2.2.3.3 Person

Genette räumt im *ND* in Bezug auf die Person konkreter Texte ein, man müsse anerkennen, dass es bisweilen gemischte oder zweideutige Grenzsituationen gebe.[23] Im *Gespräch im Gebirg* gibt es zweifellos solche zweideutigen und gemischten Stellen, in Bezug auf die Person ebenso wie in Bezug auf Perspektive und narrative Ebene. Wie bereits festgehalten (Kap. 2.1.3), sind überdies die Äußerungen Genettes zur Stimme nicht immer eindeutig. Der Praktizierbarkeit meiner Analyse halber beziehe ich mich auf die Definition der Homodiegese als Erzählsituation, in der der Erzähler als Figur in seiner Geschichte vorkommt und in dieser Rolle »ich« sagt (S. 249). Dies ist im *Gespräch im Gebirg* – zumindest am Anfang – nicht der Fall. Ich gehe folglich von einem heterodiegetischen Erzähler aus.

Dieser extradiegetisch-heterodiegetische Erzähler übt verschiedene Funktionen aus. In den Zeilen 9–11, vom Erzähldiskurs im engeren Sinne durch Gedankenstriche abgesetzt, wendet er sich mit einem Kommentar im Präsens an seine narrativen Adressaten. Er agiert also in seiner Kommunikationsfunktion. Indem der Kommentar sich aber inhaltlich auf die Diegese bezieht, stellt er eine Kontinuität her zwischen dem Erzählten und dem Kontext der Narration, zwischen Diegese und Extradiegese, was sehr suggestiv wirkt. Als verbindendes Element bezieht er sich auf eine antisemitische Aussage, die er als geteiltes Weltwissen zwischen sich und dem Adressaten ausgibt und als Legitimation eines diegetischen Elementes verwendet. Dadurch bekommt die Aussage eine ideologische Funktion.

In Zeile 16 wendet sich der Erzähler erneut an den narrativen Adressaten. In dieser Erzählerrede, die zunächst wiederum der Kommunikationsfunktion des Erzählers zugeordnet werden kann, ist die Beziehung zur Diegese noch enger. Die Frage, wie die Geschichte wohl weitergehen wird, könnte ein rhetorisches

---

[23] Allerdings bezeichnet er die Beziehung zwischen Figur und Erzähler innerhalb einer Erzählung dennoch später wieder als »einigermaßen konstant« (S. 277).

Mittel zur Spannungssteigerung sein. Aber was dann »enthüllt« wird, hat kaum die Qualität eines mit Spannung erwarteten diegetischen Elementes: Eine fast identische Figur tritt auf und kommt der ersten entgegen. Falls eine Erwartung erzeugt worden ist, wird sie enttäuscht. Die Frage hat aber noch eine andere Funktion. Sie verzahnt wiederum die Narration, diesmal in Bezug auf den narrativen Adressaten, mit der Geschichte. Indem das diegetische mit dem extradiegetischen Universum verzahnt wird, wird eine Identifikation der Leserin mit der Geschichte erzwungen. Sie wird gewissermaßen in die Diegese eingebunden.

Wenig später (Z. 19–20) meldet sich der Erzähler wieder mit einem Kommentar. Die thematische Beziehung zwischen der Diegese und seinem Kommentar ist so stark, dass er dadurch die Grenze zwischen der Erzählsituation (Narration) und dem Erzählten (Diegese) und damit zwischen der extradiegetischen und der diegetischen Welt praktisch auflöst. Solche Isotopie ist üblicherweise einer homodiegetischen Erzählung im Präsens eigen. Der Erzähler bringt hier seine Identifikation mit der Geschichte und, je nach Interpretation (vgl. Kap. 1), mit seiner Figur zum Ausdruck: Er sagt (als heterodiegetischer) *ich* und fragt nach einem Element der Diegese. Was vorher als Antisemitismus daherkam, ist hier tendenziell gewendet in Richtung einer jüdischen Klage. Das Verhältnis des Erzählers zur Figur ist nicht klar: Identifikation oder Antisemitismus? Die Stimmhaftigkeit dieses Erzählers schillernd.

Noch eklatanter wird die Verzahnung von Narration und Geschichte im folgenden Erzählerkommentar (Z. 26–29). Die Begründung für ein diegetisches Element (*Nicht lang wars still*) wird wie oben in Gestalt einer scheinbar zeitlos gültigen Aussage geliefert (*denn wenn der Jud daherkommt* […]), und dann wird die Kontinuität noch explizit: *immer noch, auch heute, auch hier*. Diese Angaben beziehen sich zweifellos auf Ort und Zeit der Narration, die aber unversehens auch die der Diegese werden, welche ab diesem Moment im Präsens erzählt wird, wobei »erzählt« vielleicht etwas viel gesagt ist, da die nächste halbe Seite v. a. der Beschreibung der Figuren und der Szenerie und der Beziehung zwischen den beiden gewidmet ist.

Ab Zeile 30 lässt sich der Erzähler immer weniger als heterodiegetischer beschreiben. Mit dem Wechsel des Erzähltempus zum Präsens rücken sich die Zeit des Erzählens und die Zeit des Erzählten nahe. Ein Erzähler, der sagt: *da stehn sie also*, scheint selber dabei zu sein.

In den Zeilen 40 und 46 wendet er sich an die Blumen, also an Elemente der Diegese. Während in Zeile 40 auch nur ein Ausruf vorliegen kann, handelt es sich in Zeile 46 eindeutig um einen Anruf. Ein homodiegetischer Erzähler könnte hier als Figur äußern, was er als extradiegetisch-heterodiegetischer nur mittels einer narrativen Metalepse kann.

Wiederum mit einem Ausruf des Erzählers beginnt der neue Abschnitt (Z. 49–51): Der Erzähler agiert in seiner Regiefunktion und kommentiert zugleich die Diegese. Die Äußerung *gut, lass sie reden* […] (Z. 51), von der man nicht recht weiß, an wen sie gerichtet ist, die den Übergang zum (formal) rein dialogischen Teil des Textes bildet und mit der sich der Erzähler quasi verabschiedet, hat ebenfalls partiell homodiegetische Qualität. Die Äusserung scheint zunächst an einen extradiegetischen Adressaten gerichtet zu sein, aber sie könnte auch zu sich selbst gesagt sein, von einem homodiegetischen Beobachter-Erzähler. Oder liegt eine Dissimulation vor, die verbirgt, dass der Erzähler mit einer Figur identisch ist? Damit in einer homodiegetischen Erzählsituation Erzähler und Figur ganz zusammenfallen – also auch die Grenze zwischen Extradiegese und Intradiegese fällt – muss man die Situation eines inneren Monologs annehmen. Auch dies wäre im fraglichen Abschnitt denkbar, wenn auch nicht gerade naheliegend. Vielleicht müsste man diese Betrachtung der Erzählsituation sogar auf den ganzen Text ausdehnen. Dann allerdings bekommen die Dialoge eine andere Qualität. Sind sie nur ausgedachte? Aber muss dann der Erzähler zuerst seine Gedanken zum Schweigen bringen (die vorausgehende Erzählerrede), damit die anderen Figuren reden können?

Wie angekündigt, lässt der Erzähler nun die Figuren reden; er gibt ihre Reden wieder in Form von Zitaten, in sogenannter berichteter Rede. Es lässt sich also scheinbar nichts weiter über ihn sagen, als dass er sich an dieser Stelle ganz zurückzieht, nur allenfalls noch als Berichter der Reden wahrnehmbar ist. Sein Verhältnis zu dem folgenden Gespräch ist bestimmt durch die Qualifizierung der Juden als Geschwätzige und ihres Gesprächs als Gestammel, und zugleich durch die Tatsache, dass er sie »reden lässt« und selber gar nicht mehr in Erscheinung tritt. Auch auf inhaltlicher Ebene gibt es Zweideutigkeiten in der Beziehung zwischen ihm und den Figuren.

Zum Ende hin wird die Beziehung zwischen dem Erzähler und seinen Figuren aber noch komplexer. Ähnlich einer musikalischen Engführung nimmt Klein als intradiegetischer Erzähler ab Zeile 114 zahlreiche Motive aus dem Erzähldiskurs im ersten Teil des Textes nochmals auf. Diese sind aber eigentlich Erzählerwissen. Woher also weiß Klein diese Dinge? Er erwähnt die Straße, *von der sie sagen, dass sie schön ist,* Türkenbund und Rapunzel, seine zwiespältige Art zu sehen (*ich seh's, ich seh es und seh's nicht*), den Schleier im Auge, Stein und Stock, Lenz, ihrer beider Namen Groß und Klein, die Qualifizierung als *Geschwätzige*, die unaussprechlichen Namen, den eigenen und den fremden Schatten. Diese Motive bringen die Rede dieser Figur und die des Erzählers einander nahe. Dies könnte ein Hinweis sein, dass all diese Stellen intern auf den Juden Klein fokalisiert waren oder aber, dass der Erzähler und seine Figur dasselbe Wissen teilen, sich »überlappen«, dass sie nicht ganz voneinander zu trennen sind bzw. es immer weniger sind. Wo er selbst nicht mehr redet, geht er gewissermaßen auf in der einen Figur. Dies wiederum passt zu der Vorstellung einer Homodiegese, in der der Erzähler und die Figur dieselbe Person sind. Die Figur wäre am Anfang vom Erzähler, mit dem sie eigentlich identisch ist, dissoziiert.

Ein weiterer Hinweis auf, wenigstens partielle, Homodiegese bildet das Präsens ab Zeile 114. Genette sagt sogar, dass ein Epilog im Präsens genüge, um eine Erzählung homodiegetisch zu machen (S. 261). Es ist natürlich fraglich, ob dieser Schluss als Epilog aufzufassen ist, weil er eigentlich nicht dem Erzähler, sondern einer Figur, die ihrerseits ein intradiegetisch-homodiegetischer Erzähler ist, in den Mund gelegt ist. Aber die Rahmenerzählung selber wird ja gar nicht zu Ende geführt, die extradiegetische Narration geht in die intradiegetische ein (bzw. aus ihr hervor).

Der Schluss des Textes (ab Z. 134), formal noch immer Figurenrede, ist mit zwei Gedankenstrichen, getrennt durch einen Zeilenwechsel, von dieser abgesetzt. Auffällig daran ist ein ostentatives *Ich* zusammen mit der Unvereinbarkeit dieses Ich mit dem vorangehenden, dem Ich des Juden Klein. Wenn sich an dieser Stelle, wie wir oben gesehen haben, auch intradiegetisches und extradiegetisches Universum überschneiden, dann könnte das extradiegetische Erzähler-Ich sagen, es habe all das nicht gesagt. Gesagt hat es der intradiegetische Erzähler, der zugleich die Figur Klein und in seiner Erzählung ein homodiegetischer Erzähler ist. Damit bekäme der Schluss (ab Z. 134) aber die Funktion eines Epilogs im Präsens des primären Erzählers, was diesen seinerseits homodiegetisiert. Dagegen spricht zwar zunächst die formale Gestaltung des Textes, die die Rede der Figur (bzw. dem intradiegetischen Erzähler) zuschlägt. Dies allerdings könnte wiederum auf die Identität der beiden (intra- und extradiegetischer Erzähler) zurückverweisen. Auf der inhaltlichen Ebene wird dieser Befund bestärkt durch die Identifikation dieses (extradiegetischen) Ich mit Attributen der Figur Klein bzw. des intradiegetischen Ich. Identität zwischen Erzähler und einer der Figuren aber ist wiederum definiert als Homodiegese.

Und wer wäre dann der Adressat, das Du im letzten Abschnitt?

Geht die unentschiedene oder doppelte Perspektive in diesem Text einher mit einer buchstäblichen doppelten Stimmhaftigkeit (im Sinne Genettes), einer »partiellen Homodiegese« (wie es bereits im Kap. 1.2, freilich ohne es noch so benennen zu können, in Erwägung gezogen wurde)? Dann wäre das Ich des Erzählers schon die ganze Zeit in seiner Geschichte anwesend, in Gestalt des Juden Klein (oder sogar beider, da sie ja als *Geschwisterkinder* kaum zu unterscheiden sind). Die Erzählinstanz wäre einerseits eine Figur ihrer Geschichte und damit homodiegetisch und zugleich (anfänglich) ein heterodiegetischer Erzähler, der sich von seinen Figuren distanziert. Dadurch ergäbe sich diese immer wieder wahrnehmbare doppelte Stimmhaftigkeit. Man könnte diesen Erzähler auch als homodiegetischen beschreiben, der am Anfang die Figur Klein dissoziiert. Genette spricht in einem ähnlichen Fall vom »Dissimulationsvermögen des Erzählers« (S. 262). Am Schluss der Erzählung würde er nun zeigen, dass er auch die Figur ist bzw. dass die Figur er ist. Dass er also homodiegetisch ist und in beiden Stimmen (Figur und Erzähler) spricht.

Diese Aufspaltungen würden am Schluss des Textes in eins gesetzt, ohne aber ganz aufgehoben zu sein: Das Ich am Schluss wäre zugleich das der Figur und das des Erzählers: extra- und intradiegetisch, hetero- und homodiegetisch.

Befund:
Die Beziehung zwischen Erzähler und Figur in diesem Text ist äußerst komplex und alles andere als stabil. Der anfänglich heterodiegetische Erzähler wird zunehmend homodiegetischer oder aber entpuppt sich als homodiegetischer, der anfänglich vorgetäuscht hat, ein heterodiegetischer zu sein und eine Figur (oder beide Figuren) dissoziiert hat. Der Text hätte in diesem Fall eine ähnliche Struktur wie die von Genette so genannte »heterodiegetische Autobiographie« (S. 263), in der auktoriale, aktoriale und narrationale Instanz fiktiv dissoziiert sind. Am Anfang des Textes wäre die aktoriale Instanz dissoziiert, in der Mitte die narrationale und am Schluss wären alle – fast – vereint. Allerdings lässt sich an dieser Stelle noch nichts Bestimmtes über die auktoriale Instanz und deren Beziehung zur Erzählung sagen. Die Erzählinstanz lässt sich auch als partiell homodiegetisch beschreiben: Dies würde mit dem Eindruck übereinstimmen, dass sie immer einen Fuß in der Geschichte (der Diegese) hat und einen außerhalb, und mit der der v. a. am Anfang und am Schluss wahrnehmbaren Zweistimmigkeit. Der Text (bzw. die Person der Erzählinstanz) würde dann buchstäblich auf der Grenze stehen (zwischen Homo- und Heterodiegese).

Welche der Diagnosen die »richtige« ist, lässt sich nicht entscheiden. Die Unentscheidbarkeit ist auch in Bezug auf die Person der wichtigste Befund. Betrachtet man den Text vom Anfang her, liegt die Diagnose einer sich wandelnden Erzählinstanz näher, vom Schluss her betrachtet jedoch eher die der doppelten resp. dissoziierten Erzählinstanz. Auch wird man im Hinblick auf die dem ganzen Text zugrunde liegende Erzählsituation eher eine dissoziierte Erzählinstanz ansetzen, in Bezug auf die Art und Weise, wie sich die Narration im Diskurs manifestiert, eher eine sich wandelnde. Allerdings ist auch die Doppeltheit von Anfang an durch die zweideutige Fokalisierung im Diskurs präsent.

2.3 Diskussion

Der Text *Gespräch im Gebirg* setzt dem Versuch, ihn mit den Kategorien der Narratologie zu erfassen, hartnäckigen Widerstand entgegen. In der Konfrontation von narratologischer Theorie und literarischem Text zeigt sich, dass letzterer eine Erzählinstanz schafft, die mit der Erzähltheorie zwar genauer beschrieben, aber nicht vollständig und v. a. nicht eindeutig erfasst werden kann. Die Analyse unterstreicht ex negativo gerade dieses zentrale Strukturmerkmal von *Gespräch im Gebirg* ganz deutlich: Die Zweideutigkeiten und die Veränderlichkeit der Erzählinstanz werden durch die Analyse deutlich ins Licht gerückt.

Figuren- und Erzählerrede sind nicht immer eindeutig auseinanderzuhalten, die Fokalisierung kann streckenweise als externe ebenso wie als interne oder als Nullfokalisierung aufgefasst werden und flugs von einer zur andern wechseln. Der Wechsel von früherer zu gleichzeitiger Narration in der primären Erzählung ist abrupt, aber insgesamt ist eine zunehmende Tendenz zur Gleichzeitigkeit auszumachen. Die narrativen Ebenen sind ebenfalls nicht klar getrennt und bringen einander am Ende wechselseitig hervor. Die Stimme erscheint als doppelte: Man kann eine partielle Homodiegese diagnostizieren oder eine Homodiegese, die sich zuerst als Heterodiegese ausgibt. Besonders auffällig ist, dass die Beziehung zwischen Figur und Erzähler und auch die Erzählinstanz selber sich im Laufe des Erzähldiskurses zu entwickeln scheinen; unter diesem Aspekt kann man auch von einer Homodiegetisierung der Erzählinstanz sprechen.

Die gesamten Zweideutigkeiten, die ich als »Doppeltheiten« betrachte, scheinen mit der letzten der Person zusammenzuhängen. Diese ist begründet im Paradox, dass das Ich in Zeile 134 aussagt, es hätte *all das* [...] *nicht gesagt*. Die Aussage lässt sich weder dem extradiegetischen noch dem intradiegetischen Erzähler-Ich, weder dem homo- noch dem heterodiegetischen eindeutig zuschreiben. Das narrative Universum, das hier aufgebaut wird, hat eine Mise-en-abîme-Struktur. Der Abgrund, in den die Erzählinstanz dadurch gesetzt wird, hat sein Korrelat im Abgrund, in dem Walter Benjamin – dem diesem Kapitel vorangestellten Motto gemäß – Anfang des zwanzigsten Jahrhunderts die Erzählung als in ihrer traditionellen Form nicht mehr mögliche sah.

Fasst man den ganzen Text als Selbstgespräch auf, worin alle verschiedenen Ich Dissoziationen eines einzigen sind, ist das Problem der unklaren Grenze zwischen Diegese und Metadiegese entschärft und ebenso die Mehrstimmigkeit und die Multiperspektivität, da alle Instanzen des Textes Dissoziationen eines primären (oder eher finalen), der Narration als Ganzer zugrunde liegenden Ich wären, dem man den ganzen vorausgehenden Text (bis Z. 133) als Selbstgespräch zuschreiben könnte. Die Veränderung der Beziehungen zwischen Figuren und Erzähler, die Entwicklung und Verwicklung dieser Instanzen bis hin zu dem finalen Ich, das sie alle umfasst und zugleich übersteigt, wären vor diesem Hintergrund zu verstehen. Wenn der Text bis Zeile 133 als Selbstgespräch betrachtet wird, kann er vom letzten Ich (ab Z. 134) aus gesehen im Ganzen als homodiegetisch beschrieben werden, wobei die Figur des Juden Klein und der anfänglich heterodiegetische Erzähler Dissoziationen des finalen Erzähler-Ich sind. Die antisemitischen Einwürfe gehören dann dem heterodiegetischen Erzähler an und verstummen mit zunehmender Homodiegetisierung der Erzählinstanz resp. Aufhebung der Dissoziationen. Am Schluss konvergieren die verschiedenen Ich in dem letzten, mit keinem der vorausgehenden ganz identischen, präzisen und individuellen Ich, das im Laufe des Textes erwachsen zu sein scheint. In dieser Betrachtungsweise ist der Text eine Art Versuchsanordnung, in der das Ich verschiedene Stimmen und Instanzen entwirft und sich darin erprobt, die Beziehungen zwischen den Figuren und Erzählstimmen variiert, sie schließlich integriert und sich dabei konstituiert. Dagegen spricht scheinbar die formale Identifikation dieses Ich mit jenem der Figur Klein. Die Schlusszeichen der Figurenrede stehen ja nicht auf Zeile 133, sondern erst am Schluss. Dies allerdings lässt sich durch die Homodiegetisierung der Erzählinstanz erklären, ihr Verschmelzen mit der Figur Klein.

Aber *Gespräch im Gebirg* schließt auch nicht mit den Schlusszeichen, sondern mit einem Datum. Dieses gehört in einer besonderen Weise mit zum Text, denn es ist durchaus unüblich, dass Celan einem Text das Datum in der Druckfassung beigibt.[24] Insofern es aber mit zum Text gehört, betrachte ich es als das Datum nicht nur der empirischen Produktion dieses Textes, sondern auch als das der Narration, die, auch dies nochmals eine Besonderheit dieses Textes, normalerweise undatiert bleibt.[25] Das letzte Ich des Textes identifiziert sich mit diesem Datum. Der Status dieses Ich am Schluss des Textes lässt sich also auch bestimmen durch die Schlusszeichen der Figurenrede, die es als fiktionales und sogar intradiegetisches ausweisen, und durch das Datum, das über den fiktionalen, den narrativen Raum hinausweist und es mit dem realen Schreibakt und dessen Urheber identifiziert. Dazwischen klafft ein Abgrund: der Abgrund, in den der extradiegetische Erzähler gesetzt wurde.

Mit diesem Schluss kommt zusätzlich die auktoriale Instanz, die das Datum dem Text zuschreibt bzw. den Text bzw. sich selber dem Datum zuschreibt, in den Blick: Paul Celan, der Dichter, der im *Meridian* als Dichter und als Redner in Bezug auf den »20. Jänner« sagt: *Aber schreiben wir uns nicht alle von solchen Daten her? Und welchen Daten schreiben wir uns zu?* (ME, S. 196) und in Bezug auf *Gespräch im Gebirg*: *Ich bin mir selbst begegnet* (ME, S. 201). Auf den also die Worte *ich, jetzt* und *hier* auch zu beziehen sind, während sie zugleich der Figur Klein im Text zugehören.

Die Erzählinstanz von *Gespräch im Gebirg* ist also nicht nur extradiegetisch und intradiegetisch, heterodiegetisch und homodiegetisch, sondern auch noch narrativ und extranarrativ, oder, anders formuliert, die narrative Instanz dieses Textes sprengt zugleich den narrativen Raum. Das Ich am Ende des Textes ist zugleich ein konkretes, empirisches und ein extrem literarisiertes.

Die verschiedenen Ich und die seltsam betonten Ortsangaben im letzten Teil von *Gespräch im Gebirg* werden unter dieser Perspektive verständlich: *du hier und ich hier* sagt die Figur Klein (Z. 133), noch ganz im diegetischen Kontext,

---

[24] Celan hat sonst, insbesondere nach der sogenannten Goll-Affäre, als ihn die Witwe seines Freundes, des Dichters Ivan Goll, öffentlich des Plagiats beschuldigt hatte, sämtliche seiner Entwürfe datiert, die Datierung aber in der Regel für die Druckfassung getilgt. In den *Gesammelten Werken* sind im Anhang zu den Gedichten und der Prosa die Daten der Erstveröffentlichung verzeichnet, bei den Reden zusätzlich das Datum des Vortrags. Das *Gespräch im Gebirg* macht auch hier eine Ausnahme, indem zusätzlich vermerkt ist »Geschrieben im August 1959«, womit die Bedeutung dieses mitpublizierten Datums zugleich markiert und verhüllt wird. Vgl. zum Problem des Datums auch Kap. 1.3 und 3.4.

[25] Genette, Die Erzählung (wie Anm. 2), S. 157.

auf den Moment und die Situation ihres Sprechens bezogen, die solche der Diegese sind: Als sich die Juden Groß und Klein auf einer Straße im Gebirge begegnen, sagt Klein diese Worte. Nach zwei Gedankenstrichen wiederholt Klein die letzten zwei Worte: *ich hier, ich; ich* […] und sagt dann etwas, was im Widerspruch zur vorangegangenen Erzählung steht: *der ich dir all das sagen kann, sagen hätt können; der ich dirs nicht sag und nicht gesagt hab* (Z. 134), nicht aber zum historischen, empirischen Anlass des Textes, ein geplantes Treffen mit Theodor W. Adorno in Sils-Maria, das nicht zustande kam, da Adorno erst in Sils ankam, nachdem Celan und seine Familie schon abgereist waren. Das Ich (Z. 134f.) bezieht sich dann auf die Situation und den extranarrativen Anlass von Celans Narrationsakt (*ich hier; ich* […] *der ich dirs nicht sag und nicht gesagt hab*). Und wenn dieses Ich (Z. 135–137) sich nochmals mit zentralen Chiffren des Textes identifiziert, dann wäre dies auch (nicht: nur) Celan, der sich mit seiner Figur Klein identifiziert. Und wenn dann dieses Ich, in Absetzung zum Vorangegangenen, sagt: *ich hier und ich dort*, würde sich das genau auf die Doppeltheit dieses Ich als Instanz im Text und als empirischer Produzent der ganzen Erzählung, des ganzen Erzähldiskurses beziehen. Im betonten und herausgehobenen – *jetzt!* – würden narrativer und extranarrativer Produktionsakt und die jeweiligen Produzenten überblendet und in eins gesetzt und bis zum abschließenden Datum in dieser Weise fortgeführt.

Am Ende dieses Kapitels lässt sich nun festhalten, dass sich doch ein sehr wesentlicher Aspekt dieses Textes in der Konzeption seiner Erzählinstanz findet, nämlich gerade deren Unfasslichkeit, deren Entwicklung und In-den-Abgrund-Führung durch die Mise-en-abîme-Struktur.

Der dynamische Situationswechsel, den die Definition der Textsorte »Erzählung« fordert, ist damit von der inhaltlichen auf die strukturelle Ebene verlegt. Und sogar der »kategoriale Wissensunterschied«, durch den Erzähler und Held gemäß Genette (S. 181f.) in homodiegetischen Erzählungen bisweilen getrennt sind, kann hier – wenn auch eigenwillig variiert unter umgekehrten Vorzeichen – wiedergefunden werden: Es ist das Wissen um das Trauma, die Erinnerung an die Kerze, die *heruntergebrannte*, die der Erzähler von der Figur erhält. Die unauflösliche Verwicklung von Erzähler und Figur kann auch von da her begründet werden: Der Wissensunterschied, der sie üblicherweise trennt, wird im Laufe der Erzählung aufgehoben, das Erzähler-Ich findet sich in der Erinnerung des Figuren-Ich wieder und identifiziert sich folgerichtig mit den Motiven aus dessen Geschichte, spricht in dessen Namen (oder umgekehrt?), und die beiden sind nicht mehr auseinanderzuhalten.

Genette sagt in Bezug auf Prousts *Recherche*:

> Das Spezifische des Romans ist die Suche – die *Recherche* –, die mit einem Fund (der Offenbarung) endet, nicht aber der Gebrauch, der hernach von diesem Fund gemacht wird. Die abschließende Begegnung mit der Wahrheit, die späte Entdeckung der Berufung kann – wie das Glück der endlich vereinten Liebenden – nur die Auflösung, nicht aber ein Abschnitt der Geschichte sein; so gesehen ist das Thema

der *Recherche* durchaus ein traditionelles. Es ist also nötig, dass die Erzählung abbricht, ehe der Held mit dem Erzähler eins geworden ist, es ist undenkbar, dass sie zusammen das Wort »Ende« schreiben. (S. 162)

Auch in Bezug auf diese Definition des Romans[26] wird nochmals deutlich, wie *Gespräch im Gebirg* sich auf die Textsorte bezieht und sie zugleich sprengt. Die Suche ist auch hier Thema, allerdings nicht beschriebenes, erzähltes, sondern in die Konzeption der Erzählinstanz verlagertes. Die »gefundene« Erinnerung bildet den Moment, an dem die Dissoziationen sich aufzulösen beginnen. Am Ende des Textes sind die Dissoziationen zusammengeführt (entsprechend den vereinten Liebenden, der gefundenen Wahrheit), Held und Erzähler somit gewissermaßen eins geworden, aber das Datum, welches das der Narration und zugleich das der Produktion ist, sprengt den narrativen Raum auf. So gesehen schreiben im *Gespräch im Gebirg* Erzähler, Held und Autor zusammen zwar nicht »Ende«, aber das Datum.

Die Erzählinstanz von *Gespräch im Gebirg* ist also keineswegs amorph, wie zu Beginn erwogen, sondern im Gegenteil äußerst komplex geformt, und zwar so, dass am Ende die Erzählinstanz in den Abgrund gesetzt ist und ein Ich da steht, das »über den narrativen Abgrund springt«, indem es von der Figur der Diegese direkt zum extranarrativen Erzähler, der das Datum schreibt, ausgreift.

Von Celan ist eine Notiz überliefert mit folgendem Wortlaut:

Hier kommt mein schon im Titel ›jüdelndes‹ Gespräch im Gebirg. Etwas Krummnasiges, ich weiß, für die ihre Träne nur für das vergaste attraktive Prinzesschen mit Mandelaugen und Unterleib bereit halten. Aber, vielleicht darf ich es so nennen, eine Krummnasigkeit zweiten Grades, ein erworbener Atavismus.
Es ist noch ein Dritter dabei, le témoin, von Gnaden der Sprache und malgré lui. Er sagt, grauhaarig wie er da steht, noch immer lauter Blondheiten. (TCA, ME, S. 129)[27]

Bringt man diese Äußerung Celans mit dem Ergebnis der Analyse zusammen, ergibt sich, dass die Erzählinstanz anfänglich auch aufgespalten ist in eine »blonde« und eine »krummnasige«. Dies passt zu einem Befund in Kap. 1.2, wo der Erzähler als zugleich antisemitisch und jüdisch wahrgenommen wurde. Das Schillern bei der Zuordnung dieser irritierenden Einwürfe, die antisemitisch sind und als solche doch auch wieder aufgehoben werden, ist hier erklärt: *Von Gnaden der Sprache und malgré lui.* Die *Blondheiten*, die mit der Sprache, und besonders mit der deutschen, einhergehen, holen den in deutscher Sprache erzählenden jüdischen Erzähler, der zu diesem Zeitpunkt im Text

---

[26] Sofern man bereit ist, sie auch auf die Erzählung zu beziehen.

[27] Das Kürzel TCA steht hier und im Folgenden für die Tübinger Celan-Ausgabe, das Kürzel ME für den Band *Der Meridian*: Paul Celan: Der Meridian. Endfassung, Vorstufen, Materialien. Tübinger Ausgabe. Hg. von Bernhard Böschenstein und Heino Schmull unter Mitarbeit von Michael Schwarzkopf und Christiane Wittkop. Frankfurt am Main: Suhrkamp 1999.

noch als heterodiegetischer (und also uneins mit dem *Jud*)[28] erscheint, immer wieder ein; sie kommen immer wieder *dazwischen* (ME, S. 187). Diesem Dritten kommt aber eine wichtige Funktion zu: *le témoin*, der Zeuge. Die deutsche Sprache selber zeugt, so wie Celan mit ihr umgeht, für die Geschichte. Es verwirklicht sich so, was Celan in der *Bremer Rede* erläutert hat:

> Sie, die Sprache, blieb unverloren, ja, trotz allem. Aber sie musste nun hindurchgehen durch ihre eigenen Antwortlosigkeiten, hindurchgehen durch furchtbares Verstummen, hindurchgehen durch die tausend Finsternisse todbringender Rede. Sie ging hindurch und gab keine Worte her für das, was geschah; aber sie ging durch dieses Geschehen. Ging hindurch und durfte wieder zutage treten, »angereichert« von all dem. (BRE, S. 185f.)

Das Krummnasige, die Identität des Erzählers mit der Figur des Juden, setzt sich schließlich gegen die Blondheiten durch: *Eine Krummnasigkeit zweiten Grades, ein erworbener Atavismus.*[29]

Der Prozess, welchen der Erwerb dieses Atavismus, der Krummnasigkeit, bedeutet, ist in *Gespräch im Gebirg* nicht erzählt, nicht beschrieben, sondern inszeniert. Dieser Prozess, der insbesondere auf der strukturellen Ebene, in der In-den-Abgrund-Setzung des extradiegetischen Erzählers und der Homodiegetisierung der Erzähldistanz vollzogen ist, so dass der intradiegetisch-homodiegetische Erzähler zum Schluss zum extranarrativen Erzähler ausgreift, konnte mittels der Analyse sichtbar gemacht werden.

In welchem Verhältnis das komplexe Ich von *Gespräch im Gebirg* zu den Gedichten Paul Celans steht, ist Gegenstand des folgenden Kapitels.

---

[28] Im Wort *Jud* selber manifestiert sich diese Ambivalenz der Sprache: Wie, auch und besonders als Jude, *Jud* sagen, ohne den antisemitischen nationalsozialistischen Gebrauch dieses Ausdrucks, der einem Todesurteil gleichkam, mitzuhören?

[29] Vgl. dazu auch Kap. 5.6.

3   *Gespräch im Gebirg* im Lichte von Celans Poetik

> [D]as Ich partizipiert an den Dingen; durch das – ichhafte – Nennen der
> Dinge wird das Ich und sein Gespräch geweckt. – (TCA, ME, S. 145)

3.1   Vorbemerkungen

Im folgenden Kapitel soll nun *Gespräch im Gebirg* mit dem *Meridian* in Beziehung gesetzt werden. Es geht um die Frage, in welchem Verhältnis *Gespräch im Gebirg* zu Celans im *Meridian* dargestellter Poetik steht. Dazu muss
zuerst ein Verständnis des *Meridian* erarbeitet werden. Selbstverständlich kann
ich diesen äußerst komplexen Text nicht umfassend erläutern und interpretieren. Ich möchte jedoch mit meiner Frage, der Frage nach Celans Konzeption
der »Begegnung« und deren Bedeutung für das Gedicht, an den *Meridian*
herantreten.

Grundlage der Begegnung ist im *Meridian* die Individuation: nicht Subjektivität – und schon gar nicht Subjektivismus –, sondern an der Grenze zum
Verstummen und zur reinen, hohlen, wie die Marionetten bei Büchner klap-
pernden, *schnarrende*[n] (ME, S. 188, 192) Objektivierung, in der Aussetzung
an das *Fremde* – der künstlerischen Verfahren, der Wirklichkeit – gewonnene
Individuation. Diesen Prozess bezeichnet Celan auch als *Freisetzung* eines Ich,
die, wenn das Ich denn noch zum Sprechen kommt, mit der Hoffnung einhergeht, dass *mit dem hier und* solcherart *freigesetzten befremdeten Ich* [...] *noch
ein Anderes* frei wird (ME, S. 195). Die Individuation ist auf Seiten des Künst-
lers oder der Künstlerin ebenso wie auf Seiten der Leserin gefordert und findet
sich wieder in der Formulierung: [...] *geh mit der Kunst in deine allereigenste
Enge. Und setze dich frei* (ME, S. 200). Und sie hat das Eingedenken der persönlich und historisch bedeutsamen Daten – in Büchners *Lenz* in für Celan
paradigmatischer Weise gefasst im »20. Jänner«, dem Celan den 20. Januar
1942 an die Seite stellt – zur Voraussetzung.

Dieses und weitere zentrale Momente von Celans Poetik werde ich in meiner Lektüre anhand der Figur Lucile, wie sie in Celans Lektüre von *Dantons
Tod* erscheint, der Chiffre *20. Jänner*, des Begriffs *das Andere* und der Instanzen *Dichtung*, *Gedicht*, Autor (*wer es schreibt*) und *Ich* zu erläutern suchen.[1]

---

[1]   Es besteht eine Verwandtschaft zwischen Celans Poetik der Begegnung, wie sie
      gerne genannt wird, und Bubers Philosophie der Begegnung und auch zu Mandels-
      tams poetologischen Überlegungen zum Gesprächspartner des Gedichts, die ich aber

Ein Problem, mit dem alle Interpretinnen und Interpreten zu schaffen haben, ist der ganz eigenwillige Duktus von Celans Rede, ihr Status zwischen Dichtung, Rede, Büchner-Lektüre und Theorie sowie ihre Bildlichkeit. Man gelangt oft in die Lage, entweder zu wiederholen, was Celan schon gesagt hat – weil man nichts damit anfangen kann oder weil man zum Ergebnis kommt, dass man es wirklich nur in diesen Worten genau so ausdrücken kann – oder, im Bemühen um eine begriffliche Sprache, die Dinge in unzulässiger Weise zu reduzieren. Das Problem ist zwar aus der Arbeit der Interpretation insgesamt bekannt, aber deshalb nicht weniger virulent. Ich versuche, in der Auseinandersetzung mit dem *Meridian* so konkret und präzis wie möglich und so begrifflich wie nötig zu sein.

Das dabei erworbene Verständnis der Voraussetzungen eines Sprechens, das *in der Begegnung* steht (ME, S. 198), bildet die Grundlage für den Bezug des *Meridian* auf *Gespräch im Gebirg* im Hinblick auf die Frage nach den Möglichkeiten der Begegnung in und mit diesem Text, den Celan durch die Formulierung in *Erinnerung an eine versäumte Begegnung* charakterisiert hat.

3.2 *Der Meridian*: Celans Poetik der Begegnung

3.2.1 Lucile

Die Figur Lucile aus *Dantons Tod* von Georg Büchner spielt in Celans Rede eine zentrale Rolle. Im Folgenden verfolge und erläutere ich Celans Lektüre dieser Figur.

Lucile steht im *Meridian* zuerst für die Dichtung, weil sie *hört und lauscht und schaut*, weil sie *den Sprechenden hört* und *ihn »sprechen sieht«*, v. a. aber, weil sie *Sprache wahrgenommen hat und Gestalt, und zugleich auch* […] *Atem, das heißt Richtung und Schicksal* (ME, S. 188). Celan identifiziert Lucile auch explizit mit der Dichtung: *Ich habe bei Lucile der Dichtung zu begegnen geglaubt* (ME, S. 194); *Aber Dichtung versucht ja, wie Lucile, die Gestalt in ihrer Richtung zu sehen, Dichtung eilt voraus* (ebd.).

Lucile, *die Kunstblinde*, wie Celan sie nennt, weil sie keinen Sinn zeigt für das Gespräch der Männer über Kunst, ruft in *Dantons Tod,* nachdem Camille mit der Guillotine hingerichtet worden ist, plötzlich aus: »Es lebe der König!«, um mit ihrem Geliebten in den Tod gehen zu können (ME, S. 189). In der Art, wie sie ihrem Mann im vorausgehenden Gespräch über Kunst zugehört hat, ohne seine Worte zu verstehen, wie sie sich ihm zugewandt hat, hat sie dessen

---

nicht ausführe. Vgl. Martin Buber: Ich und Du. In: ders., Die Schriften über das dialogische Prinzip. Heidelberg: Schneider 1954, S. 6–121, und Mandelstam, Über den Gesprächspartner (wie Kap. 1, Anm. 73). Zu den philosophischen Voraussetzungen von Celans dialogischer Poesie vgl. Bernard Fassbind: Poetik des Dialogs. Voraussetzungen dialogischer Poesie bei Paul Celan und Konzepte von Intersubjektivität bei Martin Buber, Martin Heidegger und Emmanuel Levinas. München: Fink 1995.

Richtung und Schicksal wahrgenommen und alles verstanden. Und sie hat später gehandelt, indem sie ein Bekenntnis in die Menge geschleudert hat, das sich anhört wie ein Bekenntnis zum Ancien Régime, aber im Gegenteil eine Huldigung an die *für die Gegenwart des Menschlichen zeugende Majestät des Absurden* bedeutet, wie Celan sagt (ME, S. 190). Lucile hat erkannt, dass ihr in Anbetracht der unmenschlichen Verhältnisse das Bekenntnis zur Monarchie erlaubt, ihrem Geliebten Camille nahe zu sein. Es ist menschlich, weil es der Barbarei der Guillotine entgegengesetzt ist. Unter unmenschlichen Verhältnissen ist die Menschlichkeit bisweilen der Absurdität, dem Widersinn anheimgestellt.

Dieses Gegenwort im Angesicht des übermächtigen Todes identifiziert Celan mit der Dichtung: *Das, meine Damen und Herren, hat keinen ein für allemal feststehenden Namen, aber ich glaube, es ist … die Dichtung* (ebd.). Lucile zeichnet sich gemäß Celan dadurch aus, dass für sie *Sprache etwas Personenhaftes und Wahrnehmbares* hat. Im *Meridian* führt Celan vor und aus, welche Bedeutung für ihn in der Sprache der Dichtung die Person, der Klang und die Zeit neben dem Inhalt haben. Ebenso wie Lucile beim Gespräch der Männer über Kunst nicht den Inhalt des Gesprächs aufgenommen hat, sondern Gestalt und Schicksal ihres Mannes, ist sie später in der Lage, die Worte zu finden, die ihr und ihrer Liebe die Bahn brechen, die sie freisetzen (ein in der Folge wichtiger Begriff), die ihr in die Handlung einzugreifen erlauben. Sie hat also auch den *Atem, das heißt Richtung und Schicksal* (ME, S. 188) ihrer eigenen Worte wahrgenommen. Sie hat *unter dem Neigungswinkel* [ihres] *Daseins* (ME, S. 197) gesprochen, ihrer *Daten eingedenk* (ME, S. 196) und in ihrer *eigenen, allereigensten Sache* (ebd.). Diese Art zu sprechen schreibt Celan dem Gedicht zu.

Allerdings bleibt Lucile in ihrer historischen Konstellation, die sie schon um den Kopf (den Verstand) gebracht hat, nur der Tod, um sich und ihre Liebe freizusetzen. Die Worte, die ihr in ihrer *allereigensten Sache* (ME, S. 196) zu sprechen bleiben, sind solche, die sie selber aufs Schafott bringen. Absurdität liegt darin, dass die Worte, welche die kopflose (wahnsinnige) Lucile in ihrer Verzweiflung findet, sie buchstäblich um ihren Kopf bringen, aber damit zugleich sie und ihre Liebe freisetzen und der rasend gewordenen Revolution etwas Menschliches entgegensetzen. – Wenn Celan Lucile mit der Dichtung identifiziert, zeigt er damit auch, wie ernst er die Dichtung nimmt, wie todernst er es meint, wenn er später sagt: *Das Gedicht heute zeigt* […] *eine starke Neigung zum Verstummen* (ME, S. 197).[2]

Wenig später steht Lucile aber auch für die Haltung des »Anderen« (neutr.), jenes Anderen, auf das das Gedicht zuhält, *das es sich als erreichbar, als freizusetzen, als vakant vielleicht, und dabei ihm, dem Gedicht – sagen wir: wie Lucile – zugewandt denkt* (ME, S. 197). Fast unmerklich werden hier die Haltung des Gedichts und die des Anderen, zu dem man auch den Leser, die Lese-

---

2 Vgl. zur Bedeutung der Sterblichkeit der dichterischen Sprache bei Celan auch Lemke, »Der für immer geheutigte Wundstein« (wie Kap. 1, Anm. 92), S. 123.

rin zählen kann, identifiziert.[3] Die Zugewandtheit, die Ernsthaftigkeit, die größte Individualität des Sprechens, die das Gedicht dem Anderen entgegenbringt, ist zugleich die, die dieses Andere ihm entgegenbringen muss, damit die Begegnung geschieht. Das Gedicht steht für Celan als *gestaltgewordene Sprache eines Einzelnen, – und seinem innersten Wesen nach Gegenwart und Präsenz* [...], *einsam und unterwegs* [...] *im Geheimnis der Begegnung* (ME, S. 197f.). Dem Gedicht, das von einer Person verantwortet wird, ist das unbekannte Andere eingeschrieben, das in der Lektüre durch einen konkreten Anderen oder eine konkrete Andere ausgefüllt wird.

> Die Aufmerksamkeit, die das Gedicht allem ihm Begegnenden zu widmen versucht, [...] ist [...] eine aller unserer Daten eingedenk bleibende Konzentration. (ME, S. 198)

Ihrerseits sind *Gedichte auch Geschenke – Geschenke an die Aufmerksamen. Schicksal mitführende Geschenke.*[4]

Bis hin zur Wortwahl (*Aufmerksamkeit, Aufmerksamen*) wird hier nochmals deutlich, wie ähnlich sich die Haltung des Gedichts, *das auf das Andere zuhält* (ME, S. 198), und jene des Anderen sind, *das es sich* [...] *ihm, dem Gedicht* [...] *wie Lucile* [...] *zugewandt denkt* (ME, S. 197); und insofern ist es auch nicht mehr irritierend, dass Lucile zuerst für die Dichtung und dann für das Andere steht. Denn Lucile steht für eine Haltung, die beidseitige Voraussetzung ist für die Begegnung.

Eine Stelle im *Meridian,* die ein Schwanken in der grammatischen Bezogenheit enthält, könnte als weiteres Indiz für diese Symmetrie stehen. Wenn Celan in seiner Rede sagt: *Das Gedicht wird* [...] *zum Gedicht eines Wahrnehmenden, dem Erscheinenden Zugewandten, dieses Erscheinende Befragenden und Ansprechenden* (ME, S. 198), dann ist nicht eindeutig, ob sich der Genitiv auf den Urheber des Gedichtes bezieht oder auf den, der es wahrnimmt. Die Fortsetzung des Textes und die Entwürfe der Rede (TCA, ME, S. 56, 70 und 71) legen zwar die Beziehung auf den Sprechenden, den Autor des Gedichts nahe. Da der Bezug aber grammatisch nicht festgelegt ist, betrachte ich die Stelle als einen weiteren Hinweis auf die Ähnlichkeit der Haltung der »Gesprächspartner«.

3.2.2 Der *20. Jänner*

Celan sagt im *Meridian,* dass jedem Gedicht sein *20. Jänner* eingeschrieben bleibe (und spricht in der Folge von den *Daten* des Gedichts).[5] Dieser oft zi-

---

3 Vgl. TCA, ME, S. 132, 423: *Die Aufmerksamkeit des Lesers: eine Zuwendung zum Gedicht.*

4 Celan, Gesammelte Werke in fünf Bänden (wie Vorbemerkungen, Anm. 2), Bd 3, S. 178.

5 Die Stelle schwankt grammatikalisch zwischen einer Frage und einer Aussage: *Vielleicht darf man sagen, dass jedem Gedicht sein* »20. Jänner« *eingeschrieben bleibt?* (ME, S. 196). Dies wird meistens übersehen und der Satz als programmati-

tierten Stelle geht Celans Beschäftigung mit Büchners *Lenz* voraus, worin Celan, gemäß seinem Anspruch an die Dichtung, im Text die Stelle sucht, wo *Lenz, der »den 20. Jänner durchs Gebirg ging«, er – nicht der Künstler und mit Fragen der Kunst Beschäftigte, er als ein Ich* (ME, S. 194), in seiner Richtung wahrgenommen und wahrnehmbar wird, *wo die Person sich freizusetzen vermochte, als ein – befremdetes – Ich* (ME, S. 195).[6]

Celan sucht also auch in dieser Dichtung Büchners das, was er bei Lucile gefunden hat: die Wahrnehmung der Gestalt in ihrer Richtung. Lenz, der bei Büchner durch den »20. Jänner« als Person, als »Ich« gekennzeichnet ist, muss demnach im *Lenz* (der, so die damalige und Celan bekannte Meinung der Forschung, ein Fragment geblieben sei) als Mensch in seinem Verhältnis zur Welt wahrgenommen resp. wahrnehmbar sein und damit in seiner Richtung, seinem Schicksal. Und Celan findet die Stelle: »[…] *nur war es ihm manchmal unangenehm, dass er nicht auf dem Kopf gehen konnte«* (ME, S. 195). Celan zitiert diese Stelle im *Meridian* zwei Mal hintereinander und verdeutlicht: *Wer auf dem Kopf geht, meine Damen und Herren – wer auf dem Kopf geht, der hat den Himmel als Abgrund unter sich* (ME, S. 195). Hier zeigt sich für Celan in Büchners Dichtung die Richtung von Lenz' Dasein. In diesem Moment, *als sich unter Lenz der Himmel als Abgrund auftat* (ME, S. 200), zeigt sich Lenz' Leben als eines am Abgrund, als eines ohne Hoffnung, weder im Leben noch im Tod. In diesem Moment wird Lenz gleichsam seines Gegensatzes zur Welt inne. Die Dichtung *Lenz* endet mit den Worten: »Sein Leben war ihm eine notwendige Last. – So lebte er hin … .« Celan zitiert die Worte und stellt sie neben die Worte einer Lenz-Biographie, die Lenz' anonymen, einsamen Tod in einer Straße Moskaus beschreiben. Diesen sieht er in der Dichtung vorweggenommen. Das »Hinleben« enthält in seiner Lektüre gleichsam schon das spätere Hinfallen und Hinscheiden.[7]

---

sche Aussage Celans gelesen. Vielleicht darf die schwankende Form dahingehend interpretiert werden, dass Celan darin einen normativen Gedichtbegriff vorstellt.

6   An dieser Stelle wird im Vorgehen Celans etwas von der Komplexität der Anlage des *Meridian*, von seinem Status zwischen Theorie und Literatur und von der Konzeption der Begegnung deutlich. Das Vorgehen könnte verkürzt auf die Formel gebracht werden: Celan liest Büchner schreibt Lenz.

7   Vgl. auch die Notiz Celans zu *Lenz*: *Aber zu lesen ist dieses Fragment ja nicht als Bericht über den Autor der Soldaten und des Hofmeister oder, was noch es deutlicher macht: den Autor der »Anmerkungen übers Theater« – zu lesen ist hier das Schicksalshafte,* [sic] *eines Mannes namens Lenz, von dem man – ohne es zu erfahren – weiß, welcher Art die Last seines Daseins ist zu* [sic] *herauszulesen ist hier, dass er unter der Last* [sic] *der Büchnersche Lenz wie der historische, unter der Last seines Daseins zusammengebrochen, auf einer Moskauer Straße aufgelesen wird –* (TCA, ME, S. 75). – Soll man die zahlreichen Korrekturen, Einfügungen und vergessenen Streichungen in diesem Manuskript in einem Zusammenhang sehen mit der Erschütterung eines Mannes, der sich mit Lenz, dem Büchnerschen wie dem historischen – fassbar im Datum des *20. Jänner* –, meridianhaft verbunden fühlte?

Celan stellt nun einen engen Zusammenhang her zwischen Lenz' Bedürfnis, auf dem Kopf zu gehen, und seinem Gehen am *20. Jänner* (beide Stellen finden sich auf der ersten Seite von Büchners *Lenz*). Das Bedürfnis, auf dem Kopf zu gehen, ist für Celan in Büchners Text der *Ort, wo das Fremde war, […] wo die Person sich freizusetzen vermochte als ein – befremdetes – Ich* (ME, S. 195). Der *20. Jänner* ist also das Datum, an dem ein Ich die – oft genug lebensfeindlichen – Bedingungen seiner Existenz, sein Verhältnis zur Welt, wahrnimmt und darauf reagiert. Lucile hatte noch ein Wort (das sie allerdings auch in den Tod geführt hat). Lenz reagiert mit Verstummen, *es verschlägt ihm – und auch uns – den Atem und das Wort* (ME, S. 195): »Nur manchmal […] riss es ihm in der Brust, er stand, keuchend, den Leib vorwärts gebogen, Augen und Mund weit offen, er meinte, er müsse den Sturm in sich ziehen […].«[8]

Manchmal wird in dieser Situation am Abgrund ausatmen, sprechen wieder möglich: *Dichtung: das kann eine Atemwende bedeuten* (ME, S. 195). Dichtung entsteht also nach Celan immer an einem Ort und in einem Moment, wo ein weiterer Schritt einer in den Abgrund wäre und den Tod, das Ende bedeuten würde. Dichtung selber ist ein Atemfinden über dem Abgrund. Vor diesem Hintergrund sagt Celan, dass jedem Gedicht, gemeint ist das Gedicht heute, sein *20. Jänner* eingeschrieben bleibe. Der *20. Jänner* ist dann der Moment der äußersten Befremdung eines Ich, seines Bewusstseins des äußersten Gegensatzes zur Welt. Die Atemwende markiert die Grenze: Gelingt sie, leitet sie das Ausatmen und damit möglicherweise auch das Sprechen ein, das dann ein *Gegenwort* wird; bleibt sie aus, ist der Tod da. Atmen, sprechen und leben gehören bei Celan ganz eng zusammen. Von daher ist das Sprechen des Gedichts eines, das ganz nahe am Verstummen liegt.

> Gewiss, das Gedicht – das Gedicht heute – zeigt eine starke Neigung zum Verstummen. Es behauptet sich […] am Rande seiner selbst; es ruft und holt sich, um bestehen zu können, unausgesetzt aus seinem Schon-nicht-mehr in sein Immer-noch zurück. (ME, S. 197)

Und dieses Immer-noch könne doch wohl, so Celan, nur ein Sprechen sein. Und zwar ein Sprechen im Sinne von

> aktualisierte[r] Sprache, freigesetzt unter dem Zeichen einer zwar radikalen, aber gleichzeitig auch der ihr von der Sprache gezogenen Grenzen, der ihr von der Sprache erschlossenen Möglichkeiten eingedenk bleibenden Individuation. (ME, S. 197)

Es ist ein Sprechen dessen, der nicht vergisst, dass er *unter dem Neigungswinkel seines Daseins, dem Neigungswinkel seiner Kreatürlichkeit* spricht (ME, S. 197). Das Sprechen im Gedicht ist demnach gekennzeichnet durch das Be-

---

8   Georg Büchner: Sämtliche Werke, Briefe und Dokumente in zwei Bänden. Hg. von Henri Poschmann. Frankfurt am Main: Deutscher Klassiker Verlag 1992 (Bibliothek deutscher Klassiker; 84), Bd 1, S. 226. – Es ist im Hinblick auf meine poetologische Fragestellung interessant zu beobachten, wie sich das Gegenwort Luciles als Ausruf manifestiert, während über Lenz' Kapitulation vom Erzähler berichtet wird.

wusstsein der Person, ihres geschichtlichen Orts, ihrer Geschaffenheit und ihrer Sterblichkeit. Dann wäre das Gedicht, führt Celan seine Gedanken weiter, […] *gestaltgewordene Sprache eines Einzelnen, – und seinem innersten Wesen nach Gegenwart und Präsenz* (ME, S. 197f.). So also ist jedem Gedicht im Sinne Celans sein »20. Jänner« eingeschrieben: Als Moment der Individuation durch eine Befremdung, die auch stumm oder gar tödlich enden kann. Eine Befremdung, die in ein Verstummen oder in eine Atemwende und ein *Immer-noch* des Sprechens, das für Celan das *Immer-noch* des Gedichts ist, münden kann: *Aber das Gedicht spricht ja! Es bleibt seiner Daten eingedenk, aber – es spricht* (ME, S. 196).

Celans Sprechen und dem vieler Millionen anderer Menschen, vielleicht sogar allem Sprechen, jedenfalls allem eingedenkenden Sprechen nach dem 20. Januar 1942, ist eben dieses Datum aber noch in einem weiteren, äußerst konkreten Sinn eingeschrieben. Der 20. Januar 1942 ist der Tag der Wannsee-Konferenz, an der die Durchführung der »Endlösung der Judenfrage« von hochrangigen Vertretern des nationalsozialistischen Regimes unter Führung von Heydrich, dem Chef des Reichssicherheitshauptamtes, besprochen und strategisch geplant wurde.[9] An diesem 20. Januar tat sich ein Abgrund der

---

9   Zu Bedeutung und Ablauf der Wannsee-Konferenz vgl. Mark Roseman: Die Wannsee-Konferenz. Wie die NS-Bürokratie den Holocaust organisierte. München: Ullstein 2002, mit vielen Literaturhinweisen. Ein großer Teil der dort verzeichneten Forschung zu diesem Thema ist relativ neu. In der Einschätzung der Bedeutung der Konferenz sind sich auch seriöse Historiker bis heute nicht ganz einig. Wurde damals der Genozid an den europäischen Juden beschlossen? Wurde er nur organisiert und geplant? Wurden die Teilnehmer, die Ministerialbürokratie, auf die neue Doktrin eingeschworen (Hitler hatte nach der einigermaßen übereinstimmenden Meinung der Historiker gegen Ende des Jahres 1941 die Ermordung aller europäischen Juden befohlen)? In der Einladung zum Treffen, die Eichmann im Auftrag Heydrichs aufsetzte, hieß es: »Am 31.7.1941 beauftragte mich der Reichsmarschall des Großdeutschen Reiches, unter Beteiligung der in Frage kommenden anderen Zentralinstanzen alle erforderlichen Vorbereitungen in organisatorischer, sachlicher und materieller Hinsicht für eine Gesamtlösung der Judenfrage in Europa zu treffen […]. In Anbetracht der außerordentlichen Bedeutung, die diesen Fragen zuzumessen ist, und im Interesse der Erreichung einer gleichen Auffassung bei den in Betracht kommenden Zentralinstanzen an den übrigen mit dieser Endlösung zusammenhängenden Arbeiten rege ich an, diese Probleme zum Gegenstand einer Aussprache zu machen […]« (zit. nach ebd., S. 83). Ort und Datum dieser »Aussprache«, die als Wannsee-Konferenz vom 20. Januar 1942 in die Geschichte einging, differierten zunächst noch. Im Begleitschreiben zur Versendung des Protokolls – in das Heydrich stark redigierend eingegriffen hatte und in dem er seine Sicht der Dinge festgehalten haben wollte, um die Staatssekretäre »anzunageln«, wie Eichmann in Jerusalem berichtete (ebd., S. 124) – drückte Heydrich seine Genugtuung darüber aus, dass »nunmehr erfreulicherweise die Grundlinie hinsichtlich der praktischen Durchführung der Endlösung der Judenfrage festgelegt« sei (publiziert in Kurt Pätzold/Erika Schwarz (Hg.): Tagesordnung: Judenmord. Die Wannsee-Konferenz am 20. Januar 1942. Berlin: Metropol 1992 [Reihe Dokumente, Texte, Materialien/Zentrum für

Lebensfeindlichkeit, des äußersten Gegensatzes zu Menschlichkeit und Individuation auf nicht nur für Einzelne, wie für Lenz bei seinem Gang durchs Gebirge, sondern für ein ganzes Volk, vielleicht muss man in bestimmter Hinsicht sogar sagen für die Menschheit. Das Gedicht heute, das *seiner Daten eingedenk bleibt*, kann dieses Datum nicht vergessen.

3.2.3 Das *Andere*

Der Begriff des *Anderen* taucht im *Meridian* relativ spät auf (ME, S. 196), aber mit Betonung; Celan bezieht sich im Folgenden mehrmals darauf und setzt ihn einmal gar kursiv. Wer oder was ist nun dieses oder dieser Andere? – Vielleicht ist die Frage falsch gestellt. Jedenfalls lässt sie sich so nicht beantworten.[10] Beda Allemann weist darauf hin, dass das grammatische Geschlecht dieses Anderen im *Meridian* bewusst ambivalent gehalten sei (der oder das Andere).[11] Allerdings ist dies nur an manchen Stellen der Fall: Es gibt mehrere Stellen, wo es eindeutig sächlich ist (ME, S. 197, 196 oben), dagegen gibt es keine Stelle, an der eindeutig nur »der Andere« gemeint wäre. Wenn Hans Mayer in seiner Deutung jedesmal, wenn er den Terminus gebraucht, ihn in »der oder das Andere«[12] übersetzt, macht er damit dennoch etwas deutlich, was auch in meiner Interpretation eine zentrale Rolle spielt: Das Andere ist auch

---

Antisemitismusforschung der Technischen Universität Berlin; 3], S. 88f., zit. nach Roseman, S. 121). Roseman kommt zum Schluss, dass die Konferenz nicht der Moment der Entscheidung war, aber ein symbolischer Moment von großer Tragweite (ebd., S. 126). Der Zweck der Wannsee-Konferenz bestand gemäß Roseman darin, die Vorherrschaft des Reichssicherheitshauptamtes in allen Aspekten der »Judenfrage« zu bekräftigen (ebd., S. 119). Wichtig für den vorliegenden Zusammenhang ist auch das Folgende: Das Protokoll der Konferenz entdeckten die US-Ankläger schon 1947 im Zusammenhang mit den Nürnberger Nachfolgeprozessen. Seither ist das Wannsee-Protokoll »die symbolträchtigste programmatische Äußerung der Nationalsozialisten auf dem Weg zum Genozid« (ebd., S. 8).

[10] Die Literaturwissenschaftlerinnen und -wissenschaftler sind sich entsprechend uneinig. Die einen verbinden damit ganz selbstverständlich etwas Göttliches. An der einen Stelle, wo Celan ausdrücklich eine Unterscheidung zwischen dem Anderen und dem ganz Anderen macht, ist dies sicher richtig, zumal das *ganz Andere* auch bei Buber, mit dem sich Celan zu jener Zeit nachweislich intensiv beschäftigt hat (vgl. seine *Bremer Rede* und Elke Günzel: Das wandernde Zitat. Paul Celan im jüdischen Kontext. Würzburg: Königshausen & Neumann 1995. [Epistemata. Reihe Literaturwissenschaft; 151], S. 330f.), für Gott steht: *Gewiss ist Gott das ganz Andere; aber es ist auch das ganz Selbe: das ganz Gegenwärtige* (Buber, Ich und Du [wie Anm. 1], S. 80). Andere lassen es als Abstraktum neutral stehen. Wieder andere betonen eher den Anderen im Sinne des Gegenübers.

[11] Beda Allemann: Paul Celans Sprachgebrauch. In: Colin (Hg.), Argumentum e silencio (wie Kap. 1, Anm. 56), S. 3–15, hier S. 10.

[12] Hans Mayer: Lenz, Büchner, Celan: Anmerkungen zu Paul Celans Georg-Büchner-Preis-Rede »Der Meridian« vom 22. Oktober 1960. In: ders., Vereinzelt Niederschläge. Kritik – Polemik. Pfullingen: Neske 1973, S. 160–171, hier S. 167ff.

der Andere; es kann sowohl den Gegenstand des Gedichts wie auch den Leser, die Leserin meinen, wie noch ausführlich entwickelt wird.

Ich betrachte im Folgenden die Stellen, wo das Andere im *Meridian* erscheint. Einige Wiederholungen zu den beiden vorangehenden Kapiteln sind dabei unvermeidlich, da sich von Mal zu Mal nur die Perspektive auf denselben Text, dieselbe Poetik ändert.

Lucile hat im Moment der äußersten Befremdung, des äußersten Ausgeliefertseins an die Welt und des äußersten Gegensatzes zu dieser ein Gegenwort gefunden. Sie kannte die Richtung, den Atem der Worte. Lenz verstummt in einem ähnlichen Moment. *Der Weg der Kunst,* den die Dichtung zu gehen hat – ihre Verfahren, die Objektivierung –, erfordert Ich-Ferne und Selbstvergessenheit, die zum Ich-Verlust führen können. Diese Gefahr kennzeichnet Celan durch die *Automaten* und das *Medusenhaupt.* Der Weg der Kunst hat ihr (der Dichtung) aber auch ermöglicht, sich unerträglichen Wirklichkeiten (dem *Abgrund*) zu nähern. *Das Fremde, also der Abgrund* und *das Medusenhaupt, der Abgrund* und *die Automaten* [scheinen] *in einer Richtung zu liegen* (ME, S. 196). Dichtung als Kunst erkennt die ihr eigene Unheimlichkeit und setzt sich quasi im letzten Moment davon ab, kehrt zu einem Ich zurück. An diesem *Ort der Dichtung* setzt sich ein Ich – befremdet – frei und zugleich ein Anderes, das an dieser Stelle im *Meridian* auftaucht:

> Vielleicht wird hier, mit dem Ich – mit dem *hier* und *solcherart* freigesetzten befremdeten Ich, – vielleicht wird hier noch ein Anderes frei? (ME, S. 196, Hervorhebungen im Original)

Celan spricht im folgenden Abschnitt von den Daten des Gedichts und ruft dann in einem neuen Abschnitt, als hätte er selber Luft geschöpft, aus: *Aber das Gedicht spricht ja!* (ME, S. 196). Es verstummt also nicht, wenn es in die Abgründe, die Feindlichkeit der Welt blickt, sich ihr aussetzt, sondern spricht, wenn es auch *eine starke Neigung zum Verstummen* (ME, S. 197) zeigt. Es spricht *seiner Daten eingedenk* und *immer nur in seiner eigenen, allereigensten Sache* (ME, S. 196).

> Aber ich denke […] dass es von jeher zu den Hoffnungen des Gedichts gehört, gerade auf diese Weise auch in *fremder* – nein, dieses Wort kann ich jetzt nicht mehr gebrauchen –, gerade auf diese Weise *in eines Anderen Sache* zu sprechen – wer weiß, vielleicht in eines *ganz Anderen* Sache. (ME, S. 196, Hervorhebungen im Original)

Höck belegt mit dieser Stelle seine These, dass »das Gedicht für Paul Celan tatsächlich Wort des achten Tages, des Messiastages war – wenn auch gesprochen in Weltzeit […]«.[13] Ich wäre da vorsichtiger: Es gehört zu den Hoffnungen des Gedichts, zunächst *in eines Anderen Sache* zu sprechen und erst dann, und nur *vielleicht, in eines ganz Anderen Sache.* Das erste ergibt sich aus dem Kunstcharakter und der Datierung des Gedichts. Würde es nicht den Weg der

---

13 Wilhelm Höck: Von welchem Gott ist die Rede? In: Meinecke (Hg.), Über Paul Celan (wie Kap. 1, Anm. 45), S. 265–276, hier S. 269.

Kunst gehen, der als Objektivierung aufgefasst werden kann und der eine inhaltliche und eine formale Komponente hat – den Weg an den individuellen und historischen Abgrund (gefasst im *20. Jänner*, der Datierung) und den Weg formaler Objektivierung mit den diesem eigenen Unheimlichkeiten (gefasst im *Medusenhaupt* und den *Automaten*) –, bliebe es rein subjektiv und folglich nur für den Urheber erhebliches Sprechen. Der Umschlag von Subjektivismus in Individuation bedarf der Befremdung, der Konfrontation mit diesen Gefährdungen. Erst *mit dem* hier *und* solcherart *freigesetzten befremdeten Ich* (ME, S. 196) kann – immer gemäß Celan – vielleicht noch *ein Anderes* frei werden. Anderes und Ich entstehen also in dieser Konzeption des dichterischen Sprechens gleichzeitig. Das zweite, die Möglichkeit, *in eines ganz Anderen Sache* zu sprechen, ist für Celan das einzige, was er *den alten Hoffnungen von* [sich] *aus auch heute und hier hinzuzufügen vermag* (ME, S. 196). Er hält *sogar ein Zusammentreffen dieses »ganz Anderen«* […] mit einem *ganz nahen »anderen«* für denkbar (ME, S. 196f.). Wie ist nun die Beziehung zwischen dem Anderen und dem ganz Anderen zu denken? Im *Historischen Wörterbuch der Philosophie* heißt es unter dem Artikel »Andere (der)«:

> Umso stärker [im Vergleich mit Martin Heidegger, M. S.] betont den Unterschied zwischen dem A. und mir SARTRE; für ihn wird jener dadurch zum Befremdend-Fremden. Diese Wendung nahm der Begriff schon in derjenigen Ich-Du-Philosophie, die ihn am häufigsten an die Stelle des Wortes ›Du‹ setzt: in der kritischen Ethik E. GRISEBACHS. Hier, wie auch sonst im Dialogismus, hat er vornehmlich die Bedeutung des Fremden im Sinne des Unverfügbaren, als das im tiefsten Ursprung der ›ganz‹ Andere, Gott, begegnet.[14]

Dies scheint der Beziehung, wie sie bei Celan hergestellt ist, der sich intensiv mit Martin Buber befasst hat, sehr nahe zu kommen: Mit dem Anderen wird die Begegnung gesucht, in der sich, wenn sie gelingt, vielleicht auch das ganz Andere offenbart. Das Andere ist unverfügbar, es ist nichts Bestimmtes, sondern eben das je Andere, das nur so bezeichnet werden kann, wenn es sein Anderssein behalten soll. Das Gedicht, von Celan an dieser Stelle als *Kreatur*, als Geschaffenes, Lebendiges, Sterbliches und in seiner engen Beziehung zum Menschen gekennzeichnet, *verhofft* […] *bei solchen Gedanken,* auch wenn *niemand* [sagen] *kann* […], *wie lange die Atempause – das Verhoffen und der Gedanke – noch fortwährt* (ME, S. 197). Verhoffen – eine Wortbildung Celans, analog etwa zu verzagen, verweilen, vergehen – verweist auch deutlich auf die Grenzen der Wirksamkeit des Gedichts; darüber kann es nicht hinaus, mehr ist ihm nicht möglich. In der Folge ist denn auch von der starken *Neigung zum Verstummen* des Gedichts die Rede.

Was ist dem *Meridian* über Celans Konzept des Anderen noch zu entnehmen? Das Gedicht hält trotzdem unentwegt auf jenes »Andere« zu, das es sich

---

[14] Historisches Wörterbuch der Philosophie. Hg. von Joachim Ritter. Völlig neubearbeitete Ausgabe des »Wörterbuchs der Philosophischen Begriffe« von Rudolf Eisler. Darmstadt: Wiss. Buchges. 1971, Sp. 296.

als erreichbar, als freizusetzen, als vakant vielleicht, und dabei ihm, dem Ge-
dicht – sagen wir: wie Lucile – zugewandt denkt (ME, S. 197). Das Andere ist
also das Ziel, auf welches das Gedicht ausgerichtet ist. Es gibt die Richtung an,
bildet den Gegenpol zum Ich, von dem das Sprechen ausgeht, schafft mit ihm
zusammen die Spannung, in der oder dank der das Gedicht *unterwegs* (ME, S.
198) ist. Und das Andere ist (oder das Gedicht rechnet damit, dass es dies ist)
freizusetzen; es hat also selber eine Bedürftigkeit, hat etwas zu erhoffen vom
Gedicht. Es ist, vielleicht, *vakant*, also buchstäblich eine Leerstelle: Das Gedicht kennt sein Anderes nicht, es kann nicht wissen, ob es tatsächlich von
einem Anderen gefunden wird. Und das Andere ist dem Gedicht – wie das
Gedicht dem Andern – wie Lucile zugewandt. Lucile wurde von Celan beschrieben als jemand, der *den Sprechenden hört, der ihn sprechen sieht, der*
Sprache wahrgenommen hat und Gestalt, und zugleich auch [...] Atem, das
heißt Richtung und Schicksal (ME, S. 188). Und etwas später heißt es von ihr:
Lucile, für die Sprache etwas Personenhaftes und Wahrnehmbares hat (ME, S.
189). So also denkt sich das Gedicht das Andere, auf das es zuhält.

Ist das Andere demnach der Leser oder die Leserin, die sich Celan wünscht,
ähnlich Mandelstams *Gesprächspartner*? Oder ist es das jeweilige Du des
Gedichts, etwa die tote Mutter, der verstorbene Sohn François, die Frau, die
Geliebte?[15] Oder ist es Gott? – Celan wird noch genauer, aber auch krypti-
scher. Es wird dabei deutlich, dass dieses Andere nicht nur das Du des Gedichts und nicht nur der Gesprächspartner ist:

> Das Gedicht will zu einem Anderen, es braucht dieses Andere, es braucht ein Ge-
> genüber. Es sucht es auf, es spricht sich ihm zu. Jedes Ding, jeder Mensch ist dem
> Gedicht, das auf das Andere zuhält, eine Gestalt dieses Anderen. (ME, S. 198)

Das Andere wird also konkret, nimmt Gestalt an in jedem Ding und jedem
Menschen. Die Gleichsetzung von Ding und Mensch irritiert zunächst. Das
Andere kann also nicht einfach mit einem bestimmten Gegenstand oder einer
Person identifiziert werden. Vielmehr ist es eine Instanz, die die Sprechweise
des Gedichts elementar und zentral bedingt. Es macht die Sprechweise des
Gedichts aus, dass es ein Anderes, ein Gegenüber, braucht und dass es
zugleich alles als Gestalt dieses Anderen wahrnimmt und es als solches an-
spricht, sich ihm zuspricht. Wer dies übersieht oder das Andere übersetzt und
damit zu einem Verfügbaren, zu einem Eigenen, macht, verfehlt die Dichtung
Celans.[16] Das Sprechen im Gedicht ist daher kein monologisches, sondern ein

---

[15] Vgl. Wolfgang Emmerich: Paul Celan. Reinbeck bei Hamburg: Rowohlt-Taschen-
      buch-Verlag 1999 (Rowohlts Monographien; 50397), S. 14.
[16] Diese Feststellung hat methodische Relevanz: Das Andere kann nicht »verstanden«
      werden, wenn es als Anderes ernst genommen werden soll. Die Interpretation ist
      hier auf eine Bescheidenheit verwiesen, die das Konzept »Lektüre« eher zu gewäh-
      ren scheint. Vgl. Kap. 1 dieser Arbeit. – An das Konzept des Andern schließen sich
      auch die Gedanken Celans zur Dunkelheit des Gedichts an. Vgl. den *Meridian* und
      die Materialien dazu in der TCA.

zutiefst gerichtetes und bezogenes. Wenn dieses Andere, dieses Gegenüber,
jeder Mensch und jedes Ding sein kann, dann gibt es für das Gedicht kein
»Sprechen über«, das das »Andere« festschreiben würde, sondern nur ein
»Sprechen zu«: Es spricht sich allem, dem es sich widmet, zu. Es gibt in diesem Sinne keinen Unterschied zwischen Thema und Adressat des Gedichts,
beides ist ihm eine Gestalt des Anderen. In diesem Sprechen zum Anderen als
Gestus ist die Menschlichkeit des Gedichts begründet.

Celan bezeichnet das Gedicht als Gespräch – *oft ist es verzweifeltes Gespräch* (ME, S. 198). Aber wie kann in einem solchen Gespräch das Andere
zur Geltung kommen oder vielmehr sich zur Geltung bringen?

> Erst im Raum dieses Gesprächs konstituiert sich das Angesprochene, versammelt es
> sich um das es ansprechende und nennende Ich. Aber in diese Gegenwart bringt das
> Angesprochene und durch Nennung gleichsam zum Du Gewordene auch sein Anders-
> sein mit. Noch im Hier und Jetzt des Gedichts – das Gedicht hat ja immer nur diese ei-
> ne, einmalige, punktuelle Gegenwart –, noch in dieser Unmittelbarkeit und Nähe lässt
> es das ihm, dem Anderen, Eigenste mitsprechen: dessen Zeit. (ME, S. 198f.)

Zunächst also ist das Andere das Angesprochene, eines, das sich erst *im Raum
dieses Gesprächs konstituiert*.[17] Das nennende Ich ist Zentrum dieses Raums,
das Angesprochene versammelt sich um es herum. *Aber*, Celan markiert hier
einen Gegenpol, dieses bringt auch *sein Anderssein* mit. – Wie soll man sich
das vorstellen? Wie kann das Gedicht die Zeit des Anderen mitsprechen lassen? – Wenn das Andere ein menschliches Gegenüber, eine Leserin oder ein
Leser, ist, ist es relativ einfach. Das Gedicht, das nennt, das anspricht, kann
und will nicht alles sagen. Die Leserin, die sich, wie Lucile, dem Gedicht zuzuwenden versucht und sich *angesprochen* fühlt, ist für das Gedicht nicht ganz
vorauszusehen. Und für sie ist diese Anrede durch das Gedicht ebensowenig
vorauszusehen. Sie *versammelt* sich in einer ganz spezifischen und einmaligen
Weise im *Raum dieses Gesprächs* um das Ich des Gedichts. Sie steht dabei in

---

    Vgl. zum Thema auch Joachimsthaler, Das »Eigene« und sein »Anderes« als her-
meneutische Aporien (wie Kap. 1, Anm. 77). Joachimsthaler bringt viel interessan-
tes Material zum Thema; allerdings entgeht ihm, wie schon der Titel (»sein Anderes«) verrät, die negative (im Sinne von »leere«, nicht mit Inhalt zu füllende) Konzeption des Andern (und, damit zusammenhängend, die des Juden) bei Celan. Vgl.
Sieber, »Judendeutsch« und »krummnasig« (wie Kap. 1, Anm. 56).

[17] Ryan hat daraus geschlossen, Celans Gedicht sei gar nicht wirklich dialogisch,
sondern im Grunde monologisch, »insofern das Du im Grunde eine poetische Projektion des Ich ist« (Judith Ryan: Monologische Lyrik. Paul Celans Antwort auf
Gottfried Benn. In: Basis. Jahrbuch für deutsche Gegenwartsliteratur 2 [1971], S. 260–
281, hier S. 281), hat aber für diese These wenig Anerkennung gefunden. Gleichwohl
werden die Implikationen des Andern als poetologische Kategorie bei Celan oft noch
zuwenig ernst genommen. Wie allmählich, so hoffe ich, immer deutlicher wird, geht es
bei Celan um eine Qualität von Begegnung, die Fremdheit voraussetzt, und dieser
Fremdheit muss die Sprechweise des Gedichts Rechnung tragen. Bollack nennt Celans
Poetik im deutschen Untertitel seines Buches denn auch eine »Poetik der Fremdheit«
(Jean Bollack: Paul Celan: Poetik der Fremdheit. Wien: Zsolnay 2000).

ihrer eigenen Zeit, bringt diese mit. Was das Gedicht ihr wird, trägt auch die Zeichen ihrer eigenen Zeit. Gedicht und Anderes im Sinne von Leserin konstituieren einander gegenseitig.[18]

Aber die Dinge, denen das Gedicht sich zuspricht, mit denen es spricht? Wie kann es deren Zeit mitsprechen lassen?

> Wir sind, wenn wir so mit den Dingen sprechen, immer auch bei der Frage nach ihrem Woher und Wohin: bei einer »offenbleibenden«, »zu keinem Ende kommenden«, ins Offene und Leere und Freie weisenden Frage – wir sind weit draußen.
> Das Gedicht sucht, glaube ich, auch diesen Ort. (ME, S. 199)

Diese Aussage korrespondiert mit einer früheren im *Meridian*: *Aber Dichtung versucht ja, wie Lucile, die Gestalt in ihrer Richtung zu sehen* (ME, S. 194). Wie kann das Gedicht das? Wenn das Gedicht versucht, in seiner Aufmerksamkeit die Richtung der Dinge und der Gestalten wahrzunehmen, und es zugleich deren eigene Zeit mitsprechen lassen will, muss es eine Art Hof um sie lassen, ein *Zeitgehöft*.[19]

Es entwickelt deshalb eine spezifische Sprechweise: Es nennt und spricht anstatt zu beschreiben und zu erzählen, bevorzugt Substantive und infinite Verbformen oder gar Elision der Verben, allenfalls Verbformen im Präsens und Imperative, die auch auf ihre Weise *zeitoffen* (TCA, S. 216) sind, sucht präzise Vielstelligkeit im Ausdruck (etwa durch neologistische Komposita), setzt Chiffren ein, markiert Leerstellen durch paradoxe Aussagen u. a. m.[20]

---

[18] Diese gegenseitige Konstituierung belegen und verdeutlichen auch die folgenden Passagen aus Celans Notizen zum *Meridian*:
Wer das Gedicht aufnimmt, tritt an die Stelle jenes Fremdesten, dem es – stimmlos und damit sprachnahe – zugesprochen bleibt; in der Begegnung klingt, wie im Entstehen des Gedichts, Sprache an, wird Sprache frei. (TCA, ME, S. 135; Unterstreichungen im Original)
Der Adressat des Gedichts ist niemand. Niemand ist da, wenn das Gedicht zum Gedicht wird. Das Schicksal dieses Niemand auf sich nehmen, führt zum Gedicht. (TCA, ME, S. 137)
Im Gedicht wird etwas gesagt, doch faktisch so, dass das Gesagte so lange ungesagt bleibt, als derjenige, der es liest, es sich nicht gesagt sein lässt. Mit anderen Worten: Das Gedicht ist nicht aktuell, sondern aktualisierbar. Das ist, auch zeitlich, die ›Besetzbarkeit‹ des Gedichts: das Du, an das es gerichtet ist, ist ihm mitgegeben auf den Weg zu diesem Du. Das Du ist, noch ehe es gekommen ist, da. (Auch das ist Daseinsentwurf). (TCA, S. 142; Unterstreichungen im Original)

[19] *Zeitgehöft* hat Celan eine Mappe seiner späten nachgelassenen Gedichte beschriftet und so heißt nun auch die Sammlung seiner aus dem Nachlass publizierten Gedichte (Celan, Gesammelte Werke in fünf Bänden [wie Vorbemerkungen, Anm. 2], Bd 3, S. 211).

[20] Eine Bestätigung dieser meiner Lesart fand ich im Nachhinein in Celans Radioessay *Die Dichtung Ossip Mandelstamms* [sic], dessen Text sich in den poetologischen Betrachtungen stellenweise fast wörtlich mit dem *Meridian* deckt. Die Übereinstimmung ist kein Zufall, Mandelstam war für Celan ein »Wahlbruder« (Emmerich, Paul Celan [wie Anm. 15], S. 110) und die Arbeit am *Meridian* und die über Mandelstam fielen in dieselbe Zeit:

Von hier aus lässt sich auch Celans Rede vom dialogischen Gedicht und sein Einspruch gegen die Beschreibung seiner Gedichte als hermetische präziser verstehen: Seine Gedichte sind nicht hermetisch, sondern *porös* und *zeitoffen*, weil sie die Zeit des Anderen mitsprechen lassen. Sie sind datiert, aber nicht aktuell, sondern *aktualisierbar*: Sie sind angewiesen auf ein Anderes, das sie – in seiner eigenen Zeit stehend – findet.[21] Konkret bedeutet dies, dass das Gedicht in der Lektüre neue Daten, neue Bedeutungen aufnehmen kann. Dass dies von Celan durchaus so gedacht war, zeigt etwa das Beispiel des Gedichts *Ich höre, die Axt hat geblüht* aus der Sammlung *Schneepart*.[22]

------

2. Sprecher: Es ist dieses Spannungsverhältnis der Zeiten, der eigenen und der fremden, die dem mandelstamm'schen Gedicht jenes schmerzlich-stumme Vibrato verleiht, an dem wir es erkennen.
(Dieses Vibrato ist überall: in den Intervallen zwischen Worten und den Strophen, in den »Höfen«, in denen die Reime und die Assonanzen stehen, in der Interpunktion. All das hat semantische Relevanz*.). Die Dinge treten zueinander, aber noch in diesem Beisammensein spricht die Frage nach ihrem Woher und Wohin mit – eine »offen bleibende«, »zu keinem Ende kommende«, ins Offene und Besetzbare, ins Leere und Freie weisende Frage.*
1. Sprecher: Diese Frage realisiert sich nicht nur in der »Thematik« der Gedichte; sie nimmt auch – und ebendadurch wird sie zum »Thema« – in der Sprache Gestalt an: das Wort – der Name! – zeigt eine Neigung zum Substantivischen, das Beiwort schwindet, die »infiniten«, die Nominalformen *des Zeitworts herrschen vor: das Gedicht bleibt* zeitoffen*, Zeit kann hinzutreten, Zeit* partizipiert (TCA, ME, S. 216; Hervorhebungen im Original). Vgl. auch einen Entwurf zum Essay, der ebenfalls in der Tübinger Ausgabe im Band *Der Meridian* publiziert ist:
Sie [die Zeiten des Erscheinenden und des das Erscheinende Ansprechenden, M. S.] *sprechen zueinander, treten zueinander – sie bleiben inkommensurabel. Dadurch entsteht im Gedicht jene Bewegtheit und Spannung, an der wir es erkennen: noch immer tritt Zeit hinzu,* partizipiert *Zeit. In einem solchen Zeit h o f stehen die Gedichte Ossip Mandelstamms.* (TCA, ME, S. 71)

[21] Vgl. TCA, S. 70: *Das Gedicht* [...] *steht in die Zeit hinein, ein poröser, zeitoffener Gegenstand von Menschenmund dorthin gesprochen, körperhaft und körperlos zugleich, auffindbar –* wann *aufgefunden?*
TCA, S. 113: *Mit dem Gedicht, dem zeitoffenen, dem zeitdurchlässigen, dem porösen Gedicht steht sie* [die Person, M. S.] *in die Zeit hinein. Zeit kann hier hinzutreten.*
TCA, S. 72: *Es gibt, diesseits und jenseits von Esoterik, Hermetik u.ä., eine Dunkelheit des Gedichts. Auch das exoterische, auch das offenste Gedicht – und ich glaube, dass heute, zumal im Deutschen, auch solche, stellenweise sogar ausgesprochen poröse, durchaus lichtdurchlässige Gedichte geschrieben werden – hat seine Dunkelheit, hat sie als Gedicht, kommt, weil es das Gedicht ist, dunkel zur Welt.*

[22] Bekanntlich hat Celan die Entwürfe seiner Gedichte datiert. Dieses Gedicht trägt in der Reinschrift das Datum des 20. Januar 1968. Dieses Datum trug es schon in einer frühen Vorstufe. Im Mai desselben Jahres trat vorübergehend ein zweites Datum hinzu: der 10. Mai. Das ist wohl das Datum einer Überarbeitung, in welcher der konkrete Ort *Ungarn* ersetzt wurde. In einer weiteren Variante trägt das Gedicht dann das Doppeldatum *Paris, 20.1./10.5.1968*, um dann in der Reinschrift wieder nur mit dem ersten Datum zu erscheinen. Die Tübinger Ausgabe der Gedichtsammlung gibt dazu an, dass am 10.5. im Quartier Latin schwere Barrikadenkämpfe statt-

Das *Zeitgehöft* hat Ähnlichkeiten mit dem *Schatten* im Gedicht *Sprich auch du*.[23] Der Schatten dort kann verstanden werden nicht einfach als Negation, sondern als das nicht zu Wissende; der Sinn (in einer alten Bedeutung) als Richtung, als gerichtete Zeit, als das Wohin, als eine *ins Offene und Leere und Freie weisende Frage*. – Vielleicht korrespondiert der Sinn- und Zeithof der Wörter im Gedicht auch mit dem Weiß der Seite, das das gedruckte Gedicht umgibt?[24]

3.2.4 *Dichtung*, *Gedicht*, Autor (*wer es schreibt*), *Ich*

Die Begriffe *Dichtung, Gedicht,* Autor (*wer es schreibt*) und *Ich* spielen alle im *Meridian* eine wichtige Rolle und bilden nacheinander jeweils in einer Reihe von Aussagen das Thema und meist auch das grammatische Subjekt der Sätze. Sie werden jedoch in ihrem Inhalt nicht expliziert und sind daher schwer fassbar. Ich versuche im Folgenden, sie in ihrem Kontext und in ihrem Bezug zueinander darzustellen.

Die ersten Seiten des *Meridian* gelten v. a. der Kunst, von der dann die Dichtung abgesetzt wird. Ich muss deshalb etwas ausholen.

Zuerst kommt der Begriff *Dichtung* als spezifischere Bezeichnung für einen Text Georg Büchners vor: *Die Kunst kommt wieder. Sie kommt in einer ande-*

---

fanden. Offensichtlich haben diese das bereits geschriebene Gedicht in Celans eigener Lektüre mit einer zusätzlichen Bedeutung aufgeladen, was in der Doppeldatierung seinen Niederschlag findet (vgl. Paul Celan: Schneepart. Vorstufen, Textgenese, Reinschrift. Tübinger Ausgabe. Bearbeitet von Heino Schmull unter Mitarbeit von Markus Heilmann. Frankfurt am Main: Suhrkamp 2002, S. IX und 22f.).

23 Celan, Gesammelte Werke in fünf Bänden [wie Vorbemerkungen, Anm. 2], Bd 1, S. 135.

24 Auf anderen Wegen kommt Jacques Derrida in seiner Lektüre des *Meridian* in *Schibboleth I*, in deren Zentrum das Datum steht, zu ähnlichen (noch etwas pointierteren) Einsichten betreffend den Zusammenhang von Zeitlichkeit und Begegnung bei Celan: Das Datum des Gedichts als verschwiegenes einmaliges und offenes wiederholbares garantiere die Lesbarkeit des Gedichts und die Möglichkeit der Begegnung mit dem Anderen, eröffne sie erst eigentlich. Deshalb spreche Celan vom »20. Jänner« und nicht etwa vom 20. Januar 1942: »Das Gedicht spricht ja! Und es spricht zum Datum, von dem es spricht. Anstatt das Gedicht einzukapseln und es auf die Verschwiegenheit der Einzigartigkeit zu reduzieren, gibt ein Datum ihm seine Chance, es schenkt ihm die Möglichkeit, zum Anderen zu sprechen! […] Nun ist dieses Jenseits-der-absoluten-Einmaligkeit, also die Chance für die Ausrufung des Gedichts, nicht etwa gleichbedeutend mit der simplen Auflösung des Datums ins Allgemeine, sondern seine *Löschung angesichts* eines anderen Datums, eben jenes Datums, *zu welchem* das Datum spricht, das Datum eines Anderen oder einer Anderen, das sich auf seltsame Weise im Geheimnis einer *Begegnung,* in einem Geheimnis *der Begegnung,* mit demselben Datum verbindet« (vgl. Jacques Derrida: Schibboleth. Für Paul Celan. Hg. von Peter Engelmann. Aus dem Französischen von Wolfgang Sebastian Baur. Wien: Passagen-Verlag 2002, S. 23f.; Hervorhebungen im Original). – Zur Zeitlichkeit von Celans Gedicht vgl. auch Amir Eshel: Das Gedicht im Angesicht. In: Merkur 600 (1999), S. 358–366.

ren Dichtung Georg Büchners wieder (ME, S. 187). Wahrscheinlich ist das Wort mit Bedacht gesetzt: Im Folgenden geht es um das Verhältnis von Kunst und Dichtung. Die Kunst wird vorgestellt als das, als was sie bei Büchner erscheint: als marionettenhaft, als Automat, als Gesprächsgegenstand, an dem man sich darstellen und selbst vergessen kann. Büchner stellt in verschiedenen seiner Dichtungen seinen der Natur verpflichteten Kunstbegriff dem von ihm verachteten idealistischen entgegen. Aber Büchners Kunstbegriff weiß – in der Lektüre Celans – um seine eigene Unheimlichkeit: Er erscheint auch in seinem lebensfeindlichen Aspekt, als Medusenhaupt: »*Man möchte manchmal ein Medusenhaupt sein, um so eine Gruppe in Stein verwandeln zu können, und den Leuten zurufen*« (ME, S. 191f.), ruft Büchners Lenz in der gleichnamigen Dichtung in Begeisterung über das Natürliche aus. – Celan, der mit seiner Frage *nach der Kunst und nach der Dichtung* (ME, S. 192) zu Büchner gegangen ist, findet im Medusenhaupt eine *vielleicht nur halblaute, vielleicht nur halbbewusste, aber darum nicht minder radikale – oder gerade deshalb im eigentlichsten Sinne radikale In-Frage-Stellung der Kunst* (ME, S. 192f.). Darin, dass Lenz resp. Büchner ein Medusenhaupt zitiert, um seine Vorstellung der Kunst, die der Natur so ähnlich wie möglich sein soll, zu illustrieren, kommt für Celan die Problematik und Bedrohlichkeit auch dieses Kunstbegriffs zur Darstellung, denn das Medusenhaupt verwandelt gemäß dem Mythos durch seine Entsetzlichkeit lebende Menschen in Stein, und außerdem hält es Celan für symptomatisch, dass Lenz an dieser Stelle sagt: »*Man* möchte manchmal ein Medusenhaupt sein« (Hervorhebung M. S.): Lenz sagt nicht »ich«, weil er sich in diesem Moment selbst vergessen hat.

Heutige Dichtung muss nach Celan zu dieser In-Frage-Stellung der Kunst zurück, *wenn sie weiterfragen will* (ME, S. 193). Als Dicht-Kunst ist ihr, auch wenn sie noch so unscheinbar daherkommt, ein Moment der Mortifizierung eigen. Celan liest weiter im *Lenz* und findet dort, nachdem Lenz seinen (Büchners) Kunstbegriff, dem das Natürliche und Kreatürliche die höchsten Kriterien sind, expliziert hat, die Stelle: »*Er hatte sich ganz vergessen*« (ME, S. 193). Dies ist Celan symptomatisch für die Kunst: *Kunst schafft Ich-Ferne* (ME, S. 193). Und die Dichtung, *die doch den Weg der Kunst zu gehen hat?* Celan fragt *in der mit dem Lenz-Fragment gegebenen Richtung weiter.*

> Vielleicht – ich frage nur –, geht die Dichtung, wie die Kunst, mit einem selbstvergessenen Ich zu jenem Unheimlichen und Fremden, und setzt sich – doch wo? doch an welchem Ort? doch womit? doch als was? – wieder frei?
> Dann wäre die Kunst der von der Dichtung zurückzulegende Weg – nicht weniger, nicht mehr. (ME, S. 194)

Dichtung, die nicht den Weg der Kunst geht, wäre belanglos, subjektivistisch. Kunst dagegen, die nicht zu einem – befremdeten – Ich vorstößt, die bei der Ich-Ferne stehenbleibt, schafft nur Automaten und Marionetten. Celan sieht *das Medusenhaupt* resp. die *Automaten* und den *Abgrund* (ME, S. 195), das heißt, die Gefährdung durch die Kunst, die zur größten Ich-Ferne, zur Erstarrung, zum Verstummen führen kann und jene durch den Abgrund, der das Ich von der Welt trennt (als 20. Januar 1942 durch die Wannseekonferenz in seiner historischen Dimension, als »20. Jänner« des Lenz in seiner individuellen Dimension markiert), der ebenfalls in den Tod führen kann, in einer Richtung liegen. Die Dichtung *mit* [ihrem] *selbstvergessenen Ich* muss demnach den Weg an den Abgrund wagen, muss den Weg der Kunst gehen, sich der äußersten Fremde aussetzen, um dann, vielleicht, zu einer *Atemwende* zu gelangen und einem Ich die *Freisetzung* zu ermöglichen.[25] Das Wort »Freisetzung« markiert genau die Gefährdung und die Möglichkeit der Individuation, die in diesem Moment liegen. Gelingt die sogenannte *Atemwende*, kann ausgeatmet und also gesprochen werden. Diesem Moment entspringen dann ein Ich und ein Anderes:

> Vielleicht wird hier, mit dem Ich – mit dem *hier* und *solcherart* freigesetzten befremdeten Ich, – vielleicht wird hier noch ein Anderes frei?
> Vielleicht ist das Gedicht von da her es selbst … (ME, S. 196)

Von diesem Moment an spricht Celan im *Meridian* nicht mehr von Dichtung, sondern vom Gedicht. Mit dem Ich und dem Andern ist also zugleich das Gedicht entstanden. Celan hat hier also den Ort und Moment des *entstandenen* Gedichts dargestellt.[26] Deshalb kann er dann in einem neuen Abschnitt scheinbar unvermittelt fortfahren mit dem oft zitierten Satz:

> Vielleicht darf man sagen, dass jedem Gedicht sein »20. Jänner« eingeschrieben bleibt? (ME, S. 196)

Der *20. Jänner* bezeichnet dann den Ort am Abgrund, von dem aus das Gedicht gesprochen ist, und den Moment seiner »Geburt« resp. der Befremdung und Freisetzung des Ich und bleibt ihm deshalb *eingeschrieben*. Er ist die Bedingung des Gedichts. Er bezeichnet den notwendigen Gang über Befremdung und Freisetzung zu Individuation. Und als 20. Januar 1942 ist er zugleich eine konkrete Bedingung, ein Abgrund heutiger Gedichte (vgl. Kap. 3.2.2).

Im Folgenden behandelt Celan das Gedicht, als hätte es ein eigenes Leben, als etwas Kreatürliches. Es ist Subjekt in einer ganzen Reihe von Sätzen. Der Bezug zu dem, der es schreibt, ist sehr eng. Celan verdeutlicht und betont dies im Satz:

---

[25] Die in Celans Rede bis zu dieser Stelle seltsam vage Zuordnung des Ich zur Dichtung (sie geht *mit einem selbstvergessenen Ich* [ME, S. 193]) ist bedeutsam: Das selbstvergessene Ich, das mit der Dichtung einen Weg geht und vielleicht zu einem freigesetzten Ich vorstößt, kann gleichwohl der Figur einer Dichtung, dem Autor oder dem Leser gehören. Das Schwebende der Zuordnung korrespondiert mit den Wendungen: *Lenz – das heißt Büchner – ist* […]; *es verschlägt ihm – und auch uns –* […] (ME, S. 195).

[26] Zum *entstandenen* (nicht: entstehenden) Gedicht vgl. TCA, ME, S. 93 und 94.

Das Gedicht verweilt oder verhofft – ein auf die Kreatur zu beziehendes Wort – bei solchen Gedanken. (ME, S. 197)

Die Kreatur: das Geschaffene, Lebendige, Sterbliche auch, steht zugleich für das Gedicht und den Menschen.[27]

Nach und nach tritt nun der Urheber des Gedichts selbst in Erscheinung, der sich in der unbestimmten Zuordnung des Ich schon vage angekündigt hatte. Zuerst wird er in Passivkonstruktionen angedeutet: *Vielleicht ist das Neue an den Gedichten, die heute geschrieben werden, gerade dies: dass hier am deutlichsten versucht wird* […] (ME, S. 196). Dann tritt er als Genitivpronomen in Erscheinung: *in dem Gedicht dessen* […]*, der* (ME, S. 197), und dann, expliziter, aber immer noch unpersönlich, als Nomen: *Dann wäre das Gedicht* […] *gestaltgewordene Sprache eines Einzelnen* […] (ME, S. 197f.).

Die enge Beziehung zwischen Gedicht und Autor verdeutlicht die Aussage:

> Das Gedicht ist einsam. Es ist einsam und unterwegs. Wer es schreibt, bleibt ihm mitgegeben. (ME, S. 197)[28]

Schließlich wird dieser Einzelne, der das Gedicht schreibt, noch etwas genauer beschrieben:

> Das Gedicht wird […] zum Gedicht eines Wahrnehmenden, dem Erscheinenden Zugewandten, dieses Erscheinende Befragenden und Ansprechenden; es wird Gespräch – oft ist es verzweifeltes Gespräch. (ME, S. 198)[29]

Und dann tauchen, relativ unvermittelt, ein Ich und, entsprechend, ein Du auf in der Rede Celans:

---

[27] In einem Entwurf dieser Stelle schreibt Celan: Ich *verhoffe – in aller von Büchner her diesem Wort zuzudiktierenden Kreatürlichkeit – bei diesem Gedanken* (TCA, ME, S. 58; Hervorhebung M. S.). Das Kunstwerk als Kreatur kommt in Büchners *Lenz* vor, wenn Lenz sagt: »Das Gefühl, dass, *was geschaffen sey*, Leben habe, […] sey das einzige Kriterium in Kunstsachen« (Büchner, Sämtliche Werke und Briefe [wie Kap. 1, Anm. 67], S. 86; Hervorhebung M. S.). Zur Bedeutung der Sterblichkeit in der Poetik Celans vgl. auch Lemke, »Der für immer geheutigte Wundstein« (wie Kap. 1, Anm. 92), S. 123.

[28] Aber zugleich gilt: *Ich erinnere mich, dass ich ihnen seinerzeit sagte, der Dichter werde, sobald das Gedicht wirklich* da *sei, aus seiner ursprünglichen Mitwisserschaft entlassen. Ich würde diese Ansicht heute wohl anders formulieren bzw. sie zu differenzieren versuchen, aber grundsätzlich bin ich noch immer dieser – alten – Ansicht.* (Celan, Gesammelte Werke in fünf Bänden [wie Vorbemerkungen, Anm. 2], Bd 3, S. 177, Brief an Hans Bender).

[29] Im Radio-Essay über Ossip Mandelstam kommt die Stelle praktisch unverändert vor. Dort bezeichnet der Genitiv eindeutig den Urheber, den Dichter, in jenem Fall Mandelstam. Vgl. auch in einem entsprechenden Entwurf: *Die Gedichte Ossip Mandelstamms* [sic] *sind die Gedichte eines Wahrnehmenden* […] (TCA, S. 70, 56). Vgl. Anm. 20.

Erst im Raume dieses Gesprächs konstituiert sich das Angesprochene, versammelt es sich um das es ansprechende und es nennende Ich. Aber in diese Gegenwart bringt das Angesprochene und durch Nennung gleichsam zum Du gewordene auch sein Anderssein mit. (ME, S. 198)

Wichtig scheint mir im jetzigen Zusammenhang die Einleitung *im Raume dieses Gesprächs*: Bezugsraum ist hier also der Text. Das *ansprechende und nennende Ich* ist – ebenso wie das *durch Nennung* entstandene *Du* – eine Instanz des Textes, des Gedichts als Gespräch; allerdings mit einem engen Bezug zu dem, der *es schreibt* resp. liest. Celan hat sich einmal ausdrücklich dagegen verwahrt, dieses Ich als lyrisches Ich zu bezeichnen.[30] Das ansprechende Ich ist Voraussetzung für dieses Gespräch, das das Gedicht werden soll. Indem es *das Erscheinende* anspricht und befragt, wird dieses zum Du und das Gedicht zum Gespräch.

Das *Gespräch* ereignet sich in zwei verschiedenen Momenten: im Moment des Ansprechens, technisch ausgedrückt: der Produktion, und dem des Angesprochenwerdens, der Rezeption. Das Gespräch findet also statt im Moment des Schreibens und im Moment des Lesens.[31]

Das im *Prozess des Schreibens sich verdeutlichende Ich*[32] ist im Raume dieses Gesprächs im zweiten Sinn, also im Moment der Rezeption, zwar unter Umständen schon weit weg von seinem Autor: *Das Gedicht ist einsam. Es ist einsam und unterwegs* (ME, S. 198), aber zugleich gilt: *Wer es schreibt, bleibt ihm mitgegeben* (ebd.). Die Begegnung im Gedicht vollzieht sich also in zwei zeitlich getrennten Momenten in dem einen Raum des Gedichts als Gespräch.

Wenig später, nach der Stelle über das Gedicht als Gespräch, in der er auch nochmals auf die Aktualisierbarkeit des Gedichts hingewiesen hat, sagt Celan im *Meridian*: *Wir sind, wenn wir so mit den Dingen reden* [...] (ME, S. 199). Dieses *wir* ist empirisch zu verstehen. Es meint den Redner selber und seine Zuhörerinnen und Zuhörer resp. Leserinnen und Leser – im Raum des Gesprächs, das das Gedicht ist. Es meint Menschen, die Gedichte schreiben und solche, die Gedichte lesen, wenn sie Gedichte schreiben resp. lesen.

Bis zum Schluss sagt Celan in seiner Rede nun wiederholt *ich* und bezeichnet damit das grammatische Subjekt seiner Aussagen, das den Sprecher bezeichnet, also sich selber. Im Rahmen der Büchnerpreisrede ist dies Paul Celan als Redner, der aber natürlich immer auch der Dichter Paul Celan ist und der

---

[30] Meinecke (Über Paul Celan [wie Kap. 1, Anm. 45], S. 30) berichtet die folgende, gesprächsweise gemachte Äußerung Celans: [...] *ein im Prozess des Schreibens sich verdeutlichendes Ich, das – kein lyrisches Ich ist. Es trinkt gelegentlich Kaffee.* – Bemerkenswert scheint mir hier, neben der anmutigen Formulierung, wiederum die Symmetrie, die sich zwischen diesem Ich, das sich im Prozess des Schreibens verdeutlicht, und dem im *Meridian* beschriebenen Du, das sich im *Raume dieses Gesprächs konstituiert*, ergibt.

[31] Vgl. dazu auch die Ausführungen zum *Anderen, Kap. 3.2.3.*

[32] Vgl. oben Anm. 30.

zum Verhältnis von Ich als empirischem Subjekt und Ich im Gedicht gesagt hat: *ein im Prozess des Schreibens sich verdeutlichendes Ich*. Er spricht dann über die Bildlichkeit im Gedicht und hebt dabei noch einmal ganz akzentuiert ab auf die Einmaligkeit des Gedichts, die in der Individuation begründet sei:

> Und was wären dann die Bilder?
> Das einmal, das immer wieder einmal und nur jetzt und nur hier Wahrgenommene und Wahrzunehmende. (ME, S. 199)

Wieder wird der Einmaligkeit des Gedichts (*das Wahrgenommene*) die Einmaligkeit der Lektüre (*das Wahrzunehmende*) an die Seite gestellt. Die Beziehung zwischen Ich und Du als Instanzen des Textes und als empirische Menschen kann auch nochmals anhand der folgenden Aussage verdeutlicht werden:

> Geht man also, wenn man an Gedichte denkt, geht man mit Gedichten solche Wege? Sind diese Wege nur Um-Wege, Umwege von dir zu dir? Aber es sind ja zugleich auch, unter wievielen anderen Wegen, Wege, auf denen die Sprache stimmhaft wird, es sind Begegnungen, Wege einer Stimme zu einem wahrnehmenden Du, kreatürliche Wege, Daseinsentwürfe vielleicht, ein Sichvorausschicken zu sich selbst, auf der Suche nach sich selbst ... eine Art Heimkehr. (ME, S. 201)[33]

Die Wege, die das Gedicht selber geht, mit seinem *befremdeten Ich*, geht zugleich derjenige, der mit Gedichten einen Weg geht, als Dichter oder als Leserin. Die Formulierung *geht man mit Gedichten solche Wege* lässt diese Interpretation zu, legt sie sogar nahe. Hier ist nochmals die Symmetrie in der Zugewandtheit aktualisiert, die uns schon in der Gestalt von Lucile begegnet ist: zwischen Gedicht und Anderem, zwischen Urheber und Leserin, zwischen den »Gesprächspartnern«, zwischen dem Sprechen im Gedicht und dem Mitgehen mit ihm im Lesen. Der zweite Teil der Aussage, mit *Aber* eingeleitet und in einem zeitlichen Verhältnis des *zugleich* mit dem Vorausgegangenen, scheint primär auf den Autor bezogen und auf die Beziehung zwischen ihm und seinem Gedicht: *Daseinsentwürfe, ein Sichvorausschicken, eine Art Heimkehr*, wie ja auch Celans Bezugnahme auf seine eigenen Dichtungen belegt.[34] Aber vielleicht können Gedichte einem auch beim Lesen dies werden, wenn die Begegnung, das Gespräch gelingt? – Celans Konzeption des Gedichts als Begegnung jedenfalls beinhaltet diese Hoffnung.

---

[33] Dieser Stelle unmittelbar voraus geht Celans Hinweis auf einen Vierzeiler aus *Stimmen* und auf *Gespräch im Gebirg*, in denen er sich beide Male von seinem »20. Jänner« hergeschrieben habe und sich selbst begegnet sei.

[34] Emmerich sagt zum Verhältnis des Ich Celans und dem seines Gedichts: »Bei einer Lektüre im vom Autor selbst vorgegebenen Sinn kann der Urheber des Gedichts, das wirkliche Subjekt Paul Celan, nicht ignoriert werden, auch wenn es sich in der Vielzahl der Gedichte in vielfältige lyrische Subjekte hinein zerstreuen mag.« (Emmerich, Paul Celan [wie Anm. 15], S. 19).

3.3 Begegnung im und mit *Gespräch im Gebirg* oder: Warum ist *Gespräch im Gebirg* kein Gedicht?

Der *Meridian* lässt sich nicht leicht auf *Gespräch im Gebirg* beziehen. Wie übersetzt man dessen Begriffe in literaturwissenschaftliche Kategorien, die eine Analyse erlauben? Der riesige Graben, der zwischen einer strukturalistischen Poetik und der Poetik des Dichters Celan besteht, die eine komplexe Auseinandersetzung und eine Begegnung mit fremden und eigenen Texten darstellt, wird deutlich. Der *Meridian* ist nicht nur eine Poetik, sondern auch selber Dichtung und hat entsprechend andere Möglichkeiten, Sprache wahrzunehmen. Dessen Kategorien, wenn man sie überhaupt so nennen kann, sind nicht operationalisierbar. Um aber die Eigenart von *Gespräch im Gebirg* aus der Perspektive von Celans Poetik genauer bestimmen zu können, versuche ich nun dennoch, den literarischen Text mit dem poetologischen zu lesen, und zwar so, dass ich eine Lektüre von *Gespräch im Gebirg* nach Maßgabe des *Meridian* versuche. Das will zunächst heißen, dass ich mit *Gespräch im Gebirg* so zu verfahren suche, wie Celan dies mit den Dichtungen Büchners tut.

Wenn ich nun als Erstes, wie Celan es im *Meridian* mit Lenz in *Lenz* macht und wie er es für die Dichtung fordert, die Gestalt und die Richtung der Person im *Gespräch im Gebirg* suche, bleibe ich am *unaussprechlichen Namen* hängen. Die Figur, der Jud Klein, heißt es, hat einen unaussprechlichen Namen. Am Ende des Textes sagt die Figur selber, dass sie Klein heiße (was früher schon der Erzähler über sie gesagt hat) und zugleich, dass ihrer beider (sie spricht von sich und der Figur Groß) Namen unaussprechlich seien. Zum Schluss nennt sie sich ostentativ *ich*: wie ein Name kommt dieses Ich daher, und es hat viele Beinamen, die es näher bestimmen: *ich mit dem Türkenbund links, ich mit der Rapunzel, ich mit der heruntergebrannten, der Kerze* [...] (Z. 135–137). Und doch bleibt der eigentliche Name bis zuletzt unausgesprochen, vielleicht unaussprechlich. Dies könnte mit der Mehrstimmigkeit der Instanz, die im Text *ich* sagt, zu tun haben: Bis zum Schluss ist diese nicht ganz nennbar. Zu Beginn des Textes sagt sie (als Figur Klein, wobei die Rede auch dem Stein zugeordnet werden kann und die Beziehung zur Erzählinstanz schon wahrnehmbar ist): *ich bins, ich, ich und der, den du hörst, zu hören vermeinst, ich und der andere* (Z. 5–7). Ihre Zweistimmigkeit ist hier thematisiert. In diesem Zusammenhang kann auch das Bild des eigenen und des fremden Schattens verstanden werden.

Gespräch im Gebirg sieht demnach die Gestalt – den Juden Klein –, indem es ihren Namen unaussprechlich nennt, in ihrer Richtung: in ihrer Unnennbarkeit. Die Figuren Klein und Groß haben zwar einen Namen, aber sie sind nicht ansprechbar.[35] Das Charakteristische dieser Dichtung besteht gerade darin,

---

35 Vgl. zum Zusammenhang von Namen und Gedicht auch Hünnecke: »Name und Namengebungsakt bilden von daher die grundlegenden Konstituenten einer Dich-

dass das Verhältnis zwischen narrativer Instanz und Figur nicht eindeutig ist und sich verändert.

Ich suche jetzt in *Gespräch im Gebirg* etwas gemäß Celan für die Dichtung Wesentliches: den Ort, *wo das Fremde war, den Ort, wo die Person sich freizusetzen vermochte* als ein befremdetes Ich (ME, S. 195), wahrnehmbar an einem *Gegenwort*. Das Gegenwort von Klein finde ich in Zeile 90, etwas versteckt sogar wörtlich als solches, als Ant-Wort, gekennzeichnet, wenn Klein anhebt: *Aber ich* […]. Er hat der Befremdung durch das schweigende Gebirge etwas entgegengesetzt: seine Erinnerung, vermittelt durch den Stein der Straße: Das *Hörst du* des Steins hat ihn zu seiner Erinnerung geführt, die nun seine Antwort ist. Hier finde ich den *Ort, wo das Fremde war, wo die Person sich freizusetzen vermochte als ein – befremdetes – Ich* (ME, S. 195). Hier ist es gelungen, die *zweierlei Fremde – dicht beieinander* (ebd.), den Stein des Gebirgs und den Stein der Straße, zu unterscheiden. Das Gebirge bleibt ganz fremd, durch den Stein aber lässt sich Klein *befremden*: Er lässt sich irritien, hört hin und stößt dadurch auf einen ihm fremd gewordenen Teil seiner Geschichte. In der Folge setzt er sich, wenigstens teilweise, frei: Er sagt »ich«, wird hörbar. Die Rede der Figur wird zunehmend individuell, die anfängliche, mehrstimmige Erzählstimme zum Schweigen gebracht resp. ebenfalls freigesetzt, insofern sie zur partiellen Identität mit der Figur vorstößt und in deren Stimme *ich* sagt. Die antisemitische Stimme des Anfangs ist ganz verstummt.

Im *Meridian* fragt Celan:

> Vielleicht – ich frage nur –, geht die Dichtung, wie die Kunst, mit einem selbstvergessenen Ich zu jenem Unheimlichen und Fremden, und setzt sich […] wieder frei? (ME, S. 193)

Gespräch im Gebirg endet mit den Worten: *ich auf dem Weg hier zu mir, oben* und einem Datum, das die Figur zu seinem empirischen Autor hin verlängert und damit den narrativen Raum aufsprengt. Es ließe sich eine Reihe resp. ein Kreis bilden der Form: Celan – Lenz /Klein – Celan. Die anagrammatische Qualität der Namen vermag hier einen Sinn zu enthüllen.

---

tung, die auf den Dialoggedanken aufbaut und sich wesensmäßig als Anruf versteht.« Der Name habe in Celans Lyrik einen außergewöhnlichen Stellenwert als »Fundament und Instanz der Ansprache« (Evelyne Hünnecke: Namengebung im Dichtungsakt. Lyrische Proprialisierung im Werk Paul Celans. In: Hans-Michael Speier (Hg.): Celan-Jahrbuch 8 [2001/02]. Heidelberg 2003 [Beiträge zur neueren Literaturgeschichte; 190], S. 131–152, hier S. 147). Vgl. zum Namen bei Celan auch Podewils; dort auch das folgende Zitat Celans: »Worum es mir geht? Loszukommen von den Worten als bloßen Bezeichnungen. Ich möchte in den Worten wieder die Namen der Dinge vernehmen. Die Bezeichnung isoliert den vorgestellten Gegenstand. Im Namen aber spricht sich uns ein jegliches in seinem Zusammenhang mit der Welt zu.« (Clemens Podewils: »Namen. Ein Vermächtnis Paul Celans.« In: Ensemble 2 [1971], S. 67–70, hier S. 68; zit. nach Hünnecke, S. 151).

Das letzte Ich, das die Schlusszeichen setzt und das Datum, scheint sich – über dem Abgrund – freigesetzt zu haben. Es entschwindet im selben Moment; der Text ist hier zu Ende. *Gespräch im Gebirg* vollzieht also gerade diesen im *Meridian* beschriebenen Gang der Dichtung *mit einem selbstvergessenen Ich zu jenem Unheimlichen und Fremden* (ME, S. 193), hin zu Befremdung und Freisetzung. Die Schwierigkeiten der Ich-Werdung sind darin inszeniert. Vielleicht liegt hier der Grund für seine verwickelten Instanzen im Genetteschen Sinne.

In diesem Schluss finde ich auch die Forderung Celans, sein *Gegenwort* aus dem *Meridian*, jedenfalls in seinem ersten Teil, realisiert: *Die Kunst erweitern?/Nein. Sondern geh mit der Kunst in deine allereigenste Enge. Und setz dich frei* (ME, S. 200). Dieser Zusammenhang wiederum ist in *Gespräch im Gebirg* beispielhaft verwirklicht, wie die narratologische Analyse ebenso wie die Lektüre gezeigt hat. Formal: Aktoriale und narrationale Instanz sind veränderlich und unauflöslich verwickelt und greifen zum Schluss zur auktorialen Instanz aus. Inhaltlich: Ein schillernder Erzähler schickt zwei Figuren, Juden, in eine ihnen gänzlich fremd und abweisend erscheinende Bergwelt. Er setzt sie dort gleichsam aus. Sie lassen sich von einem Stein ansprechen und eignen sich ihre eigene Erinnerung, die sie zu dem macht, was sie sind, wieder an. Im *Meridian* bekennt sich Celan als Autor des Textes ebenso wie zu seiner persönlichen Involvierung in den Text:

> […] brachte ich eine kleine Geschichte zu Papier, in der ich einen Menschen »wie Lenz« durchs Gebirg gehen ließ. / Ich hatte mich […] von einem »20. Jänner«, von meinem »20. Jänner«, hergeschrieben. / Ich bin … mir selbst begegnet.

Als das Fremde erscheint in diesem Text das als feindlich oder wenigstens gleichgültig erfahrene Gebirge, während der Stein, auf den die Juden mit ihren Stöcken klopfen, *Hörst du* sagt. Er spricht zu *niemand und Niemand,* wie Klein sagt und wie es dem Gedicht entspricht. Er, Klein, nimmt das Schicksal dieses *Niemand* auf sich, wie es Celan vom Leser des Gedichts fordert.[36] Eine Begegnung wird somit zwischen diesen beiden möglich, das Ich Kleins konstituiert sich im Raume dieser Begegnung. Die Begegnung aber bleibt textintern, Bestandteil der dargestellten Welt. Die Figuren untereinander begegnen einander in diesem Sinne nicht. Sie begegnen nur sich selber im andern resp. dem Andern in sich selber, indem sie dem Stein begegnen.

Für ein Hinzutreten der Leserin bleibt dabei jedoch kein Platz. Damit hängt vielleicht der ursprüngliche Eindruck des Ausgeschlossenseins zusammen, die Unmöglichkeit des Dialogs. Man sieht es eigentlich auf den ersten Blick: Während ein Gedicht durch Verse und Stropheneinteilung viel freien, weißen Platz lässt zwischen den Worten, enthält der Prosatext *Gespräch im Gebirg* auf 139 Zeilen nicht eine einzige Leerzeile. Man sieht sich einem kompakten Textblock vis-à-vis.

---

[36] Vgl. Anm. 18.

Zwischen der Leserin und dem Text ist keine Begegnung möglich, weil das Ich des Textes dezentriert und veränderlich ist (Konzentration ist eine Eigenschaft des Gedichts und eine Voraussetzung für eine Begegnung). Die Konzentration des Gedichts, seine Aufmerksamkeit für alles ihm Begegnende ist nicht vorhanden: Die Dissoziation der Instanz steht dieser Konzentration entgegen. Die Zwei- oder Mehrstimmigkeit der narrativen Instanz und die Form der Erzählung stehen der Sprechweise des Gedichts entgegen: dem – *ichhaften* – *Nennen der Dinge* (TCA, ME, S. 145). *Gespräch im Gebirg* ist nicht, wie das Gedicht, *seinem innersten Wesen nach Gegenwart und Präsenz*, kann es nicht sein, weil es erzählt und beschreibt und weil die narrative Instanz gespalten ist in verschiedene Stimmen. Damit steht *Gespräch im Gebirg* aber auch nicht *im Geheimnis der Begegnung*.

Entsprechend wird die Frage nach dem Woher der Dinge und Menschen, welche für das Gedicht Andere sind, in *Gespräch im Gebirg* nur in Bezug auf das eigene Gekommensein wichtig: *Bin ja gekommen von weit, bin ja gekommen wie du* (Z. 66f.); *auf dem Stein bin ich gelegen*, […] (Z. 95–11); *ich auf dem Weg hier zu mir, oben* (Z. 139). Die Frage nach dem Wohin dagegen kommt auch für Klein nicht vor, sein Weg scheint am Schluss an ein Ende gekommen zu sein, deutlich in diesen Worten der letzten zwei Zeilen: *ich, jetzt, hier, oben*. *Gespräch im Gebirg* ist, anders als die Gedichte, nicht zeitoffen, so dass kein Anderes mit seiner eigenen Zeit hinzutreten kann. Entsprechend den Notwendigkeiten der Gattung ist es auch voll von finiten Verbformen. In diesem Sinne ist gerade diese Prosa, im Gegensatz zu den Gedichten, hermetisch. Sie ist nicht die Dichtung eines *Wahrnehmenden, dem Erscheinenden Zugewandten, dieses Erscheinende Befragenden und Ansprechenden*. Die dargestellte Bezugslosigkeit der Juden im Gebirge ist dazu ein genaues Gegenbild, ebenso ihre unaussprechlichen Namen.

Jedenfalls ist sie es nicht bis zum Eintritt der Erinnerung oder, genauer, bis zur Ansprache durch den Stein, jenem *Hörst du* des Steins, das der Sprechweise des Gedichts verwandt ist und die Erinnerung von Klein, seine Ant-Wort, hervorruft. Mit dem Stein ist in diesem Moment eine Begegnung verwirklicht, aus der Klein seinerseits gewissermaßen hervorgeht (auch poetologisch: als intradiegetischer Erzähler, der den extradiegetischen verdrängt): *Hörstdu, der sagt nichts, der antwortet nicht*, […]. *Aber ich* […] (Z. 87–90). Das Ich Kleins konstituiert sich in der Antwort, die eine Erinnerung ist. Die Erinnerung, deren Inhalt die eigene Ambivalenz der Gefühle von Ein- und Ausgeschlossensein in die jüdische Gemeinschaft und die kollektive Erfahrung von tödlichem, stärker als alle jüdische Hoffnung scheinendem Antisemitismus ist, ist ihrerseits eine Art Begegnung: mit diesem fremdgewesenen Teil der eigenen Geschichte, mit sich selbst. Innerhalb der Erinnerung und am Schluss werden manche Dinge angesprochen und sind ihrerseits sprechend für Klein, die Bezugslosigkeit ist also teilweise aufgehoben: Die Straße, der Stern, das Gebirge (*die Falten dort*) bleiben ganz fremd; zum Türkenbund, zur Rapunzel, zur heruntergebrannten

Kerze und, als Möglichkeit, sogar zu den Nichtgeliebten wird jedoch ein Bezug möglich. Bezeichnenderweise fehlen in der Schlusspartie des Textes und des langen Satzes, der die Rede Kleins darstellt, die finiten Verben: das Ich setzt sich in Beziehung zu diesen Dingen, die ihr Anderssein bewahren können.

Dieser ganze letzte Satz, den wir schon in anderer Hinsicht als Gegenwort bezeichnet haben und dem das finite Verb fehlt, ist ein einziges großes Ich-Sagen, und doch holt er dieses Ich nie ganz ein: Bis zum Schluss bleibt darin eine Differenz, eine Bruchstelle, erhalten:

> Aber ich, Geschwisterkind, ich, der ich da steh, […] ich, der ich dir sagen kann […] ich, begleitet vielleicht […], ich auf dem Weg hier zu mir, oben. (ab Z. 90)

Aber man könnte in Übereinstimmung mit dem Zitat, das dieses Kapitel einleitet, sagen: Durch das Nennen der Dinge ganz zum Schluss des Textes *wird das Ich und sein Gespräch geweckt* (TCA, ME, S. 145). Der Prosatext eröffnete dann zum Schluss die Möglichkeit des – dem Gedicht eigenen – *ichhaften Nennens der Dinge*. Wenn das Ich Kleins am Ende angekommen ist und dort, über den Abgrund, in den der extradiegetische Erzähler gestürzt wurde, hinausgreift zum extranarrativen Ich, das das Datum schreibt, dann könnte es in einem Gedicht sprechen; das Ich eines Gedichts wird im Text gewonnen.

Die Konfrontation mit dem *Meridian* zeigt, dass *Gespräch im Gebirg* Celans Dichtungskonzeption entspricht, aber nicht seiner Konzeption des Gedichts. Es wird deutlich, wie dezidiert *Gespräch im Gebirg* kein Gedicht ist. Seine ausgezeichnete Stelle als Prosatext im Werk Celan ist relevant: Es inszeniert die Gewinnung eines Ichs, das in einem Gedicht sprechen könnte. Erst nach dem Ende des Prosatextes wäre diesem Ich ein Gedicht möglich.

3.4   Fazit

Die Worte, mit denen Celan im *Meridian* auf *Gespräch im Gebirg* verweist, lassen sich nun präziser verstehen:

> Und vor einem Jahr, in Erinnerung an eine versäumte Begegnung im Engadin, brachte ich eine kleine Geschichte zu Papier, in der ich einen Menschen »wie Lenz« durchs Gebirg gehen ließ.
> Ich hatte mich […] von einem »20. Jänner«, von meinem »20. Jänner«, hergeschrieben.
> Ich bin … mir selbst begegnet. (ME, S. 201)

Diese Worte bezeichnen sehr genau die Koordinaten der Begegnung im *Gespräch im Gebirg*: eine versäumte, also nicht stattgefunden habende Begegnung, eine Erinnerung und eine Selbstbegegnung. In der Erinnerung an die versäumte Begegnung entsteht eine kleine Geschichte (also Prosa, kein Gedicht), in der eine Erinnerung stattfindet, die eine Selbstbegegnung bedeutet.

Die Erinnerung ist eine Begegnung mit dem zunächst verdrängten Andern der Geschichte des Ich, seinem Woher. Diese Geschichte ist die Geschichte eines europäischen Juden, der den Holocaust überlebt hat. Die Begegnung wird zunächst verunmöglicht durch die Wunde der antisemitischen Verfolgung. Das gänzlich schweigende und fremde und als feindlich erlebte Gebirge steht dafür. Die Verfolgung der europäischen Juden bringt die Figur der Geschichte zusätzlich in einer spezifischen, persönlichen Weise in eine unerträgliche Situation: Die eigene Distanz zum Judentum, vor der Schoah einfach eine Möglichkeit des Verhaltens zur eigenen Herkunft, erscheint nun als Schuld, da das Judentum so viele andere Juden das Leben gekostet hat, und zugleich ist das Judentum jetzt noch schwieriger lebbar, da ein großer Teil der europäischen Juden ermordet wurden und die Realität die jüdische Hoffnung widerlegt zu haben scheint. Diese Ambivalenz der Gefühle des überlebenden Juden begründet das persönliche Trauma im historischen Kontext, und damit verbunden das Vergessen, die Blindheit. Der Türkenbund und mit ihm die Rapunzel, die über die Kerze mit dem Trauma verbunden sind, können deshalb zunächst nicht wahrgenommen werden. Der Stein der Straße, Stein wie das Gebirge, stellt für Klein mit Bezug auf die Eingangsworte des zentralen jüdischen Gottesbekenntnisses die entscheidende Frage *Hörst du*. Und Klein hört und antwortet. Er hört die Beziehung zwischen Steinpflaster und Steinfliesen und in der Folge, als er sich an die Kerze, *links im Winkel,* die herunterbrannte, und die mit ihr verbundene Ambivalenz der Gefühle erinnert hat, sieht er auch den Türkenbund. Zum Schluss stellt er sich im Text in ein Verhältnis zu diesen Chiffren seiner Geschichte. Die Erinnerung hat zu einer Begegnung mit dem Andern der Geschichte oder, was dasselbe ist, zu einer Selbstbegegnung des Ich geführt.

Dies alles ereignet sich ganz innerhalb des Textes. Erst zum Schluss wird der narrative Raum auf den Autor hin geöffnet: Das Ich am Schluss von *Gespräch im Gebirg* ist bestimmt durch die Schlusszeichen, die es als der Rede der Figur Klein zugehörig auszeichnen, und das Datum, das es mit dem realen Schreibakt und dessen Urheber, Paul Celan, identifizieren.

Celan fragt im *Meridian: Und welchen Daten schreiben wir uns zu?* (ME, S. 196). – *Gespräch im Gebirg* lässt sich auch lesen als Weg Celans von seinem *20. Jänner* zum *August 1959.* Von hier aus ist die Wendung *ich hier und ich dort* (Z. 137f.) präziser zu verstehen: Es ist das Ich eines Dichters, der über sein Gedicht sagt: *Wer es schreibt, bleibt ihm mitgegeben* (ME, S. 198). Es ist also ein Ich, das in einer spezifischen Weise innerhalb und ausserhalb des Textes ist. Das letzte Ich in *Gespräch im Gebirg* kann deshalb auch aufgefasst werden als das Ich Celans mit / in diesem Text vom August 1959.

Das *Gespräch im Gebirg* ist also in zweifacher Weise datiert. Es trägt, neben dem »20. Jänner«, auch ein konkretes Datum: *August 1959.* Was hat es nun mit diesem zweiten Datum auf sich? Celan hat in der Büchnerpreisrede auf einen Anlass des Textes hingewiesen und ebenso in einem Brief, den Otto Pöggeler zitiert: *Erinnern Sie sich an mein kleines »Gespräch im Gebirg«? Und an die Stelle im »Meridian«, wo ich der – nicht von ungefähr – versäumten Begegnung im Engadin, d. i. in Sils-Maria gedenke?*[37] Celan scheint im Fall von *Gespräch im Gebirg* also einigen Wert auf die Kenntnis des Anlasses, also auf die konkreten Daten des Textes, gelegt zu haben, während er sonst die Spuren des empirischen Anlasses eines Textes meist im Laufe des Arbeitsprozesses tilgte.[38] Der August 1959 wird in diesem Text seinerseits zu einem Datum, das dem Text zugrunde liegt, allerdings einem expliziten, einmaligen, was nochmals ein Licht auf die Hermetik dieses Textes wirft.[39]

Wenn das Ich des Textes zum Schluss auf den Autor hin geöffnet wird und über den narrativen Raum hinausgreift, lässt sich analog vermuten, dass damit auch eine Öffnung auf einen möglichen realen Adressaten gegeben ist. Dieser wäre, entsprechend dem Hinweis Celans, Theodor W. Adorno. Ob und in welcher Weise sich *Gespräch im Gebirg* auf Adorno beziehen lässt und was ein solcher Bezug ergibt, ob Celan mit dem Datum seinen Text auch als Beitrag zur theoretischen Auseinandersetzung zwischen sich und Adorno gekennzeichnet hat, soll im dritten und letzten Teil dieser Studie untersucht werden.

---

[37] Pöggeler, Spur des Worts (wie Kap. 1, Anm. 77), S. 157.

[38] Vgl. dazu Szondi, Schriften (wie Vorbemerkungen, Anm. 5), Bd 2, S. 390–398, der in seiner Analyse diesen Prozess für das Gedicht *Du liegst* (ebd., S. 334) nachzeichnet.

[39] Zum Zusammenhang von Datum und Anderem, Dialogizität und Zeitlichkeit vgl. Kap. 3.2.3 und Derrida, Schibboleth (wie Anm. 24), S. 9–31.

Dritter Teil

4   Die *versäumte Begegnung im Engadin* als biographisches Datum

Celan bemerkt in seiner Büchnerpreisrede 1960, dass er die *[kleine Geschichte] vor einem Jahr, in Erinnerung an eine versäumte Begegnung im Engadin [...] zu Papier* gebracht habe (ME, S. 201). Was Eingeweihten wohl sofort klar war, weiß die Fachwelt spätestens seit dem Erscheinen von Marlies Janz' Buch *Vom Engagement absoluter Poesie. Zur Lyrik und Ästhetik Paul Celans:*[1] dass die Person, mit der Celan eine Begegnung versäumt hatte, Theodor W. Adorno war. Diese Tatsache hat zu einer Verengung der Interpretation von Celans Bemerkung und in der Folge des literarischen Textes geführt. Denn sogleich schien den Interpreten, wenn auch in je verschiedener Weise, ausgemacht, welche Bedeutung der Anlass und die Bemerkung (wobei die beiden ohnehin meist kurzgeschlossen wurden) für den literarischen Text haben. Dies steht nun aber gerade erst in Frage und ist Gegenstand dieser Arbeit. Im vorliegenden Kapitel nun geht es um die biographische, historische Dimension der Bemerkung, um die *versäumte Begegnung* als Anlass zu *Gespräch im Gebirg.* Die Umstände jener nicht zu Stande gekommenen Begegnung von Paul Celan mit Theodor W. Adorno im Engadin im Sommer 1959 sollen – soweit möglich – geklärt werden.

In der Sekundärliteratur finden sich zur *versäumten Begegnung* als biographischem Datum verschiedene Darstellungen, wobei die Daten und deren Interpretation oft ungenügend auseinandergehalten werden:

Marlies Janz, die zuerst auf die Beziehung von *Gespräch im Gebirg* zu Adorno hingewiesen hat, berichtet, in *Gespräch im Gebirg* versuche Celan »eine durch Peter Szondi in die Wege geleitete erste Begegnung mit Adorno in Sils gleichsam fiktiv nachzuholen [...], nachdem er, Celan, aus familiären Gründen schon vor der Ankunft Adornos nach Paris hatte zurückreisen müssen«.[2] Was den Bezug des Textes zur *versäumten Begegnung* betrifft, legt Janz eine Deutung vor, die hier bestritten wird.[3] Unbestritten und seither unzählige Male wiedergegeben und nur um wenige Details erweitert sind jedoch die

---

1   Janz, Vom Engagement absoluter Poesie (wie Vorbemerkungen, Anm. 4).

2   Ebd., S. 115.

3   Heber-Schärer wagt gar, über Janz noch hinausgehend, die Vermutung, das Versäumnis, von dem Celan spreche, sei »vielleicht schuldhaft oder so empfunden« (Barbara Heber-Schärer: Gespräch im Gebirg. Eine Untersuchung zum Problem von Wahrnehmung und Identität in diesem Text Celans. Stuttgart: Heinz 1994 [Stuttgarter Arbeiten zur Germanistik; 298], S. 7).

Eckdaten dieser berühmt gewordenen, nicht stattgehabten Begegnung: Sils, ein geplantes und von Szondi vermitteltes Treffen zwischen Celan und Adorno, die Abreise Celans vor der Ankunft Adornos.

Otto Pöggeler gibt in einer Klammerbemerkung zu *Gespräch im Gebirg* an: »[G]eschrieben im August 1959, als eine geplante Begegnung mit Th. W. Adorno in der erhofften Weise nicht zustandekam«.[4] Später im selben Buch berichtet er von einem Brief Celans an ihn und zitiert daraus die Stelle:

> »[…] Erinnern Sie sich an mein kleines ›Gespräch im Gebirg‹? Und an die Stelle im ›Meridian‹, wo ich der – nicht von ungefähr – versäumten Begegnung im Engadin, d. i. in Sils-Maria gedenke? […]« Zum Adjektiv »versäumten« machte Celan die Fußnote: »Ich sollte dort Th. W. Adorno – den ›Juden Groß‹, treffen […] Adorno selbst, dem ich das später erzählte, meinte, ich hätte doch länger in Sils bleiben sollen; dann hätte ich den wirklichen ›Juden Groß‹, nämlich Gershom Scholem kennengelernt …«[5]

Ganz entgegen Pöggelers Darstellung, die suggeriert, dass Celan enttäuscht gewesen sei über das nicht zu Stande gekommene Treffen, weist dieser im zitierten Brief auf eine Intentionalität des Versäumnisses hin (*nicht von ungefähr; sollte […] treffen*).

Zurückhaltend in der Interpretation, beschreibt Wolfgang Emmerich in seiner Celan-Monographie die Umstände der Begegnung folgendermaßen:

> Der Text war inspiriert worden von einer *versäumten Begegnung* […] Celans mit Theodor W. Adorno im Sommer 1959 in Sils Maria (Engadin), die der neugewonnene Freund Peter Szondi angeregt hatte. Zu ihr kam es nicht, weil Celan früher nach Paris zurückkreiste.[6]

Also auch hier die knappen, schon bekannten Eckdaten.

Einen neuen Aspekt bringt Christoph Egger in der *Neuen Zürcher Zeitung* vom 1. Dezember 2000 ins Spiel, wenn er anlässlich einer Besprechung des Filmes »Gespräch im Gebirg« von Mattias Caduff schreibt:

> Im Juli 1959 ist Paul Celan mit seiner Frau Gisèle und dem vierjährigen Sohn Eric von Paris nach Sils Maria in die Ferien gefahren, um Theodor W. Adorno zu treffen. Der Philosoph scheint nicht rechtzeitig im ›Waldhaus‹ (dem ›Grand-Hotel Abgrund‹)[7] eingetroffen zu sein; der Lyriker reist nach nur einer Nacht (dem 22. Juli) wieder ab, wie das Gästebuch der Pensiun Chasté ausweist.[8]

---

4   Pöggeler, Spur des Worts (wie Kap. 1, Anm. 77), S. 104.
5   Ebd., S. 157.
6   Emmerich, Paul Celan (wie Kap. 3, Anm. 15), S. 110. Vgl. auch Felstiner, Paul Celan (wie Kap. 1, Anm. 58), S. 187.
7   Diese Identifizierung des Hotels mit der Metapher »Grand Hotel Abgrund«, die auf Lukács zurückgeht, ist etwas gewagt. Lukács bezeichnete damit zunächst den Nihilismus Schopenhauers (in: *Die Zerstörung der Vernunft*) und übertrug den Vorwurf später im Vorwort zur Neuauflage der *Theorie des Romans* von 1962 auf die Theorie der Frankfurter Schule, deren Vertretern er vorwarf, letztlich ganz angenehm zu leben mit ihrer – immer noch bürgerlichen – »Kritischen Theorie« und im Bewusst-

Nicht nur ist gemäß dieser Version – aus welchen Gründen immer – Celan frühzeitig abgereist, auch ist Adorno später als abgemacht oder jedenfalls zu spät, um Celan noch zu treffen, in Sils eingetroffen.[9] Celan war jedoch nicht nur zwei Tage in Sils, sondern spätestens seit dem 8. Juli, wie ein Brief aus Sils mit diesem Datum belegt.[10] Falsch ist auch die Aussage, Celan sei mit seiner Familie aus Paris nach Sils in die Ferien gekommen, »um Theodor W. Adorno zu treffen«. Die Familie Celan war schon seit Juni in den Ferien, erst in Österreich und dann im Engadin. Das Ziel ihrer Reise lag also nie einzig darin, Adorno zu treffen.

Jean Bollack, der sowohl Adorno wie auch Celan gekannt hat, überliefert die folgende Version: »Als er [Adorno, M. S.] in jenem Jahr in Sils-Maria ankam, erfuhr er durch Peter Szondi von der überstürzten Abreise Celans.«[11]

Joachim Seng schreibt, die Familie Celan sei Anfang Juli nach Sils gekommen, wo sie in der Pensiun Chasté abgestiegen sei. Celan habe hier die Übersetzung von Valérys *Jeune Parque* abgeschlossen und die Familie sei am 23. Juli wieder abgereist. Adorno sei erst gut eine Woche später in Sils eingetroffen und habe sich im Grandhotel Waldhaus einquartiert. Dies sei »der karge

sein des nahen Abgrundes, anstatt sich der Praxis und dem Kampf des Proletariats zur Veränderung der Verhältnisse zu widmen. Die Stelle in der *Zerstörung der Vernunft* lautet: »So erhebt sich das – formell architektonisch geistvoll und übersichtlich aufgebaute – System Schopenhauers wie ein schönes, mit allem Komfort ausgestattetes modernes Hotel am Rande des Abgrundes, des Nichts, der Sinnlosigkeit. Und der tägliche Anblick des Abgrundes, des Nichts, zwischen behaglich genossenen Mahlzeiten oder Kunstproduktionen, kann die Freude an diesem raffinierten Komfort nur erhöhen« (Georg Lukács: Werke 9. Die Zerstörung der Vernunft. Neuwied u. a.: Luchterhand 1962, S. 218f.). Die spätere Übertragung auf Adorno ist explizit: »Ein beträchtlicher Teil der führenden deutschen Intelligenz, darunter auch Adorno, hat das ›Grand Hotel Abgrund‹ bezogen, ein – wie ich bei Gelegenheit Schopenhauers schrieb – ›schönes […]‹« (Georg Lukács: Die Theorie des Romans [1920]. Vorwort von 1962. Darmstadt und Neuwied: Luchterhand 1971, S. 16). Wie gut allerdings der im Grandhotel Waldhaus im Engadin logierende Adorno diese Stelle zu illustrieren vermag, geht aus Anm. 8 hervor.

8 Christoph Egger: Die Stimme, die Schrift, das Bild: der Text. »Gespräch im Gebirg« – Matthias Caduff ergründet Paul Celan. In: Neue Zürcher Zeitung vom 1.12.2000. – Ein bemerkenswertes Detail bildet der Hinweis auf die Unterkünfte der beiden großen Männer: Adorno logiert vornehm im stolzen Grandhotel aus der Gründerzeit, das sich in seinem heutigen Internetauftritt ausgerechnet damit anpreist (neben Hinweisen auf die herrliche Bergwelt, das Essen und das Kunstprogramm), dass »es nie einen Besitzerwechsel gegeben, keine Zäsur die Tradition abrupt unterbrochen hat« (URL: www.Waldhaus-sils.ch), Celan in einer kleinen Pension am Fuße des Berges, an dessen Hang das »Waldhaus« thront.

9 Das Hotel Waldhaus konnte auf Anfrage die Daten der Reservation und der Ankunft Adornos im Sommer 1959 nicht mehr ermitteln.

10 Paul Celan/Hermann und Hanne Lenz: Briefwechsel. Mit drei Briefen von Gisèle Celan-Lestrange. Hg. von Barbara Wiedemann in Verbindung mit Hanne Lenz. Frankfurt am Main: Suhrkamp 2001, S. 119; Kap. 5.3.

11 Bollack, Paul Celan: Poetik der Fremdheit (wie Kap. 3, Anm. 17), S. 209.

Rahmen jener ›versäumten Begegnung‹, die so reiche poetische Früchte trug«.[12] Und er fügt hinzu: »Es ist nicht abschließend zu klären, ob Celan Sils verließ, weil er Adorno nicht begegnen wollte oder weil familiäre Gründe ihn zwangen. Sicher ist jedoch, dass für ihn bereits am 10. Juli das Abreisedatum feststand. Die These, dass der Dichter Sils verließ, um dieses ›Gespräch im Gebirg‹ mit Adorno überhaupt führen zu können, ist daher keineswegs abwegig.«[13] In Bezug auf die Daten scheint diese Darstellung der Realität am nächsten zu kommen, wie sich auch anhand der Briefe zeigen lässt.

Auf einer Ansichtskarte aus Sils an Rudolf Hirsch gibt Celan sogar schon am 7. Juli an, dass er noch bis zum 20. Juli in der Pensiun Chasté in Sils-Baselgia sein werde.[14] Daraus lässt sich schließen, dass er kaum überstürzt abgereist ist und seine Ferien sogar entgegen der ursprünglichen Planung noch um drei Tage verlängert hat. Auch die seit Janz kolportierten »familiären Gründe«, die Celan zur Abreise zwangen, scheinen vor diesem Hintergrund fragwürdig. Eher neige ich zur Annahme, dass die Ferien der Celans einfach am 20. Juli zu Ende waren, sie sie noch etwas verlängerten (warum auch immer) und dann zurück nach Paris reisten. Bemerkenswert ist auf jeden Fall, dass bis auf Egger noch niemand auf die Idee gekommen zu sein scheint, die verabredungsgemäße Ankunft Adornos in Frage zu stellen, da doch die Abreise Celans schon so lange feststand.

Aller Wahrscheinlichkeit nach war Celan bis zum 23. Juli in Sils und fuhr dann von dort über den Julierpass und die Lenzerheide nach Chur. Aus Lenz – einem Dorf auf dieser Route, zwischen Tiefencastel und Chur – schickte er am 23. Juli eine Karte an Hanne Lenz.[15]

Aus der Kombination der nun bekannten Daten ist zu schließen, dass Celan vom 7. Juli bis 23. Juli 1959 in Sils war und dass die Abreise kaum »überstürzt« war, lag sie doch im Rahmen des von Celan geplanten Aufenthalts, der überdies später stattfand, als ursprünglich geplant, und vor Ort noch um wenige Tage verlängert wurde.[16] Es ist entsprechend durchaus möglich, dass sich Adorno verspätet hat und Celan nicht länger warten wollte. Insgesamt legen die vorhandenen Daten nahe, die Geschichte der überstürzten Abreise Celans vor der Ankunft des »großen« Adornos ins Reich der Legenden zu verweisen.

Zentral für das Nachdenken über das Verhältnis zwischen nicht stattgefunden habender Begegnung und literarischem Text scheint mir jedoch etwas, das Bollack dazu festhält: »Die Nichtbegegnung, was immer auch ihre Gründe gewesen sein mögen, erhält *a posteriori* ihren Sinn.«[17]

---

[12] Joachim Seng: »Die wahre Flaschenpost«. Zur Beziehung zwischen Theodor W. Adorno und Paul Celan. In: Frankfurter Adornoblätter 8 (2003), S. 151–176, hier S. 156.

[13] Ebd., S. 157.

[14] Celan/Hirsch, Briefwechsel (wie Kap. 1, Anm. 138), S. 76.

[15] Celan/Lenz, Briefwechsel (wie Anm. 10), S. 120.

[16] Vgl. den Brief von P. Szondi vom 21. Juni 1959; Kap. 5.2.

[17] Bollack, Paul Celan: Poetik der Fremdheit (wie Kap. 3, Anm. 17), S. 25.

5 Briefe im Umkreis von *Gespräch im Gebirg*

5.1 Vorbemerkungen

Im vorliegenden Kapitel werden Briefe im zeitlichen, thematischen und persönlichen Umkreis von *Gespräch im Gebirg* im Hinblick auf die Frage gelesen, welche Bedeutung Theodor W. Adorno resp. seine Schriften für den literarischen Text *Gespräch im Gebirg* haben. Ich greife dabei auf veröffentlichte und bisher unveröffentlichte Briefe unter den drei hauptsächlich beteiligten Personen Th. W. Adorno, P. Celan und P. Szondi und einige weitere signifikante Briefe und Briefstellen zurück.[1]

Wenn es darum geht, Briefe auf literarische Texte zu beziehen, ist jedoch Vorsicht geboten. Grundsätzlich ist dabei die Frage des literarischen Status der Briefe. Sind sie als Teil des literarischen Werks zu sehen oder als private Äußerungen des Autors? Und, weitergehend: Ist eine solche Unterscheidung überhaupt sinnvoll? Oder will man sich auf einen Textbegriff beziehen, der von den Umständen der Textentstehung, der Literarizität der jeweiligen Gattung und einer allfälligen Autorintention absieht? Gibt man den unterschiedlichen Status von literarischem Text und Brief zu, müssen der Kontext der brieflichen Äußerung, die Funktion, die sie hat, und die Beziehung, in der sie entsteht, möglichst genau in die Betrachtung einbezogen werden. Selbst wenn es dann jedoch gelingen würde, Celans eigenes Verständnis seines literarischen Textes aus den Briefen abzuleiten, bliebe jedoch immer noch die Frage nach der Relevanz der Autorintention bestehen.

Ich halte in meiner Studie am Gattungsunterschied, an der Differenz zwischen der Sprechinstanz in einem Brief und jener in einem literarischen Werk, fest. Seit langem ist jedoch klar, dass für das literaturwissenschaftliche Textverständnis die Autorintention nicht das letzte Kriterium sein kann. Texte

---

[1] Celans und Szondis Nachlässe werden im Deutschen Literaturarchiv in Marbach aufbewahrt. Ich durfte dort im Januar 2003 die in meinem Zusammenhang interessierenden Briefe in den beiden Nachlässen einsehen. Andere Briefe waren bereits vereinzelt und an z. T. entlegenen Orten publiziert. Mittlerweile sind alle diese Briefe veröffentlicht worden: Der Briefwechsel Adorno–Celan erschien, herausgegeben von Joachim Seng, 2003 in den *Frankfurter Adorno-Blättern*, ein Teil der Briefe Peter Szondis an Paul Celan bereits in Szondis *Briefen* (1993), der gesamte Briefwechsel zwischen den beiden 2005, jener zwischen Paul Celan und Rudolf Hirsch 2004. Die Briefe werden im Folgenden nach den unterdessen erfolgten Publikationen zitiert.

sagen mehr, als ihr Autor weiß.[2] Deshalb kann letztlich nur die Analyse des
literarischen Textes etwas darüber aussagen, ob und in welcher Weise eine
Auseinandersetzung mit Adorno darin stattfindet resp. ob es sinnvoll und dem
Verständnis des Textes dienlich ist, einen solchen Bezug herzustellen. Dies ist
Thema des 6. Kapitels. Das vorliegende 5. Kapitel zeigt, welche Rolle Adorno
nach dem Verständnis Celans, soweit es den Briefen zu entnehmen ist, für
resp. in *Gespräch im Gebirg* spielt.

Im Celan-Nachlass sind insgesamt sechs Briefe Adornos an Celan erhalten
(und zwei Ankündigungen betreffend ein Seminar, das Adorno 1961 in Paris
hielt). Sie umfassen den Zeitraum zwischen 1960 und 1968. Alle (ausser einer
Ansichtskarte) sind mit Maschine geschrieben und enthalten eine handschriftliche Unterschrift. Adorno schreibt herzlich und respektvoll, wahrt jedoch
durch ausgesuchte Höflichkeit immer eine gewisse Distanz. Der Briefwechsel
Paul Celans und Peter Szondis umfasst achtundzwanzig Briefe, sechs Karten
und vier Telegramme von Celan an Szondi aus dem Zeitraum von 1959 bis
1970 (im Szondi-Nachlass) und drei Mappen mit Briefen Szondis an Celan im
Celan-Nachlass (1959–1969). In die Jahre 1959 und 1960 fallen neunzehn
Briefe Szondis an Celan und acht Briefe Celans an Szondi. Die beiden schreiben einander immer handschriftlich; schlicht, diskret und doch immer sehr
persönlich.[3]

Die einschlägigen Briefstellen werden im Folgenden zitiert und – im Zusammenhang mit weiteren Texten Celans (Notizen, Gedichten) – interpretiert.
Ich möchte vorausschicken, dass diese Briefe von der Thematik und den
Briefpartnern her sicher nicht als rein private und spontane Äußerungen zu
gelten haben. Gerade bei Celan lässt sich beobachten, wie er durch die Briefe
die Rezeption von *Gespräch im Gebirg* – in je nach Briefpartner unterschiedlich akzentuierter Weise – zu steuern sucht. Der Beizug weiterer Texte dient
der Erläuterung ebenso wie der Verifizierung, Relativierung oder Präzisierung
der Interpretation der brieflichen Äußerungen.

---

[2]   Vgl. dazu Peter Szondi: Über philologische Erkenntnis. In: Szondi, Schriften (wie
     Vorbemerkungen, Anm. 5), Bd 1, S. 263–286. Szondi zitiert darin (nach Gadamer,
     Wahrheit und Methode [wie Kap. 1, Anm. 16], S. 172) Chladenius im Jahr 1742 mit
     den Worten: »[…] folglich kann man, indem man ihre Schriften zu verstehen sucht,
     Dinge, und zwar mit Grund, dabei gedenken, die denen Verfassern nicht in Sinn
     kommen sind« (ebd., S. 285). Es ließe sich allerdings fragen, ob, wenn nicht das
     Textverständnis des Dichters, so allenfalls sein Dichtungsverständnis entscheidend
     sei. Und hier würde sich die schwierige Frage anschließen, wo Celan zwischen den
     beiden Polen, die Szondi angibt, dem Rationalismus und dem Symbolismus, anzu-
     siedeln wäre. Celan, der einerseits sagt: *Der Dichter werde, sobald das Gedicht
     wirklich* da *sei, aus seiner ursprünglichen Mitwisserschaft wieder entlassen* (Celan,
     Gesammelte Werke in fünf Bänden [wie Vorbemerkungen, Anm. 2], Bd 3, S. 177)
     und andererseits: *Wer es schreibt, bleibt ihm mitgegeben* (ME, S. 198).
[3]   Berührend ist es, zu sehen, wie sich die Handschriften mit der Zeit ähnlich werden.

5.2 Peter Szondi an Paul Celan, Sils-Maria, 21. Juni 1959

Peter Szondi schreibt an Celan, den er zu diesem Zeitpunkt noch nicht lange kennt (es handelt sich um den zweiten erhaltenen Brief von ihm an Celan überhaupt):

> Lieber Herr Celan,
>
> wie schön wäre es, wenn Sie sich entschließen könnten, hier heraufzukommen. In Paris zog es mich oft in die rue de Longchamp, aber ich wusste, dass die Fenster diesmal geschlossen sind. Ich arbeite seit einigen Tagen an einem Vortrag über Schillers Demetrius, den ich um den 10. Juli in Berlin halten soll. Für etwa 8 Tage werde ich dann von hier wegmüssen. Aber Sie sprachen ja für Ihre Schweizerreise von einem früheren Datum. […][4]

Offensichtlich hat sich Celan lange nicht entschieden, ob er nach Sils fahren soll. Dem Brief lässt sich entnehmen, dass Celans Sils-Aufenthalt ursprünglich für Ende Juni/Anfang Juli geplant war (vgl. Kap. 4). Eine große persönliche Nähe spricht schon aus diesem frühen Brief Szondis.

5.3 Paul Celan an Hanne und Hermann Lenz, Sils-Baselgia, 8. Juli 1959. Mit einem Exkurs zu *Sommerbericht*

> Unstet (und regenflüchtig), nun hier, oben, für noch zwei Wochen, in der Sonne, Schweizer-Deutsch im Ohr und die Jeune Parque auf dem Tisch, Gold-Pippau in Mengen, Enzian, den allerkleinsten und den gelben, punktierten, Wintergrün, Arnika, Arvenwald und die »Leerzeile« dazwischen –
> Herzlich Euer Paul[5]

Von Unstetigkeit ist die Rede und davon, noch zwei Wochen zu bleiben. Mehrere Elemente aus *Gespräch im Gebirg* sind in diesem Brief vorgeprägt. Die Formulierung: *nun hier, oben,* korrespondiert mit dem Schluss des Prosatextes: *auf dem Weg hier zu mir, oben.* Auffällig ist in beiden Fällen die Stellung von »oben« mit dem Komma davor. Klanglich sind die beiden Versionen praktisch identisch. Die *Leerzeile,* gemäß der Herausgeberin ein Zitat aus *Sommerbericht* in *Sprachgitter,*[6] erscheint leicht abgewandelt in *Gespräch im Gebirg* wieder als *Leerstelle.* Die Differenz ist insofern bedeutsam, als eine Leerzeile auf ein Gedicht mit Strophenform verweist, während der Prosatext *Gespräch im Gebirg* keine einzige Leerzeile enthält. Die Alpenflora spielt im Brief wie im späteren Prosatext eine wichtige Rolle. Das *Schweizer-Deutsch im Ohr,* das wohl den klangvollen deutschen Dialekt des Oberengadins bezeichnet (wo

---

4   Peter Szondi: Briefe. Hg. von Christoph König und Thomas Sparr. Frankfurt am Main: Suhrkamp 1993, S. 89.

5   Celan/Lenz, Briefwechsel (wie Kap. 4, Anm. 10), S. 119.

6   Celan, Gesammelte Werke in fünf Bänden (wie Vorbemerkungen, Anm. 2), Bd 1, S. 192.

nicht Rätoromanisch gesprochen wird), könnte einen Beitrag zur Rolle des Volkssprachlichen in *Gespräch im Gebirg* geleistet haben.

Die *Leerzeile* verführt mich zu einem kleinen Exkurs.

Exkurs: *Sommerbericht*

Das Gedicht *Sommerbericht*, das Celan im Brief zitiert, ist ungefähr ein Jahr vor diesem Brief und vor *Gespräch im Gebirg*, am 18.8.1958, entstanden und weist in verschiedener Hinsicht eine Verwandtschaft mit *Gespräch im Gebirg* auf.[7]

SOMMERBERICHT

Der nicht mehr beschrittene, der
umgangene Thymianteppich.
Eine Leerzeile, quer
durch die Glockenheide gelegt.
Nichts in den Windbruch getragen.

Wieder Begegnungen mit
vereinzelten Worten wie:
Steinschlag, Hartgräser, Zeit.

Das Gedicht evoziert durch den *Thymianteppich* eine alpine Szenerie. Es ist, wie *Gespräch im Gebirg*, zunächst von Vermeidung, von Mangel, von Leere gekennzeichnet. Während ein anderer Sommerbericht vielleicht vom Liegen oder Gehen auf dem Thymianteppich und den ihn umsummenden Insekten, von der Schönheit der Glockenheide (einem Heidekrautgewächs) und von Erlebnissen im Windbruch (der Schneise, die ein Sturm in den Wald geschlagen hat) erzählen würde, finden hier all diese Dinge explizit nicht statt: Der Thymianteppich wird umgangen, ja er wird ausdrücklich *nicht mehr* beschritten. Durch die Glockenheide wird eine Leerzeile gelegt. Die Blume wird also nicht mehr gepflückt, nicht mehr bewundert, nicht beschrieben und auch nicht mehr im Gedicht angesprochen. Sie ist ein Wort.

Eine Leerzeile ist eine Zeile, auf der nichts steht. Sie trennt im Gedicht die Strophen voneinander ab, indem sie weißes Papier unbedruckt lässt. Sie ist also etwas, bewirkt etwas, indem sie nichts ist, denn erst durch die Leerzeile werden Strophen zu Strophen oder Abschnitte zu Abschnitten. Die leere Zeile schafft Platz für eigene Gedanken, für den Nachhall der Wörter und Zeit zum Atmen. Die *Leerzeile* weist auf die sprachliche Vermittlung der Glockenheide im Gedicht hin. Würde man tatsächlich eine Leerzeile durch das Wort *Glockenheide* legen, etwa zwischen Glocken und Heide, würde die Vorstellung der Blumen namens Glockenheide durchkreuzt. In verschiedenen Strophen könnten Glocken und Heide in unterschiedlichen Bedeutungszusammenhängen

---

[7]   Vgl. Celan, Die Gedichte (wie Kap. 1, Anm. 54), S. 663.

stehen. Tatsächlich wird die Leerzeile im Gedicht aber erst etwas später, nach der fünften Zeile, eingetragen.

In den Windbruch, heißt es weiter, wird ein »Nichts« getragen. Wird da nichts getragen oder ein Nichts? Ist das überhaupt ein Unterschied; wäre denn ein Nichts etwas? – Auf welches konträre Bild sich die Zeile bezieht, was es also bedeuten würde, etwas in den Windbruch zu tragen, was oder warum etwas dahin getragen würde, wird nicht gesagt. Das Nichts, das in den Windbruch getragen wird, wird jedoch sinnfällig in der Leerzeile, die nun folgt.

Das Gedicht, das im Band *Sprachgitter* enthalten ist, ist durch Vermeidung, Leere gekennzeichnet. Dies schlägt sich auch in der Syntax nieder. Ein handelndes Subjekt ist darin sprachlich ausgespart und ebenso alle konjugierten Verben. Die erste Strophe ist ganz in Passivkonstruktionen gehalten. Das Subjekt fehlt von Zeile zu Zeile aufdringlicher. Werden die Verse der ersten Strophe in Gedanken zu ganzen Sätzen ergänzt, wird auch syntaktisch deutlich, was alles diesem »Sommerbericht« eigentlich fehlt. Und dies eben ist von Bedeutung. Das ausgesparte, das nicht vorhandene Subjekt hat also die einen, naheliegenden, erwartbaren Dinge nicht getan und stattdessen eine Leerzeile in die Glockenheide gelegt. Nicht mehr die Natur, die Blume wird dichterisch gestaltet, sondern der Name der Blume wird zum Gegenstand der Gestaltung, und diese besteht nun ausgerechnet in einer Leerzeile – einer eingeschobenen Wortlosigkeit. Thema dieses Gedichts ist, wenn schon der Sommer, dann der dichterische Umgang mit dem Sommer, genauer: der Umgang mit den Sommerworten. Man könnte von einem Sommergedichtbericht sprechen.

In der zweiten Strophe – nach der Leerzeile – finden nun Begegnungen statt: aber nicht etwa mit der Natur, sondern *mit vereinzelten Worten*, wie es heißt. Und wieder fehlen ein Ich und ein Verb, nun noch dringlicher nahegelegt und ausgespart durch die Formulierung *Begegnungen mit*. Mit welchen Worten findet eine Begegnung statt? Mit *Worten wie Steinschlag, Hartgräser, Zeit*. Also nicht etwa mit *Thymianteppich* oder *Glockenheide*. Der Thymianteppich aus der ersten Strophe korrespondiert mit den Hartgräsern (beides sind Pflanzen), die Glockenheide mit dem Steinschlag (dies über die semantische Verbindung von Glocke und Schlag), der Windbruch vielleicht mit der Zeit (Wind und Zeit als zwei nicht fassbare, nur in ihren Auswirkungen wahrnehmbare »Dinge«). Die neuen Wörter zeigen eine brutalere, weniger romantische Natur an: Steinschlag, Hartgras. Die Begegnungen, von denen die Rede ist, finden aber gar nicht mit den Dingen selbst statt, sondern mit den zugehörigen Worten. Was dann »Steinschlag«, »Hartgras« und »Zeit« wohl alles zu sagen haben? –

Das Gedicht ist hier zu Ende, der Leser, die Leserin bleiben allein zurück mit den Worten. In Übereinstimmung mit Celans Poetik könnte man auch formulieren: der Sommerbericht ist zu Ende, das Gedicht beginnt erst jetzt, im Nachhall der Worte *Steinschlag, Hartgras, Zeit*, wenn sich jemand findet, der bereit ist, ihnen nachzuhören; sich zum Gedicht in Beziehung zu setzen, ihm zu begegnen.

Ein in Teilen sehr ähnlicher Prozess spielt sich nun in *Gespräch im Gebirg* ab. Statt Thymian und Glockenblume stehen hier Türkenbund und Rapunzel. Sie werden von den Figuren zuerst nicht gesehen. Die beiden Juden gehen mit einem Stock auf dem Steinweg, was ein gleichmäßiges Klopfgeräusch (einen *Steinschlag*?) erzeugt. Als sie stehen bleiben, wird es still, da das Geräusch des auf den Stein klopfenden Stocks verstummt. In diese Lücke, *eine Leerstelle,* hinein beginnen die beiden zu reden. Im Gespräch geht es um die sie umgebende Natur, die nicht für sie gedacht sei; es sei eine Sprache *ohne Ich und ohne Du.* Sie fühlen sich also nicht angesprochen durch die Natur und können deshalb auch nicht auf sie antworten. Sie fragen sich dann, warum sie denn überhaupt hierher gekommen seien, und der eine kommt zum Schluss, dass es wegen des Miteinander-Redens sei. Das *Reden mit dem Stock* genügt ihm nicht mehr, denn der rede bloß zum Stein. – Der Stein jedoch rede überhaupt nicht, unterweist ihn der andere, sondern spreche, ohne Worte, als Stein: *er und nur er.* Was er sagt, *Hörst du?,* sei an niemand gerichtet, *niemand und Niemand.* Der Angesprochene, der zu *Hörstdu* Hypostasierte, gebe keine Antwort, erklärt wieder der andere, aber er selbst: *aber ich.* Er wird also gewissermaßen selber *Hörstdu,* denn er hat gehört und antwortet nun. Er erzählt eine Geschichte, die erklärt, warum er den Türkenbund nicht sehen konnte; er war an eine zunächst verdrängte Erinnerung geknüpft. In deren Erzählen findet die Figur selber zur Sprache. Der Stein- resp. Stockschlag ist ihr zur Frage: *Hörst du?* geworden. Am Ende setzt sie sich in ein Verhältnis zu Türkenbund und Rapunzel und sagt von sich: *ich auf dem Weg hier zu mir, oben.*

Liest man *Sommerbericht* und *Gespräch im Gebirg* miteinander, kann man das Verhältnis zwischen beiden so auffassen, dass *Gespräch im Gebirg* sich an das (ein Jahr ältere) Gedicht anschließt. Die alpine Szenerie, die frag- und antwortlose Natur, die Realität der Sprache und der Umgang damit, anstelle einer unmittelbaren Begegnung mit der Welt, sind beiden gemeinsam. Der Sommerbericht in Form eines Gedichts kommt, als Bericht, entgegen der Gattungkonvention, ohne handelnde Person und ohne konjugierte Verben aus und als Gedicht, ebenfalls gegen die Gattungseigenschaft, ohne Ich. Diesem »Sommergedichtbericht«, in dem der Sommer kaum mehr eine Rolle spielt und Begegnungen mit Worten statt, wie erwartet werden könnte, Naturerlebnisse berichtet werden, folgt ein Prosatext namens *Gespräch,* der erst auf den dritten Blick wieder ein solches (d. h. ein Gespräch) ist.

5.4   Peter Szondi an Paul Celan, Sils, 4. August 1959

Lieber Herr Celan,
Adorno hat *Sprachgitter* doch nicht bekommen und würde sich natürlich sehr freuen, wenn Sie sie ihm schicken wollten.
Sie wissen, wie leid es ihm tut, Sie nicht mehr hier getroffen zu haben.
Von mir die herzlichsten Grüße, auch an Ihre Frau und Eric.

Stets Ihr
Peter Szondi[8]

Szondi scheint auch hier, nach dem »Versäumnis«, wie schon beim Arrange-
ment des Treffens, eine Vermittlerrolle zwischen Adorno und Celan innezuha-
ben. In einem weiteren Brief vom 3. September 1959 bestätigt er – auf Celans
Bitte hin – die Ankunft der von diesem geschickten Bücher für Adorno und
entschuldigt diesen, da er noch nicht selber geschrieben hat, mit »Arbeit« und
»Gesellschaft (im konkretesten Sinn)«.[9] Aus der Formulierung »Sie wissen,
wie leid es ihm tut, […]« kann nicht eindeutig geschlossen werden, wessen das
Versäumnis war. Offensichtlich ist jedoch, dass Szondi sich sehr um den Kontakt der beiden bemüht und auch darum, die Folgen des misslungenen Treffens
klein zu halten. Irritierend genug, dass er für Adorno bittet, ihn entschuldigt.

5.5   Paul Celan an Rudolf Hirsch, 19. Oktober 1959

Der Begleitbrief zu *Gespräch im Gebirg*, den Celan seinem Lektor Rudolf
Hirsch, dem Geschäftsführer beim S. Fischer Verlag und Redakteur der *Neuen
Rundschau*, schreibt, weist auf die Virulenz des Antisemitismus in den fünfzi-
ger Jahren in Deutschland hin und auf Celans Wahrnehmung davon.

> Hier kommt die kleine Prosa, die ich nach meiner Rückkehr aus der Schweiz
> schrieb, Anfang August. Der Aufsatz von Blöcker[10] – er könnte auch von Goebbels
> sein – zeigt, dass sie ›stimmt‹. Auch das Judendeutsch, in dessen Licht auch der Ti-
> tel steht, ist *richtig*.[11]

Aus dem Brief geht hervor, dass Celan das »Judendeutsche« besonders im
Zusammenhang mit der Rezension von Günter Blöcker, den Celan durch den
Vergleich mit Goebbels unmissverständlich als Antisemiten darstellt, wichtig
ist. Das Jiddische wird von Celan, wie das *Krummnasige*, dem Antisemitismus

---

8   Szondi, Briefe (wie Anm. 4), S. 92.
9   Paul Celan/Peter Szondi: Briefwechsel. Mit Briefen von Gisèle Celan-Lestrange an
    Peter Szondi und Auszügen aus dem Briefwechsel zwischen Peter Szondi und Jean
    und Mayotte Bollack. Hg. von Christoph König. Frankfurt am Main: Suhrkamp
    2005, S. 12.
10 Günter Blöcker, deutscher Journalist und Literaturkritiker, geboren 1913, schrieb
    eine verständnislose und ablehnende Rezension zu *Sprachgitter*, die Celan als anti-
    semitisch empfand. Die Rezension von Blöcker erschien gemäß Bertrand Badiou am
    11.10.1959 im Berliner *Tagesspiegel* (Paul Celan/Gisèle Celan-Lestrange: Brief-
    wechsel. Mit einer Auswahl von Briefen Paul Celans an seinen Sohn Eric. Hg. und
    kommentiert von Bertrand Badiou in Verbindung mit Eric Celan. Aus dem Franzö-
    sischen von Eugen Helmlé. Anmerkungen übersetzt und für die deutsche Ausgabe
    eingerichtet von Barbara Wiedemann. 2 Bde. Frankfurt am Main: Suhrkamp 2001,
    Bd 2, S. 116).
11 Celan/Hirsch, Briefwechsel (wie Kap. 1, Anm. 138), S. 86.

entgegengestellt.[12] Wie sehr Celan *Gespräch im Gebirg* im Zusammenhang mit dem Kampf gegen den Antisemitismus sieht, geht auch daraus hervor, dass er Rudolf Hirsch im Telegramm vom 31.12.1959 bittet, das Gedicht *Wolfsbohne,* das er ihm am 23. Oktober mit direktem Bezug auf Blöcker geschickt hatte, nicht zu veröffentlichen, da es zu persönlich sei, jedoch *wenn möglich statt dessen Gespräch im Gebirg.*[13]

5.6 Paul Celan an Theodor W. Adorno, Paris, 23. Mai 1960. Mit einem Exkurs zu *Eine Gauner- und Ganovenweise / gesungen zu Paris emprès Pontoise / von Paul Celan / aus Czernowitz bei Sadagora*

Im Begleitbrief zu *Gespräch im Gebirg* an Adorno schreibt Celan:

> Liebe, verehrte gnädige Frau! Lieber, verehrtester Herr Professor!
> Hier kommt nun, mit meinem herzlichen Dank, die kleine, zu Ihnen nach Sils hinaufäugende, Prosa, von der ich Ihnen in Frankfurt erzählte. (Seltsam, dass sie sich jetzt als zur ›Vorgeschichte‹ meines Büchnerpreises gehörend herausstellt …) Es ist schon der Titel ›judendeutsch‹ … Es ist – assumons donc ce que l'on nous prête! – etwas durchaus Krummnasiges … an dem das Dritte (und wohl auch das Stumme) vielleicht wieder gerade werden kann. Ob es sonst noch etwas ist? Erworbener und zu erwerbender Atavismus vielleicht, auf dem Weg über Involution erhoffte Entfaltung … Ob es Ihnen gefällt? Ich wüsste es nur allzu gerne! […].[14]

Aus dem Brief geht hervor, dass sich Celan und Adorno davor in Frankfurt getroffen haben.[15] Ob dies die erste Begegnung der beiden war? Ob damit nun die versäumte Begegnung in Sils Maria »nachgeholt« wurde?

---

[12] Vgl. zur Verwendung der Begriffe »Judendeutsch« und »Jiddisch« und zur Rolle des Jiddischen in *Gespräch im Gebirg* ausführlich Sieber, »Judendeutsch« und »krummnasig« (wie Kap. 1, Anm. 56). Vgl. auch Bollack, Paul Celan: Poetik der Fremdheit (wie Kap. 3, Anm. 17), S. 193: »Die Juden waren nicht so sehr Juden für die anderen, wie das Sartre wollte; sie waren vielmehr die Anderen in ihrer Eigenschaft als Juden, auf dem Grund einer religiösen und politischen Ungebundenheit. […] Sie kämpften für das Recht auf Integrationsverweigerung. Der Antisemitismus in der neueren Geschichte hat sich mit Gewalt gegen diese Form eines Judentums zweiten Grades gewendet, und zwar überall dort, wo es, wie bei Celan, den Willen und die Kraft besaß, sich Anerkennung zu verschaffen.«

[13] Celan/Hirsch, Briefwechsel (wie Kap. 1, Anm. 138), S. 96.

[14] Paul Celan/Theodor W. Adorno: Briefwechsel 1960–1968. Hg. von Joachim Seng. In: Frankfurter Adornoblätter 8 (2003), S. 177–202, hier S. 179.

[15] Ein Treffen der beiden in Frankfurt zwischen dem 10. und 14. Mai (im Zusammenhang der Goll-Affaire) ist verzeichnet auf der Zeittafel im Kommentarband zum Briefwechsel Celans und seiner Frau (Celan/Celan-Lestrange, Briefwechsel [wie Anm. 10], Bd 2, S. 439).

Der Ton des Briefes ist verbindlich, freundlich, wirkt fröhlich und spontan, und doch wird subtil Distanz zum Empfänger markiert. Die Neugierde, die Celan in Bezug auf Adornos Reaktion ausdrückt, zeigt an, dass er sich dieser keinesfalls sicher ist. Ob ihm so viel an der Anerkennung Adornos liegt? Man könnte leicht auch darin die kalkulierte Provokation ausgedrückt sehen, für die ich *Gespräch im Gebirg* halte.

Celan insistiert im Brief auf dem Jüdischen des Textes; dem Widerständigen am Text und am Jüdischen, das er mit dem Wort *Krummnasiges* belegt.[16] Das Krummnasige ist das Paradigma fürs Jüdische. Das Jüdische stellt bei Celan das Paradigma für das Andere, Fremde dar und der Umgang damit den Testfall für Humanität resp. Bestialität. Dies belegen Stellen wie:

> Wer nur der Mandeläugig-Schönen die Träne nachzuweinen bereit ist, der tötet auch sie [,] gräbt sie nur, die Mandeläugig-Schöne, nur zum andern Mal tiefer ins Vergessen. – Erst wenn du mit deinem allereigensten Schmerz zu den krummnasigen, bucklichten und mauschelnden und kielkröpfigen Toten von Treblinka, Auschwitz und anderswo gehst, dann begegnest du auch dem Aug und seinem Eidos: der Mandel. (TCA, ME, S. 128)[17]

Auch das Zitat von Marina Zwetajewa, das Celan dem Gedicht *Und mit dem Buch aus Tarussa* im Buch *Die Niemandsrose* vorangestellt hat, belegt diesen Zusammenhang.[18] Es ist doppelt und dreifach fremd – als Wort einer andern Dichterin, als russisches, als in kyrillischem Alphabet gedrucktes –, des Sinns: »alle Dichter sind Juden«, wobei das Wort für Juden ein diskriminierendes, pejoratives ist, etwa mit »Saujuden« wiederzugeben.[19] Der Dichter wird hier mit dem Juden identifiziert als dem Außenseiter, dem Verachteten, dem Fremden, dem Verfemten; im positiven Sinn dem Widerständigen, nicht zu Vereinnahmenden.

Menschlichkeit steht und fällt damit, ob im Jüdischen das Menschliche und zugleich das Andere, Fremde wahrgenommen werden kann und im Menschlichen das Jüdische, das Andere. Menschlich- und Jüdisch-Sein werden insofern eins. In der Ethik von Celans Poetik geht es darum, dem Andern menschlich zu begegnen, indem man ihm sein *Eigenstes* lässt (ME, S. 199). Celans Poetik fordert dies von den Gedichten wie von deren Leserinnen und Lesern. (vgl. Kap. 3.2). Dieses auf der Alterität begründete Ethos ist wohl, nach den Erfahrungen des zwanzigsten Jahrhunderts, das einzige, das vielleicht noch für Humanität bürgen kann. Der Dichter, insofern er diesem Ethos entspricht, als

---

[16] In seinen Notizen finden sich mehrere Belege für diesen Ausdruck (TCA, ME, S. 128f.). Vgl. auch den anschließenden Exkurs.

[17] Vgl. auch die im Kap. 2.3 zitierte Notiz (TCA, ME, S. 129, 406), die aussieht wie ein Entwurf zum Brief an Adorno.

[18] Celan, Gesammelte Werke in fünf Bänden (wie Vorbemerkungen, Anm. 2), Bd 1, S. 287.

[19] Vgl. Bollack, Paul Celan: Poetik der Fremdheit (wie Kap. 3, Anm. 17), S. 199f.

Urheber des Gedichts, als im Gedicht Sprechender, ist also Jude, ist Mensch im emphatischen Sinne.[20]

Gespräch im Gebirg ist nun also *krummnasig*, es stellt sich abseits, es fordert die Leserinnen und Leser heraus; es will in seiner Krummnasigkeit wahr- und ernst genommen werden.

Celan spricht Adorno im Brief als Juden an: *assumons donc* […]. Er setzt die ihnen beiden unterstellte Krummnasigkeit als das sie beide vereinigende Element.

Celans Aufforderung besteht darin, sich die zugeschriebene Krummnasigkeit in idealer Hinsicht zu Eigen zu machen im Widerstand gegen die Vernichtung des Andern, die »Auslöschung des Nicht-Identischen«, um mit Adorno zu sprechen. Die Krummnasigkeit macht demnach den Menschen zum Juden, zum Dichter, zum Philosophen und alle drei zu wirklichen, zu »humanen« Menschen.

Wenn aber die »Krummnasigkeit« so essentiell ist, was soll denn und warum soll etwas wieder gerade werden, wie es in der Fortsetzung heißt? Was ist mit dem »Dritten« gemeint? Ist Gerade-Werden das Gegenteil von oder die Entsprechung zum Aufsichnehmen der Krummnasigkeit? Handelt es sich um verschiedene »Krummheiten«? Ist Celan hier eine schiefe Metaphorik unterlaufen oder inszeniert er bewusst ein Spiel mit dem Wort »krumm«, das im Sinne von »krumme Dinge tun« ja noch einen ganz anderen Sinn hat, den der Unlauterkeit? – Entspricht das Dritte (im Brief an Adorno) dem Dritten (maskulin) in der Notiz zu *Gespräch im Gebirg* (s. o.)? Und was ist das Stumme? Warum und inwiefern soll das Stumme gerade werden? –

In der Fortsetzung der Briefstelle heißt es, das *Gespräch*, resp. seine »Krummnasigkeit«, sei ein erworbener und zu erwerbender Atavismus. Während schon ein erworbener Atavismus eigentlich ein Oxymoron darstellt, ist dieser Atavismus auch zugleich noch in die Zukunft verlegt, ein zu erwerbender: ein Projekt, eine Pflicht, eine Aufgabe, etwas zu Erbringendes.

Der Atavismus ist die »Krummnasigkeit« des Textes, das *Jüdelnde*. Diese »Krummnasigkeit« ist eine zweiten Grades, also nicht die unterstellte, wie es in der Notiz (TCA, ME, S. 129) heißt. Sie entspricht damit dem erworbenen Atavismus. Celan bezeichnet sein *Gespräch* im Brief an Adorno aber auch als zu erwerbenden Atavismus: *assumons donc, ce que l'on nous prête!* Darin lässt sich die mit dem Text verbundene Aufforderung an Adorno sehen, sich in der ihm so unähnlichen Figur des Juden Groß zu sehen; selber jüdischer im Sinne von

---

[20] Vgl. zu Celans Verhältnis zum Judentum auch den Briefwechsel mit Hanne und Hermann Lenz, worin das Judentum v. a. in den Briefen von und an Hanne Lenz gelegentlich Thema ist (etwa die Briefe Nr 101, 105, 120). Im letztgenannten schreibt Celan: »[…] ich *bin* Jude; zum Vertreter des Judentums fühle ich mich nicht berufen. Jude*sein*, das ist subjektiv und existentiell, in dieser Zeit, in der man das Jüdische nur allzugern, nur allzuleicht zum – so oder so manipulierbaren – Objekt zu pervertieren weiß, schwer und … jüdisch genug: *menschlich* genug.« (Celan/Lenz, Briefwechsel [wie Kap. 4, Anm. 10], S. 150; Hervorhebungen im Original).

»krummnasiger« zu werden.[21] *Gespräch im Gebirg* hat auch in seiner Form etwas Atavistisches: sein an der Oberfläche volkstümlicher Stil, das schillernde Zitat antisemitischer Klischees. Der Text ist eine Herausforderung für Adorno, er ist von ihm, wie auch von seinen Leserinnen und Lesern, zu erwerben.

Exkurs

Für die Sinnhaftigkeit der Briefstelle im Wortlaut spricht eine ähnliche Wendung im Gedicht *Eine Gauner- und Ganovenweise gesungen zu Paris emprès Pontoise von Paul Celan aus Czernowitz bei Sadagora*,[22] das ich in einem kleinen Exkurs zitieren und interpretieren will.[23]

EINE GAUNER- UND GANOVENWEISE
GESUNGEN ZU PARIS EMPRÈS PONTOISE
VON PAUL CELAN
AUS CZERNOWITZ BEI SADAGORA

> *Manchmal nur, in dunkeln Zeiten,*
> Heinrich Heine, An Edom

Damals, als es noch Galgen gab,
da, nicht wahr, gab es
ein Oben.

Wo bleibt mein Bart, Wind, wo
Mein Judenfleck, wo
Mein Bart, den du raufst?

---

[21] Gemäß Bollack teilte Celan Adorno »mit viel Ironie« mit, »dass er in diesem Text durch eine Figur repräsentiert wird, die etwas anderes darstellt als ihn, die sogar sein Gegenteil war: ein ›Jude‹, wie Adorno es eben nicht war.« In Bollacks Formulierung wird nicht ganz deutlich, ob dies seine Interpretation von *Gespräch im Gebirg* ist oder ob Celan selber sich Adorno gegenüber so geäußert hat. Die Fortsetzung bezieht sich jedoch eindeutig auf den Text: »Er [Celan] gibt seiner Figur die Züge Adornos und führt sie Adorno in der Absicht vor, ihm zu sagen, wer er ist, indem er ihm mit einem ironischen Lächeln zeigt, was er nicht ist« (Bollack, Paul Celan: Poetik der Fremdheit [wie Kap. 3, Anm. 17], S. 211–212).

[22] Celan, Gesammelte Werke in fünf Bänden (wie Vorbemerkungen, Anm. 2), Bd 1, S. 229f.

[23] Das Gedicht gehört zum Band *Die Niemandsrose* und entstand in einer ersten Fassung, in der die Strophen 1–4 bereits in der definitiven Form sind, am 16.2.1961. Erstdruck in: Die Neue Rundschau 74 (1963), S. 55. Zu den Vorstufen s. den Band *Die Niemandsrose* in der Tübinger Celan-Ausgabe: Paul Celan: Die Niemandsrose. Vorstufen, Textgenese, Endfassung. Tübinger Ausgabe. Hg. von Jürgen Wertheimer. Bearbeitet von Heino Schmull unter Mitarbeit von Michael Schwarzkopf. Frankfurt am Main: Suhrkamp 1996. Für Erläuterungen und Stellenkommentar siehe Georg-Michael Schulz: Eine Gauner- und Ganovenweise. In: Jürgen Lehmann (Hg.): Kommentar zu Paul Celans »Die Niemandsrose«. Heidelberg: Winter 1997 (Beiträge zur neueren Literaturgeschichte. 3. Folge; 149), S. 131–136.

Krumm war der Weg, den ich ging,
krumm war er, ja,
denn, ja,
er war gerade.

Heia.
Krumm, so wird meine Nase.
Nase.

Und wir zogen auch nach *Friaul.*
Da hätten wir, da hätten wir.
Denn es blühte der Mandelbaum.
Mandelbaum, Bandelmaum.

Mandeltraum, Trandelmaum.
Und auch der Machandelbaum.
Chandelbaum.

Heia.
Aum.

Envoi

Aber,
aber er bäumt sich, der Baum. Er,
auch er
steht gegen
die Pest.

In diesem Gedicht geht es zunächst um die Umkehrung gewohnter Zuordnungen, wie schon im Titel angezeigt ist: Paris definiert sich von Pontoise her, Czernowitz von Sadagora, anstatt, wie zu erwarten wäre, umgekehrt. Die Kleinstadt Sadagora war das Zentrum des Chassidismus, Czernowitz die Hauptstadt der Bukowina zur Zeit der Habsburgermonarchie. *De Paris emprès Pontoise* ist ein Zitat von François Villon, einem bekannten Balladendichter aus dem 15. Jahrhundert, in dessen etwas ordinärem, scherzhaft-bitterem Gedicht einer spricht, der am Galgen hängt. Von Villon sind auch formale Eigenheiten des Gedichts, wie der »Envoi«, übernommen.[24] Paul Celan singt eine *Gauner- und Ganovenweise* (Ganove ist das jiddische Wort für Gauner), in der ein deutsches Landsknechtslied zitiert wird. Deutsches und Jüdisches wird

---

[24] Gemäß Kröners Sachwörterbuch der Literatur (wie Kap. 1, Anm. 85) bezeichnet »Envoi« ein Geleit, eine Widmung oder ein Postskript, das in der romanischen Ballade (etwa auch bei Villon, vgl. Schulz, Eine Gauner- und Ganovenweise [wie Anm. 23], S. 135) üblich war und eine Widmung, Schlussfolgerung oder Zusammenfassung enthält. Vgl. auch Celan, Die Niemandsrose (wie Anm. 23), S. 40–45.

vermischt, durcheinander geschüttelt: Gauner und Ganove, Machandelbaum und Chandelbaum. Zur Figur und Motivik der Verkehrung passen auch die Schüttelreime in den Versen 17 und 18.

Dem Gedicht ist ein Heine-Zitat als Motto vorangestellt: *Manchmal nur, in dunkeln Zeiten.* Dieses Zitat stammt aus dem Gedicht *An Edom!*, in dem es um die schon damals, wie von Heine wahrgenommen und dargestellt, prekäre sogenannte deutsch-jüdische Symbiose geht, die in erster Linie eine Geschichte jüdischen Leidens ist und, wie der zweideutige Schluss von Heines Gedicht anzeigt, Selbstaufgabe fordert oder aber wehrhaftes »Rasen« auch von den Juden, wodurch dann die Freundschafts- und Brüderlichkeitslüge vollends entlarvt würde.[25] Die Brüderlichkeit ist eine sehr ungleiche, die Beziehung von Hass geprägt. Heines Gedicht ist abgründig ironisch, jenes Celans weist zugleich spielerische und sarkastische Momente auf, erst im *Envoi* wird es ernsthaft in der Ausdrucksweise. Vom Landsknechtslied *Wir zogen in das feldt*, das anzitiert wird und nichts Gutes erahnen lässt, führt es zum *Mandelbaum,* und von dort, durch verschiedene Wortspiele, über den *Machandelbaum* des Grimmschen Märchens zum *Chandelbaum.* »Chandel« ist das rotwelsche (und, als »chandelle«, das französische) Wort für Kerze, der »Chandelbaum« ruft daher den siebenarmigen jüdischen Leuchter auf, die Menora. Im Envoi wird der Baum nochmals aufgenommen und umgedeutet: Das Gedicht endet ernst mit dem Aufbäumen des Baumes. Vom Baum ergibt sich eine Verbindung zum Galgen aus der ersten Strophe.[26]

Der scherzhafte Ton des Gedichts, das Motiv der Verkehrung und der Galgen/Baum verweisen auch auf das jüdische Purimfest. An diesem Fest feiern die Juden die Verkehrung der bösen Absicht Hamans, des königlichen Beamten, der die Juden des ganzen persischen Reichs ausrotten wollte, in einen Triumph der Juden dank dem Mut der Königin Esther und des Dieners Mordechai. An dem Galgen, den Haman für Mordechai aufgestellt hatte, hing er schließlich selber. Esther und Mordechai erreichten beim König – Esther unter Einsatz ihres Lebens – dass der Erlass, der die Ausrottung der Juden vorschrieb, ersetzt wurde durch einen andern, in dem den Juden das Recht auf Ausübung ihrer Gesetze und auf einen Tag der Vergeltung an ihren Feinden eingeräumt und dem ganzen Reich Frieden und Sicherheit in Aussicht gestellt wurden.[27] Verschiedene Bräuche rund ums Purimfest wie Scherze, respektlose Kritik an Autoritäten, Clownerien und Verkleidungen beruhen auf dem Motiv

---

[25] Vgl. dazu Gershom Scholem: Judaica 2. Frankfurt am Main: Suhrkamp 1970 (Bibliothek Suhrkamp; 263), S. 7–11: *Wider den Mythos vom deutsch-jüdischen »Gespräch«.*

[26] Im Hebräischen wird für Galgen dasselbe Wort verwendet wie für Baum: Etz: עץ.

[27] Vgl. das biblische Buch Esther, in dem die ganze dem Fest zugrunde liegende Geschichte von Esther, Mordechai, dem Perserkönig Artaxerxes oder Achaschwerosch und Haman, der die Juden ausrotten wollte, erzählt wird.

der Umkehrung und dem Satz aus Esther 9, 1: »Das Gegenteil geschah.«[28] Es ist ein Fest der Ausgelassenheit und Verkehrung.

Die erste erhaltene Version des Gedichts, in der die ersten vier Strophen bereits in der definitiven Form sind, trägt das Datum des 16. Februar 1961. Dieser Tag markierte im jüdischen Kalender bereits den Übergang zum Monat Adar, der im Zeichen des Purimfests steht.

Die Zeiten von Galgen, Bart und Judenfleck, die auf das Mittelalter, die jahrhundertealte Judenverfolgung und das orthodoxe Judentum, aber auch auf die Geschehnisse zur Zeit der Königin Esther, als der Judenhasser selber am Galgen hing, hinweisen, sind vorbei. Damals gab es *ein Oben*. Im Galgen wird deutlich, dass dieses Oben und Unten tödlich war. Es konnte aber auch einmal verkehrt werden, wie das Purimfest in Erinnerung ruft. Die Zeit des Gedichts ist »jetzt«, also »nach Auschwitz«. Gegenüber der Vernichtungsindustrie der Nationalsozialisten nehmen sich die Galgen beinahe menschlich aus: Am Galgen wurden einzelne getötet; ihnen war noch ein individueller Tod »vergönnt«,[29] und ausnahmsweise, wenn auch selten, konnte die herrschende Ordnung sogar einmal umgekehrt werden.

»Auschwitz« erscheint, zumal vor dem Hintergrund von Adornos philosophischer Auseinandersetzung damit, als Projekt einer gigantischen Gleichmachung. Jetzt fehlt der Bart des orthodoxen Juden, der diesen kennzeichnet und der – wohl aus Verzweiflung, wie das Haar – gerauft werden will. Das bartlose – also assimilierte – Ich fragt den Wind, der den fehlenden Bart rauft, wo sein Bart bleibe. Von ihm bekommt es keine Antwort. Da erzählt das Ich aus seiner Vergangenheit: Sein Weg war krumm, weil er gerade war. Der krumme Weg muss phraseologisch verstanden werden, als schlechter, falscher. Der gerade Weg erscheint jetzt also als falsch. Krumm wird jetzt dafür etwas anderes: die Nase. Die krumme Nase wird dem geraden Weg entgegengesetzt.

Wie im Brief ist die Krummnasigkeit hier etwas zu Erwerbendes, und zwar als Reaktion auf eine Welt, die nur Gerades zulassen und das Krumme zerstören will, die Individualität nicht zulässt, oder, mit Adorno gesprochen, das Nicht-Identische auslöscht. Auf die mit der Krummnasigkeit verbundene Widerständigkeit gegen die Barbarei des Gleichen und Geraden weist der dem Gedicht mit einem größeren Abstand beigefügte Envoi hin, das Geleit.

Celan imitiert in diesem Gedicht, Bezug nehmend auf den Brauch des Purimfestes, das Spiel mit der Verkehrung, das Rollenspiel, den heiteren Tonfall. Was vermag die Verkehrung aber in einer Welt, in der es kein Oben und Unten mehr gibt, in der alles gleich sein soll? In Celans Spiel mit der Verkehrung kommt zuallererst die Bedeutung der Unterschiede zum Vorschein.

---

[28] Buber übersetzt: »[…] und es wandelte sich.« Vgl. auch Esther 9,22, im Zusammenhang mit der Einführung des Purimfests: »[Der Tag und der Monat,] der sich ihnen von Kummer zu Freude und von Trauer zu Festtag gewandelt hatte.«

[29] Vgl. dazu Theodor W. Adorno: Gesammelte Schriften. Hg. von Rolf Tiedemann. Frankfurt am Main: Suhrkamp 1970–1986, hier: *Nach Auschwitz*, Bd 6, S. 354–358.

Das Heine-Zitat als Motto grundiert das ganze Gedicht mit einer *dunkeln* Farbe: Assimilation und Duldung sind Betrug, ein Gleichgewicht kann nur durch Widerstand hergestellt werden. Andernfalls droht die Auslöschung. In diese Erkenntnis läuft das Gedicht Celans, wie auch das Gedicht Heines, aus. Ähnlich wie Luciles Ruf »Es lebe der König!« ist das Lob des Oben keine Huldigung an die Hierarchie, sondern Indiz für die verlorene Alterität und eine Huldigung an die *für die Gegenwart des Menschlichen zeugende Majestät des Absurden* (ME, S. 190). Krumme Nase, Bart und Judenfleck sind bei Celan nun die Embleme des Widerstands.[30]

Vergleicht man dieses Gedicht, *Gespräch im Gebirg* oder auch andere Texte Celans, insbesondere jene der *Niemandsrose*, mit Texten von K. E. Franzos, dem der Aufklärung und der deutschen Kultur verpflichteten jüdischen Dichter des neunzehnten Jahrhunderts, der wie Celan aus der Bukowina kam, der erste Büchner-Herausgeber war und von Celan im *Meridian* erwähnt – *wiedergefunden* (ME, S. 202) – wird, wird deutlich, was eine *Krummnasigkeit zweiten Grades*, die *über Involution erhoffte Entfaltung* und der *erworbene und zu erwerbende Atavismus*, der fehlende Bart und die krumm werdende Nase heute bedeuten: Für Franzos mit seinem ungebrochenen Vertrauen in die Aufklärung, in Fortschritt, Menschlichkeit und Toleranz und in die für ihn diese Werte verkörpernde deutsche Kultur bestand die Emanzipation der Juden in der Assimilation. Orthodoxe Juden galten ihm als rückständig. Die große Gleichmacherin Aufklärung sollte es richten.[31] Nach der nationalsozialistischen »Judenvernichtung« ist diese Hoffnung zerschlagen. Die europäische Gesellschaft hat im Zuge der Aufklärung im Holocaust zu einer beispiellosen Vernichtung des Anderen, als das sie vornehmlich das Jüdische betrachtet hat, ausgeholt. Aufklärung schlug in Barbarei um:[32] Der gerade Weg war ein krummer. Dagegen wird jetzt die Nase krumm. Einzige Hoffnung auf Menschlichkeit oder

---

[30] Ein weiterer, beklemmend dringlicher Interpretationsansatz für das Gedicht ergibt sich von der folgenden Stelle aus Adornos Kafka-Essay her: »Im Mittelalter hat man die Folter und Todesstrafe an den Juden ›verkehrt‹ vollzogen; schon an der berühmten Stelle des Tacitus wird ihre Religion als verkehrt angeprangert. Delinquenten wurden mit dem Kopf nach unten aufgehängt. So wie diesen Opfern in den endlosen Sekunden ihres Sterbens die Erdoberfläche ausgesehen haben muss, wird sie vom Landvermesser Kafka photographiert. Nicht um Geringeres als um solche Qual bietet ihm die Optik des Heils sich dar« (Adorno, ebd., Bd 10.I, S. 284). – Joachim Seng weist auf diese Stelle im Zusammenhang mit dem *Meridian* hin. Von der Lenz-Stelle im *Meridian* lässt sich leicht auch eine Linie weiterziehen zu *Gespräch im Gebirg*. Leider muss es hier bei dieser Andeutung bleiben.

[31] Vgl. die Novellen und Romane von K. E. Franzos und besonders die Vorworte (der Ausgaben von 1876 und 1901) zu *Aus Halb-Asien: Land und Leute des östlichen Europas* und *Mein Erstlingswerk: Die Juden von Barnow*, beide in: Karl Emil Franzos: *Kritik und Dichtung. Eine Auswahl seiner Schriften.* Hg. von Fred Sommer. New York, Berlin, Bern u. a.: Lang 1992.

[32] Vgl. zur Analyse dieses Prozesses Max Horkheimer/Theodor W. Adorno: *Dialektik der Aufklärung. Philosophische Fragmente.* 12. Aufl. Frankfurt am Main: Fischer 2000.

wenigstens Widerstand gegen Bestialität liegt in der »Rückentwicklung«, im
Bestehen auf Alterität. Anderssein und der Umgang damit werden deshalb zum
Widerstandsakt und zum Testfall für Humanität.[33]

Celan ist kein orthodoxer Jude und er teilt die Ideale der Aufklärung, aber er
sieht den Weg zu ihrer Verwirklichung nicht mehr in Angleichung, sondern im
Bestehen auf Andersartigkeit; darüber hinaus zeigt er in *Gespräch im Gebirg*
die ganz realen Auswirkungen der den Juden unterstellten negativen Eigenschaften: Er nimmt diese an und auf, gewinnt ihnen etwas Reales ab, löst sie
damit als diskriminierende Vorurteile auf und wandelt sie in Anklagen, wie in
Kap. 1.2 gezeigt wurde. Die Krummnasigkeit ist eine zweiten Grades, weil sie
keine körperliche, keine angeborene und keine typische ist, sondern eine auf
Grund historischer Erfahrung gewordene oder angenommene, eine individuelle. Im Brief an Franz Wurm vom 8. Juni 1963 schreibt Celan über die
»Krummnasigkeit« in der *Gauner- und Ganovenweise*:

> die Krummnasigkeit steht, Sie haben es durchaus richtig gesehen, für jenes Partiku-
> läre, Persönliche, und – lebenslänglich! – Individuelle, das auch aller Poesie einge-
> schrieben bleibt und das man in dieser nur dem Anschein nach so ›lyrischen‹ Zeit
> immer wieder Lügen zu strafen versucht.[34]

Celan spricht auch nicht Jiddisch und hat sich früher kaum mit dem Judentum
identifiziert. Hier tut er es in dezidierter Weise. Christoph Schwerin, der Celan
gekannt und zeitweise für ihn gearbeitet hat, schreibt, dass »die Zeit und nicht
der Glaube« Celan zum Juden gemacht habe.[35] Jude zu sein ist für ihn nun eine
moralische Pflicht: als Treue zu den ermordeten Volks- und Familienangehöri-
gen und als Investition in eine humanere Zukunft. Celans Schlüsselworte »widerstehen« und »entgegenstehen« drängen sich hier auf[36] und seine Gedanken
zum *Verjuden*, etwa:

---

[33] Für einen Zusammenhang zwischen *Gespräch im Gebirg* und *An Edom* und für
Celans unversöhnliche Abgrenzung von Deutschland mit Bezug auf das Judentum –
und eine diesbezügliche Intention gegenüber Adorno – spricht außerdem, dass Celan
Gespräch im Gebirg mit einer kritischen Bemerkung zu Adornos mangelndem Judentum, zusammen mit dem *Meridian*, dem er handschriftlich *An Edom* voranstellt,
im März 1962 an Reinhard Federmann sendet (vgl. Reinhard Federmann: In memoriam Paul Celan. In: Die Pestsäule 1 [1972], S. 90f.; hier Kap. 5.11).

[34] Celan/Wurm, Briefwechsel (wie Kap. 1, Anm. 68), S. 13.

[35] Schwerin, Bitterer Brunnen des Herzens (wie Kap. 1, Anm. 128), S. 75.

[36] Vgl. dazu den Aufsatz *Die Heiligung des Namens* von Hugo Bergmann im Band
Vom Judentum, der sich in Celans Nachlassbibliothek befindet. In diesem Aufsatz
geht es im Kontext des Zionismus als geistlicher Bewegung um die theologische und
spirituelle Frage nach der Möglichkeit und Bedeutung der Heiligung des Namens
Gottes durch den Menschen. Gegen Ende des Aufsatzes erzählt Bergmann vom Rat
der Rabbiner zur Zeit der Römerkriege, »zur Zeit der Verfolgung müsse der Jude es
so ernst nehmen mit der Heiligung des Namens, dass er sich auch weigern müsse,
den Schuhriemen nach heidnischer Art zu knüpfen« (Hugo Bergmann: Vom Judentum. Ein Sammelbuch. Hg. vom Verein jüdischer Hochschüler Bar Kochba in Prag.
2. Aufl. Leipzig: K. Wolff 1913, S. 42). Celan unterstreicht die Stelle ab »weigern«

Man kann verjuden; das ist zwar, zugegeben, schwer und ist, warum nicht auch das zugeben? – sogar schon manchem jüdisch geborenen Juden misslungen; gerade deshalb halte ich das für empfehlenswert
Verjuden: Es ist das Anderswerden, Zum-anderen-und-dessen-Geheimnis-stehn – – Liebe zum Menschen ist etwas anderes als Philantropie – […] (TCA, ME, S. 130f.)
Ich halte Verjudung für empfehlenswert – Krummnasigkeit läutert die Seele. (TCA, ME, S. 131)

Jude sein als Bewusstseinsform heißt also Mensch sein in einem ethischen Sinne, der sich um das Anderssein zentriert. Bollack erzählt von Celans »Eintreten für ein betontes und unveräusserliches Ausgeschlossensein«, das sich in dessen Vorliebe für die »Ostjuden« zeige.[37] Das willentliche Austragen des Ausgeschlossenseins wird dann zum Stachel im Fleisch der Mehrheitsgesellschaft, zum Widerstand, zur Unverfügbarkeit.

Wenn aber Krummnasigkeit die Seele läutert, warum soll dann etwas wieder gerade werden? Gerade werden soll gemäß Begleitbrief an Adorno das Dritte, das wir wohl als den in *Gespräch im Gebirg* aufgerufenen Antisemitismus verstehen müssen, in Übereinstimmung mit dem *Dritten*, der *Blondheiten* sagt, in der Notiz zum *Gespräch im Gebirg* (TCA, ME, S. 129). Bei ihm würde dann das Krumme im Sinne von unstimmig, unlauter gerade werden – allerdings nur, wenn er die Begegnung mit dem *Jüdelnden* erträgt und wagt. Am *Krummnasigen* und durch das *Krummnasige* also soll das Dritte gerade werden.

Die antisemitischen Äußerungen werden in *Gespräch im Gebirg* als solche aufgehoben und gegen sich selbst gewendet, indem Klein/der Erzähler – analog Celan im Brief: *assumons donc ce que l'on nous prête* – sie für sich in Anspruch nimmt und damit auf ihre historisch wahr gewordenen Folgen hinweist: Ja, die Juden sind heimatlos, ja, die Juden wurden enteignet. – Und das Stumme? Stumm sind in *Gespräch im Gebirg* die umgebende Natur und Gott, gewissermaßen auch die beiden Juden. Das Stumme – und hier, so meine ich, reicht keine Dialektik und keine Äquivokation und kein paradoxes Sprachbild hin –, das Stumme wird nicht gerade. Aber es beginnt vielleicht wieder zu sprechen. Und in der Tat wird der Stein im Text für Klein zum Anderen, Sprechenden; Stein und Klein – die beiden sich reimenden Instanzen – bringen einander gegenseitig zum Klingen; das Hören Kleins auf den Stein erlöst beide zum Sprechen.

Celan bringt in diesem kurzen Briefausschnitt neben »Atavismus« noch einen weiteren Begriff aus der Biologie auf: *Involution*. Wörtlich übersetzt »Windung«, »Gewinde«, erinnert der Begriff an Krümmung, auch an Umkehr. Bildungssprachlich wird er laut Brockhaus-Enzyklopädie gebraucht für Rück-

---

im Text und am Rand und notiert dazu am Rand: *Wiedergelesen am 20.2.65/welche Bestätigung!* (Günzel, Das wandernde Zitat [wie Kap. 3, Anm. 10], S. 49).
37 Bollack, Paul Celan: Poetik der Fremdheit (wie Kap. 3, Anm. 17), S. 194f.

bildung, Rückentwicklung.[38] Er ruft über die Kreisvorstellung den Meridian
(als ein *in sich selbst Zurückkehrendes* [ME, S. 202]) auf. Im geometrischen
Sinn meint er eine Abbildung, die, zweimal ausgeführt, die Gegenstände im
Wirkungsbereich (Objektmenge) wieder in den Ausgangszustand zurückführt,
im biologischen Sinn ist Involution die funktions- oder altersbedingte Rückbildung eines Organs. In diesen Bedeutungen ist die Wendung einigermaßen
verständlich; die auf dem Weg über die Involution erhoffte Entfaltung ist dann
ein neuerliches Oxymoron und das Gegenbild zum zu erwerbenden Atavismus.
Während dieser einen in die Zukunft projizierten »Rückfall« darstellt, ist die
über Involution erhoffte Entfaltung eine in die Vergangenheit projizierte Entwicklung: Über eine Rückbildung, Spiegelung, Rück- oder Umkehr soll Entfaltung gelingen, nämlich eben über die Krummnasigkeit, über das Bestehen
auf Andersartigkeit, festgemacht an einer historisch als »Rassemerkmal« quali-
fizierten Eigenschaft. Diese provozierende Sicht wird gestützt durch die soziologische Bedeutung von »Involution«. Dort bezeichnet der Begriff den Verfall
eines sozialen Organismus oder gar die Rückentwicklung demokratischer
Systeme und Formen in vor- und antidemokratische. Wenn Celan von »Involution« spricht, steckt darin auch die Kritik an einer Aufklärung, die in ihrer
Orientierung an Gleichheit letztlich zur gewaltsamen Vernichtung eines Volkes, dem die Rolle des Anderen zukam, beigetragen hat oder sie jedenfalls
nicht verhindern konnte. Entfaltung der Ideen der Aufklärung wird deshalb
von einem Rückgang hinter ihre gesellschaftliche Realität erwartet, um bei
einem neuen Anlauf in ihrem Prozess das je Andere oder, in Adornos Terminologie, das Nicht-Identische zu retten.[39]

5.7   Theodor W. Adorno an Paul Celan, Frankfurt am Main,
13. Juni 1960

Adorno reagiert prompt auf Celans Übersendung von *Gespräch im Gebirg*.
Seine Antwort lautet:

> Lieber und verehrter Herr Celan,
> lassen Sie heute mich Ihnen nur für Ihr höchst merkwürdiges und hintergründiges
> Prosastück aufs herzlichste danken. Natürlich wäre es die bare Unverschämtheit,
> wenn ich beanspruchen wollte, es etwa schon ganz mir zugeeignet zu haben, aber
> ich bin von der Sache außerordentlich beeindruckt. In welcher Richtung, zeigt Ihnen
> vielleicht am ehesten ein Zitat aus dem letzten Kapitel meines Mahlerbüchleins an:
> ›In der dialogisierenden Anlage des Satzes erscheint sein Gehalt. Die Stimmen fal-

---

38 Brockhaus-Enzyklopädie in 24 Bänden. 19., völlig neu bearbeitete Aufl. Bd 10.
Mannheim: Brockhaus 1989, Bd 10, S. 603.
39 Vgl. zum ganzen Kapitel auch Sieber, »Judendeutsch« und »krummnasig« (wie
Kap. 1, Anm. 56).

len einander ins Wort, als wollen sie sich übertönen und überbieten: daher der unersättliche Ausdruck und das Sprachähnliche des Stückes«: Es will mir scheinen, als wäre damit wirklich in die Lyrik ein Element aus der Musik hereingenommen, das es in dieser Weise zuvor nicht gegeben hat, und das mit dem Klischee des musikalischen Wesens der Lyrik nicht das mindeste zu tun hat.[40]

Joachim Seng kommentiert diesen Briefausschnitt folgendermaßen:

Das Einverständnis zwischen Celan und Adorno war niemals größer als in diesem kurzen Dialog über das Prosastück. Nicht nur, dass Adorno Celans Text zur Lyrik zählte, er nahm den poetischen Text auch als poetologische Äußerung wahr. [...] So hatte das fiktive Gespräch im Gebirg – zumindest für kurze Zeit – zu einer wirklichen Begegnung geführt.[41]

Mir will es scheinen, dass die Antwort Adornos eher eine gewisse, wortreich überspielte, Verlegenheit ausdrückt und ein fundamentales Missverständnis: Er zeigt sich beeindruckt über das »höchst merkwürdige und hintergründige« Prosastück. Er geht überhaupt nicht auf die im Stück zentrale und in Celans Begleitbrief noch besonders hervorgehobene Thematik des Judentums ein.[42] Statt mit der »Krummnasigkeit« setzt er sich lieber mit der Ästhetik des Textes auseinander (die er obendrein – wie sich noch zeigen wird – verfehlt). Er antwortet mit einem Ausschnitt eines schon geschriebenen musikästhetischen Textes; das Fremde, Befremdende gerade dieses Textes von Celan umgeht er so. Insofern als Celan schon früher musikästhetische Äußerungen Adornos für seine Gedichte in Anspruch genommen hat, wie Seng zeigt, könnte er die Antwort zwar mit Genugtuung zur Kenntnis genommen haben.[43] Jedoch nimmt Adorno gerade das Prosahafte des Textes nicht wahr, dessen Bedeutung in Kap. 2.2 und 3.3 herausgearbeitet wird, und muss ihn deshalb auch ästhetisch verfehlen.[44]

---

40 Celan/Adorno, Briefwechsel 1960–1968 (wie Anm. 14), S. 181.

41 Joachim Seng: »Ab- und Wiesengründe. Celan, Adorno und ein versäumtes Gespräch im Gebirg.« In: Frankfurter Rundschau vom 25.11.2000, S. 5.

42 Im Aufsatz im Zusammenhang mit der Herausgabe des Briefwechsels äußert Seng sich denn auch vorsichtiger: »Während Adorno in seinem Antwortschreiben auf die jüdische Komponente des Textes mit keinem Wort eingeht, sondern lediglich den poetischen Gehalt zu beschreiben versucht [...]« (Seng, »Die wahre Flaschenpost« [wie Kap. 4, Anm. 12], S. 156).

43 Joachim Seng: »Von der Musikalität einer graueren Sprache. Zu Celans Auseinandersetzung mit Adorno.« In: Germanisch-romanische Monatsschrift, Neue Folge 45 (1995), S. 419–430, hier S. 422.

44 Dass dieses auch für Celan selbst von Bedeutung war, belegt folgende von Federmann berichtete Begebenheit: »Die Übersendung des Prosafragments – es war schon die zweite, auf die erste war ich nicht eingegangen – beantwortete ich mit der Mitteilung, seine Prosa erscheine mir als Lyrik. Darauf erhielt ich keine Antwort. Zu spät fiel mir ein, dass Celan mir im Gespräch gesagt hatte, er habe vor, in Zukunft vorwiegend Prosa zu schreiben. Als ein zweiter Brief unbeantwortet blieb, wusste ich, dass ich Celan unwillentlich verletzt hatte, und gab es auf« (Federmann, In memoriam Paul Celan [wie Anm. 33], S. 91).

Wenn sich Adorno mit der »dialogisierenden Anlage« auf die schillernden
Erzählerpassagen im ersten Teil von *Gespräch im Gebirg* bezieht, mag seine
Diagnose zutreffen, hat aber mit dem Dialogischen von Celans Poetik nichts
zu tun. Im formal dialogischen Teil des Textes jedoch, worauf die Formulierung »dialogisierende Anlage« eher zu zielen scheint, fehlt jede Dialogizität.
Diese Stimmen fallen sich nicht ins Wort und wollen sich schon gar nicht
übertönen, sie spiegeln einander eher echoartig. Der dritte Teil des Prosastücks
ist formal monologisch und wird dialogisch höchstens in der Lektüre eines
aufmerksamen Lesers. Gerade auf diesen Teil aber, in dem es inhaltlich um
das Verhältnis eines überlebenden Juden zum Judentum geht, nimmt Adorno
überhaupt keinen Bezug.

In der Fortsetzung des Briefes gratuliert Adorno Celan zur Wahl zum
Büchnerpreisträger und drückt seine Freude »über die Sache« aus. Er erachtet
diese Ehrung insbesondere im Zusammenhang mit der Goll-Affäre als bedeu-
tungsvoll für Celan.

Am Ende des Briefes nimmt Adorno nochmals subtil, aber vielsagend, auf
Gespräch im Gebirg Bezug:

> Lassen Sie recht bald von sich hören. Von nächstem Samstag an bin ich für eine
> Woche in Wien, im Hotel Imperial (aber bitte, ziehen Sie daraus keine Konsequen-
> zen unter der Kategorie »groß«: die Stadt Wien, als deren Gast ich dort die Rede
> über Mahler halte, hat mich dorthin eingeladen; und die Rede dürfte nicht gerade
> dem entsprechen, was man sich unter offiziellen Festvorträgen vorstellt).

> Sehr herzlich, auch von Gretel, stets Ihr
> Theodor W. Adorno[45]

Die scherzhaft daherkommende Anspielung auf *Gespräch im Gebirg* verrät
Adornos Unbehagen. Es scheint, als sei es ihm ein Anliegen, die Kategorie
»groß« von sich wegzuweisen. Es ist fast, als verteidige sich Adorno, mit dem
Hinweis auf die Einladung und auf seinen aufmüpfigen Vortrag, bei Celan
gegen den Vorwurf von Lukács und natürlich gegen Celans Unterstellung von
»Größe«, so wie er sie versteht. Offensichtlich ist ihm klar, dass *Gespräch im
Gebirg* in Beziehung zu ihm steht, aber er scheint noch nicht genau zu wissen,
in welcher Weise. Er bezieht die Figur des Juden »Groß« oder jedenfalls das
Attribut groß/Groß direkt auf sich – und möchte es wieder loshaben.[46]

Eine Antwort Celans auf diesen Brief Adornos ist nicht erhalten.

---

[45] Celan/Adorno, Briefwechsel 1960–1968 (wie Anm. 14), S. 181f.
[46] In merkwürdigem Kontrast dazu steht die Selbstbezogenheit Adornos in diesem wie
in anderen Briefen an Celan.

5.8   Peter Szondi an Rudolf Hirsch 1960[47]

Peter Szondi schreibt an Rudolf Hirsch, den Lektor im Fischer-Verlag und
Redakteur der *Neuen Rundschau,* wo *Gespräch im Gebirg* zuerst erscheint:

> Lieber Herr Hirsch,
> ich bin Ihnen außerordentlich dankbar, dass ich Celans Prosastück lesen durfte. Ich
> werde in den nächsten Wochen viel daran denken müssen. Im Augenblick fällt es
> mir schwer, etwas darüber zu sagen, was übers Persönlichste (mein Judentum und
> die Erinnerung an die Spaziergänge mit Celan in Sils, die langen Minuten des
> Schweigens vor der fremden Natur) hinausginge. […][48]

Szondi formuliert seine Sprachlosigkeit angesichts von *Gespräch im Gebirg*
weit weniger wortreich als Adorno; seine Betroffenheit (und dass er etwas
dazu zu sagen hätte) glaubt man ihm umso eher. Bemerkenswert scheint mir,
dass Szondi den Text offenbar nicht von Celan zuerst zum Lesen erhielt, obwohl die beiden 1959 ja zusammen in Sils waren.

5.9   Peter Szondi an Paul Celan, Sils, 4. August 1960

> Lieber Herr Celan,
> Sils, die Pension, der alte Holztisch im Garten, die gemeinsamen Freunde (Adornos
> und Bollacks, die sich jetzt auch kennen) – das alles macht, dass ich in Gedanken
> noch öfter bei Ihnen bin als in Berlin […].[49]

Szondi schreibt auf einer scharz-weißen Ansichtskarte mit dem Titel »Abend
am Silsersee«. Er nimmt auf die vor einem Jahr gemeinsam am Ort verbrachte
Zeit Bezug, aber nicht auf *Gespräch im Gebirg* (außer eventuell durch die
Auswahl der Karte), das er zu diesem Zeitpunkt allerdings auch noch nicht
unbedingt kennt.[50]

5.10   Theodor W. Adorno, Gretel Adorno und Peter Szondi an
Paul Celan, Sils Maria, 30. August 1960

Ein Jahr nach der *versäumten Begegnung* senden Theodor und Gretel Adorno
und Peter Szondi Celan gemeinsam eine Karte aus Sils Maria. Die Ansichts-

---

[47] Datierung durch die Herausgeber, vgl. Szondi, Briefe (wie Anm. 4), S. 97.
[48] Ebd., S. 97f.
[49] Celan/Szondi, Briefwechsel (wie Anm. 9), S. 16.
[50] Vgl. Kap. 5.8. Der Szondi gewidmete Sonderdruck der Erstveröffentlichung von
Gespräch im Gebirg trägt das Widmungsdatum September 1960 (Szondi, Briefe
[wie Anm. 4], S. 96), die Erstpublikation erscheint Ende August.

karte ist schwarz-weiß und zeigt »Die Seen des Oberengadins«. Th. W. Adorno schreibt:

> Lieber Herr Celan, die Freude, Ihr beziehungsreiches Prosastück gedruckt zu lesen, findet sich mit dessen Schauplatz und der Euphorie der letzten Ferientage zusammen und wir denken an Sie in herzlichster Verbundenheit. Alles Liebe von Ihrem Adorno.«

Peter Szondi schreibt:

> Lieber Herr Celan, Sie sind weiterhin in unseren Gesprächen und Gedanken anwesend, sehr herzlich, Ihr Peter Szondi.[51]

Und schließlich fügt Gretel Adorno an: »Sehr herzliche Grüße Ihre Gretel Adorno.« Eine weitere Unterschrift stammt von Wibke von Bonin.

Allen dreien scheint es wichtig zu sein, Celan ihrer Treue und seiner Präsenz in ihren Gedanken zu versichern. Dies mag zusätzlich durch die zu diesem Zeitpunkt aktuelle Plagiatsaffäre bedingt sein. Bezieht man es auf *Gespräch im Gebirg*, wirkt es fast so, als ob sie Celan entschuldigen für den Text und dafür, dass er wieder nicht dabei ist in Sils. Adorno behilft sich diesmal mit dem Adjektiv »beziehungsreich« in Bezug auf *Gespräch im Gebirg*; die beschriebene Euphorie der letzten Ferientage vermag sich nicht so recht glücklich zur Lektüre von *Gespräch im Gebirg* zu gesellen, obschon die beiden kunstvoll in einem Satz vereinigt sind.

Dass für Celan keine allzugroße Wichtigkeit von der Sache ausging, lässt sich daraus entnehmen, dass seine Frau Gisèle ihn davon mit folgenden Worten in Kenntnis setzt (Celan hält sich zu der Zeit bei der psychisch schwer kranken Nelly Sachs in Stockholm auf): »Heute keine wichtige Post für dich, eine Karte aus Sils Maria (Adorno, Szondi, Frau Adorno) und ein Buchhandlungskatalog [...].«[52] Auch wenn Frau Celan-Lestrange den Kartentext möglicherweise nicht lesen oder nicht übersetzen konnte (Adorno schreibt fast unleserlich in alter deutscher Schreibschrift), ging sie offenbar davon aus, dass die Sache ihren Mann nicht sonderlich interessieren würde.

5.11 Paul Celan an Reinhard Federmann, März 1962

Reinhard Federmann berichtet von einer Widmung, die Celan auf einen Sonderdruck von *Gespräch im Gebirg* schrieb, den er Federmann 1962 – zehn Tage nach dem letzten Brief vom 14. März – schickte:

---

[51] Celan/Adorno, Briefwechsel 1960–1968 (wie Anm. 14), S. 183.
[52] Celan/Celan-Lestrange, Briefwechsel (wie Anm. 10), Bd 1, S. 109 und Bd 2, S. 121; Kap. 3, Anm. 19.

»»In Erinnerung an Sils Maria und Friedrich Nietzsche, der – wie Du weißt – alle Antisemiten erschießen lassen wollte.‹ Zu Sils Maria machte Celan die Anmerkung: ›Wo
ich den Herrn Prof. Adorno treffen sollte, von dem ich dachte, dass er Jude sei
[…]‹.«[53]

In Celans Anmerkung wird sein Fokus auf das in seinen Augen mangelnde
Judentum Adornos im Zusammenhang mit *Gespräch im Gebirg* sehr deutlich.
Damit ist jedoch noch nicht unbedingt gesagt, dass diese Kritik schon im Text
selbst stecke. Gemäß Celans Ausdrucksweise ist sie sogar eher erst im Nachhinein entstanden, vielleicht vor dem Hintergrund von Celans Konfrontation
mit Antisemitismus im Zusammenhang mit der von Claire Goll angezettelten
Verleumdungskampagne, in der Celan auch von Adornos Unterstützung enttäuscht war.[54]

5.12 Fazit

Die Briefe im Umkreis von *Gespräch im Gebirg* und der *versäumten Begegnung im Engadin* vermögen insgesamt die bis jetzt erarbeiteten Thesen zu
stützen: Die – vielleicht erst nachträgliche – Sinnhaftigkeit des Versäumnisses,
eine komplexe Beziehung von *Gespräch im Gebirg* zu Theodor W. Adorno,
dessen Unverständnis und Irritation über den Text, Celans Insistieren auf dem
Prosacharakter des Textes und insbesondere auf dem Jüdischen darin, gerade
auch Adorno gegenüber.

Wenn Celan *Gespräch im Gebirg* auch mit Blick auf Adorno schreibt (*die
zu Ihnen nach Sils hinaufäugende Prosa*), dann ist daraus noch kein Einverständnis abzuleiten. Im Gegenteil scheint Celan über – nicht in – *Gespräch im
Gebirg* eine Begegnung, eine Auseinandersetzung, eine Verständigung vielleicht zu suchen. – Adorno seinerseits ist stolz auf seine »Rolle« in *Gespräch
im Gebirg*, aber auch ratlos: Er kann nicht auf den Text eingehen, nicht darauf
reagieren, ich würde sogar zu behaupten wagen: Er versteht ihn nicht.[55] Über
sein persönliches Verhältnis zu Celan wird berichtet, Celan sei ihm fremd
geblieben, bisweilen sogar unheimlich gewesen.[56]

---

53 Federmann, In memoriam Paul Celan [wie Anm. 33], S. 91.
54 Vgl. Barbara Wiedemann (Hg.): Paul Celan – die Goll-Affäre. Dokumente zu einer
»Infamie«. Zusammengestellt, herausgegeben und kommentiert von Barbara Wiedemann. Frankfurt am Main: Suhrkamp 2000, und Seng, »Ab- und Wiesengründe.
Celan, Adorno und ein versäumtes Gespräch im Gebirg« (wie Anm. 41), S. 5.
55 Vgl. dazu auch den Brief, den Adorno am 5.1.1968 an Marlis Janz schrieb: »Vielleicht interessiert es Sie – falls Sie es nicht von Szondi schon gehört haben sollten –,
dass das ›Gespräch im Gebirg‹ in einer persönlichen Beziehung zu mir steht, obwohl
Celan und ich uns damals noch gar nicht getroffen hatten […]« (Janz, Vom Engagement absoluter Poesie [wie Vorbemerkungen, Anm. 4], S. 227, Anm. 132.
56 Vgl. Seng, »Die wahre Flaschenpost« [wie Kap. 4, Anm. 12], S. 152.

6   Spuren einer Begegnung mit Adornos Schriften in *Gespräch im Gebirg*

> Ich fühle mich sehr allein, ich bin sehr allein – mit mir und
> meinen Gedichten (was ich für ein und dasselbe halte).[1]

6.1   Vorbemerkungen

Verschiedene Interpretinnen und Interpreten haben versucht, Adorno direkt mit *Jud Groß* und Celan mit *Jud Klein* zu identifizieren, was aber, wie aus der bisherigen Arbeit schon hervorgeht, wenig sinnvoll ist.[2] Dennoch ist denkbar, ja fast zu erwarten, dass sich Celan in *Gespräch im Gebirg* mit Adorno als Person oder mit dessen Theorie in irgendeiner Weise auseinandersetzt, dass das Gespräch, das nicht war, ein *Gespräch*, das keines ist, hervorrief, welches nun seinerseits an Adorno adressiert ist oder im Hinblick auf ihn eine besondere Bedeutung erhält, dass Celan in der *Erinnerung an* die *versäumte Begegnung* auch an den gedacht hat, mit dem er eine Begegnung versäumt hat und dass dies bedeutsam ist, dass vielleicht *Gespräch im Gebirg* als Einsatz zu einem Gespräch gedacht war – immerhin hat Celan ja verschiedentlich, wenn auch sonst nicht öffentlich, explizit auf einen Bezug zu Adorno hingewiesen.[3]

Aufgrund meiner poetologischen Untersuchung ließe sich die These aufstellen, dass eine Analyse von *Gespräch im Gebirg* in Bezug auf Adorno wenig ergiebig sein werde, da Celan ja die Begegnung mit Adorno vermieden und in Erinnerung daran einen »monologischen« Text, einen Prosatext, geschrieben hat. In der Sekundärliteratur gibt es jedoch zahlreiche Versuche, Celans theoretische Auseinandersetzung mit Adorno in *Gespräch im Gebirg* nachzuzeichnen. Ich werde – nach einigen Vorbemerkungen zu Adornos Denken nach Auschwitz und einer Skizze des kulturgeschichtlichen Kontexts der allfälligen Auseinandersetzung Ende der fünfziger Jahre – die wichtigsten davon referieren und aufgrund eigener Analysen und Überlegungen diskutieren.

---

[1]   Celan/Adorno, Briefwechsel 1960–1968 (wie Kap. 5, Anm. 14), S. 185.

[2]   Vgl. etwa Janz, Vom Engagement absoluter Poesie (wie Vorbemerkungen, Anm. 4), Pöggeler, Spur des Worts (wie Kap. 1, Anm. 77); Kohn-Waechter, »[...] ich liebte ihr Herunterbrennen« (wie Kap. 1, Anm. 75).

[3]   Vgl. etwa Pöggeler, Spur des Worts (wie Kap. 1, Anm. 77), S. 104, und Janz, Vom Engagement absoluter Poesie (wie Vorbemerkungen, Anm. 4), S. 227, Anm. 132, wo Adorno auf die Beziehung hinweist, sowie Federmann, In memoriam Paul Celan (wie Kap. 5, Anm. 33), S. 92, wo es Celan tut.

6.2   Adornos sogenanntes Lyrikverdikt und *Gespräch im Gebirg*

6.2.1 Einleitung

Am häufigsten sind die Versuche, *Gespräch im Gebirg* als Auseinandersetzung Celans mit Adornos bekanntem Satz zu deuten, wonach Gedichte zu schreiben nach Auschwitz barbarisch sei. Ob eine solche Auseinandersetzung nachgewiesen werden kann, hängt natürlich zuallererst vom Verständnis von Adornos Äußerung ab. Wie noch gezeigt wird, gehen Interpretationen dieser Art immer von der Voraussetzung aus, dass sich Celan von Adornos Überlegung getroffen gefühlt haben muss, dass er davon beeinflusst war oder aber umgekehrt durch seine Dichtung Adorno beeinflusst habe. Es folgen nun etwas längere Vorbemerkungen zum Denken Adornos in Bezug auf Lyrik nach Auschwitz.[4] Eine Darstellung der Rezeptionsgeschichte von Adornos »Lyrikverdikt« leuchtet den geistesgeschichtlichen und kulturpolitischen Hintergrund des Diktums aus und weist auf allfällige dadurch bedingte Deformationen in der Rezeption hin, bevor dann schließlich auf die einzelnen Untersuchungen zum Thema eingegangen wird.

6.2.2 Zum Denken Adornos im Zusammenhang mit der Möglichkeit von Kunst und Leben nach Auschwitz

Ich stelle zunächst die einschlägigen Äußerungen Adornos zusammen, auf die im Folgenden immer wieder Bezug genommen wird.

> Je totaler die Gesellschaft, um so verdinglichter auch der Geist und um so paradoxer sein Beginnen, der Verdinglichung aus eigenem sich zu entwinden. Noch das äußerste Bewusstsein vom Verhängnis droht zum Geschwätz zu entarten. Kulturkritik findet sich der letzten Stufe der Dialektik von Kultur und Barbarei gegenüber: nach Auschwitz ein Gedicht zu schreiben ist barbarisch, und das frisst auch die Erkenntnis an, die ausspricht, warum es unmöglich ward, heute Gedichte zu schreiben. Der absoluten Verdinglichung, die den Fortschritt des Geistes als eines ihrer Elemente voraussetzte und die ihn heute gänzlich aufzusaugen sich anschickt, ist der kritische Geist nicht gewachsen, solange er bei sich bleibt in selbstgenügsamer Kontemplation.[5] (I)

---

4   Dies ohne Anspruch darauf, den letzten Stand der diesbezüglichen Adorno-Forschung zu berücksichtigen.

5   Adorno, Gesammelte Schriften (wie Kap. 5, Anm. 29), Bd 10.1, S. 30. – Alle Adorno-Zitate werden im Folgenden wiedergegeben nach dieser Ausgabe und nachgewiesen anhand von Band- und Seitenzahl. Die römischen Ziffern bezeichnen die Zitate, auf die in diesem Kapitel verschiedentlich Bezug genommen wird.
Der Essay *Kulturkritik und Gesellschaft*, worin die zitierte Stelle zu finden ist, wurde zuerst 1951 in *Soziologische Forschung unserer Zeit, Leopold Wiese zum 75. Geburtstag* veröffentlicht, bekannt wurde er jedoch durch seinen Abdruck im Band *Prismen* (1955).

Den Satz, nach Auschwitz noch Lyrik zu schreiben, sei barbarisch, möchte ich nicht mildern; negativ ist darin der Impuls ausgesprochen, der die engagierte Dichtung beseelt.[6] (II)

Das perennierende Leiden hat soviel Recht auf Ausdruck wie der Gemarterte zu brüllen; darum mag falsch gewesen sein, nach Auschwitz ließe kein Gedicht mehr sich schreiben. Nicht falsch aber ist die minder kulturelle Frage, ob nach Auschwitz noch sich leben lasse, ob vollends es dürfe, wer zufällig entrann und rechtens hätte umgebracht werden müssen. Sein Weiterleben bedarf schon der Kälte, des Grundprinzips der bürgerlichen Subjektivität, ohne das Auschwitz nicht möglich gewesen wäre: drastische Schuld des Verschonten.[7] (III)

Adornos Ausdrucksweise macht es seinen Leserinnen und Lesern nicht eben leicht. Bestechend in ihrer Radikalität und in ihrem ganz eigenen, oft bildhaften Stil, ist ihre essayistische Form ernst zu nehmen (was nicht damit verwechselt werden sollte, sie nur ungefähr zu lesen).[8] Adornos Denken ist ein andauernder Prozess.[9] Es lässt sich nicht in ein begriffliches System übersetzen, weil es selber immer in Bewegung ist, weil seine Gegenstände veränderlich sind und weil es sich zentral konstituiert in der Figur einer negativen Dialektik, die sich gerade dadurch auszeichnet, dass sie zu keiner positiven Synthese geführt werden kann.

Der immanente Anspruch des Begriffs ist seine Ordnung schaffende Invarianz gegenüber dem Wechsel des unter ihm Befassten. Diesen verleugnet die Form des Begriffs, auch darin ›falsch‹. In Dialektik erhebt Denken Einspruch gegen die Archaismen seiner Begrifflichkeit. Der Begriff an sich hypostasiert, vor allem Inhalt, seine eigene Form gegenüber den Inhalten. Damit aber schon das Identitätsprinzip: dass ein Sachverhalt an sich, als Festes, Beständiges, sei, was lediglich denkpraktisch postuliert wird. Identifizierendes Denken vergegenständlicht durch die logische Identität des Begriffs. Dialektik läuft, ihrer subjektiven Seite nach, darauf hinaus, so zu denken, dass nicht länger die Form des Denkens seine Gegenstände zu unveränderlichen, sich selbst gleichbleibenden macht; dass sie das seien, widerlegt Erfah-

---

[6] Adorno, Bd 11, S. 422. – Das Zitat entstammt dem Aufsatz *Engagement* aus dem Band *Noten zur Literatur.* Der Essay erschien zuerst als Radiovortrag unter dem Titel *Engagement oder künstlerische Autonomie,* dann gedruckt unter dem Titel *Zur Dialektik des Engagements.* In: Die Neue Rundschau 73 (1962), H. 1.

[7] Adorno, Bd 6, S. 355f. – Die Stelle findet sich im Kapitel *Meditationen zur Metaphysik* in *Negative Dialektik.* Zuerst veröffentlicht 1966.

[8] Vgl. dazu den aufschlussreichen Aufsatz von Sven Kramer: »Wahr sind die Sätze als Impuls […]«. Begriffsarbeit und sprachliche Darstellung in Adornos Reflexion auf Auschwitz. In: Deutsche Vierteljahrsschrift für Literaturwissenschaft und Geistesgeschichte 3 (1996), S. 501–523. Kramer verweist v. a. auf die Bedeutung der Rhetorik bei Adorno. »In der Reflexion auf Auschwitz führt Adorno die philosophische Begriffsarbeit an ihre Grenze. Mit Hilfe essayistischer Verfahrensweisen nutzt er zugleich die nichtbegriffliche Seite der Sprache« (ebd., S. 501).

[9] Vgl. dazu *Philosophie der Arbeitsteilung* und *Der Gedanke* in Horkheimer/Adorno, Dialektik der Aufklärung (wie Kap. 5, Anm. 32), S. 259f.

rung. [...] Die Wendung zum Nichtidentischen bewährt sich in ihrer Durchführung; bliebe sie Deklaration, so nähme sie sich zurück.[10]

Der Verzicht auf die Synthese ist die Bedingung allen Denkens auf der letzten Stufe der Dialektik von Kultur und Barbarei; ohne sie wird Denken immerzu selbst barbarisch. Diese Bedingung macht es natürlich äußerst schwierig, Adorno zu paraphrasieren oder gar einen Satz aus einem Aufsatz oder Buch zu isolieren und daraus eine Aussage zu destillieren, die dann etwa mit einem Text Celans in Verbindung gebracht werden könnte.

Die Äußerungen Adornos über Lyrik nach Auschwitz sind im Zusammenhang mit seinem Nachdenken über Kunst zu sehen. Die Lyrik erscheint darin als Inbegriff der Literatur wie der Hochkultur überhaupt und ebenso, gemäß Adornos Begriff von Lyrik, als Inbegriff der Subjektivität: Sie ist »selbstgenügsame Kontemplation« (I) und »Ausdruck« (II). Hilfreich im Zusammenhang mit Adornos Äußerungen zu Kunst scheint mir eine Konstruktion zu sein, die auf der Annahme basiert, dass Adorno zwei Kunstbegriffe benutzt (ohne jeweils zu sagen, welchen er gerade meint): einen deskriptiven, auf das Bestehende bezogenen, der die vorhandenen Kunstprodukte bezeichnet, und einen präskriptiven, utopischen, transzendenten, auf das Mögliche bezogenen, der bezeichnet, wie wahre Kunst im äußersten Fall, also heute, sein müsste.[11]

So lässt sich die Irritation, die von der vermeintlichen Wiederholung in Adornos berühmtem Satz ausgeht, klären, und die Verkürzung zum Verdikt und die ganze damit verbundene Polemik hätte dadurch, und wenn die ganze Denkfigur mitvollzogen worden wäre, wohl verhindert werden können: Die Gedichte (die als Inbegriff der Sprachkunst aufgefasst werden), die barbarisch sind, sind nicht dieselben wie die unmöglichen oder anders gesagt: Gedichte heute sind entweder unmöglich oder barbarisch.

Barbarisch sind zunächst Gedichte, die unberührt vom Misslingen der abendländischen Kultur eine reine Sphäre der Kunst erhalten wollen. Sie machen sich durch Verschweigen und damit durch »Beihilfe zum Vergessen« schuldig an den Opfern. »Das überwunden geglaubte Barbarische überlebt im Schweigen des Nachkriegskollektivs«, schreibt Kramer.[12] Barbarisch sind für Adorno aber auch Gedichte über Auschwitz. Sie reichen nicht ans Grauen

---

[10] Adorno, Bd 6, S. 156f.

[11] Die Konstruktion unterscheidet zwei verschiedene Begriffe, wo eigentlich ein in sich dialektischer Begriff vorliegt. Dieser dialektische Kunstbegriff lässt sich vorstellen wie ein bipolares Molekül, dessen einer Pol ganz deskriptiv, der andere ganz transzendent wäre. Jede Aktualisierung des Begriffs wäre jeweils irgendwo zwischen diesen Polen festzumachen, würde aber zugleich immer die ganze Bedeutungsskala aufrufen und ex negativo auf das jeweils nicht verwirklichte Mögliche und das schlechte Bestehende verweisen. Insofern der Begriff auf Bestehendes bezogen ist, ist er daher kritisch. Die Kraft der Kritik kommt ihm aus dem Bereich des Möglichen zu, auf den er transzendent zielt. – Einen ähnlichen Doppelcharakter haben bei Adorno auch die Begriffe »Kultur« und »Wahrheit«.

[12] Kramer, »Wahr sind die Sätze als Impuls [...]« (wie Anm. 8), S. 506.

heran und verharmlosen es deshalb. Und sie haben, indem sie das Grauen aussagbar machen, teil an der Verdinglichung. Eben weil Gedichte, die dem Grauen standhalten, ohne es zu verschweigen und ohne es zu verdinglichen, angesichts des Äußersten – Auschwitz – unmöglich sind, sind die trotzdem geschriebenen barbarisch.

Die der Kunst angemessene Haltung angesichts von Auschwitz wäre die Scham. Die Scham gebietet Schweigen. Das Schweigen, Verstummen jedoch arbeitet dem Verschweigen zu. Das Dilemma ist offenkundig und unlösbar. Flappsig ausgedrückt: Nichts sagen geht nicht und etwas sagen geht auch nicht.[13] Das Dilemma betrifft nicht nur Dichtung, es »frisst auch die Erkenntnis an« (I) und, noch existentieller, grundiert es auch die Frage, »ob nach Auschwitz noch sich leben lasse« (III).

Der verdinglichte Geist auf der letzten Stufe der Dialektik von Kultur und Barbarei kann sich der Verdinglichung nicht aus Eigenem entwinden; er hat selbst Teil an der Verdinglichung und mithin an der Barbarei. Da zumal jedes *sprachliche* Erzeugnis, das etwas über die apokalyptische Menschenvernichtung durch Menschenhand aussagen will, das Unvorstellbare und Unsagbare aussagbar machen muss, verharmlost und verdinglicht es dieses tendenziell. Das gilt für Gedichte ebenso wie für die Begründung der Erkenntnis, dass es unmöglich geworden sei, Gedichte zu schreiben. Um überhaupt noch etwas sagen zu können, das relevant ist und nicht sogleich der Verdinglichung verfällt, ist Dialektik notwendig: »Dialektik heißt Intransigenz gegenüber jeglicher Verdinglichung.«[14] Die negative Dialektik entrinnt dem Dilemma jedoch nicht, sie kann sich nur immer in den nächsten Gedanken retten, der den vorausgehenden und dessen Bedingungen reflektiert. Sie erreicht – um nicht der Verdinglichung zu verfallen – keine positiven Synthesen, kommt zu keiner Ruhe und keinem Stillstand. Sie kann nur immer genauer werden im Sagen dessen, was die Versöhnung nicht ist.

In den *Noten zur Literatur* gibt Adorno in einem Nachsatz eine seltsame Erklärung zu seinem umstrittenen Satz, »nach Auschwitz noch Lyrik zu schreiben, sei barbarisch«, wie er sich selbst zitiert:[15] Negativ sei darin der Impuls ausgesprochen, der die engagierte Dichtung beseele. Dieser Satz wird meist ignoriert oder missverstanden. Im Zusammenhang des Aufsatzes *Engagement* wird jedoch deutlich, was er meint. In *Engagement* zeigt Adorno – in streckenweise sehr emotionaler Weise –, dass die engagierte Dichtung in ihrem Impuls, etwas zu verändern, einzugreifen, wirken zu wollen, sich stärker dem

---

[13] Ähnlich verhält es sich mit der gesamten Kultur: »Wer für Erhaltung der radikal schuldigen und schäbigen Kultur plädiert, macht sich zum Helfershelfer, während, wer der Kultur sich verweigert, unmittelbar die Barbarei befördert, als welche Kultur sich enthüllte. Nicht einmal Schweigen kommt aus dem Zirkel heraus; es rationalisiert einzig die eigene subjektive Unfähigkeit mit dem Stand der objektiven Wahrheit und entwürdigt dadurch diese abermals zur Lüge« (Adorno, Bd 6, S. 360).

[14] Adorno, Bd 10.1, S. 22.

[15] Adorno, Bd 11, S. 422.

schlechten Weltlauf, der allgemeinen Verdinglichung ausliefere als die autonome. Sie lasse sich für eine Aussage instrumentalisieren und verliere und verhindere so ihrerseits, was sie schützen wolle: Freiheit, Autonomie.[16] Ihr Widerstand werde dadurch handhabbar, füge sich ein in die verwaltete Welt. So falle die engagierte Dichtung demselben Dilemma zum Opfer wie die Dichtung nach Auschwitz generell. Sie sei ein besonders exponiertes Beispiel für die Folgen der Verdinglichung in der Kunst und die Folgen der verdinglichten Kunst. Im Anschluss an den zitierten Satz (II) fährt Adorno fort:

> Die Frage einer Person in *Morts sans sépulture*: ›Hat es einen Sinn zu leben, wenn es Menschen gibt, die schlagen, bis die Knochen im Leib zerbrechen?‹ ist auch die, ob Kunst überhaupt noch sein dürfe; ob nicht geistige Regression im Begriff engagierter Literatur anbefohlen wird von der Regression der Gesellschaft selber.[17]

Die Frage nach dem Sinn des Lebens, die Sartre in seinem Stück stellt, ist für Adorno ungeheuerlich und zeigt ihm die Barbarei, die in der engagierten Dichtung verborgen liegt, welche doch gleichzeitig gegen die Barbarei antritt. Diese Frage lässt ihn fragen, ob Kunst überhaupt noch sein dürfe, wenn sie sich doch so offenkundig der Verdinglichung anheimgebe und Sinn suche, wo um keinen Preis mehr Sinn nur schon vermutet werden dürfe. Das ist die Frage, die Adorno später in der *Negativen Dialektik* ausweitet und radikalisiert zur Frage, »ob nach Auschwitz noch sich leben lasse«.

»Aber wahr bleibt auch Enzensbergers Entgegnung«, fährt Adorno in *Engagement* fort – und nimmt damit bereits auf die Rezeption seines Diktums Bezug –, »die Dichtung müsse eben diesem Verdikt standhalten, so also sein, dass sie nicht durch ihre bloße Existenz dem Zynismus sich überantworte. Ihre eigene Situation ist paradox, nicht erst wie man sich zu ihr verhält«.[18] Und im Folgenden expliziert er – er faltet es buchstäblich auseinander – nochmals das Paradox, in dem sich die Dichtung nach Auschwitz befindet. Auffallenderweise tut er dies jedoch nicht in Form einer kühlen, ruhigen Darlegung, sondern in atemloser und emotionaler Weise; sein Denken scheint berührt zu sein von der Ausweglosigkeit der Situation. Adorno zeigt, dass nicht nur engagierte Kunst in diesem Dilemma steckt, sondern Kunst überhaupt. Kunst beinhalte das Moment des Vergessens, das vom Übermaß an Leiden nicht geduldet werde, und verbiete sich von daher. Und gleichzeitig fordere eben dieses Übermaß an

---

16 Drastisch führt Adorno dies am Beispiel Sartres vor, über den er schreibt: »Sartres Stücke sind Vehikel dessen, was der Autor sagen will […]. Die bebilderten oder womöglich ausgesprochenen Thesen jedoch missbrauchen die Regung, deren Ausdruck Sartres eigene Dramatik motiviert, als Beispiel, und desavouieren damit sich selbst. […] Manche seiner Parolen könnten von seinen Todfeinden nachgeplappert werden. Dass es um Entscheidung an sich gehe, würde sogar das nationalsozialistische ›Nur das Opfer macht uns frei‹ decken […]. Die Schwäche in der Konzeption des Engagements befällt, wofür Sartre sich engagiert« (Adorno, Bd 11, S. 414f.).
17 Ebd., S. 422f.
18 Ebd., S. 423.

Leiden die Kunst als einzige Stimme, die es nicht sogleich verriete. Ihre Stimme dem Leiden geben, Trost sein, wenn auch in negativer Weise, das könnten am ehesten die autonomen, formal kompromisslosen, radikalen Werke, die sich an kein Bestehendes anschmiegten. Sie bewahrten eine »schreckhafte Kraft«. Aber indem sie das Leiden zum Bild machen, »ist es doch, als ob die Scham vor den Opfern verletzt wäre.«[19] Die Formulierung im Konjunktiv zeigt Unsicherheit, vielleicht auch ein Unbehagen Adornos an. Er verfolgt den Gedanken weiter: »Aus diesen [den Opfern] wird etwas bereitet, Kunstwerke, der Welt zum Fraß vorgeworfen, die sie umbrachte.« Der künstlerischen Gestaltung eigne immer das Potential, Genuss herauszupressen. Und nochmals formuliert er das Dilemma der Kunst: »Die Moral, die der Kunst gebietet, es [das Leiden (?)][20] keine Sekunde zu vergessen, schliddert in den Abgrund ihres Gegenteils.« Immer mehr nähert sich Adorno dem Unfassbaren an, versucht, sein Unbehagen auf den Punkt zu bringen und die Aporie deutlich zu machen. Es sei das ästhetische Stilisationsprinzip, das das »unausdenkliche Schicksal« doch erscheinen lasse, als hätte es irgend Sinn gehabt.[21] Adorno treibt nun die Dialektik auf einen Punkt zu, wo sie offensichtlich wird: »Es [das »unausdenkliche Schicksal«] wird verklärt, etwas vom Grauen weggenommen; damit allein schon widerfährt den Opfern Unrecht, während doch vor der Gerechtigkeit keine Kunst standhielte, die ihnen ausweicht.«[22]

Dann allerdings treibt Adorno seine Gedanken, so scheint mir, zu weit, über den Höhepunkt hinaus. Im verzweifelten Bemühen, die empfundene und erkannte Aporie und ihre Drastik verständlich zu machen, lässt er sich hinreissen zu dem Satz: »Noch der Laut der Verzweiflung entrichtet seinen Zoll an die verruchte Affirmation.«[23] Möglich, dass der damit auch seine eigenen ringenden Sätze meint, möglich umgekehrt auch, dass das »perennierende Leiden«, dem er dann in der *Negativen Dialektik* das Recht auf Ausdruck einräumt, auch diese Verzweiflung rückwirkend einbegreift. Aber auf jeden Fall ist »der Laut der Verzweiflung« ein unvermittelter Ausbruch, ein Ausdruck, der, da noch gänzlich unartikuliert, keiner Affirmation sich schuldig macht, außer der, überhaupt einem Lebendigen sich zu entringen.[24]

---

[19] Ebd.

[20] Die grammatische Referenz ist im Strudel der Gedanken verloren gegangen.

[21] Es ist seltsam, wie genau an dieser Stelle die Aporie – quasi von hinten – auch Adornos eigene Rede erfasst: durch die Bezeichnung als Schicksal erscheint die verübte Gewalt als blindes Wüten anonymer Mächte, ganz so, als wäre die »unausdenkliche« Gewalt nicht von Menschen gewollt und geplant gewesen.

[22] Adorno, Bd 11, S. 423f.

[23] Ebd., S. 424.

[24] Auf diese existentielle Dimension weitet Adorno seinen Gedanken in der *Negativen Dialektik* bekanntlich auch tatsächlich aus. Das Problem ist dann aber nicht mehr primär eines der Kunst und der Sprache, was es im Kontext dieses Aufsatzes noch ist. Man kann jedoch umgekehrt in dem zitierten Satz aus den *Noten* die existentielle Dimension der sprachlichen Unmöglichkeit schon vorgezeichnet sehen.

In der Fortsetzung des Essays beruhigt sich Adornos Rede wieder ein wenig bei der Dichtung Becketts und bei der »rücksichtslosen Autonomie der Werke, die der Anpassung an den Markt und dem Verschleiß sich entzieht«.[25] Denn: »Kunst heißt nicht: Alternativen pointieren, sondern, durch nichts anderes als ihre Gestalt, dem Weltlauf widerstehen, der den Menschen immerzu die Pistole auf die Brust setzt.«[26] Aber auch die autonome Kunst kann sich der Dialektik nicht entziehen. Auf die den autonomen Kunstwerken immanente Gefahr der Beliebigkeit weist Adorno selber hin; er spricht davon, dass die autonome Kunst leicht zum »Tapetenmuster« verkomme.[27]

Schließlich bringt er die Dialektik des Engagements auf einen Punkt, der auch nochmals Licht auf den Satz wirft, von dem meine Erkundungen ausgegangen sind: »Jedes Engagement für die Welt muss gekündigt sein, damit der Idee eines engagierten Kunstwerks genügt werde.«[28] Die Idee eines engagierten Kunstwerks verkommt in dessen Realisierung zu ihrem Gegenteil. Die Dialektik des Engagements entspricht jener zwischen unmöglicher und barbarischer Kunst.

In seiner Revidierung – einem nochmaligen Hinsehen – des berühmten Satzes in der *Negativen Dialektik* (III) schränkt Adorno das frühere ästhetische

---

[25] Ebd., S. 425. – Dass die autonomen Kunstwerke am ehesten noch Hoffnung auf Veränderung gestatteten, erklärt Adorno damit, dass literarischer Realismus jeglicher Provenienz mit den Strukturen des autoritätsgebundenen Charakters verträglicher sei »als Gebilde, die, ohne auf politische Parolen sich vereidigen zu lassen, durch ihren bloßen Ansatz das starre Koordinatensystem der Autoritätsgebundenen außer Aktion setzen, an das jene um so verbissener sich klammern, je weniger sie zu lebendiger Erfahrung eines nicht schon Approbierten fähig sind« (Adorno, Bd 11, S. 412). Ob autonome Kunstwerke jedoch irgendeine Wirkung haben bei Leuten, die unfähig zu »lebendiger Erfahrung eines nicht schon Approbierten« sind, ist fraglich. Vgl. dazu auch die Stelle, wo Adorno sich auf die Erfahrung der Prosa Kafkas oder der Stücke Becketts stützt, die eine Wirkung ausübten, »der gegenüber die offiziell engagierten Dichtungen wie Kinderspiel sich ausnehmen; sie erregen die Angst, welche der Existentialismus nur beredet« (ebd., S. 426). Solche Erfahrung setzt ganz offensichtlich die Bereitschaft zu ihr voraus. Daran denkt Adorno wohl auch, wenn er von der Ohnmacht der Kunst spricht.

[26] Ebd., S. 413.

[27] »Je größer allerdings der Anspruch, desto größer die Chance des Absinkens und Misslingens. Was in Malerei und Musik an den von gegenständlicher Abbildlichkeit und fasslichem Sinnzusammenhang sich entfernenden Gebilden als Spannungsverlust beobachtet wurde, teilt vielfach auch der nach abscheulichem Sprachgebrauch Texte genannten Literatur sich mit. Sie gerät an den Rand von Gleichgültigkeit, degeneriert unvermerkt zur Bastelei, zum in anderen Kunstgattungen durchschauten Wiederholungsspiel mit Formeln, zum Tapetenmuster. […] Gebilde, welche die verlogene Positivität von Sinn herausfordern, münden leicht in Sinnleere anderer Art, die positivistische Veranstaltung, das eitle Herumwürfeln mit Elementen« (ebd., S. 426). Vgl. auch: »Schatten des autarkischen Radikalismus der Kunst ist ihre Harmlosigkeit, die absolute Farbkomposition grenzt ans Tapetenmuster« (Adorno, Bd 7, S. 51).

[28] Adorno, Bd 11, S. 425f.

Diktum ein – und dehnt gleichzeitig den Geltungsbereich des Dilemmas aus. Es betrifft nun nicht mehr nur die Dichtung, sondern das Leben überhaupt; Adorno überträgt sein Diktum vom ästhetischen auf den moralischen Bereich.

Die Frage nach dem richtigen Leben wird ihrerseits durch Auschwitz im Innersten tangiert: Sie wird zur Frage, »ob nach Auschwitz noch sich leben lasse, ob vollends es dürfe, wer zufällig entrann«.

Eingeschränkt wird das frühere Diktum im Hinblick auf das »perennierende Leiden«, dem ein »Recht auf Ausdruck« eingeräumt wird. Die Einschränkung oder Präzisierung scheint auf die Überlebenden der Schoah bezogen zu sein. Ihnen wird ein Recht auf Ausdruck zugestanden. Damit wird verhindert, dass sie unter das Verdikt des »Barbarischen« fallen, obschon für Adorno prinzipiell jedes Kunstwerk davon betroffen ist. Vielleicht muss der Satz als Schutz von Gedichten wie jenen Celans vor einem Verdikt, das eine vereinfachende Rezeption von Adornos Gedanken über sie sprechen zu können meinte, verstanden werden. Der Vergleich mit dem Brüllen des Gequälten macht die Dringlichkeit dieses Ausdrucks und die Konkretheit des Leidens anschaulich, aber zugleich wird der Kunstcharakter dieses Ausdrucks, der auch erst im folgenden Satz durch den Bezug auf die Gedichte ins Spiel kommt, tangiert. Und indem er in der Folge die moralische Frage akzentuiert, »ob vollends es dürfe«, und zwar nicht nur Gedichte-Schreiben, sondern Weiterleben, wer Auschwitz überlebt hat, ist die Einschränkung fast wieder aufgehoben.[29]

Denn wer nicht mehr lebt, schreibt auch keine Gedichte mehr. Oder, etwas weniger lapidar ausgedrückt: Insofern, als Gedichte schreiben eine Lebensäußerung darstellt, ist es auch von der grundsätzlicheren Frage betroffen. Die Äußerung über die Möglichkeit des Weiterlebens wirkt deshalb zurück auf diejenige nach der Lyrik.

Dass Adorno in der Folge von der Schuld des Verschonten spricht, ist konsequent, aber dennoch problematisch und schwierig zu ertragen: »Sein [des Überlebenden] Weiterleben bedarf schon der Kälte, des Grundprinzips der bürgerlichen Subjektivität, ohne das Auschwitz nicht möglich gewesen wäre: drastische Schuld des Verschonten.«[30] Oder stellt Adorno etwa einfach in kritischer Absicht das Schuldgefühl dar, mit dem die Überlebenden zu kämpfen haben, wie manche Kommentatoren meinen? – Der entscheidende Punkt ist, dass er das Schuldgefühl philosophisch begründet. Er hebt es also über ein rein psychologisches Geschehen hinaus. Er rechtfertigt es.

Adorno stellt sich den traumatischen Folgen für die Überlebenden des Massenmordes denkend entgegen. Er weicht nicht aus, denkt die Auswirkungen kompromisslos durch. Indem er das Schuldgefühl rationalisiert, verstrickt er

---

[29] Vgl. auch den Bezug zu *Engagement* (s. o.): »Noch der Laut der Verzweiflung entrichtet seinen Zoll an die verruchte Affirmation« (ebd., S. 424). Während Adorno in (III) einerseits dem Brüllen der Gequälten ein Recht einräumt, ist andererseits die Schuldhaftigkeit jeder Lebensäußerung schon an dieser Stelle angedeutet.

[30] Adorno, Bd 6, S. 356.

sich jedoch selbst in eine Schuld. Er räumt dem durchweg falschen Geschehen noch für die ihm durch Zufall Entronnenen Geltung ein, beinahe fordert er sie ein. – Der Schuld ist auf der letzten Stufe der Dialektik von Kultur und Barbarei auch denkend nicht zu entkommen.

Die Unerbittlichkeit dialektischen Denkens und theoretischer Radikalität erscheint hier wie unerträglicher Zynismus. Der Zynismus resultiert jedoch aus dem unausdenklichen und doch überaus realen Mord an Millionen von Menschen durch Menschen auf dem Weg der Menschheit zur Auslöschung des Andern, oder, in Adornos Formulierung, aus »dem Tod von Millionen durch Verwaltung«.[31] Hier ist der Zynismus an seinem Ort. Dialektisches Denken ist gemäß Adorno das Einzige, was dem grenzenlosen Abgrund denkend einigermaßen standhalten kann. Was zunächst zynisch erscheint, wäre demnach das einzige nicht zynische denkende Verhalten nach Auschwitz, von dem es seinerseits gezeichnet ist: Es steht unter dem »neuen kategorischen Imperativ«, den Hitler »den Menschen im Stande ihrer Unfreiheit […] aufgezwungen [hat]: ihr Denken und Handeln so einzurichten, dass Auschwitz nicht sich wiederhole, nichts Ähnliches geschehe«.[32] Dialektisches Denken, seine eigene ständige Nähe zum Abgrund ebenso wie die Schuldhaftigkeit des Weiterleben-Müssens sind aufgezwungene, reaktive Verhaltensweisen unter dem neuen kategorischen Imperativ. – Dialektik ist – immer gemäß Adorno – die einzige verbliebene Option und entgeht doch nie der Gefahr, in ihr Gegenteil zu kippen.

Wie aber begründet Adorno seine schwerwiegende moralische Frage? Im Vorfeld der zitierten Äußerung (III) überlegt er, dass mit dem Völkermord an Millionen dem Individuum das Letzte genommen worden sei: der individuelle Tod. »Dass in den Lagern nicht mehr das Individuum starb, sondern das Exemplar, muss das Sterben auch derer affizieren, die der Maßnahme entgingen.«[33] Adorno sieht die Geschichte sich auf »absolute Negativität« hinbewegen, auf »die Gleichgültigkeit des Lebens jedes Einzelnen«, das Ende der Individualität, die »Vernichtung des Nichtidentischen«.[34] Furcht war, so Adorno, an das principium individuationis der Selbsterhaltung gebunden. Dieses wurde mit Auschwitz obsolet, weil dort nur das Exemplar zählte. Das Weiterleben verdankt sich einem Zufall. Dieses zufällige Weiterleben bedarf jedoch einer »Kälte«: dem Akzeptieren dieses Zufalls, der dem eigenen, individuellen Leben den Sinn und die Grundlage entzieht. Es ist das Weiterleben eines Exemplars. Dieses Denken aber beinhaltet Schuld. Es macht die Menschen gleich und abstrahiert vom Individuum. Es ist die »Kälte«, die auch in Auschwitz wirksam war. Ohne diese Kälte müsste jedoch mit ebenso großem Zynismus und ebensolchen Schuldgefühlen gelebt werden, denn der Sinn des eigenen Überlebens zöge den unterstellten Sinn des Mordes an allen andern nach sich. Deshalb

---

31 Ebd., S. 355.
32 Ebd., S. 358.
33 Ebd., S. 355.
34 Ebd.

ist das Festhalten am gleichgültig gewordenen Selbst »zugleich das Entsetzlichste«.[35] – Der Schuld des Verschonten ist nicht zu entkommen.[36]

Die Schuld des Lebens schlägt sich ihrerseits auch in einem Problem der Darstellung nieder. Eine distanzierte, zuschauerhafte Haltung, die von der eigenen Betroffenheit abstrahiert, wie sie von reflektierten Menschen und Künstlern gelegentlich aufgezeichnet werde, und die ihrerseits »freilich gerne mit bürgerlicher Kälte sich verbündet«[37] und daher schuldhaft wird, ist zugleich, wie Adorno ausführt, auch eine Voraussetzung für Erkenntnis, denn durch sie »kann das Individuum am ehesten noch ohne Angst der Nichtigkeit der Existenz innewerden«. Adorno erwägt, ob diese Haltung in der verkehrten Welt sogar für das Menschliche stehe: »Das Unmenschliche daran, die Fähigkeit, im Zuschauen sich zu distanzieren und zu erheben, ist am Ende eben das Humane, dessen Ideologen dagegen sich sträuben.« Denn die zuschauerhafte Haltung bewahre sich die Option der Utopie.[38]

Trotzdem bleibt in der Kunst selbst immer ein barbarisches Moment, das mit der Objektivierung zusammenhängt, ohne die Kunst nicht möglich ist, nicht über den subjektiven Ausdruck hinauskommt. Formale Objektivation bewahrt zwar Adorno zufolge vor Verdinglichung, sie allein kann dem Weltlauf widerstehen.[39] Die Objektivation, die in der Dialektik von Gebilde und

---

[35] Ebd.

[36] Vgl. dazu Theodor W. Adorno: Minima Moralia. Reflexionen aus dem beschädigten Leben. Frankfurt am Main: Suhrkamp 2001, S. 8–13, hier bes. S. 9 und 13.

[37] Adorno, Bd 6, S. 356. – Diese Problematik sei kurz anhand von Schillers Ästhetik skizziert: Die klassizistische Ästhetik fordert vom Dichter Distanz. Diese Distanzierungsfähigkeit ist verwandt mit der von Adorno beschriebenen Kälte, dem »Grundprinzip der bürgerlichen Subjektivität«. Es ist die Kälte, die vom Einzelnen, Kontingenten abstrahiert, und das Allgemeine, die Gleichheit der Individuen, betont und herausarbeitet; die überlegene Kälte, die das Besondere liquidiert (vgl. Adorno, Minima Moralia [wie Anm. 36], S. 11). Ein Blick auf Schillers Kritik der Gedichte Bürgers mag dies verdeutlichen. Schiller warnt darin den Dichter davor, »mitten im Schmerz den Schmerz zu besingen« (Friedrich Schiller: Theoretische Schriften. Hg. von Rolf-Peter Janz. Frankfurt am Main: Deutscher Klassiker Verlag 1992 [Bibliothek deutscher Klassiker; 78], S. 985). Er möge »aus der sanfteren und fernenden Erinnerung« dichten (ebd.). »Das Idealschöne wird schlechterdings nur durch eine Freiheit des Geistes, durch eine Selbsttätigkeit möglich, welche die Übermacht der Leidenschaft aufhebt« (ebd.). – Die Herausgeber der Schriften Schillers in der »Bibliothek Deutscher Klassiker« werfen in den Anmerkungen zur Bürger-Kritik die Frage auf, ob die von Schiller geforderte Idealisierung, die Ausgrenzung des Kontingenten beinhalte, nicht auch zur Preisgabe des Nichtidentischen führe (vgl. ebd., S. 1514). Die ideale Verfassung der Humanität, wie sie bei Schiller gedacht ist, hätte dann einen Zusammenhang mit der totalen Inhumanität, wie sie in Auschwitz sich verwirklichte.

[38] Adorno, Bd 6, S. 356. – Vgl. dazu auch Adorno, Minima Moralia (wie Anm. 36), S. 28, Nr 5.: »[…] und es ist keine Schönheit und kein Trost mehr außer in dem Blick, der aufs Grauen geht, ihm standhält und im ungemilderten Bewusstsein der Negativität die Möglichkeit des Besseren festhält.«

[39] Vgl. Adorno, Bd 11, S. 423.

Ausdruck sich herstellt, schützt das Kunstwerk vor der Verdinglichung durch die Aussage, die im schlechten Fall die Objektivität liefert.[40] Angesichts von Auschwitz beinhaltet die Objektivierung eine Schuld, indem sie das Leiden darstellbar macht und dadurch »etwas vom Grauen wegnimmt«, wie es bei Adorno heißt.

Denkbar seien nun zwar Gedichte, die das »perennierende Leiden« nach Auschwitz ausdrücken, räumt er ein. Weiterhin unmöglich resp. barbarisch jedoch wären Gedichte, die das Leiden von Auschwitz auszudrücken versuchten; sie müssten Scheitern an der Objektivierung. Der einzige Ausdruck des Gemarterten ist das Brüllen. Das Gedicht – Ausdruck und Objektivität, höchste Individuation und höchste Objektivierung – versagt vor Auschwitz.

»Unterm Bann« gibt es Adorno zufolge nur schlechte Alternativen: »Es gibt kein richtiges Leben im falschen.«[41]

Der schuldhafte Drang der Selbsterhaltung habe überstanden:

> Die Schuld des Lebens, das als pures Faktum bereits anderem Leben den Atem raubt, […] ist mit dem Leben nicht mehr zu versöhnen. Jene Schuld reproduziert sich unablässig, weil sie dem Bewusstsein in keinem Augenblick ganz gegenwärtig sein kann. Das, nichts anderes zwingt zur Philosophie.[42]

Aber auch das Denken selber bleibt gezeichnet und in einer Unmöglichkeit befangen:

> Erheischt negative Dialektik die Selbstreflexion des Denkens, so impliziert das handgreiflich, Denken müsse, um wahr zu sein, heute jedenfalls, auch gegen sich selbst denken. Misst es sich nicht an dem Äußersten, das dem Begriff entflieht, so ist es vorweg vom Schlag der Begleitmusik, mit welcher die SS die Schreie der Opfer zu übertönen liebte.[43]

Während wahre Kunst angesichts von Auschwitz vor Scham zu verstummen droht, wird das Denken immer wieder an den Abgrund des Geschwätzes getrieben: »Noch das äußerste Bewusstsein vom Verhängnis droht zum Geschwätz zu entarten.«[44]

---

[40] Als Beispiele, wo dagegen die Philosophie des Autors sich zum Gehalt der Dichtung aufwirft, nennt Adorno Sartre und Schiller (vgl. ebd., S. 414).

[41] Adorno, Minima Moralia (wie Anm. 36), S. 59, Nr 18.

[42] Adorno, Bd 6, S. 357.

[43] Ebd., S. 358. – Wie viele andere ist auch dieser Gedanke schon in den *Minima Moralia* angelegt, wenn auch weit weniger drastisch (vgl. Adorno, Minima Moralia [wie Anm. 36], S. 481, 153). Die Reflexion darüber, wie verantwortliches Denken angesichts der Verzweiflung sein müsste, bildet den Schluss der *Minima Moralia*.

[44] Adorno, Bd 10.1, S. 30. – Vgl. Kramer über die Rhetorik als Reaktion auf die Aporie: »Die Konsequenz aus der Bewusstheit über die Macht- und Ausweglosigkeit angesichts des Geschehenen« wecke den rhetorischen Impuls. »Der Impuls schlägt sich nieder als Beredsamkeit […]« (Kramer, »Wahr sind die Sätze als Impuls […]« [wie Anm. 8], S. 515).

Es wurde deutlich, dass Adorno den Gedanken von der paradoxen Situation des Kunstwerks nach Auschwitz, die seine Notwendigkeit und seine Tendenz zu Verdinglichung, Sinngebung und damit verbundener Schuld einbegreift, in den verschiedenen Fassungen variiert, erweitert und verschieden gewichtet, aber niemals grundsätzlich ändert oder gar zurücknimmt.[45]

Eine wirkliche Relativierung von Adornos Gedanken zur Kunst nach Auschwitz findet sich erst in der *Ästhetischen Theorie.* »In seinem Bemühen, die besondere Kraft des Ästhetischen als Utopie darzustellen, ging er [Adorno] fast so weit, die in *Kulturkritik und Gesellschaft* konstatierte Dialektik von Kultur und Barbarei durch die authentische Kunst aufzuheben«, schreibt Stein.[46] So liest man in der *Ästhetischen Theorie* etwa:

> Ist Affirmation tatsächlich ein Moment von Kunst, so war selbst sie so wenig je durchaus falsch wie die Kultur, weil sie misslang, ganz falsch ist. Sie dämmt Barbarei, das Schlimmere, ein; unterdrückt Natur nicht nur, sondern bewahrt sie durch ihre Unterdrückung hindurch; in dem vom Ackerbau entlehnten Begriff der Kultur schwingt das mit. Leben hat sich, auch mit dem Prospekt eines richtigen, durch Kultur perpetuiert; in authentischen Kunstwerken hallt das Echo davon wider.[47]

Die Stellungnahme Adornos richtet sich dezidiert gegen zeitgenössische ästhetische und theoretische Strömungen (und wohl auch gegen eine entsprechende Rezeption und Inanspruchnahme seiner eigenen Äußerungen zur Kunst nach Auschwitz in diesem Sinne), deren totalitären Zug (der in ihrem Materialismus und antibürgerlichen Impetus liegt) Adorno scharf analysierte und kritisierte.[48] Die betreffenden Stellen lauten:

> Die Zeit der Kunst sei vorüber, es käme darauf an, ihren Wahrheitsgehalt, der mit dem gesellschaftlichen umstandslos identifiziert wird, zu verwirklichen: Das Verdikt

---

[45] Stein führt noch einige weitere, weniger bekannte Stellen an, an denen Adorno auf seinen berühmten Satz Bezug nimmt, so etwa in *Die Kunst und die Künste*, wo Adorno schreibt: »Während die Situation Kunst nicht mehr zulässt – darauf zielte der Satz über die Unmöglichkeit von Gedichten nach Auschwitz –, bedarf sie doch ihrer« (Adorno, Bd 10.1, S. 452). In *Ist die Kunst heiter?* schränkt er die Gültigkeit des Satzes auf heitere Kunst ein: »Der Satz, nach Auschwitz ließe kein Gedicht mehr sich schreiben, gilt nicht blank, gewiss aber, dass danach, weil es möglich war und bis ins Unabsehbare möglich bleibt, keine heitere Kunst mehr vorgestellt werden kann« (vgl. Peter Stein: »Darum mag falsch gewesen sein, nach Auschwitz ließe kein Gedicht mehr sich schreiben.« [Adorno]. Widerruf eines Verdikts? Ein Zitat und seine Verkürzung. In: Weimarer Beiträge 42 [1996], H. 4, S. 485–509, hier S. 499; Adorno, Bd 11, S. 603).

[46] Stein, Widerruf eines Verdikts? (wie Anm. 45), S. 500.

[47] Adorno, Bd 7, S. 374.

[48] Wenn Stein, Adorno referierend, schreibt: Dagegen fördere »das Verlangen nach Abschaffung der Kunst bzw. das ›Verdikt, es ginge nicht mehr‹, den Prozess der Barbarisierung. Die Kunst verdiente nur dann das Verschwinden, wenn ›sie das Leid vergäße, das ihr Ausdruck ist und an dem Form ihre Substanz hat‹«, vereinfacht er allerdings gewaltig (Stein, Widerruf eines Verdikts? [wie Anm. 45], S. 500; Adorno, Bd 7, S. 387).

ist totalitär. […][49] In dem Augenblick, da zum Verbot geschritten wird und dekretiert, es dürfe nicht mehr sein, gewinnt die Kunst inmitten der verwalteten Welt jenes Daseinsrecht zurück, das ihr abzusprechen selber einem Verwaltungsakt ähnelt […].[50] Die Abschaffung der Kunst in einer halb-barbarischen und auf die ganze Barbarei sich hinbewegenden Gesellschaft macht sich zu deren Sozialpartner.[51]

In der Folge arbeitet Adorno nochmals das utopische Potenzial der Kunst heraus: »Aber nicht mit der Notwendigkeit von Kunst ist zu argumentieren. Die Frage danach ist falsch gestellt, weil die Notwendigkeit von Kunst, wenn es denn durchaus so sein soll, wo es ums Reich der Freiheit geht, ihre Nicht-Notwendigkeit ist.«[52] Provozierend bezichtigt Adorno die Progressiven der Reaktion:

> An Notwendigkeit sie zu messen, prolongiert insgeheim das Tauschprinzip, die Spießbürgersorge, was er dafür bekomme. Das Verdikt, es ginge nicht mehr, kontemplativ einen vermeintlichen Zustand achtend, ist selber ein bürgerlicher Ladenhüter, das Stirnrunzeln, wohin all das denn führen solle.[53]

In der Fortsetzung stellt sich Adorno in Auseinandersetzung mit der 68er-Bewegung nochmals der Frage, ob Kunst »heute« möglich sei:

> Ob Kunst heute möglich sei, ist nicht von oben her zu entscheiden, nach dem Mass der gesellschaftlichen Produktionsverhältnisse. Die Entscheidung hängt ab vom Stand der Produktivkräfte. Der schließt aber ein, was *möglich, aber nicht verwirklicht ist,* eine Kunst, die nicht von der positivistischen Ideologie sich terrorisieren lässt. (Hervorhebung M. S.)[54]

In unnachahmlicher Weise schlägt hier der an Marx und Hegel Geschulte eine Bresche für die Utopie in die gedankliche Phalanx der neuen Materialisten. Oft wird vergessen, dass Adorno diese von ihm intendierte »Kunst heute« für »möglich, aber nicht verwirklicht« hält.[55] Gegen eine einseitige Interpretation Herbert Marcuses gerichtet schreibt er weiter, was wohl durchaus auch für die Rezeption seiner eigenen Gedanken Geltung hat: »So legitim Herbert Marcuses Kritik am affirmativen Charakter der Kultur war, so sehr verpflichtet sie dazu, in das einzelne Produkt einzugehen: sonst wird ein Antikulturbund dar-

---

[49] In der Anmerkung sei auch die Auslassung zitiert; sie verdeutlicht in bemerkenswert dezidierter Weise die Stoßrichtung der Äußerung: »Was gegenwärtig beansprucht, rein aus dem Material herausgelesen zu sein und durch seine Stumpfheit wohl das stichhaltigste Motiv fürs Verdikt über die Kunst liefert, tut in Wahrheit dem Material Gewalt an« (Adorno, Bd 7, S. 373).

[50] Auch hier noch ein Satz aus der Auslassung, der genau Adornos Position gegenüber der 68-er Bewegung markiert: »Wer Kunst abschaffen will, hegt die Illusion, die entscheidende Veränderung sei nicht versperrt« (ebd.).

[51] Ebd.

[52] Ebd.

[53] Ebd.

[54] Ebd., S. 374.

[55] Ebd. – Vgl. etwa Stein, Widerruf eines Verdikts? (wie Anm. 45), S. 500.

aus, schlecht wie nur Kulturgüter.«[56] Und er fährt fort – und dies muss sicher im Bemühen um Differenzierung seiner eigenen früheren Äußerungen und deren Rezeption gesehen werden: »Rabiate Kulturkritik ist nicht radikal. Ist Affirmation tatsächlich ein Moment von Kunst, so war selbst sie so wenig je durchweg falsch wie die Kultur, weil sie misslang, ganz falsch ist.«[57] Darauf folgt in der *Ästhetischen Theorie* die oben zitierte Stelle, in der Adorno ganz deutlich auf sein als Lyrikverdikt in die öffentliche Diskussion eingegangene Äußerung über Gedichte nach Auschwitz Bezug nimmt und es nun tatsächlich relativiert, indem er ihm die utopie- und wahrheitbewahrenden Eigenschaften der Kunst entgegenstellt und der Kritik an der Affirmation das Eintreten für das Leben und gegen den Tod: »Affirmation hüllt nicht das Bestehende in Gloriolen; sie wehrt sich gegen den Tod, das Telos aller Herrschaft; in Sympathie mit dem, was ist. Nicht um weniger ist daran zu zweifeln als um den Preis, dass Tod selber Hoffnung sei.«[58]

In den letzten Sätzen der *Ästhetischen Theorie* schließlich macht sich Adorno Gedanken über die Kunst in einer veränderten Gesellschaft:

> Möglich, dass einer befriedeten Gesellschaft die vergangene Kunst wieder zufällt, die heute zum ideologischen Komplement der unbefriedeten geworden ist; dass dann aber die neu entstehende zu Ruhe und Ordnung, zu affirmativer Abbildlichkeit und Harmonie zurückkehrte, wäre das Opfer ihrer Freiheit. Auch die Gestalt von Kunst in einer veränderten Gesellschaft auszumalen steht nicht an. Wahrscheinlich ist sie ein Drittes zur vergangenen und gegenwärtigen, aber mehr zu wünschen wäre, dass eines besseren Tages Kunst überhaupt verschwände, als dass sie das Leid vergäße, das ihr Ausdruck ist und an dem Form ihre Substanz hat. […] Was aber wäre Kunst als Geschichtsschreibung, wenn sie das Gedächtnis des akkumulierten Leidens abschüttelte.[59]

Solange es Kunst gibt, müsse sie sich also, so sie ihren Namen verdient, negativ zum Bestehenden verhalten. Auch in einer besseren Gesellschaft sei die Drohung eines Rückfalls immer akut. Und wäre die Utopie verwirklicht, wäre der Kunst in ihrer Funktion als Geschichtsschreibung immer noch die Verantwortung für das vergangene Leiden anvertraut.

6.2.3 Offene Fragen: Zynismus, Rhetorik, theoretische Radikalität oder ein »blinder Fleck«?

Irritierend an der Aussage Adornos in der *Negativen Dialektik* (III) bleibt für mich, dass er der nationalsozialistischen Wirklichkeit die Definitionsmacht von Recht und Moral noch für die Überlebenden zuzugestehen scheint: »ob vollends [leben] dürfe, wer zufällig entrann und rechtens hätte umgebracht

---

56 Ebd.
57 Ebd.
58 Ebd.
59 Ebd., S. 386f.

werden müssen.« Wie sonst lassen sich die Ausdrücke »dürfen« und »rechtens« erklären? – Geht es vielleicht gar nicht nur um Überlebende, die von der nationalsozialistischen Regierung zur Ermordung bestimmt waren und deren Schuldgefühl, sondern um alle Zeitgenossen und denkenden und fühlenden Menschen, wie der Kontext nahelegen könnte? Das Wort »zufällig« würde sich dann auf die Zufälligkeit der Täter- und Opfergruppe beziehen und auf die prinzipielle Wiederholbarkeit der Gräuel hinweisen. Diese Deutung wird aber in Frage gestellt durch das nachfolgende »rechtens«, das ja wohl bezogen auf ein historisch herrschendes Rechtssystem verstanden werden muss, und nicht als an einem absoluten Rechtsbegriff orientiert. Es gibt zwei Möglichkeiten, die nicht zynisch sind, aber dennoch problematisch bleiben: Entweder bezieht sich der Begriff »rechtens« auf die Realität der nationalsozialistischen Politik und ihre juristischen Grundlagen (tatsächlich begingen die Nationalsozialisten ihre Verbrechen ja weitgehend in Übereinstimmung mit dem herrschenden »Recht«) , wobei der Begriff des Rechts wegen seiner moralischen Konnotation für jene Zustände fragwürdig bleibt, oder Adorno stellt das Schuldgefühl der Überlebenden dar, die damit leben müssen, dass gerade sie überlebt haben. Ein Schuldgefühl, das zwar äußerst konkret in seiner Realität und seinen Auswirkungen ist, dem eine Legitimation, ja einen Geltungsanspruch zuzuweisen m. E. jedoch verheerend und falsch ist.

Noch unverständlicher bleibt mir Adornos Formulierung »Stacheldrahtum*friedung* der Lager« (Hervorhebung M. S.):

> Weil aber der Einzelne, in der Welt, deren Gesetz der universale individuelle Vorteil ist, gar nichts anderes hat als dies gleichgültig gewordene Selbst, ist der Vollzug der altvertrauten Tendenz zugleich das Entsetzlichste; daraus führt so wenig etwas heraus wie aus der elektrisch geladenen Stacheldrahtumfriedung der Lager.[60]

Dieser Formulierung, die der soeben behandelten und am Kapitelanfang zitierten Stelle (III) in der *Negativen Dialektik* vorausgeht, könnte zwar theoretische Radikalität zugute gehalten werden, ev. gepaart mit einem kalkulierten Schockeffekt, aber der Vergleich der Unentrinnbarkeit der Schuld auch des eigenen Denkens mit der Gefangenschaft im Lager scheint mir doch reichlich deplatziert, wenn auch zwischen beiden ein kausaler Zusammenhang besteht.

Immer wieder zwingt Adorno Vergleiche mit der SS, der SA, den Lagern in seinen Text, in oft hemdsärmlig wirkender Manier. Die Vergleiche dienen wohl der Unterstreichung der Unerbittlichkeit eines Denkens, das sich der realen Katastrophe und dem Zynismus des einfach Weitermachens stellt. Möglicherweise soll durch die Formulierungen auch immer wieder an die Realität von Auschwitz erinnert werden. Aber verletzen die Vergleiche nicht auch die Scham vor den Opfern? Es besteht die Gefahr, dass der vielleicht beabsichtigte Schockeffekt sich abnutzt. Andererseits: Ist nicht vielmehr das Vergessen der Opfer der eigentliche Zynismus, der diese Art der Rede provoziert? – Hatte

---

[60] Adorno, Bd 6, S. 355.

diese Art der Rede in den fünfziger Jahren möglicherweise eine andere Wirkung als heute?[61]

6.2.4 Der kulturgeschichtliche Kontext und die Rezeption von Adornos »Lyrikverdikt«

Im Folgenden werden der kulturgeschichtliche Kontext von Adornos Äußerungen und deren Rezeption dargestellt, um beides in das Verständnis einbeziehen zu können. Hauptsächlich beziehe ich mich dabei auf Peter Steins Rezeptionsanalyse: *»Darum mag falsch gewesen sein, nach Auschwitz ließe kein Gedicht mehr sich schreiben.« (Adorno). Widerruf eines Verdikts? Ein Zitat und seine Verkürzung.*[62] Stein untersucht im Aufsatz die Gründe des Scheiterns des Auschwitz-Diskurses anhand der Geschichte des Adorno-Diktums.

Zuerst sei der Satz überhaupt nicht zur Kenntnis genommen worden, dann habe er, zur Zitierform verstümmelt, eine große, aber ungute Konjunktur gehabt, dann habe er als überschätzt und strapaziert gegolten und schließlich als vom Autor widerrufen und falsch: So stellt Stein zunächst die Geschichte von Adornos Diktum über Lyrik nach Auschwitz in einem großen Bogen dar.[63]

> Adornos Satz richtig zu verstehen, nämlich als Bestimmung einer von nun an nicht aufhebbaren Aporie, hätte bedeutet, ihn als Gebot einer künftigen Kulturpraxis zu akzeptieren. […] Ihn als Verbot zu interpretieren, hieß nicht nur, ihm die Spitze zu nehmen, sondern auch: einem anderen Gebot folgen, das von dem der ›Zeitgenossenschaft zu Auschwitz‹ abzusehen erlaubte.[64]

Aus Adornos »nach Auschwitz« scheine mehr und mehr ein »nach Ende von Auschwitz« zu werden.[65]

Stein weist darauf hin, dass der Kontext der ersten Niederschrift des Diktums, 1949, ein restaurativer Kulturbetrieb war, »dem nichts ferner lag, als sich mit der Erinnerung an Auschwitz auseinanderzusetzen«.[66] In Adornos Denken hingegen hatte sich seit Mitte der vierziger Jahre die »absolute und bewusste

---

[61] Die Diskussion um die Einzigartigkeit des Holocaust fand erst in den achtziger Jahren statt.

[62] Stein, Widerruf eines Verdikts? (wie Anm. 45). –Leider zitiert Stein Adorno mehrmals ungenau und verkürzend. Ich greife daher, ohne eigens darauf hinzuweisen, auf die vollständigen Zitate aus dem Original zurück.

[63] Vgl. ebd., S. 485.

[64] Vgl. ebd.

[65] Ebd. – Stein weist darauf hin, dass durch den Begriff »Holocaust«, der den Namen »Auschwitz« abzulösen begann, das Geschehen enthistorisiert und die Identifizierung der Täter und Opfer aufgehoben wurde. Er stellt einen Zusammenhang her zwischen dem Scheitern des Auschwitz-Diskurses (»als ein schweigend-sprachloser ziemlich bald nach 1945 und als ein beredterer ab den sechziger Jahren«) und dem Aufkommen des Holocaust-Diskurses (vgl. ebd., S. 486).

[66] Ebd.

Zeitgenossenschaft zu Auschwitz«[67] als leitende Kategorie ausgebildet.[68] »Der jüdische Remigrant Adorno traf daher mit seinem Satz den Nerv einer Kultur, die Auschwitz hervorgebracht hatte und nun im Begriff stand, ohne Auschwitz wieder aufzuerstehen.«[69]

Auch Bollack beschreibt den Kontext in der deutschen Nachkriegszeit, der berücksichtigt werden müsse, wolle man Adorno gerecht werden:

> Man war v. a. darauf bedacht, an den kulturellen Verhältnissen nichts zu ändern und sich den Auswirkungen des Ereignisses zu entziehen. […] Doch in der ihn [Adorno] umgebenden Kultur durfte die Lyrik – sie vor allem, doch gilt dies nicht weniger von der Musik und den Religionen – von den verübten Verbrechen nicht betroffen sein. Der Dichtung kam die Mission zu, eine transzendente Zone der Reinheit unberührt zu wahren.[70]

In dieser Situation wurde »Celan paradoxerweise aufgerufen, um das Verdikt Adornos zu entkräften«.

Das Diktum muss gemäß Stein im Kontext von Adornos Erbitterung über die »erinnerungsunfähige, ›falsch auferstandene Kultur‹ in Deutschland« gesehen werden.[71] »Die Berechtigung dieser Erbitterung hat Adorno niemals dementiert, wohl aber später stärker hervorgehoben, dass das utopische Geltungspotential von Kunst nach Auschwitz noch vorhanden ist. So wenig sein Satz von 1949 ein Verdikt war, so wenig war diese Anerkennung ein Widerruf.«[72]

In den fünfziger Jahren war – Stein zufolge – das Echo auf den Satz Adornos gering. Verbreitet war dagegen eine vage Rede von Ausdrucksschwierig-

---

[67] Detlev Claussen: Nach Auschwitz. Ein Essay über die Aktualität Adornos. In: Dan Diner (Hg.): Zivilisationsbruch. Denken nach Auschwitz. Aus dem Englischen und Amerikanischen übersetzt von Susanne Hoppmann-Löwenthal u. a. Fischer Taschenbuch-Verlag 1988 (Fischer-Taschenbücher; 4398), S. 54–68, hier S. 54; Stein, Widerruf eines Verdikts? (wie Anm. 45), S. 486.

[68] Die Konzeption der Dialektik von Kultur und Barbarei ist allerdings älter als die geschichtliche Erfahrung von Auschwitz. Diese erhält daher zynischerweise als »letzte Stufe« die Funktion, die Theorie zu bestätigen (vgl. Stein, Widerruf eines Verdikts? [wie Anm. 45], S. 488 und Bollack, Paul Celan: Poetik der Fremdheit [wie Kap. 3, Anm. 17], S. 117f.). Adorno hält gemäß Stein am emanzipatorischen Ansatz fest, dass nur durch ein Mehr an Vernunft die Schäden der Rationalität sich heilen lassen. Gleichzeitig verstärke sich aber sein Zweifel an der Erkenntnismöglichkeit der Philosophie und der Kunst angesichts dieses Äußersten, der zum berühmten Satz führe (vgl. Stein, Widerruf eines Verdikts? [wie Anm. 45], S. 488).

[69] Stein, Widerruf eines Verdikts? (wie Anm. 45), S. 487.

[70] Bollack, Paul Celan: Poetik der Fremdheit (wie Kap. 3, Anm. 17), S. 118.

[71] Stein, Widerruf eines Verdikts? (wie Anm. 45), S. 486. – Zur Illustration der »erinnerungsunfähige[n], ›falsch auferstandene[n]‹ Kultur« mag die Tatsache dienen, dass der erste Büchnerpreisträger 1951 Gottfried Benn war, was auch Celan nicht entgangen sein dürfte. Hans Mayer hat schon 1971 darauf hingewiesen, dass der *Meridian* als Widerspruch zu Gottfried Benns Rede *Probleme der Lyrik* resp. dessen Büchnerpreisrede gelesen werden müsse.

[72] Stein, Widerruf eines Verdikts? (wie Anm. 45), S. 490.

keiten zeitgenössischer Dichtung, die den Ausschluss der Auschwitzproblematik erlaubte. Ab Ende der fünfziger Jahre wurde der Satz diskutiert, aber bald schon als von den Dichtern selbst widerlegt betrachtet.[73] Gegenüber dem Gedanken der Dialektik von Kultur und Barbarei war diese Denkweise gemäß Stein jedoch blind.[74] Seit Celans *Todesfuge* galt als bewiesen, dass »lyrisches Sprechen nach Auschwitz sogar als Lyrik über Auschwitz möglich sei«.[75] Das verräterische »sogar« weist darauf hin, von welcher Seite diese Argumentation kommt und welchen Lyrikbegriff sie verwirklicht sehen will: ein dem »Kulinarischen«, dem Schönen verhafteter. Stein bezeichnet sie treffend als »Linie preisender Verdrängung«.[76] In dieser Zeit sei Adornos Gedanke von anderen Zeitgenossen (Stein erwähnt Celan und Bachmann) »schweigend respektiert, wenn auch nicht abschließend geteilt« worden.[77] – »In diese Zeit« fallen die Niederschrift und Veröffentlichung von *Gespräch im Gebirg*.

Stein zufolge veränderte Adorno, als er im Aufsatz *Engagement* auf seinen berühmt gewordenen Aufsatz zurückkam, die Argumentation und schwächte sie ab, indem er nur den ersten Teil des Satzes zitierte und außerdem, indem er die Kunst nach Auschwitz in »eine in sich höchst widersprüchliche Antithese von absoluter und engagierter Literatur«[78] aufspaltete. Streng genommen habe Adorno 1962 »zweierlei barbarische Kunst nach Auschwitz diagnostiziert: die engagierte Literatur, die keine Kunst ist, und die notwendige Kunst, die kein Vergessen dulden darf, aber an Auschwitz scheitern muss«.[79] Die Diskussion habe sich durch diese Reformulierung verkompliziert.[80]

Kennzeichnend für die sechziger Jahre war – immer gemäß Stein – die Tendenz, Adornos Satz für erledigt zu betrachten, indem Auschwitz sowohl Singularität als auch Aktualität abgesprochen wurde.[81] Peter Weiss und Paul Celan

---

[73] So bekam etwa Nelly Sachs von Hans Magnus Enzensberger die zweifelhafte Ehre zugesprochen, Adorno widerlegt und passende Worte für das Grauen gefunden zu haben. In irritierend verquerer Weise schreibt Enzensberger: »Ihr Judentum (!) hat sie nicht nur zum Opfer gemacht, es hat ihr auch die Kraft zugetragen, uns und unserer Sprache dieses Werk zuzuwenden« (Enzensberger zit. nach Stein, Widerruf eines Verdikts? [wie Anm. 45], S. 492).

[74] Ebd., S. 491.

[75] Ebd.

[76] Ebd., S. 492.

[77] Ebd.

[78] Ebd., S. 493.

[79] Ebd., S. 494.

[80] Vgl. dagegen meine Interpretation in Kap. 6.2.2, der gemäß diese Diagnose schon in der ersten Fassung angelegt ist und die in der Reformulierung in *Engagement* keine Abschwächung, sondern die Explikation des Grunddilemmas anhand eines Spezialfalles der Dichtung sieht.

[81] Vgl. ebd., S. 495.

seien die deutschsprachigen Schriftsteller, die sich am ernsthaftesten an Adornos Satz abgearbeitet haben.[82]

Ab Mitte der sechziger Jahre verschärfte sich die Klage über die politische Harmlosigkeit der Literatur. Das Verhältnis von spätkapitalistischem Staat und Kunst spitzte sich zu. »Die Fragen von Kunst und Literatur [traten] hinter die Fragen von Politik und Ökonomie zurück. [...] Adornos ästhetische Theorie stand dieser Entwicklung diametral entgegen [...].«[83] Es könne deshalb nicht verwundern, »dass Adorno in weiteren Beiträgen ab 1966 wieder stärker auf Argumentationen zurückgriff, die er bereits im Aufsatz *Engagement* dargelegt hatte. Das führte allerdings auch dazu, dass jetzt die beiden gegensätzlich erscheinenden Aussagen (›den Satz [...] möchte ich nicht mildern‹ [1962] / ›darum mag falsch gewesen sein [...]‹ [1966]) enger aneinander rückten.«[84]

Laut Stein ist es für Adornos Nachdenken über die Möglichkeit einer nicht-barbarischen Kunst nach Auschwitz charakteristisch, dass es kein Ergebnis produzierte, »schon gar nicht ein solches, das sich als These, Diktum oder gar Verdikt zitierend handhaben ließ, sondern [...] Denk- und Gestaltungsprozesse in Gang bringen [wollte]«.[85] Indem er immer wieder auf den Satz von 1951 zurückkam, habe Adorno dessen Prozesscharakter gegenüber der Verdinglichung in der Rezeption hervorheben wollen.

Die These, Adorno sei durch die Dichter widerlegt worden, wurde Stein zufolge ab den siebziger Jahren Bestandteil der »Sekundär- und Tertiärliteratur«. Dabei sei sie von Hans Mayer schon 1967 unter Bezugnahme auf Paul Celan als ›Erbaulichkeit‹ zurückgewiesen worden.[86] – Es ist ernüchternd zu sehen, dass sich die These bis heute erhalten hat, wie die im Folgenden dargestellte Sekundärliteratur illustriert. Ab 1968 kursierte die Behauptung des Selbstwiderrufs.[87] Auch sie hält sich bis heute. Besonders beliebt in der diesbezüglichen Celan-Forschung ist bis heute eine Kombination von beidem: Adorno habe sein Verdikt aufgrund von Celans Lyrik widerrufen.

---

[82] Vgl. ebd., S. 496. – Adornos sogenannter Widerruf in der *Negativen Dialektik* gilt nach Steins Interpretation nicht dessen ursprünglicher Aussage, die die Frage gestellt habe, wie Kunst als eine nicht-barbarische noch sein könne, sondern »dem durch Rezeption verkürzten Diktum, das in der zum Verdikt zugerichteten Gestalt stets nur wieder die mögliche Vorstellung provozierte, die Dichter könnten doch etwas schaffen, das ›rein‹ wäre und jenseits der Dialektik von Kultur und Barbarei stünde« (ebd., S. 498f.). An seiner alten Position habe Adorno festgehalten, indem er die Frage verschob auf die »ernstere, ob nach Auschwitz noch sich leben lasse« (ebd., S. 499).

[83] Stein, Widerruf eines Verdikts? (wie Anm. 45), S. 499.

[84] Ebd. – Nach meiner Interpretation stellt dies kein Problem dar, da beide Fassungen dasselbe Dilemma aus unterschiedlichen Perspektiven darstellen.

[85] Ebd., S. 500.

[86] Ebd., S. 501; Hans Mayer: Zur deutschen Literatur der Zeit. Zusammenhänge, Schriftsteller, Bücher. Reinbek bei Hamburg: Rowohlt 1967, S. 119.

[87] Vgl. ebd., S. 502.

6.2.5 Forschungsüberblick. Darstellung und Diskussion

6.2.5.1 Voraussetzung

Die postulierte Auseinandersetzung Celans mit Adornos Infragestellung der Kunst basiert auf der Voraussetzung, dass Celan sich von Adornos sogenanntem Verdikt überhaupt betroffen fühlte. Zur Problematik dieser meist unhinterfragten Voraussetzung seien einige Äußerungen und Überlegungen vorausgeschickt:

Martin Hainz geht davon aus, dass Celan sich vom Urteil Adornos betroffen gefühlt habe, obwohl dieser ihm andererseits gedanklich nahegestanden sei.[88] Hainz zitiert Jerry Glenn, der auf die Ironie hinweist, die für Celan darin liege, ausgerechnet von Adorno, der seinerseits den Krieg im Exil überlebte, als Barbar beschimpft zu werden.[89] Der *Merkur* hatte sich auf Adorno berufen, um die *Todesfuge* zu kritisieren.[90] Celan schreibt darauf Bezug nehmend: […] *jetzt, beim streng nach Adorno* […] *denkenden Merkur, weiß man endlich, wo die Barbaren zu suchen sind.*[91] Diese sarkastische Äußerung Celans taugt allerdings nicht unbedingt, dessen Abneigung gegen Adorno zu belegen, denn sie kritisiert in erster Linie den *Merkur* und nicht Adorno. Es ist nicht ausgemacht, ob Celan Adorno für den *Merkur*-Artikel verantwortlich macht. Die Formulierung »beim streng nach Adorno denkenden Merkur« scheint mir eher auf eine Adorno-Rezeption zu zielen, die zu solchen Urteilen über Dichtung kommen konnte. Ob und wie sehr der Philosoph selber dazu Anlass gegeben hatte, bleibt damit zumindest dahingestellt.

Außerdem verweist Hainz auf den Nachsatz zu Adornos berühmt gewordenem Satz, in dem auch die eigene Erkenntnis sich als von Auschwitz befleckt und betroffen zeige. Adornos Verdikt richte sich gegen eine Kunst, die das Geschehen von Auschwitz nicht in sich aufnehme und weiterhin eine heile Welt vorgaukle.

> Dieses Diktum, das gegen Celans Willen oft als gegen ihn gewandt und durch ihn widerlegt betrachtet wurde, ist kaum als Herabwürdigung oder Entwertung des jüdischen Dichters aufzufassen, da in Celans Œuvre das Bewusstsein der Problematizität von Lyrik nach Auschwitz frühest gegeben und diffizilst entfaltet ist – es spricht viel eher die Notwendigkeit von Celans Dichtung aus, genauer: die Notwendigkeit einer Poetik, die leistet, was Celans Worte als Zerwürfnis der Vernunft mit sich leistet [sic].[92]

---

[88] Adorno, Minima Moralia (wie Anm. 36), S. 14. – Martin Hainz: Masken der Mehrdeutigkeit. Celan-Lektüren mit Adorno, Szondi und Derrida. Wien: Braumüller 2001 (Untersuchungen zur österreichischen Literatur des 20. Jahrhunderts; 15). In diese Studie bezieht Hainz *Gespräch im Gebirg* im Zusammenhang mit Adorno bemerkenswerterweise gar nicht ein.

[89] Vgl. Jerry Glenn: Paul Celan. New York: Twayne 1973 (Twayne's world authors series; 262), S. 36f. – Vgl. auch Felstiner, Paul Celan (wie Kap. 1, Anm. 58), S. 290f.

[90] Merkur 202 (1965), S. 48f.

[91] Paul Celan: Brief. In: Robert Neumann (Hg.): 34 x erste Liebe, S. 32, zit. nach Felstiner, Paul Celan (wie Kap. 1, Anm. 58), S. 291.

[92] Hainz, Masken der Mehrdeutigkeit (wie Anm. 88), S. 14.

Peter Szondi sieht in Celans *Engführung* eine genaue Widerlegung der »allzu berühmt gewordenen Behauptung Adornos« über die Unmöglichkeit von Lyrik nach Auschwitz. Er präzisiert und variiert deshalb: »Nach Auschwitz ist kein Gedicht mehr möglich, es sei denn auf Grund von Auschwitz.«[93]

Jean Bollack bezweifelt in Bezug auf Celan, dass es überhaupt sinnvoll ist, von einer Zeit resp. Lyrik »nach Auschwitz« zu reden:

> […] ist es doch die Negation einer Poesie, die das Geschehen in sich aufgenommen hat, ohne sich deswegen als von ihm determiniert zu verstehen, und die, indem sie die Kunst mit der Geschichte konfrontiert, in dieser neuen Spannung die von Baudelaire initiierte ›Modernität‹ bewahrt.[94]

Ob Celan Adornos Infragestellung von Gedichten nach Auschwitz auf seine Gedichte bezogen hat, bleibt demnach zunächst offen; ob er sich literarisch damit auseinandergesetzt hat, müsste also wiederum die Analyse der Texte zeigen.

Joachim Seng fragt, von der oft geäußerten Behauptung ausgehend, dass Adorno sein Verdikt aufgrund von Celans Gedichten zurückgenommen habe, ob denn umgekehrt nicht auch Adornos Verdikt Celans Dichtung beeinflusst habe.[95] Er untersucht (bisweilen müsste man sagen: unterstellt) die Wirkung von Adornos Verdikt über Lyrik nach Auschwitz auf Celans Werk. Dabei geht er von der Voraussetzung aus, dass gerade Celan sich von Adornos Verdikt angesprochen gefühlt haben müsse, da er 1955 »der einzige in der Bundesrepublik wahrgenommene Lyriker [war], dessen Gedichte nicht allein als Gedichte nach Auschwitz gelesen werden mussten, sondern auch als solche, de-

---

[93] Szondi, Schriften (wie Vorbemerkungen, Anm. 5), Bd 2, S. 383f.

[94] Bollack, Paul Celan: Poetik der Fremdheit (wie Kap. 3, Anm. 17), S. 101.

[95] Seng, »Von der Musikalität einer graueren Sprache. Zu Celans Auseinandersetzung mit Adorno« (wie Kap. 5, Anm. 43). – Dass Adorno sein Verdikt »auch unter dem Einfluss Celans langsam zurückgenommen und revidiert« habe (Seng, »Ab- und Wiesengründe. Celan, Adorno und ein versäumtes Gespräch im Gebirg« [wie Kap. 5, Anm. 41], S. 2), wie allgemein angenommen wird, ist, wie Seng anmerkt, bisher nie eindeutig belegt worden und wird von Hainz bestritten. Vgl. Kohn-Waechter, »[…] ich liebte ihr Herunterbrennen« (wie Kap. 1, Anm. 75), S. 238, Anm. 28; Seng, »Von der Musikalität einer graueren Sprache. Zu Celans Auseinandersetzung mit Adorno« (wie Kap. 5, Anm. 43), S. 420; Hainz, Masken der Mehrdeutigkeit (wie Anm. 88), S. 14. Überdies möchte ich nochmals darauf hinweisen, dass gar keine Einigkeit darüber besteht, ob Adorno sein Diktum überhaupt zu revidieren versucht habe. Gemäß auch meiner vorangehenden Interpretation ist die Frage nach dem Einfluss Celans, jedenfalls bis zur Erscheinung der *Negativen Dialektik*, hinfällig. Denkbar ist ein Einfluss Celans in Adornos *Ästhetischer Theorie*. Vgl. auch Christine Ivanović: Celan, Cioran, Adorno. Übersetzungskritische Überlegungen zur Ästhetik der Negation. In: Jürgen Lehmann/Christine Ivanović (Hg.): Stationen. Kontinuität und Entwicklung in Paul Celans Übersetzungswerk. Heidelberg: Winter 1997 (Beiträge zur neueren Literaturgeschichte. 3. Folge; 156), S. 1–26; Kramer, »Wahr sind die Sätze als Impuls […]« (wie Kap. 6, Anm. 8); Stein, Widerruf eines Verdikts? (wie Anm. 45).

nen der Holocaust eingeschrieben war«.[96] Aus dieser Argumentation ließe sich
folgern, dass Adornos Diktum ausschließlich auf Celans Gedichte bezogen
werden konnte, geradezu auf ihn bezogen werden musste, »weil ihnen der
Holocaust eingeschrieben war«. Die Gedichte, die die jüngste Geschichte nicht
in sich aufgenommen hatten, wären demnach unproblematisch. Es ist offensichtlich, wie untauglich diese Argumentation ist. Es verwundere daher nicht,
so Seng weiter, wenn sich in Celans Nachlass-Konvolut des Gedichtzyklus
Atemwende folgende Notiz finde:

> Kein Gedicht nach Auschwitz (Adorno):
> was wird hier als Vorstellung von »Gedicht« unterstellt? Der Dünkel dessen, der
> sich untersteht hypothetisch – spekulativerweise Auschwitz aus der Nachtigallen-
> oder Singdrosselperspektive zu betrachten oder zu berichten.[97]

Seng identifiziert in seiner Argumentation die »Nachtigallen- oder Singdros-
selperspektive« mit der ästhetischen Theorie Adornos. Dieser setze Celan
seine Gedichte entgegen. Gemäß Seng ist dies die deutlichste Äußerung Celans
über Adornos Verdikt.[98]
    Diese als Hauptbeleg für Sengs These fungierende Notiz Celans zu Adorno
ist jedoch auch so lesbar, dass der *Dünkel* und die *Nachtigallen- oder Sing-
drosselperspektive* nicht Adornos Blick auf Auschwitz, sondern einen bestimmten Lyrikbegriff bezeichnen, also die von Adorno in seinem »Verdikt«
unterstellte Vorstellung von Gedicht, in der Celan sich und seine Dichtung
gerade nicht findet, weshalb er sich vom Verdikt auch nicht unbedingt getroffen fühlen muss. Für diese Lesart spricht, dass mit den Singvögeln wohl eher
in etwas polemischer Weise Lyriker als der Philosoph selber bezeichnet sind.
Celan kritisierte dann zwar Adornos Lyrikbegriff, aber unterstellte diesem
nicht die Vogelperspektive auf Auschwitz. Celans eigene Gedichte jedoch sind

---

[96] Seng, »»Von der Musikalität einer graueren Sprache. Zu Celans Auseinandersetzung
    mit Adorno« (wie Kap. 5, Anm. 43), S. 420. – Ähnlich in einer späteren Publikation:
    »Celan musste Adornos Verdikt über Auschwitz kritisch gegenüberstehen«, da er
    1955 »der einzige in der Bundesrepublik wahrgenommene Lyriker [war], in dessen
    Gedichten und deren Sprache die geschichtliche Zäsur der Shoa ihre deutlichen Spu-
    ren hinterlassen hatte« (Joachim Seng: Auf den Kreis-Wegen der Dichtung. Zykli-
    sche Komposition bei Paul Celan in den Gedichtbänden bis Sprachgitter. Heidel-
    berg: Winter 1998 [Beiträge zur neueren Literaturgeschichte. Folge 3; 159], S. 260).
[97] Seng, »Die wahre Flaschenpost« [wie Kap. 4, Anm. 12], S. 163.
[98] »Deutlicher hat sich Celan an keiner anderen Stelle zu Adornos Verdikt geäußert.
    Gegen eine ästhetische Theorie, die für ihn aus der ›Nachtigallen- oder Singdrossel-
    perspektive‹ auf Auschwitz schaute, setzt Celan den ›unter dem besonderen Nei-
    gungswinkel seiner Existenz‹ sprechenden Dichter, der Gedichte schreibt, die ihrer
    Daten eingedenk sind.« (Seng, »Ab- und Wiesengründe. Celan, Adorno und ein ver-
    säumtes Gespräch im Gebirg« [wie Kap. 5, Anm. 41], S. 7). Fast identisch, aber mit
    explizitem Bezug auf *Gespräch im Gebirg*, indem Celan mit dem Juden Klein identi-
    fiziert wird, findet sich die Stelle in Seng, »Die wahre Flaschenpost« (wie Kap. 4,
    Anm. 12), S. 163.

keine *über* Auschwitz, wie es die Vogelperspektive nahelegt, – er singt auch
nicht schöne Lieder wie die erwähnten Vögel –, sondern in einem genauen und
unbedingten Sinne von Auschwitz ausgehende, was Celan im *Meridian* mit
den Worten beschreibt: *Ich hatte mich [...] von einem »20. Jänner«, von meinem »20. Jänner«, hergeschrieben* (ME, S. 201). Sie haben also eine von
Adornos Diktum nicht erfasste Beziehung zu Auschwitz.

Wenn die gemäß Seng deutlichste Äußerung Celans über Adornos Verdikt
noch so uneindeutig und überdies keine von Celan für die Veröffentlichung
bestimmte ist, ist es problematisch, sie zur Voraussetzung einer ganzen Interpretation zu machen, zumal die daraus und aus der einen Stelle im *Meridian* abgeleitete These im Wesentlichen Postulat bleibt und nicht im literarischen Text
nachgewiesen wird, so dass die Voraussetzung zugleich als Beleg fungiert.

6.2.5.2 Postulierte Bezugnahmen

a) Darstellung

Joachim Seng hat sich in mehreren Publikationen zur Auseinandersetzung
zwischen Adorno und Celan geäußert. Im Aufsatz von 1995 findet er implizite
Bezugnahmen Celans auf Adornos Gedanken über Lyrik nach Auschwitz im
Band *Sprachgitter*, in der *Bremer Rede*, im *Meridian* und in *Gespräch im Ge-
birg*. Die auf einen Vierzeiler aus *Stimmen* und *Gespräch im Gebirg* bezogene
Aussage Celans, er habe sich *das eine wie das andere Mal, von einem »20.
Jänner«, von meinem »20. Jänner«, hergeschrieben. / Ich bin ... mir selbst
begegnet* (ME, S. 201) kommentiert er mit der suggestiven Frage: »Liest sich
diese Stelle nicht wie eine Entgegnung auf Adornos Verdikt?«[99] In Sengs
Dissertation von 1998 ist ein Exkurs der Auseinandersetzung Celans mit
Adorno gewidmet. Darin bezeichnet Seng die Stelle zum 20. Jänner im *Meridian* als »diskrete Entgegnung auf Adornos Verdikt, in der Celan seine Vorstellung von ›Gedicht‹ klar von der Adornos abgrenzt«.[100] Seng macht dann
zunächst eine Differenz aus zwischen dem Ende von *Gespräch im Gebirg* (*ich
auf dem Weg hier zu mir, oben*) und der rückblickenden Charakterisierung des
Textes als Selbstbegegnung. Die veränderte Sichtweise ist gemäß Seng abhän-
gig von Celans persönlichem »20. Jänner« (der Ermordung seiner Eltern im
Konzentrationslager).[101] Mit dem Zitat aus *Stimmen* zusammen heiße diese
Stelle, »an die Adresse Adornos gerichtet, dass Gedichte nach Auschwitz, die
solcher persönlichen Daten eingedenk bleiben, geschrieben werden müssen«.[102] Celan stelle Adorno im *Meridian* seinen anderen Lyrikbegriff entge-

---

[99] Seng, »Von der Musikalität einer graueren Sprache. Zu Celans Auseinanderset-
      zung mit Adorno« (wie Kap. 5, Anm. 43), S. 420.
[100] Seng, Auf den Kreis-Wegen der Dichtung (wie Anm. 96), S. 261.
[101] Dieses mir nicht nachvollziehbare Argument hebt er allerdings später beiläufig auf,
      indem er in beiden Stellen eine Selbstbegegnung zu erkennen glaubt (ebd., S. 266).
[102] Ebd.

gen, der vom »20. Jänner« als historisch und persönlich bedeutsamem Datum ausgehe, das für die Organisation der geplanten eigenen Vernichtung stehe. Aus dessen Anstreichungen im Schönberg-Aufsatz Adornos schließt Seng, dass Celan die Ungleichbehandlung der neuen Musik und der Lyrik nicht akzeptiert habe.[103] Die Bezüge zwischen *Engführung* und *Gespräch im Gebirg* nimmt er als ein Indiz dafür, »dass auch *Engführung* im Kontext von Celans Auseinandersetzung mit Adorno gelesen werden muss«,[104] da der Dichter ja auf die Beziehung des Prosatextes zu Adorno ausdrücklich hingewiesen habe. Dies, nachdem Seng in besagtem Gedicht selbst bereits »das deutlichste Zeichen seines Widerspruchs gegen Adornos Verdikt« gefunden hat.[105] Über *Gespräch im Gebirg* heißt es zum Schluss: »In diesem Gespräch über das dichterische Sprechen eines Juden nach Auschwitz ist Adorno der Gesprächspartner, das Gegenüber, dem sich der Dichter als einem Begegnenden zuspricht.«[106]

In seinem Artikel für die *Frankfurter Rundschau* vom 25.11.2000 mit dem Titel *Ab- und Wiesengründe. Celan, Adorno und ein versäumtes Gespräch im Gebirg* stellt Seng nochmals die Beziehung zwischen Adorno und Celan dar, vermehrt jedoch auf Biographisches und insbesondere auf den Briefwechsel zwischen den beiden sich beziehend.[107] Wiederum erscheint *Gespräch im Gebirg* als wichtiger Text in dieser Auseinandersetzung. Seng berichtet über die postulierte Auseinandersetzung:

> Die Protagonisten der Erzählung bleiben freilich nur im Text anonym. Freimütig bekannte Celan jedem, der es wissen wollte, dass er hier fiktiv, aber beziehungsreich das Zusammentreffen des »Juden Klein« Celan mit dem »Juden Groß« Adorno geschildert hatte. Damit war deutlich und eindeutig darauf hingewiesen, dass diese Prosaerzählung eine Fortsetzung der zwischen den Zeilen ausgetragenen Kontroverse zwischen dem Dichter und dem Philosophen mit poetischen Mitteln war. Sie ist bis dahin die deutlichste öffentliche Stellungnahme Celans zu Adornos Diktum.[108]

In seinem Aufsatz in den *Frankfurter Adorno-Blättern* bleiben These und Argumentation im Wesentlichen dieselben: *Gespräch im Gebirg* müsse als Stellungnahme zu Adornos Diktum zu Lyrik nach Auschwitz gelesen werden. Das geschilderte Zusammentreffen des »›Juden Klein‹ Celan mit dem ›Juden Groß‹ Adorno« sei »ein deutlicher Hinweis darauf, dass es in diesem Gespräch um die Möglichkeit von Sprache und Dichtung nach Auschwitz ging«.[109]

---

103 Vgl. ebd., S. 265.
104 Ebd., S. 266.
105 Ebd.
106 Ebd.
107 Der Artikel erschien im Vorfeld der Publikation des von Seng herausgegebenen Briefwechsels zwischen Adorno und Celan.
108 Seng, »Ab- und Wiesengründe. Celan, Adorno und ein versäumtes Gespräch im Gebirg« (wie Kap. 5, Anm. 41), S. 3.
109 Seng, »Die wahre Flaschenpost« (wie Kap. 4, Anm. 12), S. 154.

In den Gedichten des Bandes *Sprachgitter*, »in ihrer Sprachlichkeit, aber auch in ihrer Anordnung« spüre man den Dialog mit Adornos Werk. In den Prosatexten im Umkreis von *Sprachgitter*, »allen voran das ›Gespräch im Gebirg‹ und die ›Antwort auf die Umfrage der Librairie Flinker‹« spiele Adorno »als realer und fiktiver Gesprächspartner« eine wichtige Rolle. Beide Texte seien für Celans Dichtungsverständnis von entscheidender Bedeutung. Während man auf die Ausführung dieser Thesen wartet, geht Seng über zur Antwort Adornos auf die Zusendung von *Gespräch im Gebirg*, die Celan habe freuen müssen, »weil sie viel Verständnis für Celans Dichtung« offenbare.[110] Die Veränderungen, die Adorno an seinem berühmten Diktum im Laufe der Jahre vornahm, bezeugen laut Seng, dass er Celans Versuch einer Lyrik nach Auschwitz anerkannte und respektierte.[111]

b) Diskussion

Problematisch ist es zunächst, aufgrund eines Hinweises Celans auf einen Zusammenhang zwischen *Gespräch im Gebirg* und Theodor W. Adorno sich sofort auf den bekanntesten Satz des letzteren, eben die Infragestellung der Gegenwartskunst, einzuschießen. Überdies sind die entsprechenden Hinweise Celans – sie sind von Seng nicht nachgewiesen, aber es handelt sich wohl um die von Pöggeler[112] und Janz[113] berichteten Äußerungen – überinterpretiert und in unzulässiger Weise vereindeutigt, wenn Seng schreibt, Celan habe »jedem, der es wissen wollte«, »freimütig« bekannt, »dass er hier fiktiv, aber beziehungsreich das Zusammentreffen des ›Juden Klein‹ Celan mit dem ›Juden Groß‹ Adorno geschildert habe«.[114]

Sengs Behauptung über *Gespräch im Gebirg*, Adorno sei darin »der Gesprächspartner, das Gegenüber, dem sich der Dichter als einem Begegnenden zuspricht«,[115] scheint mir eine in der emphatischen Rede von Gesprächspartner und Begegnung gewagte Äußerung, die wiederum nicht über ein Postulat hinauskommt. Meine eigene Interpretation und insbesondere die poetologischen Analysen widersprechen dieser These diametral. Sie bestreiten und widerlegen, dass zwischen den Figuren ein Gespräch oder eine Begegnung im Sinne von Celans Poetik stattfindet.

In Sengs Aufsatz wird die angebliche Stellungnahme Celans zu Adorno in *Gespräch im Gebirg* wiederum nicht explizert, die Positionen und Bezugnahmen werden nicht nachgezeichnet, die Existenz einer Kontroverse bleibt im

---

110 Ebd., S. 164.
111 Ebd., S. 172.
112 Pöggeler, Spur des Worts (wie Kap. 1, Anm. 77), S. 157.
113 Janz, Vom Engagement absoluter Poesie (wie Vorbemerkungen, Anm. 4), S. 229, Anm. 148.
114 Seng, »Ab- und Wiesengründe. Celan, Adorno und ein versäumtes Gespräch im Gebirg« (wie Kap. 5, Anm. 41), S. 3.
115 Seng, Auf den Kreis-Wegen der Dichtung (wie Anm. 96), S. 266.

Wesentlichen eine aus dem Hinweis Celans abgeleitete Unterstellung. Die geweckten Erwartungen bleiben unerfüllt und die Aussagen thetisch: »Der Philosoph wiederum hat sein Verdikt auch unter dem Einfluss der Lyrik Celans langsam zurückgenommen und revidiert.«[116] »In Gespräch im Gebirg expliziert Celan das Wesen seiner präzisen ›grauen‹ Sprache, in der er die neuen Gedichte des Bandes Sprachgitter verfasst hatte.«[117] Er tue dies in Anlehnung ans das Jiddische, »das Deutsch der Opfer, frei von jeglicher Schuld, […] Stigma und zugleich Zeugnis einer Liebe zur deutschen Sprache, der Sprache der Mörder«.[118] Denn Celans *Gespräch im Gebirg* sei in gewisser Weise auch sein Bekenntnis zum Judentum in einer Zeit des wieder zunehmenden Antisemitismus. Gerade in diesem Zusammenhang jedoch ist bei Seng keine Rede von einer möglichen Auseinandersetzung Celans mit Adorno. Ähnlich verhält es sich auch im Aufsatz von 2003, wo Seng den Bezug zum Judentum noch stärker hervorhebt, aber dessen Implikationen wiederum nicht ausführt. Die Stelle lautet: »Das ›Gespräch im Gebirg‹, das Celan nicht ohne Grund als ›ein Mauscheln‹ zwischen sich und Adorno bezeichnet hat, ist sein Bekenntnis zum Judentum und gleichzeitig die Explikation seiner Sprachauffassung.«

Es drängt sich der Eindruck auf, dass Seng durch seine Voraussetzung, Celan müsse sich von Adornos Verdikt getroffen gefühlt haben, daran gehindert wurde, diese und die darauf aufbauende These der Auseinandersetzung Celans mit Adorno in *Gespräch im Gebirg* auch nur ein einziges Mal nachzuweisen.

Celans Formulierung: *Ich hatte mich, das eine wie das andere Mal, von einem »20. Jänner«, von meinem »20. Jänner«, hergeschrieben* (ME, S. 201), die von Seng als Argument herbeigezogen wird, lässt sich als Bezugnahme auf und zugleich Absetzung von, als Positionierung oder Bekenntnis gegenüber Adornos Gedanken über die Unmöglichkeit von Gedichten nach Auschwitz auffassen. Es müsste allerdings noch gezeigt werden, worin die Bezugnahme besteht und was sie beinhaltet. Seng ist an dieser Stelle zu wenig genau und er geht auch zu wenig weit, wenn er, ohne tragfähiges Argument, formuliert: Mit dem Zitat aus *Stimmen* zusammen heiße diese Stelle, »an die Adresse Adornos gerichtet, dass Gedichte nach Auschwitz, die solcher persönlichen Daten eingedenk bleiben, geschrieben werden müssen«.[119]

Wenn Celan im *Meridian* – in Bezug auf ein Gedicht und auf seinen Prosatext – sagt, er habe sich von seinem »20. Jänner« hergeschrieben, dann ist damit einerseits ein Bezug zu Büchners Lenz und dessen Wanderung an diesem Datum hergestellt und andererseits einer zur jüngsten deutschen Geschichte, als am 20. Januar 1942 an einer Sitzung in Wannsee von verschiedenen Mitarbeitern der deutschen Verwaltung die Organisation der »Endlösung«, also der

---

[116] Seng, »Ab- und Wiesengründe. Celan, Adorno und ein versäumtes Gespräch im Gebirg« (wie Kap. 5, Anm. 41), S. 2.

[117] Ebd., S. 4.

[118] Ebd.

[119] Seng, Auf den Kreis-Wegen der Dichtung (wie Anm. 96), S. 261.

Vernichtung der europäischen Juden, besprochen und geplant wurde.[120] In dieser zweiten Hinsicht heißt, »sich vom 20. Jänner her[zu]schreiben«, nach Auschwitz zu schreiben, wobei »nach Auschwitz« im Sinne von »seit Auschwitz« zu verstehen ist. Es heißt aber auch, durch den Bezug auf Büchners *Lenz*, in einer deutschen literarischen Tradition stehend zu schreiben, in einer aufklärerischen Tradition, aber im vollsten Bewusstsein des anderen 20. Januars in Wannsee, an dem offenbar wurde, wohin es diese deutsche Kultur gebracht hat.

Bezieht man den von Celan im *Meridian* formulierten Satz auf Adorno, könnte er demnach etwa so paraphrasiert werden: Sieh her, ich habe ein Gedicht geschrieben, und auch ein Prosastück, in vollstem Bewusstsein von Auschwitz. Ich habe mich hergeschrieben von diesem Moment, als die Vernichtung der Juden zu einer logistischen Frage wurde; als ein zur Vernichtung Bestimmter, der zugleich in einer deutschen literarischen Tradition steht, die mit Büchner als aufklärerische gekennzeichnet werden kann. Ich bin mir der Dialektik der Aufklärung bewusst. Ich schreibe und ich muss schreiben, weil ich der Vernichtung entkam, was nicht vorgesehen war. Ich schreibe in deutscher Sprache, weil sie meine Muttersprache ist. Ich schreibe in der den Deutschen liebsten, in der ihnen geheiligten Gattung: Gedichte. Ich trage diesen unüberbrückbaren Bruch mitten in ihre Kultur hinein, da, wo sie ihn am allerwenigsten wollen. Meine Gedichte umgehen Auschwitz nicht. Sie sind also weder unmöglich noch barbarisch.

Will man nun diese Positionierung Celans im *Meridian* auf *Gespräch im Gebirg* beziehen, wie sie ja auch tatsächlich bezogen ist (es heißt: *das eine wie das andere Mal,* also im Gedicht und in der Geschichte), so muss man entweder die Explikation dieses Bekenntnisses in *Gespräch im Gebirg* nachweisen resp. nachzeichnen, was Seng nicht tut, und mir auch nicht möglich scheint, oder den Text als Ganzes in den angedeuteten Zusammenhang stellen, was möglich ist, aber von Seng ebenfalls unterlassen wird. Der Bezug von *Gespräch im Gebirg* zu Adornos Lyrikverdikt bleibt bei Seng gänzlich auf eine überlieferte mündliche Äußerung Celans und die erwähnte Stelle im *Meridian* gegründetes Postulat und wird deshalb für die literarische Interpretation auch nicht fruchtbar.

Wenn, wie in Kap. 3 gezeigt wird, in *Gespräch im Gebirg* aus poetologischer Sicht ein Ich, das im Gedicht sprechen könnte, erst gewonnen wird, und wenn sich darin, in inhaltlicher Hinsicht, Celan in politischer und in ganz persönlicher Weise mit der Geschichte seines Judentums und also auch mit Auschwitz auseinandersetzt, wenn außerdem Celan von *Gespräch im Gebirg* sagt, dass er sich darin von einem und von seinem »20. Jänner« herschreibe und wenn diese Äußerung auf Adornos Überlegung zu Gedichten nach Auschwitz bezogen wird, dann kann *Gespräch im Gebirg* die Funktion zukommen, Adorno zu zeigen, wie ein verantwortetes Sprechen in Gedichten nach Auschwitz zustande kommen kann, dass es legitim, kritisch und vielleicht sogar zwingend ist. Denn es ist offensichtlich, dass ein Verstummen der jüdi-

---

[120]   Vgl. dazu ausführlich Kap. 3, Anm. 9.

schen Stimme im deutschen Gedicht der Tendenz der Vernichtung Vorschub leistet und ihr fortwährende Geltung verschafft.

6.2.5.3 Ein Gespräch über die Schuld der Überlebenden?

Auch Gudrun Kohn-Waechter gibt in ihrem Aufsatz an, Celan setze sich in *Gespräch im Gebirg* »mit dem bekannten Verdikt Adornos auseinander, nach Auschwitz ein Gedicht zu schreiben sei barbarisch. Es [das *Gespräch*] sucht nach einer Möglichkeit von Dichtung nach Auschwitz«.[121]

In einer Anmerkung zu dieser Behauptung deutet sie das Schweigen des Stocks des Juden Klein vor dem Stock des Juden Groß als erste Reaktion Celans auf das Verdikt Adornos.[122] Worin jedoch genau die Auseinandersetzung mit Adorno besteht, wird nicht klar. Kohn-Waechters Hauptthese besagt, dass in *Gespräch im Gebirg* die mit dem Holocaust verbundenen Opferphantasien Thema seien; dass sie aufgerufen, bekannt und zerschrieben werden:

> In Celans Erzählung gelingt die religiöse Deutung den Überlebenden nicht. Sie verkehrt sich für sie in eine traumatische Schuld. [...] Er [Celan] deckt in einer bestimmten Form von Symbolbildung und Sinngebung, nämlich in der Symbolisierung des Massenmords als Herunterbrennen einer Sabbatkerze, eine schreckliche Schuld auf und zersetzt, analysiert dieses Symbol, indem er die Ermordeten hinter ihm hervortreten lässt. Er löst, anders gesagt, das Faszinosum des »Herunterbrennens« auf. Es zerfällt in das Verbrennen einer Kerze und den Mord. [...] In dieser Auflösung besteht der dialogische Prozess, der für die Dichtung Celans konstitutiv ist.[123]

Man könnte nun folgern, dass in diesem dialogischen Prozess auch die von Kohn-Waechter behauptete Auseinandersetzung mit Adorno bestehe. Die Auflösung der Symbolisierung des Massenmordes im Herunterbrennen einer Schabbatkerze wäre aber als Gegenstand der Auseinandersetzung mit Adorno wenig sinnvoll, da dieser selber gegen jede Sinngebung an Auschwitz antritt.

Gemäß Kohn-Waechter führt Celan in *Gespräch im Gebirg* ein »verzweifeltes Gespräch« mit dem »Andern« aus dem *Meridian*, dem »persönliche[n] und historische[n] Trauma, für das der Name Auschwitz steht«.[124] Wie ich bereits dargelegt habe, ist der oder das Andere im *Meridian* keineswegs so eindeutig zu identifizieren. Es kann viele Gestalten haben: Menschen, Dinge, Erinnerun-

---

121 Kohn-Waechter, »[...] ich liebte ihr Herunterbrennen« (wie Kap. 1, Anm. 75), S. 226.

122 Vgl. ebd., S. 236, Anm. 15.

123 Ebd., S. 232. – Sie widerspricht an dieser Stelle Mosès (»Wege, auf denen die Sprache stimmhaft wird.« [wie Kap. 1, Anm. 56]), dem gemäß Stern und Kerze aus der Erinnerung auftauchen und dem erzählenden Ich ihren Sinn offenbaren. Dies bedeutet jedoch nicht zugleich, dass sie für das Ich Auschwitz mit Sinn erfüllen, wie das Kohn-Waechter behauptet.
Zur Kritik an der Hauptthese Kohn-Waechters vgl. Kap. 1.2.

124 Ebd., S. 227.

gen, Geschehnisse, vielleicht sogar Gott (vgl. Kap. 3.2.3). Celan unterscheidet im *Meridian* zwischen dem Andern und dem Fremden, die jedoch nicht völlig geschieden sind.[125] Das persönliche und historische Trauma, für das der Name Auschwitz steht, wäre in der Terminologie Celans eher das Fremde, das im Verlaufe von *Gespräch im Gebirg* zu einem Andern wird; im selben Maße, wie die Figur Klein zu einem immer präziseren Ich wird. Was die Autorin als Auseinandersetzung mit Adorno ausgibt, wäre dann eher eine Antwort Celans in der Art, dass dieser zeigt, wie er »nach Auschwitz« dazu kommt, im Gedicht zu sprechen.

In einer Anmerkung weist Kohn-Waechter darauf hin, dass später auch Adorno vom Schuldgefühl der Überlebenden schrieb, und zwar in der *Negativen Dialektik*, »in der er sein generelles Verdikt gegen Lyrik nach Auschwitz unter indirekter Bezugnahme auf die Dichtung Celans widerrief«.[126] Die behauptete indirekte Bezugnahme auf Celan scheint mir zwar Interpretation Kohn-Waechters zu sein und ich sehe im Zusammenhang mit Adornos Gedanken über die Schuld der Überlebenden, wie oben dargelegt, auch keinen Widerruf eines Verdikts. Der Hinweis auf das Schuldgefühl der Überlebenden scheint mir jedoch von Bedeutung: Hier liegt meiner Meinung nach ein ergiebigerer Ausgangspunkt für eine mögliche Auseinandersetzung zwischen Adorno und Celan als die stets unterstellte und nie nachgewiesene Bezugnahme auf Adornos Lyrikverdikt. Auch der Bezug zu Kohn-Waechters Hauptthese wäre dann viel direkter. Ich werde im Zusammenhang mit einem viel früheren Text Adornos (*Minima Moralia*) nochmals darauf zurückkommen (Kap. 8).

6.2.5.4 Von welchem Gedicht ist die Rede? Das »Lyrikverdikt« und der *Meridian*

Barbara Heber-Schärer kommt in ihrer Monographie zu *Gespräch im Gebirg*, die v. a. dessen Beziehung zu Adorno, und dabei insbesondere zur *Dialektik der Aufklärung* gewidmet ist, auch auf den Aufsatz *Kulturkritik und Gesellschaft* zu sprechen, setzt ihn aber nicht zu *Gespräch im Gebirg*, sondern zum *Meridian* in Beziehung. Celan habe den Aufsatz »wahrscheinlich gekannt, zumindest den häufig zitierten, zur Sentenz verkürzten Satz, ›nach Auschwitz ein Gedicht zu schreiben ist barbarisch‹, der in der deutschen Nachkriegsgesellschaft als Skandalon gewirkt hat und bald zur bloßen Formel verkam«.[127] Sie zitiert dann die Schlusssätze des Aufsatzes im Zusammenhang und kommentiert sie schlicht: »Kaum anzunehmen, dass Celan Adornos Diagnose widerspricht.« In Frage stehe im *Meridian*, »wie, wenn überhaupt noch, dieser

---

125 Vgl. Celan, Gesammelte Werke in fünf Bänden (wie Vorbemerkungen, Anm. 2), Bd 3, S. 196.
126 Kohn-Waechter, »[…] ich liebte ihr Herunterbrennen« (wie Kap. 1, Anm. 75), S. 238, Anm. 28.
127 Heber-Schärer, Gespräch im Gebirg (wie Kap. 4, Anm. 3), S. 10.

›unmögliche Weg‹, der ›Weg des Unmöglichen‹ zu gehen sei, wie das Ableiten in ›Geschwätz‹ jeweils noch zu verhindern sei«.[128]

Dem ließe sich zwar entgegenhalten, dass sich der *Meridian* weniger mit
Kritik als mit Dichtung befasst und dass deren Gefährdung nach Auschwitz –
in der Auffassung Celans und soweit im Einklang mit Adorno – im Verstummen eher besteht als im Geschwätz. Celans Interesse richtet sich aber, wie
Heber-Schärer feststellt, darauf, wie Gedichte sein können und müssen, die,
weil sie eben ernsthaft und wahr sind, am liebsten verstummen möchten und
trotzdem sprechen müssen. Das sind bei Adorno die »unmöglichen«, worauf
Celan möglicherweise tatsächlich Bezug nimmt, wenn er am Ende der Büchnerpreisrede davon spricht, einen *unmöglichen Weg, diesen Weg des Unmöglichen* gegangen zu sein (ME, S. 202). Die Dialektik, in der sich das *Gedicht
heute* gemäß Celan befindet, kommt in der folgenden Formulierung deutlich
zum Ausdruck: *Es behauptet sich am Rande seiner selbst; es ruft und holt sich,
um bestehen zu können, unausgesetzt aus seinem Schon-nicht-mehr in sein
Immer-noch zurück* (ME, S. 197).

Der Streitpunkt – und dies ist dann doch ein wesentlicher – wäre dann aber
Adornos Lyrikbegriff, was nach meiner Interpretation auch in der von Seng
zitierten Notiz Celans über Adorno zum Ausdruck kommt (vgl. Kap. 6.2.5.1).

6.2.5.5 Jüdisches und Deutsches

Auch Stéphane Mosès erwägt in seinem Aufsatz zu *Gespräch im Gebirg*, dieses als Antwort auf Adornos berühmten Ausspruch zu lesen. Er tut dies vor-
sichtig und in einem ganz bestimmten Sinn: Nachdem er der Verwendung
jiddischer Sprachelemente in *Gespräch im Gebirg* nachgegangen ist, kommt er
zum Schluss, dass dieser Sprache dadurch ihre ursprüngliche Würde (nach der
pejorativen Verwendung in der hochdeutschen literarischen Tradition und der
antisemitischen Verwendung in der nationalsozialistischen Propaganda) wiedergegeben werden soll.[129]

> Die Verwendung des Judendeutschen ist hier alles andere als harmlos: sie rührt in
> jedem Augenblick an die Wunde, welche die deutsche Sprache (und in gewissem
> Maße vielleicht die Sprache überhaupt) seit der Ausrottung der Juden in ihrem In-
> nersten trägt. In diesem Sinne lässt sich die Gesamtheit des Textes vielleicht als eine
> Antwort auf Adornos berühmten Ausspruch lesen, man könne nach Auschwitz keine
> Gedichte mehr schreiben. Bei Celan dagegen kann die in ihrem innersten Vermögen
> getroffene Sprache von neuem erstehen, doch nur unter der Bedingung, dass sie ihre
> Schuld bis zum Ende auf sich nimmt: man könnte von einer Katharsis sprechen, die
> Celans Text hier sozusagen mit Gewalt an einer widerstrebenden Sprache vollzieht:
> (daher etwa die obsessive Wiederkehr des Wortes »Jude«, zumal in seiner pejorativ
> apokopierten Form »Jud«). Dieses Zurschaustellen der Sprache der Unterdrückten,
> die in parodistischer Verhöhnung gleichzeitig die ihrer Unterdrücker wurde [...],
> zeugt von tiefem Leiden, ja, von einem Hang zur Selbsterniedrigung, dabei aber

---

[128] Ebd.
[129] Mosès, »Wege, auf denen die Sprache stimmhaft wird.« (wie Kap. 1, Anm. 56).

auch vom Willen, das *Tabu zu brechen*: gerade dadurch, dass der Sprache der Opfer ihre Würde wiedergegeben wird, soll auch die verlorene Ganzheit der deutschen Sprache wiederhergestellt werden.[130]

Überzeugend ist Mosès' Vorschlag, wenn, dann *Gespräch im Gebirg* insgesamt als Antwort auf Adornos bekannten Ausspruch zu lesen. Eine der ganz auffälligen sprachlichen Besonderheiten dieses Textes ist die Verwendung jüdischdeutscher Elemente darin. Celan würde dann Adorno mit seinem Text bedeuten, dass noch sprachliche Kunstwerke möglich sind, wenn sie das Mal sichtbar machen, die Wunde Auschwitz nicht nur nicht vergessen, sondern zeigen.

Anschaulich beschreibt Mosès, wie Celan in seinem Text der »widerstrebenden« hochdeutschen Literatursprache das jüdische Idiom aufzwingt. Der kämpferische Aspekt daran lässt sich noch genauer fassen: Celan integriert diese Sprache der Verlierer wieder in die deutsche Literatur, indem er sie den Verrätern entwendet und sie den Verlierern – zur Anklage und Selbstverteidigung – zurückgibt. Als solche und von daher beansprucht sie ihren Platz wieder in der deutschen Literatur.

Einen Hang zur Selbsterniedrigung kann ich dagegen in Celans Verwendung des Jiddischen nicht sehen. Ich habe bereits gezeigt, wie genau Celan die pejorative, antisemitische Verwendung des Jiddischen samt den durch sie vermittelten Vorurteilen für die Juden in Anspruch nimmt und zu einer bitteren Anklage wendet (vgl. Kap 1.2). Auch ist das Wort »Jud« ja eben nicht nur pejorativ und antisemitisch, sondern auch und ursprünglich ein neutrales Wort der Deutsch sprechenden Juden für sich selber. Felstiner bringt diesen wichtigen Aspekt anschaulich auf den Punkt: »In Deutschland klingt das nach Antisemitismus; in jiddischem Mund hat es einen heimeligen Klang.«[131]

Etwas irritierend an Mosès' Sichtweise ist die Personifizierung der Sprache, die als deutsche Sprache einerseits verwundet und andererseits schuldbeladen sei. Die Katastrophe lässt sich zwar anhand der Sprache darstellen, aber sowohl Täter als auch Opfer waren Menschen. Diese kann Celan nicht zwingen, ihre Schuld auf sich zu nehmen, nicht einmal, sich darüber Gedanken zu machen, und auch nicht, seine Texte zu lesen. Was er allerdings tun kann und tut, ist, als jüdischer Dichter deutsche Literatur, insbesondere Gedichte, zu schreiben, in einer Sprache, die hindurch gegangen war *durch ihre eigenen Antwortlosigkeiten, […] durch furchtbares Verstummen, […] durch die tausend Finsternisse todbringender Rede* (BRE, S. 186). Dadurch wird jedoch nicht der deutschen Sprache ihre verlorene Ganzheit wiedergegeben, sondern im Gegenteil im Sprechen die Geschichte erinnert, die Wunde offengehalten.[132]

---

130 Ebd., S. 50.
131 Felstiner, Paul Celan (wie Kap. 1, Anm. 58), S. 193.
132 Vielleicht meint Mosès allerdings dasselbe, insofern das Jüdische als integraler Bestandteil des Deutschen wieder zur Geltung gebracht wird.

6.2.6 Eine ästhetische Auseinandersetzung? Fazit

Zusammenfassend lässt sich festhalten, dass eine detaillierte Auseinandersetzung von Celan mit Adornos Gedanken über Lyrik nach Auschwitz in *Gespräch im Gebirg*, obwohl immer wieder behauptet, nie nachgewiesen wurde und sich vermutlich auch nicht nachweisen lässt. Es scheint auch nicht besonders fruchtbar, eine solche anzunehmen. Ob Celan sich von Adornos Verdikt wirklich betroffen fühlte, ist ungewiss. Sicher ist, dass seine Gedichte in der öffentlichen Diskussion immer wieder damit in Verbindung gebracht wurden und das Missverständnis des Diktums Adornos oft auch zu Missverständnissen von Celans Gedichten beitrug, indem diese entweder Adorno widerlegen sollten oder unter Berufung auf Adorno abgelehnt wurden.[133] – Nahe sind sich Celan und Adorno sicher in ihrem Nachdenken darüber, ob und wie Leben und Kunst nach Auschwitz möglich seien und wie sie sein sollten, »damit Auschwitz nicht sich wiederhole, nichts Ähnliches geschehe«, um es mit Adornos neuem kategorischem Imperativ auszudrücken.[134]

Seine eigene Poetik, die Auschwitz keinen Moment außer Acht lässt, legt Celan im *Meridian* dar (vgl. Kap. 3.2). Hier ließe sich eine Positionierung auch gegenüber Adorno festmachen (auch wenn dies deswegen noch nicht als zentrale Intention des Redners ausgegeben werden soll). So lassen sich die Sätze: [D]*as Gedicht heute zeigt* […] *eine starke Neigung zum Verstummen. Es behauptet sich* […] *am Rande seiner selbst; es* […] *holt sich, um bestehen zu können, unausgesetzt aus seinem Schon-nicht-mehr in sein Immer-noch zurück* (ME, S. 197) als Bezugnahme auf die Unmöglichkeit des nicht-barbarischen Gedichts nach Auschwitz verstehen. Die Gemeinsamkeit (Gefährdung) wie die Differenz (*Aber das Gedicht spricht ja!* [ME, S. 196]) lassen sich daran zeigen. Die resultierende Differenz in Bezug auf den Lyrikbegriff hat dann jedoch gravierende Implikationen für die Verständigung zwischen Celan und Adorno.

Wenn Celans Äußerungen über sein Schreiben vom »20. Jänner« her, in deren Zusammenhang er eigens auf *Gespräch im Gebirg* hinweist, auf Adornos Gedanken über Lyrik nach Auschwitz bezogen sind, muss sich allerdings auch *Gespräch im Gebirg* in diesem Zusammenhang sehen lassen. Wenn *Gespräch im Gebirg* – ein Text, in dem die Verheerungen, die der in der versuchten Ermordung aller Juden gipfelnde nationalsozialistische Antisemitismus angerichtet hat, dargestellt sind, in dem die Schwierigkeit, zu sprechen und zu leben als überlebender Jude thematisch ist und in dessen Verlauf ein jüdisches Ich sich mit seiner Geschichte auseinandersetzt, die ganz besonders dadurch gekennzeichnet ist, dass es nach der Schoah für einen überlebenden Juden keine Wahl mehr gibt, sich mit dem Judentum zu identifizieren oder nicht, und wenn

---

[133]   Vgl. Felstiner, Paul Celan (wie Kap. 1, Anm. 58), S. 187: »Dieses kritische Diktum, das allgemein auf die *Todesfuge* bezogen wurde, schmerzte Celan und ärgerte ihn (obgleich Adorno vermutlich Celans Gedichte nicht gekannt hat, als er die Äußerung tat).« Vgl. auch ebd., S. 291.

[134]   Adorno, Bd 6, S. 358.

sich in all dem ein Ich als Ich, das in einem Gedicht spricht, konstituiert – wenn also *Gespräch im Gebirg* in Relation zu Adornos Diktum zu Gedichten nach Auschwitz gesetzt wird, wird deutlich, unter welchen Voraussetzungen für Celan ein Deutsch sprechender überlebender Jude im Gedicht nach Auschwitz sprechen kann.

Martin Hainz ist der Meinung, Adorno habe Celans Anliegen durchaus entsprochen, indem er »Grenzen des Denkens das Grauen wie die Kunst betreffend anzudeuten suchte«.[135] Er findet umgesetzt bei Celan, was Adorno nicht ausgeführt habe, »welcher Art jedoch formal die also nötige Verneinung im Sprechen wäre«. Hainz schreibt über Celans Dichtung: Die von Adorno beschriebene »drastische Schuld des Verschonten«[136] bringe »Leben und Lyrik des Entkommenen zum Stocken, an den Rand der ›Entmündigung‹, die Klaus Voswinckel zum Beispiel aus Assonanzen an Sprüche liest«.[137] – Diese hier etwas pauschalisierend beschriebene Bedingung von Celans Schreiben und ihre Folgen lassen sich in *Gespräch im Gebirg* im Detail nachvollziehen. Das Schuldgefühl der Überlebenden ist darin ausgesprochen (*ich mit der Stunde, der unverdienten*) und in Szene gesetzt (die Figuren können die Blumen anfänglich nicht sehen); in ähnlicher gedoppelter Weise findet sich das Stocken dargestellt im stockenden Erzählfluss und ausgesprochen: *kam am Stock*. Die Assonanzen an Sprüche lassen sich mit Böschenstein-Schäfer, die auf den Kindervers »über Stock und über Steine« hinweist,[138] ebenso finden wie der Rand der Entmündigung. Diese nimmt Gestalt an in der schillernden Erzählstimme, die sich anfänglich antisemitisch und die Figuren vereinnahmend einmischt und zugleich von diesen nicht zu trennen ist, um dann nach und nach aufgehoben und verdrängt zu werden. Die Figuren werden im Laufe des Textes buchstäblich wieder mündig – die eine sagt gar, dass sie gekommen sei, weil sie *hab[e] [reden] müssen mit dem Mund und mit der Zunge und nicht nur mit dem Stock*. – Am Ende des Textes steht also ein mündiges Ich, das *Ich* sagt und seiner Geschichte ins Auge blickt, auch der konflikthaften und schmerzlichen mit dem eigenen Judentum, ein Ich, das sich auf dem Weg zu sich sieht und über das Textende hinaus im Datum mit dem Autor Celan berührt. Die von Hainz so genannte »ars negandi«,[139] die Celan in seinen Gedichten ausübe, lässt sich also in *Gespräch im Gebirg* im Einzelnen dargestellt finden. Aber sie endet in einem Sprechen, nicht im Schweigen: dieses Sprechen sind die Gedichte Celans. Darin spricht ein mündiges Ich.

Wenn man auf den beinahe schon zwanghaften Rekurs auf Adorno, auf die Identifizierung von Celans Gedichten und Adornos ästhetischer Theorie verzichtet und beide nur vergleicht, werden die Übereinstimmung wie die Diffe-

---

135   Hainz, Masken der Mehrdeutigkeit (wie Anm. 88), S. 20.
136   Adorno, Bd 6, S. 356.
137   Hainz, Masken der Mehrdeutigkeit (wie Anm. 88), S. 21.
138   Böschenstein-Schäfer, Anmerkungen zu Paul Celans »Gespräch im Gebirg« (wie Kap. 1, Anm. 45), S. 230.
139   Hainz, Masken der Mehrdeutigkeit (wie Anm. 88), S. 20.

renz zwischen der Theorie Adornos und den Gedichten Celans nochmals deutlich. Celans Gedichte verwirklichen mit ums Leben ringender Vehemenz, was Adorno ihnen nicht zutraute.

Bedenkenswert scheint mir noch eine Überlegung von Hainz, wonach Celans Dichtung dem Leiden des Überlebens gewidmet sei: »Nicht über das Verbrechen oder das Erlittene schreibt Celan, seine Dichtung kreist ums Leiden […].«[140] Einerseits sei es zwar höchste Pflicht, ein Zeugnis abzulegen für all die Ermordeten, aber es sei zugleich unmöglich, in ihrem Namen zu sprechen, da der Tod der Opfer gerade die Zeugenaussage verunmögliche: »Für jene Verstummten ist nicht zu sprechen.«[141] Deshalb wird ihr Leiden beschwiegen und ist präsent im Leiden der Überlebenden. »Celans Leid am Verbliebenen ist Zentrum seiner Lyrik, hinzuzusetzen ist: das Leiden an dem, was nicht mehr sein kann.«[142]

Sagte man, diese Gedanken resümierend: Das Schweigen der Toten selber ist schreiend, ausgesprochen werden kann nur das perennierende Leiden der noch Lebenden, kommt man von einer unerwarteten Seite her Adornos Darstellung in der *Negativen Dialektik* wieder nahe. Setzt man noch Celans Leiden am Verbliebenen selber hinzu, wird die Nähe auch zu Adornos Frage nach der Möglichkeit des Weiterlebens deutlich. Allerdings gehen die beiden mit dieser Frage in verschiedene Richtungen. Während Adorno auf der unhintergehbaren und unaufhebbaren Zäsur, die Auschwitz darstellt, auf dem Schock auch, beharrt, die Konsequenzen daraus geistig bis an den Rand des Denkbaren durchdringt und auf der daraus folgenden unaufhebbaren Aporie insistiert, sind Celans Intention und seine Reaktion, nicht weniger kompromisslos, dennoch andere:

Celans Reaktion in seinen Gedichten ist eine Bewegung. Die Dichtung muss bei Celan zunächst den Weg der Kunst gehen. Die Kunst ist ein Weg, sich dem Abgrund »Auschwitz« überhaupt zu nähern (vgl. den Wert der formalen Objektivation bei Adorno). Gelingt es ihr nicht, *zwischen Fremd und Fremd zu unterscheiden* (ME, S. 196), verliert sich das *selbstvergessene Ich* (ME, S. 193) auf dem Weg, erscheint die Kunst als Meduse oder als Automat; Verstummen siegt oder Geschwätz. Dichtung geschieht gemäß Celan, wenn einem Ich eine *Atemwende* an diesem Ort des Entsetzens und der Befremdung,

---

[140] Ebd., S. 16.

[141] Ebd., S. 20.

[142] Ebd., S. 17. – Der Holocaust, heißt es im Nachwort von Hainz, sei »nicht zu leugnen und undarstellbar, weil jede Darstellung löge – *Auschwitz* hat göttliche Attribute« (ebd., S. 157, mit Bezug auf Konrad Paul Liessmann: Der gute Mensch von Österreich. Essays 1980–1995. Mit einem Nachwort von Karl Markus Michel. Wien: Sonderzahl 1995, S. 160). Darstellung, die mit Interpretation einherginge, wäre als Integration in eine Ordnung schon fast Entschuldigung (vgl. ebd., mit Bezug auf Günther Anders: Philosophische Stenogramme. 2. Aufl. München: Beck 1993, S. 53). Allerdings lässt sich auch fragen, ob der Verzicht auf Darstellung nicht auf gefährliche Weise die »Menschlichkeit«, Herstellung, Rationalität und damit Wiederholbarkeit des Geschehens unterschlägt.

am »Abgrund«, gelingt, wenn es noch zum Sprechen kommt. In *Gespräch im Gebirg* ist ein solcher Weg verwirklicht: Hinter der bedrohlichen und abweisenden Bergwelt als dem Fremden in verschiedener Hinsicht verbirgt sich die historische Erfahrung von »Auschwitz«, oder, genauer, der Gang ins Gebirge ist der Weg, der um einer *Atemwende willen* zurückgelegt werden muss, ist die Erinnerung der eigenen Beziehung zum Judentum, worin die Erfahrung von »Auschwitz« eine zentrale Rolle spielt. Der einen Figur, Klein, der erst als *der Jud* und dann als Ich in Erscheinung tritt, gelingt eine solche *Atemwende*, wenn er sagt:

> Hörst du, sagt er … Und Hörstdu, gewiss, Hörst du, der sagt nichts, der antwortet nicht, denn Hörstdu, das ist der mit den Gletschern, der, der sich gefaltet hat, dreimal und nicht für die Menschen … Der Grün-und-Weiße dort, der mit dem Türkenbund, der mit der Rapunzel … Aber ich, Geschwisterkind […] ich, der ich dir sagen kann […]. (Z. 86–94)

Die *Atemwende* ist festzumachen zwischen *Rapunzel* und *Aber*, zwischen der Beziehungslosigkeit zu Gott und Natur, der Verlorenheit und dem Sprechen des Ich. In seinen Gedichten zersetzt Celan überkommene Bilder und Selbstverständlichkeiten, indem er in sie eindringt und den Blickwinkel gleichsam millimeterweise resp. winkelsekundenweise (oder »windstrichweise«, um den Bezug zu Valéry schon vorweg herzustellen) verschiebt. Er analysiert und zeigt. Er gibt die Sprache ihrer Geschichte preis. Er hält dem Grauen stand. Seine Hoffnung, wenn es denn eine gibt, liegt in dieser Art der Aufklärung, verbunden mit einer unbedingten Orientierung an Alterität.[143]

Die ästhetische Differenz zwischen Celan und Adorno liegt in der unterschiedlichen Einschätzung des Poetischen. Celans Gedichte gehen den Weg, den Adorno ihnen nicht zutraute.

> Adornos Begriff der Kunst, in dem diese mehr unbewusst als organisiert erscheint, kann ihre [der Dichtung] kritische Potenz nicht anerkennen, die an die Verweigerung des Universellen gebunden ist. […] Die Frage war, wie politisch auch immer sie sein mochte, eine Frage der Ästhetik.[144]

Während Adorno in der *Ästhetischen Theorie* von den gegenwärtigen Kunstwerken sagt, dass sie archaisch seien »im Zeitalter ihres Verstummens. Aber

---

143   Vgl. dazu Bollack, Paul Celan: Poetik der Fremdheit (wie Kap. 3, Anm. 17), S. 101f.
144   Ebd., S. 118. – Bollack beschreibt Celans Dichtung an einer Stelle so: »Celan zerschlägt den mythischen Grund der hohen Dichtung […]. Er führt die Geste des Zerschlagens auch vor; er verzichtet eben nicht einfach, wie dies aus verschiedenen anderen Perspektiven denkbar wäre, auf eine unmöglich gewordene Lyrik, die ihn nicht mehr trägt und die er nicht mehr ertragen kann.« Allerdings werde dies von den Leserinnen und Lesern regelmäßig übersehen, der bekämpfte Grund wieder in seine Rechte gesetzt. »Die Gattung der Lyrik und ihre traditionelle Funktion haben sich als stärker erwiesen als das der Dichtkunst innewohnende kritische Potential. […] gerade angesichts der vollkommenen sprachlichen Meisterschaft; sie wies in die Gegenrichtung« (ebd., S. 114f.).

wenn sie nicht mehr sprechen, spricht ihr Verstummen selbst«,[145] sagt Celan im *Meridian*: *Dichtung: das kann eine Atemwende bedeuten.* Sie ist verkörpert in Büchners Lucile resp. deren *Gegenwort* (ME, S. 189) im Gegensatz zu Lenz, dem es *den Atem und das Wort verschlägt*, was *ein furchtbares Verstummen* (ME, S. 195) bedeutet. Etwas weiter unten im *Meridian*, zu einem neuen Abschnitt anhebend, ruft Celan gleichsam aus:

> Aber das Gedicht spricht ja! Es bleibt seiner Daten eingedenk, aber – es spricht.
> (ME, S. 196)

Eingedenk seiner Daten, das heißt auch angesichts von Auschwitz, spricht also das Gedicht. Das Verstummen des Gedichts ist immer ganz nah. Jedes Gedicht ist dem Verstummen abgerungen:

> Gewiss, das Gedicht – das Gedicht heute – zeigt […], das ist unverkennbar, eine starke Neigung zum Verstummen.
> Es behauptet sich […] am Rande seiner selbst; es ruft und holt sich, um bestehen zu können, unausgesetzt aus seinem Schon-nicht-mehr in sein Immer-noch zurück.
> (ME, S. 197)

Die *Neigung zum Verstummen* und das *Schon-nicht-mehr* sind Bedingungen sine qua non des *Gedicht*[es] *heute* (ME, S. 197).[146] Aber das Gedicht holt sich, um Gedicht zu sein, immer wieder ins Leben zurück. Es ist wichtig, dass das Gedicht, dieses Gedicht, noch oder wieder spricht. Der Verzicht darauf, das Verstummen, würde die Toten ebenso wie die Überlebenden zu Vergessenen machen. Es wäre eine Kapitulation. – Und hier wiederum trifft sich Celan partiell mit einem Aphorismus Adornos in den *Minima Moralia*: »Das Tröstliche der großen Kunstwerke liegt weniger in dem, was sie aussprechen, als darin, dass es ihnen gelang, dem Dasein sich abzutrotzen. Hoffnung ist am ehesten bei den trostlosen.«[147]

Die ästhetische Differenz zwischen Adorno und Celan zeigt, ex negativo, im Denken Adornos eine Tendenz an, die diesem in höchstem Maße zu denken geben müsste: Indem er das Schreiben von Gedichten nach Auschwitz für barbarisch oder aber unmöglich hält, »opfert« er aus dieser Perspektive noch die durch Zufall überlebende jüdische Stimme in der deutschen Literatur und heißt sie schweigen, verstummen – auch wenn er sie im Grunde nur nicht von der diagnostizierten Dialektik ausnimmt. Dass er sie, bei der ersten Fassung des Diktums, vielleicht schlicht vergessen hatte, wie die Präzisierung in der *Negativen Dialektik* (III) nahelegen könnte, macht die Sache nicht unbedingt besser – zumal in dieser Neuformulierung mit der Verschiebung der ästhetischen Frage auf die moralische, die des Weiterleben-Könnens der Verschonten, zwar ein existen-

---

[145]   Adorno, Bd 7, S. 426.
[146]   Ähnlich Szondi (1978, 383): »So ist die Aktualisierung der Vernichtungslager nicht allein das Ende von Celans Dichtung, sondern zugleich deren Voraussetzung.«
[147]   Adorno, Minima Moralia (wie Anm. 36), S. 430, Nr 143.

tielles Dilemma präzise analysiert wird, aber gleichzeitig das Lebensrecht der Überlebenden nichts weniger als in Frage gestellt wird. Die problematische Tendenz, die im Lichte von Celans Dichtung deutlich wird, bleibt also bestehen.

Celans Lage ist prekär. Er sieht sich mit seinen Gedichten einer doppelten Unmöglichkeit gegenüber: Auf der einen Seite wird sein Gedicht bedrängt von denjenigen, die Dichtung nach Auschwitz für barbarisch oder unmöglich halten, auf der andern Seite von jenen, die Dichtung nur als von Geschichte und Politik unberührte Sphäre sehen wollen. Während also die einen es nicht wirklich lesen können, weil sie der Dichtung das kritische Potential nicht zutrauen, so verkennen es die andern, weil sie dieses Potential ignorieren. Beide bringen Celans Gedichte zum Schweigen.

In dieser Situation schreibt Celan Gedichte und richtet den *Meridian* an sein Publikum. Seine Gedichte, auf einem schmalen Grat der einen wie der anderen Anfeindung oder Verkennung oder Inanspruchnahme widerstehend, sind die »Replik des Individuums«,[148] eines, ist hinzuzufügen, historisch gezeichneten.

Stéphane Moskès, der das Jiddische in *Gespräch im Gebirg* in Zusammenhang bringt mit Adornos Diktum über Gedichte nach Auschwitz, hatte bereits eine Fährte gewiesen: Im Zentrum von Celans Auseinandersetzung mit Adorno steht nicht die Ästhetik, sondern die Bedeutung des Judentums für das eigene Leben, Denken und Arbeiten. Die poetologische Differenz, die Bedeutung des Orts und der Zeit, von denen aus gesprochen wird, der Bedingungen des Lebens des Individuums impliziert auch die Relevanz der eigenen Geschichte mit dem Judentum, und diese steht im Falle der Auseinandersetzung zwischen Celan und Adorno im Vordergrund.

6.3 Die *Rede über Lyrik und Gesellschaft* und *Gespräch im Gebirg*

6.3.1 Vorbemerkung

Adornos *Rede über Lyrik und Gesellschaft,* zuerst ein Vortrag, der mehrfach umgearbeitet wurde, erschien 1957 im ersten Heft der *Akzente* und wurde später in die Sammlung *Noten zur Literatur I* aufgenommen.[149] Er verlangt ebenfalls nach Beachtung im Zusammenhang mit der Ästhetik Adornos und Celans. Korrespondenzen zwischen Adornos *Rede* und *Gespräch im Gebirg* wurden denn auch gefunden von Barbara Heber-Schärer[150] und Joachim Seng.[151]

---

[148] Bollack, Paul Celan: Poetik der Fremdheit (wie Kap. 3, Anm. 17), S. 119.
[149] Vgl. Adorno, Bd 11, S. 697.
[150] Heber-Schärer, Gespräch im Gebirg (wie Kap. 4, Anm. 3).
[151] Seng, »Die wahre Flaschenpost« (wie Kap. 4, Anm. 12).

6.3.2 Forschungsüberblick. Darstellung und Diskussion

Das Bild des Schattens in *Gespräch im Gebirg* könnte gemäß Heber-Schärer entscheidend mitbestimmt sein von einer Feststellung Adornos in der *Rede über Lyrik und Gesellschaft*: »[…] zur Erhöhung des befreiten Subjekts gehört als Schatten dessen Erniedrigung zum Austauschbaren, zum bloßen Sein für Anderes hinzu.« *Gespräch im Gebirg* versuche, sich dieser Dialektik zu entwinden.[152]

Leider führt Heber-Schärer nicht aus, welche Relevanz der zitierte Satz Adornos für *Gespräch im Gebirg* haben soll und wie dieses sich dessen Dialektik zu entwinden sucht. Ich bin also auf eigene Überlegungen angewiesen.

Der Satz findet sich bei Adorno in Bezug auf Goethes *Wanderers Nachtlied*, wo das Individuum angesichts der ruhenden Natur seiner eigenen Nichtigkeit innewerde.[153] Es geht also in dieser Aussage um bürgerliche Kunst und bürgerliche Subjektivität auf ihrem Höhepunkt. Es scheint mir daher nicht sinnvoll, sie so ohne weiteres auf Kunst nach Auschwitz zu beziehen. Gegen eine Übertragung spricht außerdem, dass das Bild des Schattens bei Adorno, anders als bei Celan, metaphorisch verwendet ist – also für etwas anderes als für sich selber steht – und dass der Schatten der Figuren bei Celan doppelt ist und dies von Anfang bis Ende bleibt. Dieser Schatten entsteht nicht wie jener bei Adorno im Maße der Befreiung des Subjekts. Wenn, wie es Adorno in seiner *Rede* für das Gedicht fordert, sich in diesem das geschichtliche Verhältnis des Einzelnen zur Gesellschaft niederschlagen muss[154] und dieser Gedanke auf *Gespräch im Gebirg* übertragen werden soll – was schon deshalb fragwürdig ist, weil *Gespräch im Gebirg* kein Gedicht ist, wie in Kap. 3 im Detail gezeigt wird –, dann müsste gefragt werden, welches Verhältnis zur Objektivität denn an dessen Figuren Groß und Klein, die ja alles andere als erhöhte, befreite, bürgerliche Subjekte sind, offenbar wird. Man würde dann eher feststellen müssen, dass diese Figuren historisch einer Zeit nach der Dialektik von »befreitem Subjekt« und »Schatten« angehören, dass sie die totale Erniedrigung zum Austauschbaren durch- und durch Zufall überlebt haben. Sie haben diese Erniedrigung also nicht als Schatten bei sich, sondern sind quasi selber dieser Schatten. Ihr Schatten ist dann vielleicht im Gegenteil die Erinnerung an ein Dasein als Individuum, an eine Vollständigkeit und Einmaligkeit, zu der ein Weg jedoch nicht zurück, sondern voran gesucht wird. Das Verhältnis der Figuren gegenüber der Natur oder auch Gott ist durch die Geschichte zerstört; es besteht nur in der Negativität und kann höchstens durch ein Aneignen der persönlichen Geschichte wiederhergestellt werden (vgl. Kap. 1.2).

Heber-Schärer stellt einen weiteren Bezug her zwischen Adornos Essay und *Gespräch im Gebirg* im Hinblick auf die Beziehung zur Natur:

---

[152] Heber-Schärer, Gespräch im Gebirg (wie Kap. 4, Anm. 3), S. 66; Adorno, Bd 11, S. 54.

[153] Ebd.

[154] Vgl. ebd., S. 54f.

Mit der Natur, auf die sein [des Gedichts] Ausdruck sich bezieht, ist es nicht unvermittelt eins. Es hat sie gleichsam verloren und trachtet, sie durch Beseelung, durch Versenkung ins Ich selber, wiederherzustellen. Erst durch Vermenschlichung soll der Natur das Recht abermals zugebracht werden, das menschliche Naturbeherrschung ihr entzog.[155]

Celan zitiere diese Überlegung »vielleicht« in der Ausdrucksweise: *Denn der Jud und die Natur, das ist zweierlei, immer noch, auch heute, auch hier.* Die Vermenschlichung sieht sie in der Stelle: *und ihr, ihr armen, […] ihr seid nicht vorhanden* (Z. 46f.). Wenn schon ein Bezug zur zitierten Stelle hergestellt werden soll,[156] müsste man aber m. E. die »Beseelung« des Türkenbundes eher in seiner Verwandtschaft mit der Kerze, an die eine Erinnerung gebunden ist, sehen. Die »Versenkung ins Ich selber« stände dann für die Erinnerung, die bei Celan dem »Lüpfen« des Schleiers entspricht, und also die Voraussetzung für die Wahrnehmung des Türkenbundes bildet.

Auch Joachim Seng sieht Korrespondenzen zwischen Adornos *Rede* und Celans *Gespräch*. Zwar geht aus seinen Ausführungen nicht hervor, ob Celan den Aufsatz besessen und gelesen hat, aber Celan »fand darin einiges, was auf seine eigene Dichtung bezogen schien«.[157] Davon zeuge eine Notiz aus dem Jahr 1968 betreffend die Einsamkeit des Gedichts, die ein Zitat aus Adornos *Rede* darstelle. Diese Notiz bringt Seng wiederum mit einem Brief Celans in Verbindung, in dem dieser Einsamkeit zum Ausdruck bringt. Die Parallelität zwischen einem Zitat aus der *Rede* und einem aus dem *Meridian*, die Seng behauptet, wird einzig durch das Wort »Selbstvergessenheit« gestiftet. Die Bedeutungen, die der Selbstvergessenheit in den beiden Dichtungskonzeptionen zukommen, sind jedoch m. E. gänzlich verschieden.

Seng schreibt weiter: »Auch für das *Gespräch im Gebirg* ist Adornos Rede nicht ohne Bedeutung geblieben. Zum Verhältnis zwischen Lyrik und Natur, das ja in Celans Prosatext eine wichtige Rolle spielt, liest man bei Adorno […]« und zitiert dann dieselbe Stelle wie Heber-Schärer, einfach etwas ausführlicher.[158] Allein aus der Tatsache, dass es bei Adorno um das Verhältnis zwischen lyrischem Ich und Natur geht, auf eine Bedeutung für *Gespräch im Gebirg* zu schließen, scheint mir nicht angemessen, zumal, wie oben ausgeführt wurde, *Gespräch im Gebirg* kein Gedicht ist und im Verhältnis zwischen den Figuren und der Natur ganz andere Dinge eine Rolle spielen, wie ebenfalls schon gezeigt wurde. Seng schreibt, Celan habe Adornos Rede als Plädoyer für eine Lyrik nach Auschwitz gelesen.[159] Wie er zu dieser Meinung kommt, weiß ich nicht, er gibt dafür, soweit ich sehe, keine Belege. Vielleicht denkt er an die folgende Passage:

---

155   Heber-Schärer, Gespräch im Gebirg (wie Kap. 4, Anm. 3), S. 84f.; Adorno, Bd 11, S. 53.
156   Adorno, Bd 11, S. 53.
157   Seng, »Die wahre Flaschenpost« (wie Kap. 4, Anm. 12), S. 170–172, hier S. 170.
158   Ebd., S. 171.
159   Ebd., S. 172.

Großen Kunstwerken aber, die an Gestaltung und allein dadurch an tendenzieller Versöhnung tragender Widersprüche des realen Daseins ihr Wesen haben, nachzusagen, sie seien Ideologie, tut nicht bloß ihrem eigenen Wahrheitsgehalt unrecht, sondern es verfälscht auch den Ideologiebegriff. […] Kunstwerke jedoch haben ihre Größe einzig daran, dass sie sprechen lassen, was die Ideologie verbirgt. Ihr Gelingen selber geht, mögen sie es wollen oder nicht, übers falsche Bewusstsein hinaus.[160]

Diese Aussage könnte zwar für Gedichte nach Auschwitz in Anspruch genommen werden, aber die Rede insgesamt deshalb als »Plädoyer für eine Lyrik nach Auschwitz« aufzufassen, scheint mir undenkbar. Außerdem halte ich die Idee, Celan sei derart fixiert gewesen auf Adornos diesbezügliche Meinung, für eine unfruchtbare Projektion der Literaturwissenschaft. Vielmehr sollte m. E. die Bedeutung der Tatsache, dass Adorno sich in seinem Aufsatz nur mit Gedichten *vor* Auschwitz auseinandersetzt – mit solchen von Goethe, Mörike und George –, nicht unterschätzt werden.[161] Soweit mir bekannt ist, hat sich Adorno in keiner seiner Publikationen mit konkreten Gedichten nach Auschwitz auseinandergesetzt. Den geplanten Essay über *Sprachgitter* hat er bekanntlich nie geschrieben. In den Paralipomena zur *Ästhetischen Theorie* sind einzig ein paar diesbezügliche Notizen überliefert.[162]

6.3.3 »Die Lyrik« und »das Gedicht«. Fazit

Auch anhand der *Rede über Lyrik und Gesellschaft* lässt sich noch einmal zeigen, dass die poetologische Differenz zwischen Celan und Adorno im Begriff des Gedichts liegt. Die Differenz lässt sich auch am Sprachgebrauch

---

[160] Adorno, Bd 11, S. 51.

[161] So steht eben auch die Stelle über das Verhältnis von lyrischem Ich und Natur im Zusammenhang mit Goethes »Warte nur balde, / ruhest du auch«.

[162] Die Notiz Adornos in seinem Exemplar von *Sprachgitter*, von der Seng, »Die wahre Flaschenpost« (wie Kap. 4, Anm. 12), S. 160, berichtet, zeigt entgegen Sengs Interpretation, dass Adorno Celans Lyrik zunächst für »affirmativ« hielt. Später sieht Adorno in der Literatur Becketts und Celans eine Möglichkeit, angesichts von Auschwitz zu sprechen ohne über Auschwitz zu sprechen. In den Paralipomena zur *Ästhetischen Theorie* schreibt er über Celans Kunst u. a.: »Diese Lyrik ist durchdrungen von der Scham der Kunst angesichts des wie der Erfahrung so der Sublimierung sich entziehenden Leids. Celans Gedichte wollen das äusserste Entsetzen durch Verschweigen sagen. Ihr Wahrheitsgehalt selbst wird ein Negatives. Sie ahmen eine Sprache unterhalb der hilflosen der Menschen, ja aller organischen nach, die des Toten von Stein und Stern. […] Der Übergang ins Anorganische ist nicht nur an Stoffmotiven zu verfolgen, sondern in den geschlossenen Gebilden die Bahn vom Entsetzen zum Verstummen nachzukonstruieren.« (Adorno, Bd 7, S. 477) Zwar gesteht Adorno hier Celans Gedichten ein nicht-barbarisches Sprechen zu, spricht ihnen aber gleichzeitig das Sprechen ab. Er gibt es als nicht-menschliches Nicht-Sprechen aus, als anorganisches Verstummen. Er vermag die Involvierung der Person in Celans Gedicht nicht zu sehen. Für Celans späte Gedichte mag Adornos Analyse eher zutreffen.

festmachen. Es ist bezeichnend, dass Adorno stets von Lyrik und oft von »lyrischen Gebilden« schreibt – Begriffe, die Celan für seine Kunst vermeidet. Celan spricht immer vom (einzelnen) Gedicht (vgl. etwa ME, S. 199).[163] Er braucht das Wort emphatisch und setzt es mit Wahrheit in Beziehung:

> Nur wahre Hände schreiben wahre Gedichte. [...] Man komme uns hier nicht mit ›poiein‹ und dergleichen. Das bedeutete, mitsamt seinen Nähen und Fernen, wohl etwas anderes als in seinem heutigen Kontext. / Gewiss, es gibt Exerzitien [...]! Und daneben gibt es eben, an jeder lyrischen Straßenecke, das Herumexperimentieren mit dem sogenannten Wortmaterial.[164]

Adornos Lyrikbegriff ist von Goethe geprägt, Gedichte nach Auschwitz sind ihm deshalb unmöglich oder barbarisch; Celans Gedichte lassen sich nicht in Adornos Lyrikbegriff integrieren, sie sprengen ihn auf. Er hat es vermieden oder verpasst, einen Aufsatz über Celans Gedichte zu schreiben. Aus den diesbezüglich überlieferten Notizen geht hervor, dass er – zumindest in einer späteren Phase – Celans Gedichte als nicht-barbarische anerkannt hat, ihnen jedoch das »Sprechen« abspricht.[165] Der Ort, von dem aus Celan im Gedicht, jedenfalls im Gedicht der fünfziger Jahre, spricht, ist ihm entgangen. Dieser Ort, resp. der Weg dorthin, ist im *Gespräch im Gebirg* dargestellt.

6.4 *Dialektik der Aufklärung* und *Gespräch im Gebirg*

6.4.1 Vorbemerkungen

Mit dem Bezug zwischen *Dialektik der Aufklärung* und *Gespräch im Gebirg* befasst sich ausführlich Barbara Heber-Schärer. Ich beziehe mich im folgenden Kapitel auf ihre Untersuchung.[166] Das Kapitel ist von mir nach thematischen Schwerpunkten gegliedert. Auf die Darstellung der Aussagen von Heber-Schärer folgen jeweils ein kritischer Kommentar und/oder weiterführende Überlegungen.

Barbara Heber-Schärers Untersuchung ist dem Problem von Wahrnehmung und Identität in *Gespräch im Gebirg* gewidmet. Sie versucht nach eigenem Bekunden, »die prismatische Struktur von Celans ›Realismus‹ im *Gespräch im Gebirg* nachzuzeichnen«.[167] Sie will in ihrer Untersuchung dann auf Adorno Bezug nehmen, wenn Celan mit seinem Text dazu Anlass gebe (etwa durch ein

---

163 Er benutzt also auch keinen Gattungsbegriff, nebenbei bemerkt.
164 Celan, Gesammelte Werke in fünf Bänden (wie Vorbemerkungen, Anm. 2), Bd 3, S. 177.
165 Vgl. oben Anm. 162.
166 Heber-Schärer, Gespräch im Gebirg (wie Kap. 4, Anm. 3).
167 Ebd., S. 5. – Die Begriffe »prismatische Struktur« und »Seelenrealismus« beziehen sich auf Aufzeichnungen von Äußerungen Celans durch Hugo Huppert: »Spirituell«. Ein Gespräch mit Paul Celan. In: Hamacher/Menninghaus (Hg.), Paul Celan (wie Kap. 1, Anm. 95), S. 319–324.

Zitat) und wenn ihr Adornos theoretische Schriften geeignet scheinen, »ein Licht auf Celans Text zu werfen«.[168] In erster Linie bezieht sie sich dabei auf die *Dialektik der Aufklärung* von M. Horkheimer und Th. W. Adorno.[169] In einer Anmerkung weist sie darauf hin, dass Celan das Buch besaß und »offensichtlich intensiv gelesen« habe. Als eingetragenes Lektüredatum gibt sie den 5.5.54 an.[170] Meistens betreffen die hergestellten Bezüge den Teil *Elemente des Antisemitismus*. Des Weiteren zieht Heber-Schärer auch den Aufsatz *Kulturkritik und Gesellschaft*, die *Rede über Lyrik und Gesellschaft* (vgl. Kap. 6.3), die *Negative Dialektik* und die *Ästhetische Theorie* zur Erhellung von Celans Prosatext bei.[171]

In seltsam vager Weise charakterisiert Heber-Schärer *Gespräch im Gebirg* als »Gespräch über dieses und jenes, über Gott und die Welt – und sein Volk, die Juden«.[172] Celan insistiere in diesem Text wie kaum sonst auf der jüdischen Identität und stelle, in einer gegenläufigen Bewegung, zugleich Identität als solche in Frage.

6.4.2 Darstellung und Diskussion

6.4.2.1 Zur Verwendung des Jüdischdeutschen

Barbara Heber-Schärer zieht zunächst drei Ausschnitte aus der *Dialektik der Aufklärung* bei, um die Bedeutung der Verwendung des Jüdischdeutschen in *Gespräch im Gebirg* und den Zusammenhang zwischen Verdrängung und Gewalt im Antisemitismus darin zu erklären. Insgesamt steht das Jiddische Heber-Schärer zufolge für die Geschichte der Ausrottung der Juden. Anhand des ersten Satzes von *Gespräch im Gebirg* zeigt sie, dass diese Geschichte Celans Text von seinem Bezugstext, Büchners *Lenz*, trenne.[173]

Mit einem Ausschnitt aus der *Dialektik* wird erklärt, warum das Jiddische zugleich von den Antisemiten benutzt wurde, um die Juden parodistisch zu verhöhnen: In der Parodie ist Horkheimer/Adorno zufolge das sonst dem Zivilisierten streng verbotene mimetische Verhalten erlaubt.[174] Die von Mosès

---

168   Heber-Schärer, Gespräch im Gebirg (wie Kap. 4, Anm. 3), S. 12.
169   Dialektik der Aufklärung. Philosophische Fragmente (wie Kap. 5, Anm. 32) erschien zuerst 1947 in Amsterdam.
170   Heber-Schärer, Gespräch im Gebirg (wie Kap. 4, Anm. 3), S. 5, Anm. 19.
171   Insgesamt erhellender sind meines Erachtens allerdings ihre Analysen von *Gespräch im Gebirg* anhand von Walter Benjamins *Über die Sprache überhaupt und über die Sprache des Menschen* (Gesammelte Schriften [wie Kap. 1, Anm. 94], Bd 2.1) und *Über einige Motive bei Baudelaire* (ebd., Bd 1.2), die in ihrer Studie jedoch eine untergeordnete Rolle spielen und auf die ich im Rahmen meiner Fragestellung nicht eingehen kann.
172   Heber-Schärer, Gespräch im Gebirg (wie Kap. 4, Anm. 3), S. 6.
173   Ebd., S. 18.
174   Ebd., S. 20, Anm. 12 und Horkheimer/Adorno, Dialektik der Aufklärung (wie Kap. 5, Anm. 32), S. 193. Die betreffende Stelle der *Dialektik der Aufklärung* findet sich

beschriebene Berührung der Wunde, die die deutsche Sprache seit der Ausrottung der Juden in sich trage, durch das Jiddische in *Gespräch im Gebirg* wird ebenfalls mit Bezug auf Horkheimer/Adorno erhellt:[175] Der identische, zweckgerichtete, männliche Charakter der Zivilisierten beruhe auf durch schmerzhafte Prozesse erreichter Verdrängung.[176] Analog trage die deutsche Sprache seit der Ausrottung der Juden und damit des Jüdischdeutschen eine Wunde in sich. Die Erinnerung daran, das Berühren dieser Wunde, provoziere und werde hasserfüllt abgewehrt.[177] Um den Zusammenhang zwischen Verdrängung und Gewalt im Antisemitismus noch deutlicher darzustellen, wird eine weitere Stelle aus den *Elementen des Antisemitismus* beigezogen: Das nicht eingelöste Versprechen der Aufklärung, Glück ohne Macht, sei eine schmerzliche Enttäuschung, die ebenfalls verdrängt werden müsse. Im Ohnmächtigen scheine dieses Versprechen auf, und es müsse deshalb bekämpft werden: »Denen, die Natur krampfhaft beherrschen, spiegelt die gequälte aufreizend den Schein von ohnmächtigem Glück wider. Der Gedanke an Glück ohne Macht ist unerträglich, weil es überhaupt erst Glück wäre.«[178]

Die Verwendung des Jiddischen weise auf die Schuld der Sprache hin, von der Celan auch in der *Bremer Rede* gesprochen habe.[179] Den *tausend Finsternissen todbringender Rede* und dem *furchtbaren Verstummen* (BRE, S. 186) dort antworte im *Meridian* die *starke Neigung* des Gedichts *zum Verstummen* (ME, S. 197). Im Gebrauch des Jiddischen in *Gespräch im Gebirg* scheine aber auch eine andere Idee von Heimat auf: »So mag das Jiddisch, außer dem kritischen Aspekt seiner Verwendung in diesem Text, als unterdrückte Sprache, die ihren Sprecher auf doppelte Weise als Fremden stigmatisierte, in sich selbst aber mehrere fremde verband, für Celan eine andere Idee von Heimat repräsentieren, die der von Blut und Boden und Homogenität entgegengesetzt ist«.[180]

Abgesehen von meinem im Zusammenhang mit Stéphane Mosès ausgeführten Vorbehalt gegen das Sprechen von einer »Schuld der Sprache« scheinen mir diese Erläuterungen erhellend. Sie tragen allerdings nicht eigentlich zum Verständnis von *Gespräch im Gebirg* bei, sondern eher zur Erklärung antisemitischen Verhaltens.[181]

---

in *Elemente des Antisemitismus V.* Alle Horkheimer/Adorno-Zitate werden im Folgenden wiedergegeben nach Dialektik der Aufklärung (wie Kap. 5, Anm. 32) und in Kurzform nachgewiesen anhand der Seitenzahl.

[175] Mosès, »Wege, auf denen die Sprache stimmhaft wird.« (wie Kap. 1, Anm. 56), S. 50.

[176] Vgl. Heber-Schärer, Gespräch im Gebirg (wie Kap. 4, Anm. 3), S. 20f.; Horkheimer/Adorno, S. 40. Diese Stelle findet sich im Kapitel *Begriff der Aufklärung.*

[177] Heber-Schärer, Gespräch im Gebirg (wie Kap. 4, Anm. 3), S. 20f.

[178] Vgl. ebd., S. 21 und Horkheimer/Adorno, S. 181.

[179] Heber-Schärer, Gespräch im Gebirg (wie Kap. 4, Anm. 3), S. 21.

[180] Ebd., S. 24.

[181] Zur Bedeutung des Jiddischen in *Gespräch im Gebirg*, zur Verwendung der Begriffe Judendeutsch, Jüdischdeutsch und Jiddisch vgl. Sieber, »Judendeutsch« und

6.4.2.2 Zur Bedeutung der Form und der »Klischees des Jüdischen«[182]

Zur Charakterisierung der z. T. befremdenden syntaktischen Verknüpfungen in *Gespräch im Gebirg* zitiert Heber-Schärer eine Äußerung Adornos über Hölderlins »parataktischen Aufstand wider die Synthesis«.[183] Gemäß Heber-Schärer insistiert Celan in *Gespräch im Gebirg* auf dem Jüdisch-Sein, indem er »dem Vor-Urteil in der Form das Gespräch entgegensetzt; die Form ist dabei die – einzige – Antwort: es findet sich kein direkter Widerspruch, kein Gegenargument«.[184] *Gespräch im Gebirg* rollt nach Heber-Schärer den Prozess noch einmal auf, der zum Massenmord an den Juden geführt hat. Es tue dies nicht diskursiv, sondern in Form eines Gesprächs:

> Es ist eine Antwort, die jenseits direkter Widerlegungen, konkreten Widerspruchs auf eine scheinbar prälogische Ebene zurückgeht – und damit gleichzeitig den Bannkreis der Gegenposition verlässt –, indem sie, die Resultate zur Sprache bringend, in Frage stellend, den Prozess noch einmal aufrollt, der zu diesen Resultaten geführt hat.[185]

Gespräch im Gebirg soll demnach die mit der Zivilisation einhergehende Verletzung, die von der Aufklärung geforderte Verdrängung, Verleugnung und daraus folgend die irrationale Zerstörung von allem, was die Verdrängung bedroht, zur Darstellung bringen. Den postulierten Prozess in *Gespräch im Gebirg* im Einzelnen nachzuzeichnen, unterlässt die Autorin jedoch leider, und mir will es ebenso wenig gelingen. Dafür gibt es möglicherweise Gründe:

Die Bedeutung der Form des Gesprächs im von Heber-Schärer dargelegten Sinn bestreite ich insofern, als da, wo der Form nach das Gespräch stattfindet, zwischen den Gesprächspartnern weitgehend identische Positionen und Gedanken ausgetauscht werden. Die Form von *Gespräch im Gebirg* unterläuft zwar Synthesis und Vorurteil, aber nicht durch die Form des Gesprächs – diese bleibt im Gegenteil völlig äußerlich –, sondern durch die poetologische Struktur, wie sie in Kap. 1 und 2 analysiert wurde. Dagegen teile ich die Beobachtung von Heber-Schärer, sofern man den antisemitischen Zitaten im ersten Teil ihre zweite Stimme »abhört« und diese, in ihrer zweideutigen Urheberschaft und Aussage, als dialogisch begreift. Die Insistenz auf dem Jüdischen, die zweifellos einen wichtigen Aspekt von *Gespräch im Gebirg* bildet, lässt sich jedoch an den Klischees des Jüdischen und am Gebrauch jiddischer Spracheigentümlichkeiten konkreter festmachen als an der Gesprächsform (vgl. Kap. 1.2).

Die Behauptung, dass *Gespräch im Gebirg* den Prozess nochmals *aufrolle*, der zum Massenmord an den Juden geführt hat, scheint mir eine Überforderung des Textes zu sein. Wie die Autorin selber schreibt, bringt *Gespräch im*

»krummnasig« (wie Kap. 1, Anm. 56). Zur Verwendungsweise des Jiddischen in *Gespräch im Gebirg* vgl. Kap. 1.2.

[182]   Heber-Schärer, Gespräch im Gebirg (wie Kap. 4, Anm. 3), S. 34.

[183]   Ebd., S. 39, Anm. 43.

[184]   Ebd., S. 42.

[185]   Ebd.

Gebirg jedoch dessen Resultate zur Sprache. Dies tut es in der Darstellung des wahrgewordenen antisemitischen Judenbildes im ersten und im Bestehen auf den Bedingungen des Lebens der überlebenden Juden, worüber die Figuren sich im zweiten Teil unterhalten. Als gezeichnete, verstümmelt wirkende, aber überlebende Juden sind die Figuren zugleich nicht vorgesehene Ergebnisse dieses Prozesses und Spuren dessen, was vernichtet wurde.

In diesem Sinne lässt sich m. E. *Gespräch im Gebirg* mit dem von Horkheimer/Adorno beschriebenen Prozess, der zur »Vernichtung des Nichtidentischen« führte, für das die Juden standen, in Verbindung bringen. *Gespräch im Gebirg* räumt dem Nichtidentischen Platz ein und widersteht der Identifizierung.

Gespräch im Gebirg kann gemäß Heber-Schärer ferner als ironische Replik auf das »veni, vidi, vici« gelesen werden, »in dessen Bahn ein großer Teil des europäischen Denkens und Handelns verläuft, dem die Juden immer die Gestalt des Anderen waren«.[186] Für Horkheimer/Adorno, die diese Entwicklung als Prozess der Selbstzerstörung der Aufklärung beschrieben haben, sei zwar

> ›die Freiheit in der Gesellschaft vom aufklärenden Denken unabtrennbar‹, andererseits aber enthält ›der Begriff eben dieses Denkens […] schon den Keim zu jenem Rückschritt, der heute überall sich ereignet. Nimmt Aufklärung die Reflexion auf dieses rückläufige Moment nicht in sich auf, so besiegelt sie ihr eigenes Schicksal‹.[187]

Die Ironie von *Gespräch im Gebirg* wird mir zwar nicht plausibel, als Replik zu »veni, vidi vici« lässt sich *Gespräch im Gebirg* dagegen schon vorstellen, das Verhältnis müsste jedoch noch genauer geklärt werden.[188] Einig bin ich mit Heber-Schärer, dass Celan in *Gespräch im Gebirg* den wahr gewordenen Antisemitismus darstellt und dass das weitgehend vernichtete Jiddisch darin für die Geschichte der Judenverfolgung steht. Mit der Insistenz auf dem Jüdischen widersteht der Text außerdem – wie in Kap. 1.2, 5.6 und 6.6 dargelegt wird – der verheerenden Tendenz der Vernichtung des Anderen im Prozess der Aufklärung, die Horkheimer/Adorno analysiert haben.

6.4.2.3 Das Problem der Identität

Auch in der Analyse von Heber-Schärer konstituiert sich im Laufe von *Gespräch im Gebirg* ein Ich. In die Antwortlosigkeit des *Hörst du,* beginne dann

> ein Ich zu sprechen, das erste eindeutige Ich in diesem Text. […] Am Ende [wäre] dann zwar die eine Voraussetzung für ein Gespräch gegeben, aber die andere, das Gegenüber, bekennt sich vollends als Fiktion […]: am Ende ist das Ich allein. […] [A]n dem ›Du‹ wird damit aber gerade festgehalten […]; um dieses Du, um der un-

---

[186] Ebd.
[187] Ebd., S. 42f.; Horkheimer/Adorno, S. 3.
[188] Vielleicht denkt Heber-Schärer an eine Paraphrase der Form: Er kam, sah nicht und siegte nicht? Oder: Er kam, er sah nicht und siegte als Ich? Oder: Er kam, sah nicht, wurde ein Ich und siegte doch nicht?

verfälschten Beziehung zu diesem willen wird die Fiktion als Fiktion eingestanden. [...] Der letzte Satz [...] bedeutet also nicht etwa ein Gelingen [...]. Vielmehr wird an der Spannung auf ein Du festgehalten, das seine eigene Qualität gerade dadurch gewinnt, dass es im Laufe des Textes von allen positiven Bestimmungen immer wieder freigemacht wird. [...] Was bleibt, ist die reine Idee eines ›Draußen‹.[189]

Die Angst vor dem »Draußen« sei ja nun aber nach Horkheimer und Adorno gerade das innerste Motiv in der Entwicklung der Aufklärung, »umso wirksamer, je mehr es der Reflexion entzogen ist. In der Bahn eines verselbständigten aufklärenden Denkens, das um seine eigene Herkunft nicht mehr weiß, wird alles ›Inkommensurable‹ weggeschnitten: ›was anders wäre, wird gleichgemacht‹«.[190] In dieser Entwicklung, wo alles mit allem identisch sein soll, werde der Einzelne zum Exemplar. Am Ende dieser Entwicklung stehe Auschwitz.[191] Heber-Schärer setzt die Stelle im *Meridian*, wo Celan den Gang der Dichtung *mit einem selbstvergessenen Ich zu jenem Unheimlichen und Fremden* (ME, S. 193) beschreibt, in Bezug zu diesen Überlegungen von Horkheimer/Adorno.

Indem Celan im *Meridian* auf dem Doppelcharakter jenes ›Draußen‹ insistiert – es ist das ›Unheimliche und Fremde‹, ein ›dem Menschlichen zugewandter und unheimlicher Bereich‹ außerhalb des Menschlichen (ME, S. 192), das ›Ferne und Besetzbare‹, ›Offene und Freie‹ (ME, S. 200), erst zum Schluss wieder das ›letzten Endes vielleicht doch nur *eine* Fremde‹ (ME, S. 200) –, reflektiert er sowohl jene ›Furcht‹, die, solange sie bewusstlos bleibt, Aufklärung in Mythologie zurückschlagen lässt, wie auch den Weg jenes ›Draußen‹ durch die Geschichte [...]. Während die Büchner-Preis-Rede so um eine Richtungsbestimmung kreist, ist das *Gespräch im Gebirg*, weniger allgemein und deutlich kritisch, eine Auseinandersetzung mit dem Problem der Identität.[192]

Die Sprachbewegung widersetze sich, immer von Neuem, begrifflicher Synthese, verweigere zumindest die Positivierung von Synthesen. »Die im Widerstand gegen positiv gesetzte Einheit geschaffene freie Stelle ist aber nicht unbestimmt [...]«, sie ist bestimmt durch »ein ›Gitter‹ bestimmter Negationen«.[193]

Was Heber-Schärer mit so viel Nachdruck behauptet und sogar als Thema ihrer Untersuchung bezeichnet, die Auseinandersetzung mit dem Problem der Identität in *Gespräch im Gebirg*, bleibt in der argumentativen Ausführung rudimentär und zirkulär. Sie versäumt es, die erwähnten bestimmten Negationen aufzuweisen und dadurch die »Kontur« dieses »Raums dazwischen«[194] deutlich werden zu lassen. Statt dessen stützt sie sich auf Celans Bestehen auf seinem Realismus und sein Bestreben, die Dinge in mehreren Aspekten zu

---

[189] Heber-Schärer, Gespräch im Gebirg (wie Kap. 4, Anm. 3), S. 46f.
[190] Ebd., S. 47f.; Horkheimer/Adorno, S. 18f.
[191] Vgl. ebd.
[192] Heber-Schärer, Gespräch im Gebirg (wie Kap. 4, Anm. 3), S. 48f.
[193] Ebd., S. 49.
[194] Ebd.

zeigen,[195] und auf eine Passage Adornos über Celan in der *Ästhetischen Theorie*.[196] Auch fehlt m. E. eine Unterscheidung von Identität im Adornoschen Sinn und dem psychologischen und alltagssprachlichen Begriff. Die Deutung des angeblichen »Doppelcharakters jenes ›Draußen‹« im *Meridian* kann ich nicht nachvollziehen.

Als Gewährsmänner verweist Heber-Schärer auf Georg-Michael Schulz[197] und Yasuichi Yokitani.[198] Schulz sieht das zentrale Thema von *Gespräch im Gebirg* ebenfalls in der Identität, allerdings geht es bei ihm um Identität in einem psychologischen Sinne, um eine »Selbstsuche«:

> Mittels höchst komplexer Ich-Du-Beziehungen entwirft sie [Celans Erzählung] das Bild einer Selbstsuche, die – in der Antinomie von ›radikaler Individuation‹ und gleichzeitiger totaler Entwertung individueller Existenz – gekennzeichnet ist von der jüdischen Identitätskrise im Deutschland des 20. Jahrhunderts.[199]

Während die »totale Entwertung individueller Existenz« zweifelsohne eine jüdische Erfahrung des 20. Jahrhunderts darstellt, scheint mir die Diagnose der jüdischen Identitätskrise etwas überstürzt zu sein. Gerade von Horkheimer/Adorno her gedacht ließe sich nachfragen, ob sich nicht vielmehr die nicht-jüdische Identität – auf der Ausgrenzung und Vernichtung jegliches Anderen beruhend – als äußerst fragwürdig und labil erwiesen hat? Die »radikale Individuation« bezieht sich auf Celans *Meridian* (ME, S. 197) und indirekt evt. auf die »rückhaltlose Individuation«, von der Adorno in Bezug auf das »lyrische Gebilde« spricht.[200] Celan charakterisiert damit das Sprechen des Gedichts. Es ist also nicht ohne weiteres ausgemacht (und wird hier bestritten), dass die radikale Individuation in der gleichen Weise auch in der Erzählung *Gespräch im Gebirg* stattfindet.[201]

Die Figuren Groß und Klein zerfallen Heber-Schärer zufolge in ein »Für-Sich« und ein »Für-Andere«, ausgedrückt an Stellen wie: *ich und der andre* und *ging im Schatten, dem eigenen und dem Fremden.* Auf die Verschränktheit von Ich und Du habe neben Buber auch Adorno in der *Rede über Lyrik und Gesellschaft* hingewiesen.[202] In dieser Rede bezeichne Adorno die Lyrik als die ästhetische Probe auf das dialektische Philosophem, dass Subjekt und Ob-

---

195   Vgl. Huppert, »Spirituell« (wie Anm. 167), S. 320f., die nachträgliche Aufzeichnung eines Gesprächs des Autors mit Celan.

196   Adorno, Bd 7, S. 477.

197   Schulz, Individuation und Austauschbarkeit (wie Kap. 1, Anm. 74), S. 466.

198   Yasuichi Yokitani: Die gefaltete Erde: Zu Paul Celans »Gespräch im Gebirg«. In: Doitsu Bungaku (Die deutsche Literatur. Hg. von der japanischen Gesellschaft für Germanistik) 76 (1986), S. 93–103, hier S. 102.

199   Schulz, Individuation und Austauschbarkeit (wie Kap. 1, Anm. 74), S. 463.

200   Adorno, Bd 11, S. 50.

201   Die zitierte Stelle findet sich bei Schulz im dem Aufsatz vorangestellten Abstract. Meine Kritik gilt diesem Aspekt im ganzen Aufsatz, aber nicht dem Aufsatz als ganzem.

202   Vgl. Heber-Schärer, Gespräch im Gebirg (wie Kap. 4, Anm. 3), S. 52.

jekt sich nur aus dem Prozess bestimmen ließen, in dem sie sich aneinander abarbeiten und verändern.[203] Horkheimer und Adorno hätten schon im sechsten Kapitel der *Elemente des Antisemitismus* den Zusammenhang zwischen Identität und Wahrnehmung, ähnlich wie Celan, am Beispiel der Situation des Juden deutlich gemacht.

Leider belässt es Heber-Schärer wieder nur bei diesem Hinweis. Ihre Aussage bleibt somit ein Postulat. Welches wäre denn nun der Zusammenhang zwischen Identität und Wahrnehmung bei Celan? Gezeigt wird nur, dass auch Adorno eine komplexe und verschränkte Beziehung zwischen Ich und Du annimmt und dass er der Lyrik eine hervorragende Rolle für die Darstellung und das Verständnis dieser Beziehung einräumt. Ich bin zwar der Meinung, dass ein solcher Zusammenhang in *Gespräch im Gebirg* besteht und dass er sich an der Rolle des Türkenbundes im Zusammenhang mit der Konstitution des Ich von Klein darstellen lässt, aber dieser Zusammenhang bedarf nicht des Rückgriffs auf die *Dialektik der Aufklärung*.

6.4.2.4 Zur Bedeutung der Namen

Die typisierenden, adjektivischen Namen Groß und Klein (»eher ›Erkennungsmarken‹ als Namen«)[204] sieht Heber-Schärer als Zeichen der Reduzierung der Identität auf ein äußeres Erkennungsmerkmal, aufs »Exemplar einer Gattung«.[205] Dies im Gegensatz zum (hier unaussprechlichen) Eigennamen, der, »nach Benjamins Sprachaufsatz, ›jedem Menschen seine Erschaffung durch Gott verbürgt‹, d. h. auch seine Einzigartigkeit«.[206] Damit gehe die bei Horkheimer/Adorno genannte »älteste Angst [...] in Erfüllung, die vor dem Verlust des eigenen Namens«.[207]

Heber-Schärer lässt offen, was es für das Verständnis des Textes bedeuten würde, wenn sich darin die älteste Angst erfüllte und der Eigennamen verloren ginge. Ich bestreite, dass dieser Verlust im Text tatsächlich stattfindet, denn die Figuren haben einen Namen, wenn auch einen unaussprechlichen. Einen unaussprechlichen Namen zu haben ist jedoch nicht gleichbedeutend damit, keinen Namen zu haben. Oder hätte Gott auch keinen? Die »Erkennungsmarken« Klein und Groß werden nur zweimal erwähnt, während das Wissen um den unaussprechlichen, vielleicht auch vergessenen (Eigen-) Namen bestehen bleibt und gegen Ende des Textes vom redenden Ich nochmals erinnert wird. Die Merkmale ersetzen also die Namen nicht. Und die Unaussprechlichkeit der Namen hat auch eine schützende und bewahrende Funktion (vgl. Kap. 1).

---

203   Vgl. ebd., S. 53; Adorno, Bd 11, S. 57.
204   Heber-Schärer, Gespräch im Gebirg (wie Kap. 4, Anm. 3), S. 54; Yokitani, Die gefaltete Erde: Zu Paul Celans »Gespräch im Gebirg« (wie Anm. 198), S. 101.
205   Heber-Schärer, Gespräch im Gebirg (wie Kap. 4, Anm. 3), S. 54.
206   Ebd.; Benjamin, Gesammelte Schriften (wie Kap. 1, Anm. 94), Bd 2.1, S. 150.
207   Heber-Schärer, Gespräch im Gebirg (wie Kap. 4, Anm. 3), S. 16.

6.4.2.5 Das Problem der Wahrnehmung

Heber-Schärer sieht einen Zusammenhang zwischen der *Dialektik der Aufklärung* und *Gespräch im Gebirg* in Bezug auf das Problem der Wahrnehmung. Sie zitiert Horkheimer/Adorno mit den Worten:»Um das Ding zu spiegeln wie es ist, muss das Subjekt ihm mehr zurückgeben, als es von ihm erhält.«[208] Sie identifiziert das»Mehr« bei Adorno mit dem Schleier bei Celan, der, in den Wahrnehmungsapparat integriert, die Fülle der Eindrücke filtere.[209] Im selben Kapitel (*Elemente des Antisemitismus VI*) findet sich auch die folgende, von Heber-Schärer ebenfalls zitierte, Passage:

> Nicht in der vom Gedanken unangekränkelten Gewissheit, nicht in der vorbegrifflichen Einheit von Wahrnehmung und Gegenstand, sondern in ihrem reflektierten Gegensatz zeigt die Möglichkeit von Versöhnung sich an. Die Unterscheidung geschieht im Subjekt, das die Außenwelt im eigenen Bewusstsein hat und doch als anderes erkennt. Daher vollzieht sich jenes Reflektieren, das Leben der Vernunft, als bewusste Projektion.[210]

Die Autorin findet diese bewusste Projektion von Celan in *Gespräch im Gebirg* als»Wunsch oder Hoffnung formuliert« im Bild vom beweglichen Schleier, den sie als zu bewegenden liest. Dieselbe Idee glaubt sie im *Meridian* als *Sichvorausschicken zu sich selbst* zu erkennen (ME, S. 201).[211] Die Vielheit der Schleier sieht sie als Akzentuierung des»›Abgrundes‹ zwischen dem ›wahrhaften Gegenstand und dem unbezweifelbaren Sinnesdatum‹«[212] und als Einsicht, dass es kein An-Sich der Dinge gebe. Die Differenz zwischen Celan und Adorno liege darin, dass Celan der Natur lediglich ihr Recht zurückgebe, ihr Für-sich-Sein, während Adorno die»kranke Einsamkeit der Natur« überwinden wolle.[213]

Die Identifizierung von»Mehr« bei Adorno und *Schleier* bei Celan ist jedoch nicht so ohne weiteres möglich, denn die Vorstellungen von»Filtern« und»mehr« widersprechen sich. In der Folge muss Heber-Schärer den Unterschied von Bild und Kind (bei Celan) aufheben und die Beziehung zwischen

---

[208] Ebd., S. 81; Horkheimer/Adorno, S. 198.

[209] Heber-Schärer, Gespräch im Gebirg (wie Kap. 4, Anm. 3), S. 82.

[210] Ebd., S. 83; Horkheimer/Adorno, S. 198.

[211] Heber-Schärer, Gespräch im Gebirg (wie Kap. 4, Anm. 3), S. 83. – Die Regel bilde dagegen die»falsche Projektion«, auf der etwa auch der Antisemitismus beruhe, und auf die Horkheimer/Adorno ausführlich eingehen. Von Celan werde das Resultat»falscher Projektion« in den als antisemitische Karikaturen gezeichneten Gestalten vorgeführt (vgl. ebd., S. 84). Die Auffassung der Figuren als Karikaturen greift jedoch zu kurz. Durch die schillernde Erzählerstimme und die zweideutigen Aussagen (oder in ihrer Aussage kippenden Kommentare) des Erzählers am Anfang des Textes ebenso wie durch die Entwicklung von Klein im Laufe des Textes gewinnen die Figuren eigene Potenz. Vgl. dazu Kap. 1.2 und 2.

[212] Heber-Schärer, Gespräch im Gebirg (wie Kap. 4, Anm. 3), S. 84; Horkheimer/Adorno, S. 198.

[213] Vgl. ebd.

Bild, Ding und Schleier allzu sehr strapazieren, um sie mit Horkheimer/Adornos Verschränkung von Subjekt und Gegenstand der Wahrnehmung noch zusammenbringen zu können.[214] Die Stelle bei Horkheimer/Adorno ist erkenntnistheoretisch und wahrnehmungspsychologisch gedacht und wird von Heber-Schärer auch in diesem Sinne eingebracht. An der fraglichen Stelle in *Gespräch im Gebirg* geht es jedoch nicht primär um Wahrnehmungspsychologie. Dennoch lässt sich eine Ähnlichkeit zwischen den in Frage stehenden Stellen bei Adorno und Celan feststellen, aber der Vorgang muss dazu auf die individualpsychologische und die historische Ebene transferiert werden. Dass die Juden im Text die Blumen anfänglich nicht sehen, ist ein Bild für eine psychologische Reaktion auf eine persönliche und historische Situation. In Celans Text geht es um die spezifische Bedeutung, welche die Blumen, der Stern etc. für diese Figur und von ihr erhalten, und darum, dass die Dinge diese Bedeutung erhalten. Der Weg der Figur besteht darin, dass sie sich dieser Bedeutung, der ihr zugrunde liegenden Erinnerung und der damit verbundenen Gefühle innewird. Dadurch kommt sie sich selber näher und kann die Blumen zum Schluss als Blumen wahrnehmen.

Um den *Schleier* bei Celan mit dem »Mehr« bei Adorno in Beziehung zu setzen, ist es hilfreich, auf eine weitere Stelle bei Horkheimer/Adorno zurückzugreifen: Türkenbund und Rapunzel können im Gegensatz zur Prachtnelke eine Rolle spielen, weil sie für das Ich bedeutsam werden; in Namen, Aussehen, Assoziation. Diese Beziehung der Figur/des Ich zu Türkenbund und Rapunzel entspricht der magischen Stufe der Beziehung zu den Dingen bei Horkheimer/Adorno. Sie schiebt dem Einen noch das Andere unter:[215] »Auf der magischen Stufe galten Traum und Bild nicht als bloßes Zeichen der Sache, sondern als mit dieser durch Ähnlichkeit oder durch den Namen verbunden. Die Beziehung war nicht die der Intention, sondern der Verwandtschaft«.[216]

Weil der Türkenbund über das Aussehen verwandt ist mit der Kerze, an die eine unbewusste Erinnerung geknüpft ist, wird er zunächst nicht gesehen. Die noch unbewusste Bedeutung des Türkenbundes wird angezeigt durch den Schleier. Es entsteht ein Kind aus Bild und Schleier. Der Schleier, der das Bild verhüllt, bezeichnet zugleich das zunächst in seinem Inhalt noch vergessene Mehr der Bedeutung. Wird der Schleier gehoben (*gelüpft*, wie es bei Celan heißt), wie es in Bezug auf den Türkenbund durch die mit der Kerze verbundene Erinnerung geschieht, gibt er das Bild der Blume frei (vgl. Kap. 1.2).

Der bei Celan dargestellte Wahrnehmungsprozess ist also zwar ähnlich wie der von Horkheimer/Adorno beschriebene, aber es geht Celan nicht um Wahrnehmungspsychologie und Erkenntnistheorie, sondern er stellt einen individuellen psychischen Vorgang dar, der auch ohne Rekurs auf die *Dialektik der*

---

[214] Vgl. Heber-Schärer, Gespräch im Gebirg (wie Kap. 4, Anm. 3), S. 82f.; Horkheimer/Adorno, S. 198.
[215] Vgl. Horkheimer/Adorno, S. 16.
[216] Ebd., S. 17.

Aufklärung verständlich ist. Der von Celan gestaltete Prozess lässt sich jedoch seinerseits als Aufklärungsprozess beschreiben.

Entsprechend der bereits deutlich gewordenen Tendenz von Celans literarischem Text, der viel individueller und konkreter ist als Horkheimers und Adornos Reflexionen, bezeichnet die Vielheit der Schleier nicht einfach eine Verstärkung, eine Akzentuierung, sondern bezieht sich auf all die zunächst beziehungslos in der Landschaft stehenden Dinge, die durch den Schleier eines vergessenen Mehr an Bedeutung verhüllt sind, wie es der Text in Bezug auf den Stern noch andeutet.

Während das *Vorausschicken zu sich selbst* im *Meridian* der »bewussten Projektion« bei Adorno nahekommt, gilt das für den Schleier in *Gespräch im Gebirg* nicht unbedingt. Denn es gibt einen wesentlichen Unterschied zwischen dem Ich im Gedicht, um das es im *Meridian* geht, das als wesentliches Kennzeichen dem Anderen sein *Eigenstes, dessen Zeit* lässt (ME, S. 199), und dem schillernden Ich in *Gespräch im Gebirg*, das in sich wandelnder Beziehung zum Erzähler steht. Dieses Ich hat ein anderes Verhältnis zu seiner Umwelt als das Ich des Gedichts bei Celan, es konstituiert sich ja erst im Laufe des Textes und wäre erst nach Abschluss des Textes eines, das im Gedicht sprechen könnte (vgl. Kap. 3). Dies ist leicht daran zu sehen, dass das Ich in *Gespräch im Gebirg* nie zu den Blumen spricht (an einer Stelle tut es zwar der Erzähler, aber eben nicht in der Weise des Gedichts), sie nicht anspricht, sondern sich gegen Ende in Bezug auf sie positioniert, definiert: *Ich mit dem Türkenbund, links, ich mit der Rapunzel.*[217]

Es scheint, als hätte sich Heber-Schärer an dieser Stelle zu sehr von Adornos Gedanken leiten lassen, so dass ihr dieser wichtige Unterschied entging. Zwar lässt sich der Prozess des Klein/Ich in *Gespräch im Gebirg* als Bewusstwerden einer Projektion auffassen und es findet sich ein »reflektierter Gegensatz« von Wahrnehmung und Gegenstand, auch ist eine »vorbegriffliche Einheit« derselben nicht mehr denkbar und das Ich stößt von einer magischen Beziehung zu den Dingen zu einer aufgeklärten (Trennung von Kerze und Türkenbund) vor: »Die Unterscheidung geschieht im Subjekt, das die Außenwelt im eigenen Bewusstsein hat und doch als anderes erkennt.«[218] Aber bei Celan muss zuerst ein Stein den Anstoß geben, die Wahrnehmung entscheidend beeinflussende Innenwelt auszuleuchten, um diese dann von der Außenwelt zu trennen. Und die dargestellten Vorgänge haben bei Celan, anders als bei Horkheimer/Adorno, einen historischen und einen persönlichen Index.

Gespräch im Gebirg widersetze sich »allen positivierenden Vorstellungen davon, was an den Dingen« mehr ist als ihr vorweg bekanntes Dasein«, schreibt Heber-Schärer mit Bezug auf Adorno. Die Prosa vermeidet in der Tat, den Dingen irgendeinen transzendenten Sinn zu geben oder auch nur eine verall-

---

[217]   Celan, Gesammelte Werke in fünf Bänden (wie Vorbemerkungen, Anm. 2), Bd 3, S. 173.
[218]   Horkheimer/Adorno, S. 198.

gemeinernde Bedeutung. Entscheidend ist jedoch gerade, dass die Dinge für die Figuren eine ganz besondere, eigene Bedeutung haben, die über ihr Sein als Exemplar hinausgeht. Sie bekommen ihre besondere Bedeutung aus der spezifischen Situation der sie wahrnehmenden Figur.[219]

Mehr als um Wahrnehmung an sich geht es in *Gespräch im Gebirg* um das durch den Holocaust verletzte Verhältnis der Juden zur Umwelt (zur Natur, zur Mehrheitsgesellschaft) und um die Rückgewinnung eines Ich und der Natur als eines Andern durch das Insistieren auf den durch die Menschen verursachten und nun durch die Natur wachgerufenen Verletzungen, Schuldgefühlen und Traumata. Bezieht man eine Bemerkung Pöggelers zum Gedicht *Schliere* auf *Gespräch im Gebirg* und die Bedeutung des Schleiers darin, lassen sich die beiden Perspektiven, die psychologisch-erkenntnistheoretische und die historisch indizierte psychologische verbinden: Der Schleier wäre dann ein »Hinweis auf die bleibende Verwundung, die heute allein noch ›sehen‹ lasse«.[220]

6.4.2.6 Zu Identität und Herrschaft

Barbara Heber-Schärer meint, Celan kehre in *Gespräch im Gebirg* das Verhältnis des Einzelnen zum Kollektiv um. Einen möglichen Sinn darin sieht sie in der Negation der Liebe der vielen zum Führer, die zum massenhaften Tod geführt hat. Den Tod evoziert für sie zusätzlich das Wort »Herumliegen«.[221]

> […] und neben mir, da sind sie gelegen, die andern, die wie ich waren, die andern, die anders waren als ich und genauso, die Geschwisterkinder; und sie lagen da und schliefen, schliefen und schliefen nicht, und sie träumten und träumten nicht, und sie liebten mich nicht und ich liebte sie nicht, denn ich war einer, und wer will Einen lieben, und sie waren viele, mehr noch als da herumlagen um mich, und wer will alle lieben können […] und, ich verschweigs dir nicht, ich liebte sie nicht […].[222]

Sie setzt diese Stelle in Beziehung zu einer Beschreibung des Verhältnisses von Einzelnem und Kollektiv durch Horkheimer/Adorno:

> Was allen durch die Wenigen geschieht, vollzieht sich stets als Überwältigung Einzelner durch Viele: stets trägt die Unterdrückung der Gesellschaft zugleich die Züge der Unterdrückung durch ein Kollektiv. Es ist diese Einheit von Kollektivität und Herrschaft und nicht die unmittelbare gesellschaftliche Solidarität, die in den Denkformen sich niederschlägt.[223]

---

[219] Vgl. Heber-Schärer, Gespräch im Gebirg (wie Kap. 4, Anm. 3), S. 91; Horkheimer/Adorno, S. 21.

[220] Pöggeler, Spur des Worts (wie Kap. 1, Anm. 77), S. 248.

[221] Heber-Schärer, Gespräch im Gebirg (wie Kap. 4, Anm. 3), S. 104f.

[222] Celan, Gesammelte Werke in fünf Bänden (wie Vorbemerkungen, Anm. 2), Bd 3, S. 172; Heber-Schärer, Gespräch im Gebirg (wie Kap. 4, Anm. 3), S. 102.

[223] Heber-Schärer, Gespräch im Gebirg (wie Kap. 4, Anm. 3), S. 104; Horkheimer/Adorno, S. 28.

Der Gegensatz »Einer – alle« bei Celan resultiere selbst schon aus einem Prozess, der sich Identität und Herrschaft zum unreflektierten Ziel gemacht habe
(im Text: *sie – die andern – viele – alle* und: *ich – einer – Einen*).

Die anschließend zitierten Sätze aus der *Dialektik der Aufklärung* über die
Herrschaft, die sich in den verfestigten Begriffen und der deduktiven Wissenschaft ausdrücke, die, wie jede begriffliche Ordnung, in den sozialen Verhältnissen gründe, werfen – so meint Heber-Schärer – ein »noch einmal helleres
Licht« auf *Gespräch im Gebirg*.[224]

Sie vermögen es meines Erachtens nicht oder nur in einem allgemeinen
Sinn, insofern Literatur, dem Einzelnen verpflichtet, überhaupt nicht auf Begriffe angewiesen ist. Der Eine und die vielen sind zwar alle *Geschwisterkinder* und gehören insofern zur selben sozialen Gruppierung.[225] Sie sind durch
ein Band verbunden, das im Text aber offensichtlich keine Beziehung stiftet.
Der Bezug zu Horkheimer/Adorno scheint mir in dieser Hinsicht keinen Erkenntnisgewinn zu ermöglichen. Beim in Etappen konstruierten Gegensatz
Einer – alle handelt es sich genau besehen nicht um einen Prozess der Verein-
heitlichung, denn die andern sind und bleiben nicht einheitlich: Sie *schliefen
und schliefen nicht*,[226] und sie sind und bleiben *anders* [...] *und genauso* wie
das Ich. Worin nun also der Bezug zwischen den beiden Stellen besteht, wird
bei Heber-Schärer nicht klar, schon gar nicht, inwiefern sich Celan hier auf
Adorno bezogen haben könnte.

6.4.3 Fazit

Es ist deutlich geworden, dass *Gespräch im Gebirg* sich insgesamt nicht als
Auseinandersetzung mit *Dialektik der Aufklärung* betrachten lässt. Eher lässt
sich von gewissen Korrespondenzen, Parallelitäten sprechen, die die Gegenüberstellung sichtbar macht. Sie betreffen allerdings meines Erachtens keine wesentlichen Punkte in *Gespräch im Gebirg* und ermöglichen keinen Erkenntnisgewinn
gegenüber einer Lektüre, die nicht auf *Dialektik der Aufklärung* rekurriert.

Heber-Schärers Arbeit ist anregend, aber gerade in ihrem Hauptthema, dem
Problem von Wahrnehmung und Identität, durch die zu starke Verpflichtung
auf Horkheimer/Adorno relativ wenig ergiebig. Es drängt sich der Eindruck
auf, dass sich die von der Autorin diagnostizierten partiellen Ähnlichkeiten
eher aus der gemeinsamen Lage und Fragerichtung von Celan und Horkhei-
mer/Adorno ergeben als aus einer Auseinandersetzung des einen mit den anderen. Manche hergestellten Bezüge sind wenig einsichtig. Die zu starke Orien-

---

[224] Heber-Schärer, Gespräch im Gebirg (wie Kap. 4, Anm. 3), S. 105; Horkheimer/
Adorno, S. 27f.

[225] Heber-Schärer schreibt in Anlehnung an Horkheimer/Adorno »organisierter
Stamm«, womit diese aber eindeutig frühe, einfache Formen sozialer Organisation
meinen.

[226] Celan, Gesammelte Werke in fünf Bänden (wie Vorbemerkungen, Anm. 2), Bd 3,
S. 172.

tierung auf *Dialektik der Aufklärung* lässt vieles in *Gespräch im Gebirg* unbeachtet und wird dem literarischen Text kaum gerecht. Manchmal drängt sich gar der Eindruck auf, Heber-Schärer funktionalisiere den literarischen Text, um den theoretischen zu illustrieren und zu bestätigen, oder sie identifiziere gar den literarischen Text mit dem diskursiven. Sie liest *Gespräch im Gebirg* nur, insofern sie eine Entsprechung zu einer Überlegung oder Formulierung Adornos findet oder zu finden glaubt. Dadurch ist eigentlich ein Erkenntnisgewinn von Anfang an ausgeschlossen. Insbesondere bleibt es unmöglich, die genaue Position Celans zu Adornos Theorie herauszuarbeiten. Die Analyse handelt dann am Kunstwerk wie die Aufklärung am Nichtidentischen: »sie schneidet das Inkommensurable weg«.[227] Übereinstimmungen im Denken von Celan und Adorno zeigt der Vergleich etwa in Bezug auf die Verweigerung der Sinngebung, die Kritik an der Aufklärung und die Sorge für das Nichtidentische. Gerade die Differenz in der Auseinandersetzung mit Judentum und Antisemitismus jedoch geht durch das Vorgehen der Autorin, Celans *Gespräch im Gebirg* mit Stellen aus der *Dialektik der Aufklärung* zu erklären, völlig verloren.

In diesem Zusammenhang sei noch ein Schlaglicht auf die *Elemente des Antisemitismus* geworfen. Während Celan in *Gespräch im Gebirg*, wie die Lektüre gezeigt hat und wie er in den Briefen an Adorno noch eigens hervorhebt, das Jiddische sprachlich und die jüdische Erfahrung inhaltlich ins Zentrum seines Textes stellt, scheinen Horkheimers und Adornos *Elemente des Antisemitismus* einerseits seltsam frei von persönlicher Involvierung und andererseits der Antisemitismus in ihrer Analyse fast zwangsläufig aus der Entwicklung des Kapitalismus und der in Barbarei umgeschlagenen Aufklärung hervorzugehen. Der Antisemit wird sozialpsychologisch so gut erklärt, dass er beinahe schon entschuldigt ist. Eine Gesellschaft ohne Antisemitismus scheint so gut wie unmöglich: »In der Befreiung des Gedankens von der Herrschaft, in der Abschaffung der Gewalt, könnte sich erst die Idee verwirklichen, die bislang unwahr blieb, dass der Jude ein Mensch sei.«[228] Der Einzelne wird seiner Verantwortung enthoben: »Sofern den Einzelnen Entscheidung noch überlassen scheint, ist diese doch wesentlich vorentschieden.«[229] Der Jude erscheint in den bekannten Figuren des Kaufmanns und später des Kapitalisten, der den Hass der Handwerker und Bauern resp. der Arbeiter, wenn auch stellvertretend und ungerechtfertigt, aber doch verständlicherweise, auf sich zieht.

So aufschlussreich und scharfsinnig die Analyse teilweise ist, so irritierend ist sie zugleich. Die Juden und die Antisemiten finden beängstigend problemlos ihren Ort in der Konzeption von Horkheimer und Adorno, und es drängt

---

227 Horkheimer/Adorno, S. 19. – Vgl. dazu Bollack (in gewohnt radikaler Manier): »Es gibt wohl keinen Text Celans, der sich für irgendeine poetologische oder ästhetische Theorie ausschlachten ließe und nie wird ein Text von einer solchen erhellt werden. (Er kannte sie nahezu alle.)« (Bollack, Paul Celan: Poetik der Fremdheit [wie Kap. 3, Anm. 17], S. 100).

228 Horkheimer/Adorno, S. 209.

229 Ebd., S. 214.

sich der Eindruck auf, die Studie wiederhole das vernichtende Spiel von Fremd und Gleich (die Fremden als homogene Gruppe Gleicher), das sie andererseits genau analysiert.[230] – Celan weist in *Gespräch im Gebirg*, im Brief an Adorno, in Notizen und Gedichten dem Jüdischen einen ausgezeichneten Platz zu im Widerstand gegen – um mit Adorno zu sprechen – die Vernichtung des Nicht-identischen. Und er fordert Adorno unmissverständlich auf, sich selber mit seiner Erfahrung als Jude, auch wenn dieser sich selbst vielleicht gar nicht als solcher verstanden hat, in seine Reflexion einzubeziehen: *assumons donc ce que l'on nous prête!*[231] Ich denke, wenn man *Gespräch im Gebirg* mit der *Dialektik der Aufklärung* konfrontiert, müsste dies zum Ausdruck kommen und als gewichtige Differenz zwischen Adorno und Celan deutlich werden.

6.5   Paul Valéry als gemeinsamer Bezugspunkt?

6.5.1 Voraussetzung für Spekulationen: Die Widmung

Adorno hat sich gemäß Marlies Janz bei Celan für *Gespräch im Gebirg* bedankt, »indem er seinen Essay über Valéry Celan widmete, und in diesem nun ist am Anfang von einem Meridian die Rede. Die Meridian-Metapher selbst ist also eine Reverenz an Adorno«.[232] Aufgrund ihrer Interpretation der Widmung und der Zitate konstruiert Janz einen wesentlichen Bezug zwischen *Gespräch im Gebirg*, *Valérys Abweichungen* und dem *Meridian*.[233]

---

230 Vgl. dazu auch kritisch Bollack, Paul Celan: Poetik der Fremdheit (wie Kap. 3, Anm. 17), S. 186f.: »Die Theorie konnte Celan ebenso totalitär erscheinen wie der Totalitarismus, den sie analysiert. […] Die Funktion der Juden bestand in der Konstruktion Adornos darin, dass sie zu den obligaten Antipoden ihrer nichtjüdischen Gegner wurden. Die Versuche, der absoluten Negativität ins Auge zu blicken, indem sie die Judenvernichtung auf den Triumph des Identitätsprinzips beziehen, beruhen auf Begriffen, die unter dem Vorwand, das Sinnlose begreifen zu wollen, die Logik einer konsequenten Entwicklung einführen. Das Prinzip will nichts entschuldigen; es enthält aber auch keine Anklage, sondern versucht im Endeffekt das Geschehen erklärlich zu machen.«
231 Celan/Adorno, Briefwechsel 1960–1968 (wie Kap. 5, Anm. 14), S. 179.
232 Janz, Vom Engagement absoluter Poesie (wie Vorbemerkungen, Anm. 4), S. 115.
233 Ivanović (Celan, Cioran, Adorno [wie Anm. 95], S. 23) stellt die Abfolge der in Frage stehenden Texte dar: In der Neuen Rundschau 3 (1959) erschienen die Verse 1–173 von Celans Valéry-Übertragung. Im Heft 1 (1960) erschien Adornos Essay *Valérys Abweichungen*, in Heft 2 (1960) dann bereits *Gespräch im Gebirg*. Die Widmung an Celan hat Adorno bei der Erscheinung in Buchform in *Noten zur Literatur II* (1961) hinzugesetzt. Ob diese Widmung als Dank für *Gespräch im Gebirg* gemeint war, wie Janz annimmt, lässt Ivanović ausdrücklich offen. Vgl. auch Leonard Moore Olschner: Der feste Buchstab. Erläuterungen zu Paul Celans Gedichtübertragungen. Göttingen: Vandenhoeck & Ruprecht 1985., S. 184f., und Felstiner, Paul Celan (wie Kap. 1, Anm. 58), S. 495, Anm. 45.

Das angegebene Motiv für die Widmung ist allerdings fragwürdig, da in Adornos Essay kaum ein Zusammenhang mit *Gespräch im Gebirg* ersichtlich ist. Naheliegender wäre Celans in derselben Zeit entstandene Valéry-Übersetzung als Bezugspunkt.[234] Im Brief vom 21. März 1960 dankt Adorno Celan für die *Jeune Parque*. Er nennt sie »unvergleichlich schön« und berichtet, wie sie ihn berührt habe, als Celan sie vorlas. Jetzt müsse er sie studieren.[235] Soweit es aus den Briefen hervorgeht, ist Adorno sehr viel mehr angetan von Celans Valéry-Übersetzung als von *Gespräch im Gebirg*.

Die Interpretation der Widmung als »Dank« für *Gespräch im Gebirg* scheint mir auch etwas fragwürdig, weil sie vorauszusetzen scheint, Celan habe in seinem Text Adorno porträtiert. Vielleicht ging es Adorno mit der Widmung an Celan auch einfach darum, tatsächliche oder vermeintliche Übereinstimmungen zwischen sich und Celan festzustellen (die gleichzeitige Auseinandersetzung mit Valéry oder ästhetische Überlegungen) oder ein öffentliches Bekenntnis zu Celan abzulegen, der zu jener Zeit wegen der von Claire Goll ausgelösten Affäre in großer Bedrängnis war.[236]

In Bezug auf die Meridian-Metapher, die Celan von Adorno zitiere, scheint bei Janz vollends der Wunsch Vater des Gedankens gewesen zu sein. Zwar kommt der Begriff »Meridian« bei Adorno vor, aber im *Meridian* Celans ein Zitat zu sehen, ist nicht sinnvoll: Einerseits gibt Adornos Verwendung der Metapher im Valéry-Aufsatz für die Bedeutung des *Meridians* überhaupt nichts her und andererseits handelt es sich materiell um verschiedene Dinge. Während Adorno mit Bezug auf Valéry vom Himmelsmeridian oder astronomischen Meridian spricht, der die Nordrichtung anzeigt, wovon die *Windstriche* (so der Titel Valérys in der Übersetzung) die Abweichung angeben, geht es in Celans Rede ausdrücklich um einen *irdischen, terrestrischen* (ME, S. 202) Meridian, die Mittagslinie, die die Orte auf dem gleichen Längengrad verbindet, also Orte, die gleichzeitig unter der Mittagssonne (und gemeinsam in tiefster Nacht) liegen.

6.5.2 *Valérys Abweichungen* und Celans Valéry-Übersetzung *Die junge Parze*

Die Kontaktaufnahme zwischen Celan und Adorno steht gemäß Christine Ivanović im Kontext der Valéry-Arbeiten:

> Denn auch zu Adorno führte der Weg über die Übersetzung [...]. Das gesuchte Gespräch mit Adorno wird also ganz deutlich umgeben von der gleichzeitigen Aus-

---

234 Vgl. Lehmann/Ivanović (Hg.), Stationen (wie Anm. 95), S. XII.

235 Celan/Adorno, Briefwechsel 1960–1968 (wie Kap. 5, Anm. 14), S. 178.

236 Zu dieser Verleumdung Paul Celans vgl. Wiedemann (Hg.), Paul Celan – die Goll-Affäre (wie Kap. 5, Anm. 54).

einandersetzung mit Valéry, die beide Autoren im Essay und in der Übersetzung zur selben Zeit niederschrieben.[237]

Gemäß Ivanović nahm Celan selbst 1959 brieflich Kontakt zu dem in Sils-Maria weilenden Adorno auf. Ein solcher Brief ist allerdings nicht erhalten, jedenfalls erscheint er nicht im publizierten Briefwechsel der beiden.[238] Aber auch wenn die Kontaktaufnahme 1959 von Peter Szondi vermittelt wurde und der erste Brief des Briefwechsels, ein Brief Adornos an Celan, das Datum des 21. März 1960 trägt, bilden die Valéry-Arbeiten den Kontext des Kontakts und Adorno dankt Celan im besagten Brief für die Übersendung seiner Übersetzung der *Jeune Parque*.[239]

Im Folgenden sollen daher die Gemeinsamkeiten und Unterschiede zwischen Celan und Adorno in der Auseinandersetzung mit Paul Valéry betrachtet werden. Das Kapitel leistet jedoch keine eigenständige und umfassende Untersuchung des Verhältnisses der Valéry-Arbeiten der beiden. Für die Einschätzung von Celans Valéry-Übersetzung berufe ich mich auf Bernhard Böschensteins hervorragende Studie *Celans »Junge Parze« als Vorarbeit zum »Meridian«. Beobachtungen und Reflexionen zu Celans Übersetzung Valérys*,[240] Adornos Essay betrachte ich nur punktuell auf sein Verhältnis zu Celans Übersetzung hin. Die gemeinsamen und die divergierenden Tendenzen in Celans und Adornos Verhältnis zur Dichtung und Poetik Paul Valérys zeichnen sich dennoch ab.

Bernhard Böschenstein zeigt, wie Celan in der Übersetzung von Valéry Stellen, die zur Konvention neigen, ändert. Am Ende von Celans Denkarbeit stehe jeweils eine

> begründete Erfindung […], die seinen neuen Standort gegenüber Valéry anzeigt. Alle nicht selbstverständlichen Funde bezeichnen eine Traditionsstörung, die zu Neuerungen führen muss. Celan, der durch Klischees, durch unüberlegten Traditionalismus Verstörte, bringt seine geistige Kraft auf, um den befürchteten Schaden einer passiven Übernahme abzuwenden, indem er oft mit Valérys literarischen und Bildungstraditionen bricht.[241]

»Die ›theatralische‹ Selbstdarstellung des Geistes als Kennzeichen einer vergangenen Zeit der Dichtung wird von Celan bewusst verabschiedet und durch ein Selbstgespräch des Dichters mit seiner Sprache ersetzt.«[242] Die Intention des Übersetzers liege darin, »das harmonisierend Kunstmäßige der Vorlage zu

---

[237] Ivanović, Celan, Cioran, Adorno (wie Anm. 95), S. 23.
[238] Celan/Adorno, Briefwechsel 1960–1968 (wie Kap. 5, Anm. 14).
[239] Vgl. ebd., S. 177.
[240] Bernhard Böschenstein: Celans »Junge Parze« als Vorarbeit zum »Meridian«. Beobachtungen und Reflexionen zu Celans Übersetzung Valérys. In: Lehmann/Ivanović (Hg.), Stationen (wie Anm. 95), S. 119–128.
[241] Ebd., S. 128.
[242] Ebd., S. 119.

sprengen und so seine eigene Zugehörigkeit zu einer exhibitionistischen Dichtungsform ausgestellter Intellektualität programmatisch zu negieren«.[243]

Böschenstein bezeichnet Celans Übersetzung von Valérys *Junger Parze* als »Ergebnis eines fruchtbaren, differenzierten, oft dissonanten Dialogs«.[244] Aus dem Rückblick und im Zusammenhang mit der Büchnerpreisrede sei Valéry für Celan mehr und mehr auf die ihm fernstehende Position der Kunst gerückt.[245]

Sieht man sich nun Adornos Aufsatz *Valérys Abweichungen* an, der sich mit damals neu auf deutsch übersetzter Prosa Valérys befasst, liegt ein Bezug zu Celans Übersetzungsarbeit in der Tat näher als einer zu *Gespräch im Gebirg*.[246] Ein Grund für Adorno, den Aufsatz Celan zu widmen, könnte in beider Intention liegen, die »Abweichungen« bei Valéry zu akzentuieren. Celan und Adorno versuchen in ihren Arbeiten, Valéry vor der Vereinnahmung durch das Etikett des Reaktionärs zu retten und das »Abweichende«, Brüchige, Moderne an ihm zur Geltung zu bringen. So sieht etwa Adorno das Spannungsfeld von Integration und Emanzipation, in dem sich zeitgenössische Kunst bewegt, von Valéry um dreißig Jahre vorweggenommen.[247] An anderer Stelle sieht er in Valéry einen insgeheim mit der Anarchie Sympathisierenden.[248] Er identifiziert das Abweichende in der Kunst Valérys mit seinem (Adornos) Nichtidentischen, dem Eingedenken dessen, was nicht aufgeht im Zivilisatorisch-Rationalen. Weil Celan, wie Böschenstein zeigt, bei Valéry die Brüche akzentuiert (oder sogar erst welche herstellt) und das allzu Harmonisierende, Kunstmäßige aufsprengt, mag seine Übersetzung Adorno gefallen haben.

6.5.3 *Valérys Abweichungen* und Celans Poetik

Setzt man Adornos Essay mit Celans Poetik in Bezug, lassen sich allerdings auch Differenzen in der Kunstauffassung Adornos und Celans herausarbeiten.

Das im Gedicht sprechende Ich bei Celan ist viel individueller als das ästhetische Subjekt bei Valéry in der Darstellung Adornos. Gemäß Adorno ist bei Valéry »das ästhetische Subjekt nicht das produzierende Individuum in seiner Zufälligkeit [...], sondern ein latentes gesellschaftliches, als dessen Stellvertreter der einzelne Künstler agiert«.[249] Diese ganz Adornos Konzept des ästhetischen Subjekts im Verhältnis zur Gesellschaft entsprechende Darstellung ist

---

[243] Ebd., S. 124.

[244] Ebd., S. 128.

[245] Ebd. – Gemäß Wiedemann war es bei der Valéry-Übersetzung Celans Anliegen, »den Symbolisten Valéry in die brüchige Sprache der Moderne zu übertragen« (Celan/Lenz, Briefwechsel [wie Kap. 4, Anm. 10], S. 235, Anm. 103/4).

[246] Paul Valéry: Windstriche. Aufzeichnungen und Aphorismen. Übersetzt von Bernhard Böschenstein, Hans Staub und Peter Szondi. Wiesbaden 1959 und Paul Valéry: Über Kunst. Essays. Übersetzt von Carlo Schmidt. Frankfurt am Main 1959.

[247] Vgl. Adorno, Bd 11, S. 159.

[248] Ebd., S. 161.

[249] Adorno, Bd 11, S. 187.

mit Celans dezidiert persönlichem Ich des Gedichts nicht in Übereinstimmung zu bringen, wie gerade auch dessen selbständige, selbstverantwortete, den historischen Ort des Übersetzers einbeziehende Übersetzung Valérys zum Ausdruck bringt.

Für Celan ist das Sprechen im Gedicht bekanntlich ein Sprechen dessen, *der nicht vergisst, dass er unter dem Neigungswinkel seines Daseins, dem Neigungswinkel seiner Kreatürlichkeit spricht* (ME, S. 197). Die Kreatürlichkeit bei Celan ist so konkret und ernst gemeint, dass er, wie überliefert ist, von dem Ich seiner Gedichte einmal sagte: *es ist kein lyrisches Ich, es trinkt gelegentlich Kaffee.*[250]

Dass Celans Poetik, ebenso wie Adornos Philosophie, unhintergehbar grundiert ist durch die Tatsache von Auschwitz, unterscheidet sie grundsätzlich von der Valérys und allen früheren (und auch von manchen zeitgenössischen und späteren). Gemäß Adorno gibt es aber schon vorher eine »Schwelle, die Valéry von deutschen Erfahrungen trennt«:[251] »Damit Kunst ihm das Oberste bleibe, muss er krampfhaft die Augen verschließen. Sie ist ihm am Ende doch nicht, wie für Hegel, eine Entfaltung der Wahrheit, sondern, mit jenem zu reden, ein angenehmes Spielwerk.«[252] Das Kunstwerk »behält bei ihm […] etwas Unverbindliches«.[253] Seine oberste ästhetische Kategorie sein das Formgesetz. Ein Gedicht müsse bei ihm »ein Fest des Intellekts sein. Es kann nichts anderes sein. […] Man feiert etwas, indem man es in seiner reinsten und schönsten Form vollendet darstellt.«[254] Adorno fügt kritisch an: »Der ästhetische Konformismus der Valéryschen Lehre von der Form ist gesellschaftlich zugleich.«[255]

Weiter diagnostiziert Adorno in Valérys *Windstriche* anti-intellektuelle Motive und gar »Stimmgeräusche aus der Ära des Vorfaschismus«. Aber wo Valérys spezifische Erfahrung sitze, in der künstlerischen Produktion, gewähre er »derlei Flausen« keinen Raum: »Intuition, der Markenartikel der Anti-Intellektuellen, kommt bei ihm [Valéry, M. S.] schlecht weg. Er polarisiert sie in die Extreme von Bewusstsein und Zufall und heftet spottend den gelben Fleck der dritten Personen gerade an die offiziell Begnadeten […].« Die Idee der Inspiration degradiere die Dichter zu »Mittelsmännern«.[256] Diese Formulierung Adornos ist besonders irritierend, wenn man sie im Zusammenhang mit *Gespräch im Gebirg* liest:

---

[250] Meinecke (Hg.), Über Paul Celan (wie Kap. 1, Anm. 45), S. 30.
[251] Adorno, Bd 11, S. 195.
[252] Ebd.
[253] Ebd.
[254] Valéry, Windstriche (wie Anm. 247), S. 162, zit. nach Adorno, Bd 11, S. 196.
[255] Ebd.
[256] Adorno, Bd 11, S. 175.

Der gelbe Fleck: Wer müsste da nicht sofort an den von den Nazis verordneten gelben Judenstern denken, der Stigma, Spott und Tod bedeutete?[257] Warum verwendet Adorno gerade dieses Bild für Valérys Spott über die als inspiriert geltenden Dichter? Adornos Paraphrasierung mit den Worten »dritter« und »gelber Fleck« eröffnet den semantischen Horizont des Nationalsozialismus. Davon werden auch Valérys »Mittelsmänner« tangiert und erhalten eine antisemitische Färbung (vgl. dazu auch Kap. 7.2). – Wiederum zeigt sich hier bei Adorno eine frappante Blindheit in Bezug auf das Judentum. Hat Adorno den Aufsatz Celan tatsächlich zum Dank für *Gespräch im Gebirg* gewidmet, musste dieser (der Aufsatz) Celan zeigen, dass mit Adorno definitiv nicht mehr zu mauscheln war.

6.5.4 Fazit

Die partielle poetologische Nähe von Celan und Adorno lässt sich in beider Bezug auf Valéry ebenso festmachen wie ihre Distanz in Bezug auf das Judentum. Am eindrücklichsten und wohl auch das stärkste Motiv für die Widmung Adornos ist die Zeitgleichheit ihrer Auseinandersetzung mit Valéry und insbesondere beider Akzentuierung der »Abweichungen«.

6.6 Eine Begegnung der Texte? Fazit

Insgesamt lässt sich aufgrund der vorausgehenden Studien festhalten, dass kein Text Adornos ausgemacht werden kann, mit dem sich Celan in *Gespräch im Gebirg* detailliert und vordringlich auseinandergesetzt hätte. Ich würde daher

---

[257] Der »gelbe Fleck« kommt schon vor der Einführung des Judensterns durch die Nationalsozialisten in der Literatur vor als das Schandmal, das den mittelalterlichen Juden zu tragen aufgezwungen wurde. Die Nationalsozialisten haben hier also nichts Neues erfunden. Im Zuge ihrer zunehmenden Macht und Schmähung und Rücksichtslosigkeit gegen die Juden fühlten sich diese – noch vor Einführung des Judensterns – an die mittelalterlichen Flecke erinnert. So heißt es in einem Gedicht Gertrud Kolmars mit dem Titel *Ewiger Jude*: »Zittrig Schleichen/Um die Menschenstimme, die mich schmäht./Ach, das Zeichen, gelbes Zeichen,/Das ihr Blick auf meine Lumpen näht« (Gertrud Kolmar: Frühe Gedichte [1917–22]. Das Wort der Stummen [1933]. Hg. von Johanna Woltmann-Zeitler. München: Kösel 1980, S. 214). Das Gedicht entstand am 20. September 1933, wie Bodenheimer, Wandernde Schatten (wie Kap. 1, Anm. 55), S. 170, berichtet, und ein halbes Jahr zuvor erschien in der *Jüdischen Rundschau* ein berühmt gewordener Artikel von Robert Weltsch mit dem Titel: *Tragt ihn mit Stolz, den gelben Fleck,* der wohl auch Adorno bekannt gewesen sein dürfte. Vgl. zum »gelben Fleck« und zur Beurteilung dieser literarischen »Antizipationen« Bodenheimer (ebd., S. 170 und 175). – Das Vorkommen des »gelben Flecks« in der zeitgenössischen Literatur bestärkt mich in der Annahme, dass Adorno die Assoziation hat oder hätte bewusst sein müssen, denn es bedeutet, dass nicht nur die bildliche Vorstellung, sondern auch die wörtliche Formulierung die Erinnerung heraufbeschwören konnte.

nicht meinen, dass *Gespräch im Gebirg* eine Begegnung mit Adorno resp. mit einem seiner Texte darstellt. Insbesondere ist auch keine intertextuelle Bezugnahme auf das Lyrikverdikt nachweisbar. Es ist aber möglich, das *Gespräch im Gebirg* als Ganzes in Bezug zu den entsprechenden Überlegungen Adornos zu stellen. *Gespräch im Gebirg* erscheint dann als Text, in dem Celan die Voraussetzungen seines Sprechens im Gedicht darstellt. Dabei fallen Celans Insistieren auf der jüdischen Erfahrung, auf dem jüdischen Standpunkt der Kritik und auf der jüdischen Stimme in der deutschsprachigen Literatur ins Auge. Wenn *Gespräch im Gebirg* auf Adornos Philosophie bezogen wird, erscheint es als Kritik.

Ein Vergleich der Texte, in den auch der *Meridian* einbezogen werden muss, zeigt aber auch, dass Adorno und Celan sich nahe sind in ihrer Unerbittlichkeit, dem Anblick von Auschwitz standzuhalten, in ihrer Unversöhnlichkeit gegenüber der jüngsten Geschichte, ihrer Verweigerung gegenüber jeder Sinngebung, aber auch gegenüber dem Vergessen und gegenüber jedem Versuch, bruchlos an eine Zeit vor dem Holocaust anzuschließen. Einig sind sich auch im Einstehen für das Offenhalten der Wunde, in ihrer Bereitschaft, über die Voraussetzungen und Folgen von Auschwitz für das Leben und die Kunst nachzudenken. Unterschiede zeigen sich in der Auffassung der Poesie; in der Involvierung der Person und in der Relevanz der eigenen Geschichte, insbesondere des Judentums, für das eigene Schaffen. Adorno traut der Lyrik nicht zu, was Celans Gedichte sind. Er erkennt ihre kritische Potenz nicht. In dieser Hinsicht fühlte sich Celan wohl tatsächlich unverstanden und war es auch. Der Standpunkt der Kritik bei Celan ist ein jüdischer Standpunkt: Er spricht in seinem Gedicht bewusst als den Holocaust überlebender Jude deutscher Muttersprache, wobei Jude für ihn weniger ein religiöser als ein politischer und geschichtlicher Begriff ist. Die Bedeutung des Judeseins ist in allererster Linie geprägt durch die Erfahrung der nationalsozialistischen Judenverfolgung. Daher kann er Adorno auffordern, die Erfahrungen als Jude in sein Denken einzubeziehen, unabhängig davon, wie sehr sich dieser als Jude fühlte und ob er es mit seiner katholischen Mutter und seinem zum Protestantismus übergetretenen jüdischen Vater nach orthodoxer jüdischer Auffassung war: Entscheidend ist in der Perspektive Celans, dass er von der antijüdischen Vernichtungspolitik der Nazis betroffen war.

Es erscheint symptomatisch, dass Adorno den immer wieder angekündigten Aufsatz über *Sprachgitter* nie geschrieben hat. Er konnte nichts sagen über Celans Gedichte, sie sprengten seinen Lyrikbegriff. Bollack berichtet, dass Adorno auch einen angekündigten Radio-Vortrag über *Sprachgitter* nicht gehalten hat und stattdessen über Rudolf Borchardt gesprochen habe. Er schreibt dazu: »Wenn man den Text über Borchardt kennt, so spricht der Themenwechsel für sich. Man kann sich nicht vorstellen, wie er [Adorno] über Celan hätte sprechen können, ohne zugleich alles zu widerrufen, was er an anderer Stelle über die esoterische Poesie gesagt hatte.« Der Themenwechsel sei bezeichnend für »einen in dieser Sache quälenden Zweifel und für ein peinliches Missverständnis«.[258]

Dass Celan sich Adornos Unverständnis und der Differenz im Begriff des Gedichts bewusst war und sie auch dezidiert zum Ausdruck bringen konnte, zeigt etwa sein Brief an Adorno vom 17. März 1961. Er stellt ihm ein Hegel-Zitat über die Kunst als Entfaltung der Wahrheit voran und gibt dazu die Quellenangabe: *zitiert nach Theodor W. Adorno, Philosophie der Neuen Musik.* Er schreibt das Motto also unübersehbar und unmissverständlich Adorno zu. Im kurzen Brief schreib er:

> Lieber, verehrter Herr Professor
> Ich fühle mich sehr allein, ich bin sehr allein – mit mir und meinen Gedichten (was ich für ein und dasselbe halte).
> Verzeihen Sie, bitte, daher, wenn ich morgen und am kommenden Dienstag nicht unter Ihren Zuhörern bin.[259]

In der ersten von drei Vorlesungen, die Adorno in Paris hielt, war Celan gewesen, wie der Herausgeber Joachim Seng anmerkt.[260]

Eher als von Adornos Äußerungen über Lyrik dürfte sich Celan als Künstler von den Schlusssätzen in *Jene zwanziger Jahre*[261] verstanden gefühlt haben, welche lauten:

> Der Begriff einer nach Auschwitz auferstandenen Kunst ist scheinhaft und widersinnig, und dafür hat jedes Gebilde, das überhaupt noch entsteht, den bitteren Preis zu bezahlen. Weil jedoch die Welt den eigenen Untergang überlebt hat, bedarf sie gleichwohl der Kunst als ihrer bewusstlosen Geschichtsschreibung. Die authentischen Künstler der Gegenwart sind die, in deren Werk das äußerste Grauen nachzittert.[262]

Celan schreibt denn auch in einem Brief vom »21. Jänner« 1962 an Adorno, dass er den Aufsatz im *Merkur* gelesen habe und dass *mit den letzten Sätzen […] über die Entfernung hinweg, Ihre Person nahe und ansprechbar* gewesen sei.[263]

Wenn man *Gespräch im Gebirg* wie auch den *Meridian* und die Gedichte Celans den Gedanken Adornos über die Möglichkeit von Leben und Kunst nach Auschwitz gegenüberstellt, was m. E. keinesfalls so zwingend ist, wie generell angenommen wird, wird aber noch etwas anderes deutlich: Adornos Philosophie hat gegen ihre eigene Intention die Tendenz, indem sie alles in den Strudel der dialektischen Bewegung reisst, das Einzelne, das Besondere und

---

[258] Bollack, Paul Celan: Poetik der Fremdheit (wie Kap. 3, Anm. 17), S. 190. – Vgl. dazu auch die wortreiche Entschuldigung Adornos im Brief an Celan vom 9. Februar 1968 (Celan/Adorno, Briefwechsel 1960–1968 [wie Kap. 5, Anm. 14], S. 197).

[259] Celan/Adorno, Briefwechsel 1960–1968 (wie Kap. 5, Anm. 14), S. 185.

[260] Vgl. ebd.

[261] Zuerst erschienen im Januar 1962 im *Merkur*.

[262] Adorno, Bd 10.2, S. 506.

[263] Celan/Adorno, Briefwechsel 1960–1968 (wie Kap. 5, Anm. 14), S. 186.

eben auch das »Jüdische« aufzuheben.[264] Eine solche Tendenz zur Aufhebung des Jüdischen wird auch deutlich in den *Elementen des Antisemitismus*. Dieser Aspekt von Adornos Dialektik wird dann eklatant, wenn man bedenkt, dass sein Nachdenken über Lyrik nach Auschwitz mit einem wie Celan, einem jüdischen deutschsprachigen Dichter, gar nicht mehr zu rechnen scheint. In der Konfrontation der Schriften Celans mit jenen Adornos erscheint gerade dieser Aspekt als Hauptkritik Celans, auf die er Adorno in seinem Begleitbrief zu *Gespräch im Gebirg* auch noch deutlich hinweist.

Denken und Dichtung müssen, wollen sie eine Hoffnung auf Veränderung beinhalten oder wenigstens der Vernichtung widerstehen, bei Celan ihren Standpunkt gewinnen in der Reflexion der persönlichen Erfahrung. Sie müssen also, bei ihm wie bei Adorno, auch einen jüdischen Standpunkt gewinnen. Darin liegt seine Kritik an Adorno und die Provokation von *Gespräch im Gebirg*, wenn es auf Adorno bezogen wird.

---

[264] Diese Kritik an Adorno findet sich von philosophischer Seite bei Jean Améry. Vgl. etwa seinen Aufsatz *Jargon der Dialektik* von 1967.

7   Schriften Adornos in Celans Bibliothek

7.1   Vorbemerkungen

Nachdem ich gezeigt habe, was sich aus der Konfrontation der Schriften
Adornos mit *Gespräch im Gebirg* ergibt und dass es nicht angemessen ist,
diesen Schriften bei der Entstehung von *Gespräch im Gebirg* einen besonders
großen Einfluss beizumessen, ist es vielleicht interessant zu sehen, welche der
fraglichen Texte Celan überhaupt besaß und ob und allenfalls was für Lesespuren sie aufweisen. Eine beliebte Methode im Zusammenhang mit intertextuel-
len Untersuchungen besteht darin, die Anstreichungen eines Autors in einem
möglichen Referenztext zu betrachten. Dabei ist zu bedenken, dass diese Methode zu Aussagen von beschränkter Beweiskraft führt, da die Anstreichungen
oft ihrerseits interpretiert werden müssen.

In Celans nachgelassener Bibliothek, die im Deutschen Literaturarchiv in
Marbach aufbewahrt wird, finden sich gemäß dem von Alexandra Richter,
Patrik Alac und Bertrand Badiou zusammengestellten Katalog der philosophi-
schen Bibliothek Celans von den Texten Adornos, die im zeitlichen oder the-
matischen Umfeld von *Gespräch im Gebirg* stehen, die folgenden, die auch
Anstreichungen Celans enthalten:[1]
Arnold Schönberg
Aufzeichnungen zu Kafka
Dialektik der Aufklärung. Philosophische Fragmente
Jargon der Eigentlichkeit. Zur deutschen Ideologie
Jene zwanziger Jahre
Mahler. Eine musikalische Physiognomik (gewidmet)
Negative Dialektik
Noten zur Literatur
Noten zur Literatur II
*Offener Brief Theodor W. Adornos an Max Horkheimer (zu seinem 70. Ge-
burtstag)*

---

[1]   Katalog der philosophischen Bibliothek Celans: Paul Celan: La Bibliothéque philosophique. Die philosophische Bibliothek. Catalogue raisonné des annotations établi
par Alexandra Richter, Patrik Alac et Bertrand Badiou. Editée par l' Unité de recherche Paul-Celan de l' Ecole normale supérieure sous la direction de Jean-Pierre
Lefebvre et Bertrand Badiou. Paris: Ed. Ens 2004.

Ohne Leitbild. Parva Aesthetica
Philosophie der neuen Musik
Über die geschichtliche Angemessenheit des Bewusstsein
Zeitlose Mode. Zum Jazz
sowie einige Sonderdrucke und Aufsätze ohne Anstreichungen, darunter *Er-*
fahrungsgehalte der Hegelschen Philosophie (gewidmet:»herzlichst Theodor
W. Adorno / Frankfurt, Januar / 1960«). *Zur Metakritik der Erkenntnistheorie.*
Studien über Husserl und die phänomenologischen Antinomien enthält keine
Anstreichungen. *Minima Moralia* ist in einer Ausgabe von 1970, ebenfalls
ohne Anstreichungen, vorhanden.

7.2   Widmungen und Lesespuren

Bei meinen eigenen Recherchen im Deutschen Literaturarchiv im Januar 2003
habe ich die folgenden Bücher Adornos aus Celans Bibliothek, die in einem
zeitlichen oder thematischen Zusammenhang mit *Gespräch im Gebirg* stehen,
angesehen:[2]
   In *Mahler. Eine musikalische Physiognomik* findet sich eine Widmung von
Adorno:»Meinem lieben Paul Celan/als kleines Zeichen/der herzlichsten Ver-
bundenheit/Theodor W. Adorno/Frankfurt, 25. Okt. 1960.« Adorno hat Celan
das Buch also im unmittelbaren zeitlichen Zusammenhang mit der Verleihung
des Büchnerpreises gegeben. Die Widmung wirkt etwas herablassend (»Meinem lieben«,»kleines Zeichen«). Dass Adorno darin sich resp. sein Buch klein
macht, ist von Interesse im Zusammenhang mit *Gespräch im Gebirg*: Die
Figur des Juden Groß scheint Adorno provoziert zu haben, wie auch aus dem
Brief vom 13. Juni 1960 hervorgeht. In Bezug auf Celans Büchnerpreisrede
und die ästhetischen Positionen der beiden ist die Widmung ebenfalls von
Interesse: der Akzent kann auf die Verbundenheit oder auf »klein« gelegt
werden. Sie kann als Herzlichkeit oder als Vereinnahmung empfunden werden.
Sicher muss das »kleine Zeichen der Verbundenheit« auch im Zusammenhang
mit der Goll-Affäre gesehen werden, wo Celan auf Adornos Beistand hoffte.
Eine einzige Anstreichung findet sich auf S. 184: »Dass der Gehalt durch
Negation besser bewahrt werden kann als durch Demonstration, dafür steht
sonst Mahlers eigene Musik, seinem Bewusstsein entgegen, exemplarisch ein.«
Celan streicht die Stelle am Rand mit Bleistift an.
   In *Noten zur Literatur*[3] finden sich von Adornos Hand Ort und Datum:
»Frankfurt am Main/20.3.1959«. Zu diesem Zeitpunkt sind sich Celan und
Adorno noch nicht direkt begegnet. Adorno muss das Büchlein also geschickt

---

[2]   Sämtliche Anstreichungen Celans in seiner philosophischen Bibliothek sind ver-
      zeichnet in ebd., S. 241–267.
[3]   Die Sammlung erschien später als *Noten zur Literatur I*. Die Erstauflage trug noch
      keine Ziffer.

oder übergeben lassen haben. Anstreichungen finden sich nur im Essay *Die Wunde Heine*. Gemäß Katalog fand sich ins Buch eingelegt die Todesanzeige von Th. W. Adorno.

Die Anstreichungen im Essay *Die Wunde Heine* sind zahlreich, immer energischer werdend, z. T. in Form von Fragezeichen und doppelten Fragezeichen am Rand. Insbesondere die doppelten Fragezeichen können als Einspruch, gar als Zeichen der Empörung verstanden werden. Interessant für meinen Zusammenhang ist die Unterstreichung der Formulierung »jüdischer Mittelsmann« auf Seite 145. Der ganze, auf Heine bezogene Satz lautet: »Seine eigene Schuld ward zum Alibi jener Feinde, deren Hass gegen den jüdischen Mittelsmann am Ende das unsägliche Grauen bereitete.«[4] Warum nennt Adorno Heine hier einen Mittelsmann? Fokalisiert er hier auf die Feinde, oder gibt er seine eigene Perspektive wieder? Das Wort findet sich wieder in *Valérys Abweichungen*.[5] Der Satz Valérys ist dort auf die offiziell begnadeten Dichter bezogen und lautet: »Mittelsmänner – eine demütigende Auffassung«. Ich habe darauf hingewiesen, dass sich Adornos Weise der Verwendung des Valéry-Zitats an negative Klischees des Jüdischen anschließe (Kap. 6.5.3). Seltsam, dass er den Begriff nun an anderer Stelle tatsächlich für einen Juden gebraucht. Den Schlusssatz hat Celan ganz angestrichen. Er lautet: »Die Wunde Heine wird sich schließen erst in einer Gesellschaft, welche die Versöhnung vollbrachte.«[6]

Ob bei Celan die Identifikation mit Heine oder die Auseinandersetzung mit Adorno dominierte und ob dabei Einspruch oder Einverständnis die Anstreichungen hervorrief, lässt sich schwer eruieren. Ich tendiere aufgrund von Art und Ort der Anstreichungen dazu, anzunehmen, dass Celan eher das Verkehrte und Aufhebende an Adornos Argumentation empfand: Heine ist eine Wunde der Deutschen, alle sind nach dem zwanzigsten Jahrhundert gleichermaßen beschädigt wie damals Heine, die einzige Option auf Heimat und Versöhnung wäre die »real befreite Menschheit«.

In den *Noten zur Literatur II* findet sich eine heftige, doppelte Anstreichung in *Valérys Abweichungen* auf Seite 78. Der Abschnitt lautet:

> Der schwere Akzent, den bei Valéry das Werk trägt, die Absage an die Dichtung als Erlebnis, richtet schließlich auch das ideologische Bedürfnis von Kunden, Kunst müsse ihnen etwas geben. Valérys Humanismus denunziert den vulgären Anspruch, Kunst solle menschlich sein: »Gewisse Leute glauben, die Lebensdauer eines Werks hänge von seiner ›Menschlichkeit‹ ab. Sie bemühen sich, wahr zu sein. Doch welche Werke sind älter als Wundergeschichten? Das Falsche und das Wunderbare ist wahrer als der wahre Mensch.[7]

---

4   Adorno, Bd 11, S. 95.
5   Ebd., S. 175.
6   Ebd., S. 100.
7   Ebd., S. 189.

Die Interpretation dieser Anstreichung hängt von derjenigen der zitierten Stelle ab, die wegen ihrer verschiedenen Wahrheitsbegriffe missverständlich ist und durch Adornos Kommentierung des Ganzen noch verwirrender wird. Für Celan sind Menschlichkeit und Wahrheit zentrale Kategorien seiner Dichtung. Insofern muss ihn Valéry/Adorno empört haben. Valéry scheint jedoch mit dem »wahren Menschen« und der »Menschlichkeit« einen platten Realismus zu kritisieren, und daher steht seine Äußerung nicht unbedingt im Gegensatz zu Celans Auffassung.

Eine weitere Anstreichung findet sich in diesem Band im Aufsatz *Balzac-Lektüren*. Celan hat sich dort den Schlussabschnitt angestrichen. Dies sei hier nur der Vollständigkeit halber erwähnt.

Die *Negative Dialektik* besaß Celan in der Ausgabe von 1966. Nur die *Einleitung* und Teil 3 und 11 der *Meditationen zur Metaphysik* weisen Lesespuren in Form meist zarter Bleistiftanstreichungen auf, abgesehen von einer einzelnen Anstreichung im Teil *Verhältnis zur Ontologie*. Auf dem hinteren inneren Buchdeckel hat Celan einige Seitenzahlen der Einleitung notiert, auf denen er Anstreichungen gemacht hat. Die Anstreichungen sind meist kurz und wirken sehr persönlich und ausgewählt. Sie betreffen Themen, die Celan interessieren, oder auch auffallende Formulierungen. Auf die folgende Stelle treffen wohl beide Motive zu. Sie ist doppelt angestrichen (am Rand und im Text): »Narretei ist die Wahrheit in der Gestalt, mit der die Menschen geschlagen werden, sobald sie inmitten des Unwahren nicht von ihr ablassen.«[8] Gegen Schluss der Einleitung streicht Celan die folgenden Sätze an und versieht sie mit Ausrufezeichen:

> In der Dialektik ergreift das rhetorische Moment, entgegen der vulgären Ansicht, die Partei des Inhalts. Es vermittelnd mit dem formalen, logischen, sucht Dialektik, das Dilemma zwischen der beliebigen Meinung und dem wesenlos Korrekten zu meistern.[9]

Ebenfalls doppelt angestrichen sind die letzten zwei Sätze der Einleitung:

> [Dem Nichtseienden] dient Denken, ein Stück Dasein, das, wie immer negativ, ans Nichtseiende heranreicht. Allein erst äußerste Ferne wäre die Nähe; Philosophie ist das Prisma, das deren Farbe auffängt.[10]

Der erste Teil des letzten Satzes ist zusätzlich unterstrichen.

Insgesamt sieht das Buch nicht gerade aus, als wäre es intensiv gelesen worden. Aufgrund der Verteilung der Anstreichungen lässt sich vermuten, dass Celan nur die *Einleitung* und die *Meditationen*, also das erste und das letzte Kapitel, gelesen hat.

Auf diesem Hintergrund nimmt sich eine briefliche Äußerung Adornos vom 9. Februar 1968 etwas eigentümlich aus. Am Schluss des langen Briefes, in dem er auch über die »längst projektierte« Arbeit zu *Sprachgitter* spricht und über sein »ästhetisches Buch«, das nun im Rohentwurf vorhanden sei, schreibt

---

8   Adorno, Bd 6, S. 396.
9   Ebd., S. 66.
10 Ebd.

er: »Aus dem Suhrkamp Verlag empfing ich die mich sehr beglückende Nachricht, dass Ihnen die ›Negative Dialektik‹ etwas gesagt hat. Freilich muss ich Ihnen gestehen, dass ich es nicht anders erwartete.«[11]

7.3 Fazit zu Celans Adorno-Lektüren

Als Fazit lässt sich festhalten, dass die in Celans Bibliothek erhaltenen und von mir betrachteten Bücher keinen Hinweis auf ein besonders ausgeprägtes Interesse und eine systematische Auseinandersetzung Celans mit Adornos Schriften enthalten.[12] Das Interesse scheint eher punktuell und spezifisch zu sein. Celan sucht, scheint es, Korrespondenzen und Differenzen zu seinem eigenen Denken und Schaffen. Die Anstreichungen betreffen die zwei großen Themen in der Konstellation Celan–Adorno, die auch in der vorliegenden Arbeit herausgestellt werden: Kunst (insbesondere Sprachkunst) und Leben nach Auschwitz einerseits und Judentum/Antisemitismus andererseits.

Natürlich kann nicht völlig ausgeschlossen werden, dass Celan für eine allfällige Lektüre andere Ausgaben der Schriften Adornos, die nicht erhalten sind, zurückgegriffen hat oder dass er sich Notizen in eines seiner zahlreichen Arbeits- oder Notizhefte gemacht hat, die sich im gesperrten Teil des Nachlasses befinden. Die vorgefundenen Hinweise bieten aber keinen Anlass, die aufgrund meiner vorangegangenen Analysen aufgestellten Thesen zu revidieren.

---

[11] Celan/Adorno, Briefwechsel 1960–1968 (wie Kap. 5, Anm. 14), S. 198.
[12] Eine Ausnahme macht wohl die von mir leider nicht betrachtete *Dialektik der Aufklärung*, die ich im Archiv nicht ansehen und nach Erscheinen des Katalogs nicht mehr aufarbeiten konnte. Vgl. zu Celans Adorno-Lektüren auch Seng, »Die wahre Flaschenpost« (wie Kap. 4, Anm. 12), zu den Anstreichungen in der *Dialektik der Aufklärung* auch Heber-Schärer, Gespräch im Gebirg (wie Kap. 4, Anm. 3).

In Erinnerung an eine versäumte Begegnung im Engadin: Fazit zur Beziehung zwischen *Gespräch im Gebirg* und Theodor W. Adorno

Nicht nur in der Auffassung der Ästhetik des Gedichts unterscheiden sich Celan und Adorno, sondern auch in der Einschätzung der Relevanz der eigenen Geschichte und dabei besonders der Relevanz und der Betroffenheit durch die nationalsozialistische Judenverfolgung: Celan ist enttäuscht von Adorno, *von dem [er] dachte, dass er Jude sei* (Kap. 5.11).[1] Die Enttäuschung und die Kritik sind zu sehen vor dem Hintergrund einer Nähe, die durch die beiden gemeinsame intensive Auseinandersetzung mit der jüngsten Geschichte gegeben war.

Der eigene Ort in Geschichte und Gesellschaft und damit auch die eigene Betroffenheit durch Antisemitismus sind für Celan der Ausgangspunkt seines Schaffens, und gerade diese Reflexion auf den eigenen Standpunkt vermisst er bei Adorno schon vor dem Höhepunkt der Plagiatsaffäre. Der Einbezug des eigenen Orts und der eigenen Daten in das Schaffen und Denken ist der Angelpunkt der Differenz zwischen Celan und Adorno in poetologischer Hinsicht, und diese ist unauflöslich verknüpft mit der persönlichen Betroffenheit durch den Antisemitismus.

In *Gespräch im Gebirg* besteht Celan mit Nachdruck auf dem Jüdischen als Form des Widerstands, wie die Lektüre und dabei insbesondere die Verwendung des Jiddischen gezeigt hat und was außerdem auch in den Briefen an Adorno sehr deutlich zum Ausdruck kommt. Und er besteht darin gleichzeitig auf der Klärung und der persönlichen Auseinandersetzung mit der eigenen jüdischen Geschichte, wie gerade im Hinblick auf Adorno deutlich wird. Dass Adorno, der einen jüdischen Vater hatte und von den Nationalsozialisten daher als »Halbjude« eingestuft wurde und emigrieren musste, sein eigenes Verhältnis zum Judentum nicht in sein Denken einbezieht, erscheint aus der Perspektive Celans als falsch.

In *Gespräch im Gebirg* wird deutlich, dass es nach Auschwitz keine Wahl mehr gibt, sich mit dem Judentum zu identifizieren oder nicht. Die *Geschwisterkinder* können nicht mehr geliebt oder nicht geliebt werden. Und sie können zugleich weder geliebt noch nicht geliebt werden: *und, weißt du, ich habe*

---

1 Diese Äußerung findet sich in der Widmung von *Gespräch im Gebirg* an Reinhard Federmann (In memoriam Paul Celan [wie Kap. 5, Anm. 33], S. 91, hier Kap. 5.11), und steht wohl im Zusammenhang mit der von Claire Goll ausgelösten Verleumdungskampagne, die für Celan eindeutig antisemitische Züge trägt, und in der er sich mehr Unterstützung von Adorno erhofft hatte.

nichts mehr geliebt seither (Z. 111). Diese Zwangslage der überlebenden Juden hat Celan in *Gespräch im Gebirg* genau analysiert und dargestellt. Jude sein ist für Celan Pflicht im Widerstand gegen die Auslöschung des Nichtidentischen und eine Haltung, die nicht primär davon abhängt, ob die Mutter oder der Vater oder beide jüdisch sind und ob man sich persönlich mit dem Judentum identifiziert oder nicht.

Jean Bollack kommentiert die versäumte Begegnung und das Verhältnis zum *Gespräch im Gebirg* so:

> Sie findet *in absentia* statt, als eine Entgegnung. Es war die Begegnung mit einem Widersacher. Die Konfrontation fand ihren Raum in einer Form der poetischen Konzentration, die sich dem Nichtvergessen widmet. [...] Ein Text ist an die Stelle einer Auseinandersetzung getreten, die sicherlich sehr heftig verlaufen wäre. Was war aus dem Wiesengrund geworden, aus jenem jüdisch klingenden Namen, den Adorno trug, bevor er denjenigen seiner Mutter annahm? Die Auseinandersetzung, die nun an die Stelle der anderen trat, ist so noch unerbittlicher ausgefallen; sie hatte sich auch persönlicher gestaltet, in einer Antithese, die weniger die je individuellen Schicksale selbst betraf als die Art und Weise, sie zu reflektieren und auf sich zu nehmen.[2]

Die persönliche Geschichte, das Individuelle und das Jüdische haben bei Celan einen viel höheren Stellenwert als bei Adorno. All diese Aspekte spielen in *Gespräch im Gebirg* eine wichtige Rolle. Die Adressierung an Adorno muss also, wenn überhaupt, in diesem Zusammenhang gesehen werden. Gerade diese Aspekte wurden jedoch von Adorno nicht aufgenommen, vielleicht nicht einmal wahrgenommen.

Wenn Celan zu Marlies Janz gesagt hat, *Gespräch im Gebirg* sei *eigentlich ein Mauscheln* zwischen ihm und Adorno, dann ist damit erstens ein deutlicher Hinweis nicht nur auf eine Beziehung zu Adorno, sondern auch auf die jüdischen Eigenheiten und die schwierige Verständlichkeit des Textes für Nichtjuden gegeben.[3] Und zweitens stellt die Bemerkung die Provokation, die *Gespräch im Gebirg* im Hinblick auf Adorno ist, heraus: Denn wenn Adorno sich in *Gespräch im Gebirg* sehen will, sieht er sich dargestellt als Jude, als »mauschelnder« Juden gar. Er ist reduziert auf ein *Geschwisterkind*; individuelle Züge sind durchaus nicht zu erkennen. Und dies ist die Provokation: Das ihm von Celan unterstellte Judentum ist eine Eigenschaft, in der sich Adorno (den Celan bisweilen auch nach dessen jüdischem Vater den *Wiesengründigen* nannte) möglicherweise gerade nicht wieder erkannte.

Celan will also mit Adorno *mauscheln*, und lässt ihn deshalb nur als *Geschwisterkind* in seinem Text vorkommen. Dass mit Adorno nicht zu mauscheln ist, dass er sein eigenes Verhältnis zum Judentum kaum in seine Refle-

---

2   Bollack, Paul Celan: Poetik der Fremdheit (wie Kap. 3, Anm. 17), S. 208.
3   Janz, Vom Engagement absoluter Poesie (wie Vorbemerkungen, Anm. 4), S. 229, Anm. 148, vgl. hier Kap. 1.2.

xion einbezieht, wirft Celan ihm vor.[4] Adorno scheint die vertrauliche jüdische Sprache in der Tat nicht mehr verstanden zu haben.

Die Frage nach der Geltung der philosophischen Reflexionen Adornos für Celan scheint mir freilich keine Entscheidungsfrage zu sein. Der Vergleich der Texte, die Lektürespuren wie auch der Briefwechsel weisen vielmehr darauf hin, dass die Bedeutung Adornos für das Schaffen Celans im Allgemeinen weit überschätzt wird, wie schon aufgrund der Lektüre von *Gespräch im Gebirg* und der poetologischen Analysen vermutet werden konnte. Celan scheint Adorno interessiert, aber doch mit Distanz wahrgenommen zu haben. Zwischen beiden bestanden persönliche und ästhetische Differenzen und solche in Bezug auf die Einschätzung der Rolle, die dem eigenen Judentum für das Schaffen und Denken zukommt, wenn sie einander auch verbunden waren im Fragen nach einer Möglichkeit des Lebens und der Kunst nach Auschwitz.

Gerade in Bezug auf *Gespräch im Gebirg* wird die Bedeutung Adornos aufgrund der zu einseitig interpretierten Bemerkung Celans im *Meridian* überschätzt. Die Fixierung auf Adornos »Lyrikverdikt« oder andere seiner Reflexionen verstellt den Blick auf die poetologischen und persönlichen Implikationen der Formulierung *in Erinnerung an eine versäumte Begegnung*: Sie kennzeichnet den Text dezidiert als Prosatext und als Auseinandersetzung mit der eigenen Geschichte als die Schoah überlebender Jude, der deutsche Literatur schreibt. Erst als so verstandener ist der Text auch auf Adorno beziehbar. Dann allerdings wirft er ein kritisches Licht auf Adornos Denken.

Es wird immer wieder berichtet, dass Celan viel an einem Aufsatz oder Buch Adornos über seine Gedichte gelegen hätte, was Adorno in Aussicht gestellt, aber nie realisiert hat.[5] Aber Celan war sich auch sehr deutlich bewusst, was sie beide trennte, was gerade das *in Erinnerung an eine versäumte Begegnung* zu Papier gebrachte *Gespräch im Gebirg* bei genauer Lektüre und Analyse zeigt: die poetologische Differenz und die Art und Weise, das eigene Judentum angesichts der Schoah in das Denken resp. Schaffen einzubeziehen. Der Akzent in Celans Charakterisierung von *Gespräch im Gebirg* liegt eindeutig auf dem Versäumnis und nicht auf der Begegnung. Bollack beschreibt *Gespräch im Gebirg* deshalb als »Entgegnung«.[6]

---

4 Diese These vertritt ähnlich auch Bollack, Paul Celan: Poetik der Fremdheit (wie Kap. 3, Anm. 17), S. 209: »[…] indem er [Celan] ihn [Adorno] als einen beschrieb, der er gerade nicht war. […] Adorno war nicht Jude genug, um diese vertrauliche Form der Rede zu praktizieren«.

5 Vgl. etwa Pöggeler, der schreibt: »Celan wie Adorno selber haben gesehen, dass Celan bei Adorno nicht finden konnte, was er suchte« (Spur des Worts [wie Kap. 1, Anm. 77], S. 156). Trotz aller Missverständnisse habe es jedoch auch eine tiefe Übereinstimmung zwischen den beiden gegeben und Celan habe sich bis zuletzt von Adorno einen Essay über seine Gedichte erhofft (vgl. ebd., S. 248). Vgl. auch Seng, »Die wahre Flaschenpost« (wie Kap. 4, Anm. 12), S. 152.

6 Bollack, Paul Celan: Poetik der Fremdheit (wie Kap. 3, Anm. 17), S. 208.

Gespräch im Gebirg erscheint in Bezug auf das »Lyrikverdikt« als Prosatext, der die Voraussetzungen des Schreibens von Gedichten nach Auschwitz
in poetologischer und inhaltlicher Hinsicht darstellt: Das Ich, das im Gedicht
spricht, muss erst gewonnen werden. Das veränderliche Ich von *Gespräch im
Gebirg* – es ist erst jenes des Erzählers, dann jenes der Figur Klein – wird im
Laufe der Erzählung immer dezidierter. Es konstituiert sich in der *Erinnerung
an eine versäumte Begegnung*: Darin ereignet sich die Erinnerung an die persönliche Geschichte mit dem Judentum, die zur Voraussetzung des verantwor-
teten Sprechen-Könnens im Gedicht wird. Der eigene Ort als überlebender und
deutsch schreibender Jude wird in *Gespräch im Gebirg* rückhaltlos erkundet,
mit den damit verbundenen Ambivalenzen und Schuldgefühlen.

Epilog

Von Schuld und Scham in Bezug auf die eigene und die allgemeine Geschichte, von Heimatlosigkeit und Sprache als Heimat, von Erinnern und Vergessen
handelt auch ein Abschnitt des Kapitels *Zweite Lese* in Adornos *Minima Moralia*. Es ist ein überaus poetischer kleiner Text, in dem Adorno Celan vielleicht
näher ist als in allen andern seiner Texte. Ich möchte diesen Text Adornos an
das Ende des Teils über die Beziehung zwischen Celan und Adorno setzen. Ob
Celan den Text gekannt und ob und allenfalls was er ihm bedeutet hat, lässt
sich nicht eruieren. In Celans nachgelassener Bibliothek ist, wie erwähnt, nur
eine 1970 erschienene Neuauflage der *Minima Moralia* erhalten. Die *Minima
Moralia* waren jedoch im Deutschland der fünfziger Jahre sehr bekannt und es
ist deshalb gut möglich – wenn auch für meine Zwecke nicht erforderlich –,
dass Celan den Text gekannt hat.

Wenn diese beiden Texte – ein Abschnitt aus *Zweite Lese* und *Gespräch im
Gebirg* – nebeneinander betrachtet werden, scheint noch einmal in konzentrierter
Weise auf, was die beiden, Adorno und Celan, verbindet, und was sie trennt.

> An einem Abend der fassungslosen Traurigkeit ertappte ich mich über dem
> Gebrauch des lächerlich falschen Konjunktivs eines selber schon nicht recht hoch-
> deutschen Verbs, der dem Dialekt meiner Vaterstadt angehört. Ich hatte die zutrauli-
> che Missform seit den ersten Schuljahren nicht mehr vernommen, geschweige denn
> verwandt. Schwermut, die unwiderstehlich in den Abgrund der Kindheit hinunter-
> zog, weckte auf dem Grunde den alten, ohnmächtig verlangenden Laut. Wie ein
> Echo warf mir die Sprache die Beschämung zurück, die das Unglück mir antat, in-
> dem es vergaß, was ich bin.[7]

Die Anfangsworte »An einem Abend« sind fast identisch mit jenen von *Gespräch im Gebirg*. Die Situation, die sich an diesem Abend ereignet, ist von
Anfang an gekennzeichnet durch zwei Tendenzen, zwei Kräfte, zwei Perspektiven. Da ist die Traurigkeit, die Schwermut, die in den Abgrund der Kindheit

---

[7]   Adorno, Minima Moralia (wie Kap. 6, Anm. 36), S. 200.

hinunterzieht; die Erinnerungen weckt an den Zustand einer verlorenen Ganzheit und Aufgehobenheit. Sie weckt »auf dem Grunde« (der Erinnerung? der Seele? der Kindheit?) einen »ohnmächtig verlangenden Laut«, eine »zutrauliche« Form. Der erwachsene Mann hatte die Form längst vergessen und auch vergessen, wofür sie stand: für Heimatlichkeit, für Geborgenheit, für eine verlorene Möglichkeit. Schon in der Schule war ihm das Wort abgewöhnt worden, und nun im Exil, weit weg von zu Hause – von einem Zuhause überdies, das keines mehr sein kann und jede Option darauf, je wieder Heimat zu sein, Geborgenheit zu vermitteln, zerstört hat – steigt in einem Moment der Traurigkeit, des Innewerdens der Entfremdung, das vergessene, verlangende Wort auf. Es steht also nicht für das Land, das Adorno verlassen hat, sondern für eine viel frühere, noch nicht identische Heimat; für den Ort, in dem dieses verpönte Wort gelebt hat. Es ist nicht nur verlangend, sondern auch ohnmächtig, denn diese Welt ist schon längst untergegangen. Ohnmächtig ist es aber auch, weil er selber, der erwachsene Mann, Teil hat an der Tendenz, welche die zweite Perspektive darstellt, die das Wort »lächerlich« findet und »falsch«, »nicht recht hochdeutsch« und es als »Missform« bezeichnet. Es wird sogar angedeutet, dass er sich schneller als andere der Herrschaft unterordnete, die das Wort auf den Grund hinunter trieb: Er hat das Wort seit den ersten Schuljahren »nicht mehr vernommen, geschweige denn verwandt«.

Die Ambivalenz der zwei unversöhnlichen Tendenzen kulminiert im Ausdruck »zutrauliche Missform«.

Die Beschreibung des Vorfalls geht übergangslos über in dessen Deutung, in die Gedanken, die er bei Adorno ausgelöst hat. »Wie ein Echo warf mir die Sprache die Beschämung zurück […].« Es ist zunächst unklar, welche Sprache gemeint ist: die Hochsprache, die das zutrauliche Wort schon immer als Missform verpönt hat, oder der vergessene, nur in Kleinkindertagen geduldete Dialekt? Wiederholt sich die Beschämung des Kindes, das ein dialektales Wort verwendet hat? Oder hat sich der Grund der Beschämung gerade umgekehrt, schämt der Mann sich jetzt dafür, dass er das Wort vergessen hatte, dass er dabei war, als dieses Wort ausgemerzt wurde? Nimmt man das Bild des Echos genau, dann entspricht die Sprache, also wohl das Sprachsystem des korrekten Hochdeutsch, der Felswand, von der etwas zurückgeworfen wird »wie ein Echo«.

Dem Wort, das sich unversehens von der Zunge löst, folgt eine Beschämung. Diese Beschämung, die die Sprache zurückwirft, ist aber nicht die alte, bekannte, sich über einem Fehler ertappt zu haben. In der Selbstbegegnung, die die Traurigkeit bedeutet, hat sich der Grund der Beschämung gewandelt. Es sei, heißt es, die Beschämung, »die das Unglück mir antat, indem es vergaß, was ich bin« – eine überaus irritierende Formulierung, in der das Unglück personifiziert wird, vergesslich ist und dem Ich eine Beschämung antut. Nicht nur das Verhältnis zwischen dem Ich und dem Unglück gibt Rätsel auf, sondern auch dasjenige zwischen den Zeiten. Die Beschämung durch die Sprache geschah gleichzeitig mit derjenigen durch das Unglück, während der Zustand des Ich (»was ich bin«) noch andauert. Was ist er denn, Theodor Wiesengrund Adorno? Deutscher mit jüdischem deutschem Vater und französisch-deutscher Mutter, Mitbegründer der Kritischen Theorie, Philosoph, Soziologe, Kunstkritiker, Schriftsteller, Emigrant [...] Die Beschämung durch das Unglück rührt von einem Vergessen her. Aber was hätte das Unglück vergessen, was nicht er selber vergessen hätte? – Ein Blick auf den Untertitel der *Minima Moralia* zeigt den Kontext an: *Reflexionen aus dem beschädigten Leben*. Und nicht etwa: Reflexionen eines Emigranten, eines Philosophen, eines Juden... Das Bild des Echos und das des Spiegels in den »Reflexionen« sind verwandt.

Adorno sieht das Subjekt in der unfreien Gesellschaft zu einem großen Teil fremdbestimmt. Deshalb ist das Leben beschädigt, deshalb tut ihm das Unglück eine Beschämung an. Ins vergessene Präsens von »sein« – »ich bin« – hat sich im Unglück die Möglichkeit der Freiheit zurückgezogen, die nun – durch das Dialektwort – wieder angesprochen wurde. Die Beschämung geht Hand in Hand mit dem »ich bin«. Sie gilt dem Vergessen. Die Beschämung, die die Sprache ihm zurückwarf, ist die Erinnerung an eine Möglichkeit, die er, »ich«, Theodor W. Adorno, im beschädigten Leben vergessen hatte. Er hatte sie – stellvertretend – aufgegeben, indem er das Nichtidentische, das Dialektwort, aufgegeben hatte. Die Beschämung ist die entstellte Form der Utopie; sie birgt negativ die Möglichkeit eines »Anders«. Das Unglück, das Leben, hatte vergessen, was er ist, heißt es zwar; hatte das Inkommensurable weggeschnitten, das Chaos der Kindheit zugunsten der Ordnung aufgegeben, den Dialekt ausgetrieben. In der Beschämung aber verbirgt sich der individuelle Anteil am Vergessen. Die Beschämung ist das Echo des Vergessenen.

Die Traurigkeit – das Innewerden einer Entfremdung – hat der verlorenen Möglichkeit, verkörpert im kindlichen Dialektwort, die Bahn gebrochen. Im Moment, in dem es auftaucht und an die Wand des korrekten Hochdeutsch des erwachsenen Mannes prallt, löst es eine Beschämung aus: Es ist die Scham, eine Möglichkeit des Ich vergessen, sich vergessen zu haben. Es ist das Innewerden eines unbeschädigten Lebens, das vergessen worden war. Es ist Erinnerung an ein Versäumnis.

Das Unglück hat vergessen, was Adorno ist. Dann müsste eigentlich auch das Unglück beschämt werden. Aber die Sprache wirft die Beschämung auf ihn, Adorno, und erst noch »zurück«. Die Unschärfe dieser Stelle, die Diskrepanz zwischen dem Unglück, das vergaß, und dem Ich, das sich schämt, markiert die Differenz zwischen Celan und Adorno ebenso wie die mögliche Nähe.

Von Celan her gedacht müsste die Stelle lauten: »Wie ein Echo warf mir die Sprache die Beschämung zurück, im Unglück vergessen zu haben, was ich bin.« *Er*, Adorno, hatte vergessen, was er war. Auch in dieser Hinsicht gilt bei Celan rückhaltlose *Individuation...unter dem Neigungswinkel des Daseins...der Daten eingedenk* (vgl. ME, S. 196f.). In *Gespräch im Gebirg* wird eine mit Ambivalenzen und Schuldgefühlen beladene Erinnerung vollzogen, eine versäumte Begegnung in diesem Sinne nachgeholt. Diesen Vollzug beschreibt Celan im *Meridian* als Selbstbegegnung. Darin spielen jiddische Spracheigentümlichkeiten eine wichtige Rolle. Bei Adorno ist es ein deutsches Dialektwort: Adorno ist beschädigt als deutscher Emigrant, Celan als überlebender Jude.

Wenn Adorno *Gespräch im Gebirg* auf sich beziehen will, dann muss es ihn auch daran erinnern, dass er selber Sohn eines jüdischen Vaters ist und dass er vor den Nationalsozialisten auch als Jude fliehen musste. Das Wort »Beschämung« in der *Zweiten Lese* Adornos ist die Lücke, in die *Gespräch im Gebirg* gesprochen sein könnte; die Lücke, in der eine Erinnerung, eine Begegnung und ein Gespräch möglich wären.

Schlussbemerkungen

Die vorliegende Studie zu *Gespräch im Gebirg* ist ausgegangen von der Bemerkung Paul Celans im *Meridian*, er habe die »kleine Geschichte« *in Erinnerung an eine versäumte Begegnung im Engadin* zu Papier gebracht, und der These, dass die Figur *in Erinnerung an eine versäumte Begegnung* ebenso wie die Charakterisierung des Textes als *Geschichte* konstitutiv seien für *Gespräch im Gebirg*, dass die beiläufig daher kommende Bemerkung etwas über den Text selber aussage und nicht nur über dessen Anlass.

In einer ausführlichen Lektüre wurde zunächst ein möglichst weitgehendes Verständnis des Textes gesucht, in dem aber zugleich auch die Grenzen des Verstehens sichtbar werden sollten. Als größte Irritation stellte sich dabei heraus, was ich als »schillernde Stimmhaftigkeit des Erzählers« beschrieben habe und was auch das ganz merkwürdige und schwer durchschaubare Verhältnis zwischen der Figur Klein und dem Erzähler einschließt. Im zweiten Kapitel sollte eine erzähltheoretische Analyse in dieser Hinsicht mehr Klarheit schaffen. Sie konnte zeigen, dass das Verhältnis zwischen Erzähler und Figur tatsächlich verwirrend und veränderlich ist und ein unauflösliches Paradox, eine erzählerische Metalepse, beinhaltet, die sich als Mise-en-abîme-Figur beschreiben lässt: die Erzählfigur, die in ihrer schillernden Stimmhaftigkeit zu Beginn mehrmals antisemitische Äußerungen von sich gibt, wird von der von ihr hervorgebrachten Figur Klein zum Verschwinden gebracht: Sie wird »in den Abgrund« gesetzt, ohne dass doch die Figur ohne Erzähler existieren kann. Das Ich der Figur Klein, das im letzten Drittel der Erzählung immer mehr Platz einnimmt, immer dezidierter wird und gewissermaßen selber zum – nicht nur intra-, sondern auch extradiegetischen – Erzähler wird, der es doch gleichzeitig nicht sein kann, greift am Ende des Textes über den Text und zu dessen Autor, Paul Celan, hinaus. – Die Zweideutigkeit und Veränderlichkeit und schließlich das »Verschwinden« des extradiegetischen Erzählers, der der Gesprächspartner der Leserin wäre, entsprechen dem poetologischen Gehalt der *versäumten Begegnung*: Sie verhindern eine Begegnung. Im Licht des *Meridian* konnte diese Charakteristik von *Gespräch im Gebirg* im dritten Kapitel bestätigt und nochmals verdeutlicht werden: Der Prosatext *Gespräch im Gebirg* unterscheidet sich in entscheidender Weise von einem Gedicht. Ein Ich, das in einem Gedicht sprechen könnte, ein Ich, das zur Begegnung mit einem Andern fähig ist, wird darin erst gewonnen.

In der Mehrstimmigkeit der Erzählinstanz, den anfänglichen zweideutigen Perspektivierungen und im sich wandelnden Verhältnis von Erzähler und Figur spiegeln sich die Schwierigkeiten, im Angesicht des nationalsozialistischen Völkermordes an den Juden ein literarisches Ich mittels und in der deutschen Sprache zu gewinnen, das im Gedicht sprechen kann. Dies ist aber, so denke ich, das zentrale Thema von *Gespräch im Gebirg*. Im ersten Teil meiner Arbeit konnte ich diese Auseinandersetzung, wie sie, nicht in der Handlung, sondern in der Struktur und der Sprache des Textes angelegt und durchgeführt ist, deutlich und nachvollziehbar machen.

Die Figur Klein wird in *Gespräch im Gebirg* angesprochen von einem Stein, der sie zur eigenen Erinnerung führt, welche ihrerseits die Ich-Werdung der Figur begründet und ermöglicht. Die Formulierung *in Erinnerung an eine versäumte Begegnung*, die Celan im *Meridian* seiner *kleinen Geschichte* zudenkt, charakterisiert diese in zentraler Weise und ist wörtlich zu nehmen: Die Begegnung, die im Rahmen der versäumten Begegnung mit einem andern stattgefunden hat, ist eine Begegnung mit sich selbst, ist eine Begegnung mit dem Andern der eigenen Geschichte, ist die Erinnerung. Dieser Prozess findet in einer *Geschichte*, in literarischer Prosa, statt und stellt die Voraussetzungen des Sprechens im Gedicht, so wie es Celan versteht, dar.

Aufgrund dieser poetologischen Ergebnisse ließ sich vermuten, dass eine intertextuelle Analyse von *Gespräch im Gebirg* mit ausgewählten Texten Adornos möglicherweise wenig ergiebig sein könnte, liegt doch so offensichtlich eine gestaltete Nicht-Begegnung resp. Selbstbegegnung vor. Ausgehend von der Forschungsliteratur zum Thema wurde gezeigt, dass von einer konkreten Bezugnahme von *Gespräch im Gebirg* auf Schriften von Th. W. Adorno nicht gesprochen werden kann. Eher ließe sich eine solche im *Meridian* finden. Setzt man jedoch *Gespräch im Gebirg* als Ganzes, als Text, in dem die Konstituierung eines Ich, das in einem Gedicht sprechen könnte, vollzogen wird, in Bezug zu Adornos Ästhetik, werden zwei Dinge deutlich: Celans Gedichte sprengen den Lyrikbegriff Adornos. Und in Celans literarischem Sprechen spielt die Bedingung seines Lebens als die Schoah überlebender Jude, der deutsche Literatur schreibt, eine entscheidende Rolle. Das Scharnier zwischen beiden Aspekten bildet die Bedeutung, die dem Ich, das im Gedicht spricht, in Celans Konzeption der Dichtung zukommt, die Bedeutung des Orts und der Zeit, von denen aus dieses Ich spricht.

Wenn *Gespräch im Gebirg* auf Adorno bezogen wird, erscheint es demnach als Kritik Celans an Adorno. In dessen Ästhetik hat das reflektierte persönliche Verhältnis zum Judentum keine Relevanz und die Rolle des Jüdischen als Standpunkt der Kritik in der deutschen Literatur, wie Celan sie denkt, kann deshalb nicht wahrgenommen werden; Gedichte nach Auschwitz müssen in dieser Ästhetik unmöglich scheinen. Die Briefe im Umkreis von *Gespräch im Gebirg* bestätigten diese Feststellung ebenso wie die Lesespuren Celans in Adornos Schriften, soweit ich sie in diese Arbeit einbeziehen konnte. In einem

Epilog zum Verhältnis von Celan und Adorno wurden ausgehend von einem Abschnitt aus Adornos *Zweite Lese* in den *Minima Moralia* die Nähe und die Ferne der beiden noch einmal deutlich.

Das gewählte Vorgehen, von der Lektüre zur poetologischen Analyse und erst im dritten Teil zu Untersuchungen anhand von Briefen und anderen Texten voranzuschreiten, um sich der konkreten inhaltlichen Dimension der Formulierung *in Erinnerung an eine versäumte Begegnung* und dabei insbesondere dem immer wieder reklamierten Bezug zwischen *Gespräch im Gebirg* und den Schriften Adornos anzunähern, hat sich insofern bewährt, als deutlich wurde, dass alle sich in diesem Teil als wichtig erweisenden Aspekte von *Gespräch im Gebirg* in der genauen Form der Prosa ausgeprägt sind und daher, wenigstens als Spur, schon in der Lektüre zur Geltung kommen konnten. Ein umgekehrtes Vorgehen hätte hingegen die Gefahr geborgen, den literarischen Text auf ein Echo des fremden Textes zurechtzuschneiden, und nur das zu lesen, was erwartet wurde, wie es an anderen Untersuchungen problematisiert wurde.

Die poetologische Annäherung, einmal mit einer dem Text fremden strukturalistischen Poetik und das andere Mal mit Celans eigener, hat, obwohl sie mit erheblichen Schwierigkeiten verbunden war und lange kaum Aussagen möglich schienen, ein differenzierteres Verständnis des Textes ermöglicht und mir erlaubt, die eingangs gestellten Fragen zu beantworten. Die narratologische Analyse hat den Vorteil, überprüfbar und damit auch kritisierbar zu sein, wird sich aber möglicherweise dem Vorwurf aussetzen, dem Text gegenüber zu formalistisch zu sein. Im Rückbezug auf den Text und in der »Einbettung« zwischen der Lektüre einerseits und den Beobachtungen und Gedanken zum Verhältnis des *Meridians* zu *Gespräch im Gebirg* andererseits ist, so denke ich, jedoch die nötige und gewünschte Beziehung zum Text erhalten geblieben. Die Ergebnisse der verschiedenen methodischen Zugangsweisen zum Text haben einander bestätigt, differenziert und erweitert. Dennoch blieb der Text – und auch das ist im Zusammenhang mit dessen dargelegten Charakteristika zu sehen – bis zu einem gewissen Grade abweisend und fremd; hermetisch.

Die Vorstellung, den Text *Gespräch im Gebirg* erschöpfend studieren zu können, erwies sich selbstverständlich – und zum Glück, denn weshalb sollte er sonst noch gelesen werden? – als Illusion. Wünschenswert, neben zahlreichen weiteren Lektüren, die sich ja immer durch eine persönliche Beschränktheit ebenso wie durch eine persönliche »Hellsichtigkeit« resp. »Hellhörigkeit« auszeichnen, wäre sicher eine gründliche Studie zu literarischen Intertexten. Im Sinne eines Ausblicks sei sie hier, neben einigen anderen möglichen Weiterführungen, skizziert:

Die Untersuchung der Schriften des Judentums als Prätexte von *Gespräch im Gebirg*, wie sie im ersten Kapitel ansatzweise vorgenommen wurde, könnte noch weiter ausgeführt werden. Martin Buber hat 1913 einen Text mit dem Untertitel *Gespräch in den Bergen* veröffentlicht, aber auch *Ereignis und Begegnung* und *Ich und Du,* mit denen sich Celan in den fünfziger Jahren beschäftigt hat, könnten in eine intertextuelle Betrachtung einbezogen werden. Sodann könnte Georg Büchners *Lenz* systematischer und umfassender mitgelesen werden. Von Franz Kafka, dem Paul Celan in vielem nahesteht, gibt es einen kurzen Prosatext *Der Ausflug ins Gebirge,* der schon auf den ersten Blick Korrespondenzen mit *Gespräch im Gebirg* zeigt. Auf eine Beziehung zu Friedrich Nietzsche hat Celan selber in einer Widmung von *Gespräch im Gebirg* hingewiesen. Dessen *Zarathustra* würde sich für eine intertextuelle Studie wohl besonders anbieten. Darüber hinaus gibt es zweifellos noch viele andere Texte, die man in sinnvoller und fruchtbarer Weise mit *Gespräch im Gebirg* in Beziehung bringen könnte, sei es, dass Celan, der außerordentlich belesen war, sich in *Gespräch im Gebirg* bewusst mit ihnen auseinandergesetzt hat, sei es, dass – gemäß einer andern Konzeption von Intertextualität – sich dadurch Konstellationen ergeben, die weitere Dimensionen von *Gespräch im Gebirg* zur Geltung bringen.

Gespräch im Gebirg lässt sich auch in eine Tradition von Texten stellen, die um die Figur des Ewigen Juden kreisen. Bodenheimer hat gezeigt, dass es in der Moderne eine Reihe von jüdischer Literatur gibt, die in Auseinandersetzung mit dieser fremdbestimmten Figur und ihrem positiven Gegenbild, dem wandernden Juden Moses, neue jüdische Authentizität zu gewinnen sucht.[1] Auch *Gespräch im Gebirg* ließe sich in diesem Zusammenhang sehen.

Wenn die Materialien zu *Gespräch im Gebirg* in der Tübinger Celan-Ausgabe erscheinen, werden sie bestimmt manche neuen Aspekte von *Gespräch im Gebirg* beleuchten und entsprechende Untersuchungen anregen. Besonders hoffe ich auf die Veröffentlichung einschlägiger Notizen aus Celans Arbeitsheften.

Des Weiteren scheint mir im Zusammenhang mit *Gespräch im Gebirg* vielversprechend, andere Prosaprojekte, die Celan nicht ausgeführt hat, insbesondere im Hinblick auf die Poetik zu untersuchen. Geht die (nicht realisierte) Absicht Celans, vermehrt Prosa zu schreiben, von der Federmann berichtet, einher mit einer Abkehr von der Poetik der Begegnung, wie sie im *Meridian* formuliert ist, und vielleicht auch mit den damit verbundenen Hoffnungen?[2] Und wie verhalten sich spätere Gedichte Celans dazu?

Eine weitere Untersuchung, die sich an diese Arbeit anschließen könnte, wäre eher philosophischer Art. Jean Améry diagnostiziert in seinem Essay *Jargon der Dialektik* von 1967 in Deutschland und Frankreich eine Qualität dialektischen Denkens und Redens, die »geistesgeschichtlich als mythologisierend und mystifizierend, politisch als potentiell reaktionär zu erkennen wir nicht umhin kommen«.[3] Der Dialektik, die »vielleicht, wahrscheinlich, [...] die Art geistigen Gehens und Stehens [ist], die wir in diesen Tagen nötig ha-

---

[1] Bodenheimer, Wandernde Schatten (wie Kap. 1, Anm. 55).

[2] Die Prosa aus dem Nachlass wurde 2005 publiziert: Paul Celan: »Mikrolithen sinds, Steinchen«. Die Prosa aus dem Nachlass. Kritische Ausgabe. Hg. und kommentiert von Barbara Wiedemann und Bertrand Badiou. Frankfurt am Main: Suhrkamp 2005.

[3] Jean Améry: Widersprüche. Frankfurt am Main, Berlin, Wien: Ullstein 1980 (Ullstein-Buch; 39008), S. 62.

ben«,[4] drohe in ihrer Furcht vor Banalität, »nachdem sie erst in den Jargon ihrer selbst abglitt, die Gefahr, zum Verständigungsmittel einer sich selbst als Elite achtenden Schicht zu werden, die das, was zu verteidigen sie sich anschickt, hoffnungslos kompromittiert«,[5] warnt Améry. Seine Kritik an Adorno und seinen Schülerinnen und Schülern im Einzelnen zu studieren und insbesondere im Hinblick auf die Rolle der Person und des Jüdischen mit Celans literarischer Kritik zu vergleichen, könnte ein lohnendes Projekt sein. Im Aufsatz *Über Zwang und Unmöglichkeit, Jude zu sein,* analysiert Améry genau die Lage des überlebenden Juden, der sich vor der Schoah nicht mit dem Judentum identifiziert hat. Meine These geht dahin, dass, was in der Konfrontation zwischen Celans literarischen und Adornos theoretischen Schriften als Kritik an Adornos Denken zum Vorschein kommt, Jean Améry als philosophische Kritik geleistet hat. Die These wäre zu überprüfen und die Gemeinsamkeiten und Differenzen im Denken der drei, Celan, Adorno und Améry, im Einzelnen nachzuzeichnen.

---

[4] Ebd., S. 68.
[5] Ebd., S. 77.

Dank

Wenn diese Arbeit jetzt vor mir liegt, weiß ich mich vielen Menschen dankbar verbunden. Besonders danke ich Prof. Ulrich Stadler, der die Entstehung der Dissertation angeregt und ermöglicht und mit seiner wohlwollenden Kritik zu ihrem Gelingen beigetragen hat, sowie Prof. Alfred Bodenheimer, der mich in vielerlei Weise unterstützt, beraten und motiviert und mir insbesondere manchen Weg in judaistische Felder gewiesen hat. Lukas Germann danke ich für die Hilfe, die er mir aufgrund seiner fundierten Kenntnis von Adornos Schriften leistete, sowie für manches anregende Gespräch und Margit Gigerl für ihre hervorragende Korrekturarbeit, die aufbauende Kritik und die große und unentbehrliche freundschaftliche Unterstützung bei der Fertigstellung der Arbeit. Bei Frau Doris Vogel möchte ich mich für die außerordentlich engagierte und sorgfältige Arbeit bei der formalen Anpassung des Textes an die Richtlinien der Conditio Judaica-Reihe bedanken und bei Elisabeth Fernández-Sieber für ihre unschätzbare Hilfe mit aufmerksamem Auge und unerbittlichem Bleistift bei den allerletzten Korrekturen.

Danken möchte ich auch Herrn Eric Celan, Paris, für die Erlaubnis zur Ansicht und Publikation der Vorstufen von *Gespräch im Gebirg*, des Briefwechsels von Peter Szondi und Paul Celan und der Widmungen und Lesespuren Celans in dessen Büchern von Th. W. Adorno. Dem Deutschen Literaturarchiv in Marbach am Neckar, das den Nachlass von Paul Celan besitzt und beherbergt, sowie dem Suhrkampverlag in Frankfurt am Main danke ich ebenfalls für die erteilten Publikationsgenehmigungen. Den Mitarbeiterinnen und Mitarbeitern in der Handschriftenabteilung des Literaturarchivs danke ich darüber hinaus für ihre außerordentlich freundliche Hilfsbereitschaft und Unterstützung bei meinen Recherchen. Und schließlich danke ich der Universität Zürich, die mit ihrem Forschungskredit das erste Arbeitsjahr der Dissertation finanziert hat.

Tom Weinmann danke ich von Herzen für die stetige und liebevolle Begleitung, Ermutigung und vielseitige Unterstützung (auch) während der Jahre der Entstehung der Dissertation. Mit dem richtigen Wort zur richtigen Zeit und den »benutzerdefinierten Formatvorlagen« hat er mir über manchen schwierigen Moment hinweggeholfen!

Ich möchte weitere mir und dieser Arbeit verbundene Menschen nennen – darauf vertrauend, dass sie wissen, welcher Art mein Dank an sie je ist:

Beatrice Sieber-Kaufmann, Regula Sieber, Michael und Daniela Sieber-Flückiger, Klaus Sieber, Esther Kaufmann, Alfred und Agnes Zehnder-Sieber, Doris Hediger Birchmeier, Robert und Theresa Weinmann-Gisler, Elisabetha Günthardt, Herr Pollach sowie alle anderen Freunde, Freundinnen, Verwandten und Bekannten, die mir Gutes gewünscht und die Entstehung dieser Arbeit mit Wohlwollen, Interesse und Geduld begleitet haben.

Literaturverzeichnis

Literatur von Paul Celan

Celan, Paul: Gespräch im Gebirg. In: Klaus Wagenbach (Hg.): Das Atelier 1. Zeitge-
nössische deutsche Prosa. Frankfurt am Main, Hamburg: Fischer Bücherei 1962,
S. 124–127.
– Ausgewählte Gedichte. Zwei Reden. Mit einem Nachwort von Beda Allemann. 4.
Aufl. Frankfurt am Main: Suhrkamp 1970.
– Gesammelte Werke in fünf Bänden. Hg. von Beda Allemann und Stefan Reichert
unter Mitwirkung von Rolf Bücher. Frankfurt am Main: Suhrkamp 1983.
– Die Niemandsrose. Vorstufen, Textgenese, Endfassung. Tübinger Ausgabe. Hg. von
Jürgen Wertheimer. Bearbeitet von Heino Schmull unter Mitarbeit von Michael
Schwarzkopf. Frankfurt am Main: Suhrkamp 1996.
– »Ich hörte sagen«. Gedichte und Prosa. Gelesen von Paul Celan. München: HörVer-
lag 1997 (Hörbuch).
– Die Gedichte aus dem Nachlass. Hg. von Bertrand Badiou, Jean-Claude Rambach
und Barbara Wiedemann. Frankfurt am Main: Suhrkamp 1997.
– Der Meridian. Endfassung, Vorstufen, Materialien. Tübinger Ausgabe. Hg. von
Bernhard Böschenstein und Heino Schmull unter Mitarbeit von Michael Schwarz-
kopf und Christiane Wittkop. Frankfurt am Main: Suhrkamp 1999.
– Schneepart. Vorstufen, Textgenese, Reinschrift. Tübinger Ausgabe. Bearbeitet von
Heino Schmull unter Mitarbeit von Markus Heilmann. Frankfurt am Main: Suhrkamp 2002.
– Die Gedichte. Kommentierte Gesamtausgabe in einem Band. Hg. und kommentiert
von Barbara Wiedemann. Frankfurt am Main: Suhrkamp 2003.
– La Bibliothéque philosophique. Die philosophische Bibliothek. Catalogue raisonné
des annotations établi par Alexandra Richter, Patrik Alac et Bertrand Badiou. Editée
par l' Unité de recherche Paul-Celan de l' Ecole normale supérieure sous la direction
de Jean-Pierre Lefebvre et Bertrand Badiou. Paris: Ed. Ens 2004.
– »Mikrolithen sinds, Steinchen«. Die Prosa aus dem Nachlass. Kritische Ausgabe.
Hg. und kommentiert von Barbara Wiedemann und Bertrand Badiou. Frankfurt am
Main: Suhrkamp 2005.
Celan, Paul/Wurm, Franz: Briefwechsel. Hg. von Barbara Wiedemann in Verbindung
mit Franz Wurm. Frankfurt am Main: Suhrkamp 1995.
Celan, Paul/Celan-Lestrange, Gisèle: Briefwechsel. Mit einer Auswahl von Briefen
Paul Celans an seinen Sohn Eric. Hg. und kommentiert von Bertrand Badiou in Ver-
bindung mit Eric Celan. Aus dem Französischen von Eugen Helmlé. Anmerkungen
übersetzt und für die deutsche Ausgabe eingerichtet von Barbara Wiedemann. 2
Bde. Frankfurt am Main: Suhrkamp 2001.

Celan, Paul/Lenz, Hermann und Hanne: Briefwechsel. Mit drei Briefen von Gisèle Celan-Lestrange. Hg. von Barbara Wiedemann in Verbindung mit Hanne Lenz. Frankfurt am Main: Suhrkamp 2001.

Celan, Paul/Adorno, Theodor W.: Briefwechsel 1960–1968. Hg. von Joachim Seng. In: Frankfurter Adornoblätter 8 (2003), S. 177–202.

Celan, Paul/Hirsch, Rudolf: Briefwechsel. Hg. von Joachim Seng. Frankfurt am Main: Suhrkamp 2004.

Celan, Paul/Szondi, Peter: Briefwechsel. Mit Briefen von Gisèle Celan-Lestrange an Peter Szondi und Auszügen aus dem Briefwechsel zwischen Peter Szondi und Jean und Mayotte Bollack. Hg. von Christoph König. Frankfurt am Main: Suhrkamp 2005.

Sekundärliteratur zu Paul Celan

Allemann, Beda: Nachwort. In: Celan, Ausgewählte Gedichte, S. 151–163.

– Paul Celans Sprachgebrauch. In: Colin (Hg.), Argumentum e silencio, S. 3–15.

Bender, Hans (Hg.): Mein Gedicht ist mein Messer. Lyriker zu ihren Gedichten. München: List 1961 (List Bücher; 187).

Bogumil, Sieghild: Geschichte, Sprache und Erkenntnis in der Dichtung Paul Celans. In: Jamme/Pöggeler (Hg.), Der glühende Leertext, S. 127–142.

Bollack, Jean: Paul Celan: Poetik der Fremdheit. Wien: Zsolnay 2000.

Böschenstein, Bernhard: Celans »Junge Parze« als Vorarbeit zum »Meridian«. Beobachtungen und Reflexionen zu Celans Übersetzung Valérys. In: Lehmann/Ivanović (Hg.), Stationen, S. 119–128.

Böschenstein-Schäfer, Renate: Anmerkungen zu Paul Celans »Gespräch im Gebirg«. In: Meinecke (Hg.), Über Paul Celan, S. 226–238.

Böschenstein, Bernhard/Weigel, Sigrid (Hg.): Ingeborg Bachmann – Paul Celan. Poetische Korrespondenzen. Frankfurt am Main: Suhrkamp 2000.

Böttiger, Helmut: Orte Paul Celans. Wien: Zsolnay 1996.

Broda, Martine: »An Niemand gerichtet«. Paul Celan als Leser von Mandelstamms »Gegenüber«. In: Hamacher/Menninghaus (Hg.), Paul Celan, S. 209-221.

Buck, Theo: Muttersprache, Mördersprache. Celan-Studien 1. Aachen: Rimbaud 1993.

Buhr, Gerhard: Celans Poetik. Göttingen: Vandenhoeck & Ruprecht 1976.

Burger, Hermann: Paul Celan. Auf der Suche nach der verlorenen Sprache. Zürich, München: Artemis-Verlag 1974.

Chalfen, Israel: Paul Celan. Eine Biographie seiner Jugend. Frankfurt am Main: Insel-Verlag 1979.

Colin, Amy D. (Hg.): Argumentum e silencio. Internationales Paul Celan-Symposium. Berlin, New York: Walter de Gruyter 1987.

Corbea-Hoisie, Andrei (Hg.): Paul Celan. Biographie und Interpretation. Konstanz: Hartung-Gorre, Paris: Ed. Suger, Iasi: Polirom 2000.

Danneberg, Lutz/Vollhardt, Friedrich (Hg.): Wie international ist die Literaturwissenschaft? Methoden und Theoriediskussion in den Literaturwissenschaften. Kulturelle Besonderheiten und interkultureller Austausch am Beispiel des Interpretationsproblems. Stuttgart, Weimar: Metzler 1996.

Derrida, Jacques: Schibboleth. Für Paul Celan. Hg. von Peter Engelmann. Aus dem Französischen von Wolfgang Sebastian Baur. Wien: Passagen-Verlag 2002 (Dt. Erstausgabe: Graz, Wien: Böhlau 1986).

Egger, Christoph: Die Stimme, die Schrift, das Bild: der Text. »Gespräch im Gebirg« – Matthias Caduff ergründet Paul Celan. In: Neue Zürcher Zeitung vom 1.12.2000.

Emmerich, Wolfgang: Paul Celan. Reinbeck bei Hamburg: Rowohlt-Taschenbuch-Verlag 1999 (Rowohlts Monographien; 50397).

Eshel, Amir: Das Gedicht im Angesicht. In: Merkur 600 (1999), S. 358–366.

– Von Kafka bis Celan. Deutsch-jüdische Schriftsteller und ihr Verhältnis zum Hebräischen und Jiddischen. In: Brenner (Hg.), Jüdische Sprachen in deutscher Umwelt, S. 96–108.

Fassbind, Bernard: Poetik des Dialogs. Voraussetzungen dialogischer Poesie bei Paul Celan und Konzepte von Intersubjektivität bei Martin Buber, Martin Heidegger und Emmanuel Levinas. München: Fink 1995.

Federmann, Reinhard: In memoriam Paul Celan. In: Die Pestsäule 1 (1972), S. 17–21.

Felka, Rike: Psychische Schrift. Freud – Derrida – Celan. Wien, Berlin: Turia & Kant 1991 (Diss.).

Felstiner, John: Paul Celan. Eine Biographie. Deutsch von Holger Fliessbach. München: Beck 1997. (Amerikanische Originalausgabe 1995: Paul Celan: Poet, Survivor, Jew. New Haven, London: Yale University Press).

Gadamer, Hans-Georg: Wer bin ich und wer bist du? Ein Kommentar zu Paul Celans Gedichtfolge »Atemkristall«. Frankfurt am Main: Suhrkamp 1973.

Gellhaus, Axel: Paul Celan als Leser. In: Jamme/Pöggeler (Hg.), Der glühende Leertext, S. 41–65.

– Die Polarisierung von Poesie und Kunst bei Paul Celan. In: Speier (Hg.), Celan-Jahrbuch 6 (1995), S. 51–92.

Gellhaus, Axel/Lohr, Andreas (Hg.): Lesarten. Beiträge zum Werk Celans. Köln, Weimar, Wien: Böhlau 1996.

Glenn, Jerry: Paul Celan. New York: Twayne 1973 (Twayne's world authors series; 262).

Günzel, Elke: Das wandernde Zitat. Paul Celan im jüdischen Kontext. Würzburg: Königshausen & Neumann 1995. (Epistemata. Reihe Literaturwissenschaft; 151).

Hainz, Martin: Masken der Mehrdeutigkeit. Celan-Lektüren mit Adorno, Szondi und Derrida. Wien: Braumüller 2001 (Untersuchungen zur österreichischen Literatur des 20. Jahrhunderts; 15).

Hamacher, Werner/Menninghaus, Winfried (Hg.): Paul Celan. Frankfurt am Main: Suhrkamp 1988 (Suhrkamp-Taschenbuch; 2083).

Heber-Schärer, Barbara: Gespräch im Gebirg. Eine Untersuchung zum Problem von Wahrnehmung und Identität in diesem Text Celans. Stuttgart: Heinz 1994 (Stuttgarter Arbeiten zur Germanistik; 298).

Höck, Wilhelm: Von welchem Gott ist die Rede? In: Meinecke (Hg.), Über Paul Celan, S. 265–276.

Hünnecke, Evelyne: Namengebung im Dichtungsakt. Lyrische Proprialisierung im Werk Paul Celans. In: Speier (Hg.), Celan-Jahrbuch 8 (2001/02), S. 131–152.

Huppert, Hugo: »Spirituell«. Ein Gespräch mit Paul Celan. In: Hamacher/Menninghaus (Hg.), Paul Celan, S. 319–324.

Ivanović, Christine: Celan, Cioran, Adorno. Übersetzungskritische Überlegungen zur Ästhetik der Negation. In: Lehmann/Ivanović (Hg.), Stationen, S. 1–26.

Jackson, John E.: Die Du-Anrede bei Paul Celan. Anmerkungen zu seinem »Gespräch im Gebirg«. In: Text und Kritik (1977), H. 53/54, S. 62–68.

Jamme, Christoph/Pöggeler, Otto (Hg.): Der glühende Leertext. Annäherungen an Paul Celans Dichtung. München: Fink 1993.

Janz, Marlies: Vom Engagement absoluter Poesie. Zur Lyrik und Ästhetik Paul Celans. Frankfurt am Main: Syndikat 1976.

Kohn-Waechter, Gudrun: »[...] ich liebte ihr Herunterbrennen«. Das Zerschreiben der Opferfaszination in *Gespräch im Gebirg* von Paul Celan und *Malina* von Ingeborg Bachmann. In: Gudrun Kohn-Waechter (Hg.): Schrift der Flammen. Opfermythen und Weiblichkeitsentwürfe im 20. Jahrhundert. Berlin: Orlanda 1991.

– Dichtung als Flaschenpost bei Paul Celan und Ingeborg Bachmann. In: Böschenstein/Weigel (Hg.), Ingeborg Bachmann – Paul Celan, S. 211–230.

Lehmann, Jürgen (Hg.): Kommentar zu Paul Celans »Die Niemandsrose«. Heidelberg: Winter 1997 (Beiträge zur neueren Literaturgeschichte. 3. Folge; 149).

Lehmann, Jürgen/Ivanović, Christine (Hg.): Stationen. Kontinuität und Entwicklung in Paul Celans Übersetzungswerk. Heidelberg: Winter 1997 (Beiträge zur neueren Literaturgeschichte. 3. Folge; 156).

Lemke, Anja: »Der für immer geheutigte Wundstein«. Poetik der Erinnerung bei Paul Celan. In: Speier (Hg.), Celan-Jahrbuch 8 (2001/02), S. 115–130.

Lefebvre, Jean-Pierre: Parler dans la zone de combat. Sur le »Dialogue dans la montagne«. In: europe 79 (2001), H. 861–862, S. 176–190.

Lütz, Jürgen: Der Name der Blume. Über den Celan-Bachmann-Diskurs, dargestellt am Zeugen »Ich höre, die Axt hat geblüht«. In: Gellhaus/Lohr (Hg.), Lesarten, S. 49–80.

Lyon, James K.: Judentum, Antisemitismus und Verfolgungswahn. Celans »Krise« 1959–1962. In: Speier (Hg.), Celan-Jahrbuch 3 (1989), S. 175–204.

Mayer, Hans: Zur deutschen Literatur der Zeit. Zusammenhänge, Schriftsteller, Bücher. Reinbek b. Hamburg: Rowohlt 1967.

– Der Repräsentant und der Märtyrer. Frankfurt am Main: Suhrkamp 1971.

– Erinnerung an Paul Celan. In: ders., Der Repräsentant und der Märtyrer, S. 169–188.

– Vereinzelt Niederschläge. Kritik – Polemik. Pfullingen: Neske 1973.

– Lenz, Büchner, Celan: Anmerkungen zu Paul Celans Georg-Büchner-Preis-Rede »Der Meridian« vom 22. Oktober 1960. In: ders., Vereinzelt Niederschläge, S. 160–171.

Meinecke, Dietlind (Hg.): Über Paul Celan. Frankfurt am Main: Suhrkamp 1970.

Mosès, Stéphane: »Wege, auf denen die Sprache stimmhaft wird.« Paul Celans Gespräch im Gebirg. In: Colin (Hg.), Argumentum e silencio, S. 43–57.

Olschner, Leonard Moore: Der feste Buchstab. Erläuterungen zu Paul Celans Gedichtübertragungen. Göttingen: Vandenhoeck & Ruprecht 1985.

Pajevic, Marko: Zur Poetik Paul Celans: Gedicht und Mensch – die Arbeit am Sinn. Heidelberg: Winter 2000.

Podewils, Clemens: »Namen. Ein Vermächtnis Paul Celans.« In: Ensemble 2 ([1971), S. 67–70.

Pöggeler, Otto: Spur des Worts. Zur Lyrik Paul Celans. Freiburg (Breisgau), München: Alber 1986.

Reuß, Roland: Im Zeithof. Celan-Provokationen. Frankfurt am Main u. a.: Stroemfeld 2001.

Ryan, Judith: Monologische Lyrik. Paul Celans Antwort auf Gottfried Benn. In: Basis. Jahrbuch für deutsche Gegenwartsliteratur 2 (1971), S. 260–281.

Schulz, Georg-Michael: Individuation und Austauschbarkeit. Zu Paul Celans *Gespräch im Gebirg.* In: Deutsche Vierteljahresschrift für Literaturwissenschaft und Geistesgeschichte 53 (1979), H. 3, S. 463–477.

– Eine Gauner- und Ganovenweise. In: Lehmann (Hg.), Kommentar zu Paul Celans »Die Niemandsrose«, S. 131–136.

Schwerin, Christoph: Bitterer Brunnen des Herzens. Erinnerungen an Paul Celan. In: Der Monat 279 (1981), S. 73–81.

Seeslen, Georg: Der Berg ist keine Antwort auf die Geschichte. Zur Filmreihe zum UNO-Jahr der Berge. In: Die Wochenzeitung 28 (2002), S. 17–18.

Seng, Joachim: »Von der Musikalität einer graueren Sprache. Zu Celans Auseinandersetzung mit Adorno.« In: Germanisch-romanische Monatsschrift, Neue Folge 45 (1995), S. 419–430.

– Auf den Kreis-Wegen der Dichtung. Zyklische Komposition bei Paul Celan in den Gedichtbänden bis Sprachgitter. Heidelberg: Winter 1998 (Beiträge zur neueren Literaturgeschichte. Folge 3; 159).

– »Ab- und Wiesengründe. Celan, Adorno und ein versäumtes Gespräch im Gebirg.« In: Frankfurter Rundschau vom 25.11.2000.

– »Die wahre Flaschenpost«. Zur Beziehung zwischen Theodor W. Adorno und Paul Celan. In: Frankfurter Adornoblätter 8 (2003), S. 151–176.

Sieber, Mirjam: »Judendeutsch« und »krummnasig«. Ein Kommentar zu Paul Celans »Gespräch im Gebirg«. In: Bulletin der Schweizerischen Gesellschaft für Judaistische Forschung. Beiheft zu Judaica 4 (2003), S. 17–27.

Speier, Hans Michael (Hg.): Celan-Jahrbuch 3 (1989). Heidelberg 1990 (Beiträge zur neueren Literaturgeschichte; 103).

– Celan-Jahrbuch 5 (1993). Heidelberg 1993 (Beiträge zur neueren Literaturgeschichte; 128).

– Celan-Jahrbuch 6 (1995). Heidelberg 1995 (Beiträge zur neueren Literaturgeschichte; 140).

– Celan-Jahrbuch 8 (2001/02). Heidelberg 2003 (Beiträge zur neueren Literaturgeschichte; 190).

Szondi, Peter: Celan-Studien. Frankfurt am Main: Suhrkamp 1972.

– Schriften. 2 Bände. Hg. von Jean Bollack u. a. Frankfurt am Main: Suhrkamp 1978.

– Durch die Enge geführt. Versuch über die Verständlichkeit des modernen Gedichts. In: ders., Schriften, Bd 2, S. 345–389.

– Eden. In: ders., Schriften, Bd 2, S. 390–398.

Wiedemann, Barbara (Hg.): Paul Celan – die Goll-Affäre. Dokumente zu einer »Infamie«. Zusammengestellt, herausgegeben und kommentiert von Barbara Wiedemann. Frankfurt am Main: Suhrkamp 2000.

Yasuichi Yokitani: Die gefaltete Erde: Zu Paul Celans »Gespräch im Gebirg«. In: Doitsu Bungaku (Die deutsche Literatur. Hg. von der japanischen Gesellschaft für Germanistik) 76 (1986), S. 93–103.

Weitere Literatur

Adorno, Theodor W.: Gesammelte Schriften. Hg. von Rolf Tiedemann. Frankfurt am Main: Suhrkamp 1970–1986.

– Minima Moralia. Reflexionen aus dem beschädigten Leben. Frankfurt am Main: Suhrkamp 2001 (Erstausgabe 1951).

Althaus, Hans Peter: Soziolekt und Fremdsprache. Das Jiddische als Stilmittel in der deutschen Literatur. In: Zeitschrift für deutsche Philologie 100 (Sonderheft) 1981, S. 212–232.

Améry, Jean: Widersprüche. Frankfurt am Main, Berlin, Wien: Ullstein 1980 (Ullstein-Buch; 39008).

– Über Zwang und Unmöglichkeit, Jude zu sein. In: ders.: Werke. Hg. von Irene Heidelberger-Leonhard. Bd 2. Stuttgart: Klett-Cotta 2002, S. 149–177.

Anders, Günther: Philosophische Stenogramme. 2. Aufl. München: Beck 1993.

Arendt, Hannah: Eichmann in Jerusalem. Ein Bericht von der Banalität des Bösen. Aus dem Amerikanischen von Brigitte Ganzow. Mit einem einleitenden Essay von Hans Mommsen. München, Zürich: Piper 1992 (Serie Piper; 308). Erstausgabe 1964.

Assmann, Aleida: Die Sprache der Dinge und die wilde Semiose. In: Hans Ulrich Gumbrecht/K. Ludwig Pfeiffer (Hg.): Materialität der Kommunikation. Frankfurt am Main: Suhrkamp 1988 (Suhrkamp-Taschenbuch Wissenschaft; 750), S. 237–251.

– Texte und Lektüren. Perspektiven in der Literaturwissenschaft. Frankfurt am Main: Fischer Taschenbuch-Verlag 1996 (Fischer-Taschenbücher; 12375. Philosophie der Gegenwart).

– Im Dickicht der Zeichen. Hodegetik – Hermeneutik – Dekonstruktion. In: Deutsche Vierteljahrsschrift für Literaturwissenschaft und Geistesgeschichte 70 (1996), S. 535–551.

– Einleitung. In: Assmann (Hg.), Texte und Lektüren, S. 7–28.

Barthes, Roland: S/Z. Paris:Seuil 1970.

Ben-Chorin, Schalom: Als Gott schwieg. Ein jüdisches Credo. Mainz: Matthias-Grünewald-Verlag 1989 (Topos-Taschenbücher; 191).

Benjamin, Walter: Gesammelte Schriften. Unter Mitwirkung von Theodor W. Adorno und Gershom Scholem hg. von Rolf Tiedemann und Hermann Schweppenhäuser. Frankfurt am Main: Suhrkamp 1974–1987.

Benn, Gottfried: Gesammelte Werke in vier Bänden. Hg. von Dieter Wellersdorf. Wiesbaden: Limes 1959.

Benveniste, Emile: Probleme der allgemeinen Sprachwissenschaft. München: List 1974 (List-Taschenbücher der Wissenschaft; 1428). (Französische Originalausgabe: Problèmes de linguistique générale. Paris: Gallimard 1972).

Beranek, Franz J.: Jiddisch. In: Deutsche Philologie im Aufriss. Hg. von Wolfgang Stammler. 2. überarbeitete Aufl. Berlin: Erich Schmidt 1957 (1. Aufl. 1952), Sp. 1955–1998.

Bergmann, Hugo: Vom Judentum. Ein Sammelbuch. Hg. vom Verein jüdischer Hochschüler Bar Kochba in Prag. 2. Aufl. Leipzig: K. Wolff 1913.

Bering, Dietz: Der »jüdische« Name. In: Schoeps/Schlör (Hg.), Antisemitismus, S. 153–166.

Bermann Fischer, Gottfried/Bermann Fischer, Brigitte: Briefwechsel mit Autoren. Hg. von Reiner Stach mit einer Einführung von Bernhard Zeller. Frankfurt am Main: S. Fischer 1990.

Bertram, Georg W.: Hermeneutik und Dekonstruktion. Konturen einer Auseinandersetzung der Gegenwartsphilosophie. München: Fink 2002.

Birnbaum, Salomo A.: Jiddisch. In: Encyclopaedia Judaica. Das Judentum in Geschichte und Gegenwart. Neunter Band. Berlin: Eschkol 1932, Sp. 112–127.

– Grammatik der jiddischen Sprache. Mit einem Wörterbuch und Lesestücken. 5., ergänzte Aufl. Hamburg: Buske 1988.

Bodenheimer, Alfred: Wandernde Schatten. Ahasver, Moses und die Authentizität der jüdischen Moderne. Göttingen: Wallstein 2002.

Bossinade, Johanna: Poststrukturalistische Literaturtheorie. Stuttgart, Weimar: Metzler 2000 (Sammlung Metzler; 324).

Brenner, Michael (Hg.): Jüdische Sprachen in deutscher Umwelt. Hebräisch und Jiddisch von der Aufklärung bis ins 20. Jahrhundert. Göttingen: Vandenhoeck & Ruprecht 2002.

Buber, Martin: Daniel. Gespräche von der Verwirklichung. Leipzig: Insel-Verlag 1913.

– Von der Richtung. Gespräch in den Bergen. In: ders., Daniel, S. 9–24.

– Die Schriften über das dialogische Prinzip. Heidelberg: Schneider 1954.

– Ich und Du. In: ders., Die Schriften über das dialogische Prinzip, S. 6–121.

– Geschehende Geschichte. In: Werke. Bd 2. Schriften zur Bibel. München: Kösel u. a. 1964, S. 1033–1036.

– Über die Wortwahl in einer Verdeutschung der Schrift. Dem Gedächtnis Franz Rosenzweigs. In: Werke. Bd 2. Schriften zur Bibel. München: Kösel u. a. 1964, S. 1111–1130.

Büchner, Georg: Sämtliche Werke und Briefe. Historisch-kritische Ausgabe mit Kommentar. Hg. von Werner R. Lehmann. Darmstadt: Wiss. Buchges. 1967. (Lizenzausgabe mit Genehmigung des Christian Wegner Verlages, Hamburg).

– Sämtliche Werke, Briefe und Dokumente in zwei Bänden. Hg. von Henri Poschmann. Frankfurt am Main: Deutscher Klassiker Verlag 1992 (Bibliothek deutscher Klassiker; 84).

Claussen, Detlev: Nach Auschwitz. Ein Essay über die Aktualität Adornos. In: Diner (Hg.), Zivilisationsbruch, S. 54–68.

Daxelmüller, Christoph: Zehntes Bild: Das »Mauscheln«. In: Schoeps/Schlör (Hg.), Antisemitismus, S. 143–152.

Dällenbach, Lucien: Le récit spéculaire. Essay sur la mise en abyme. Paris: Éditions du Seuil 1977.

Derrida, Jacques: Die Struktur, das Zeichen und das Spiel im Diskurs der Wissenschaften vom Menschen. In: ders.: Die Schrift und die Differenz. Aus dem Französischen von Rodolphe Gasché. Frankfurt am Main: Suhrkamp 1976 (Suhrkamp-Taschenbuch Wissenschaft; 177), S. 422–442.

– Die weiße Mythologie. Die Metapher im philosophischen Text. Aus dem Französischen von Mathilde Fischer und Karin Karabaczek-Schreiner. In: ders.: Randgänge der Philosophie. Hg. von Peter Engelmann. Wien: Passagen-Verlag 1988, S. 205–258. (Franz. Originalausgabe Paris 1972).

– Schibboleth. Für Paul Celan. Hg. von Peter Engelmann. Aus dem Französischen von Wolfgang Sebastian Baur. 3. Aufl. Wien: Passagen-Verlag 2002 (Edition Passagen; 12).

Diner, Dan (Hg.): Zivilisationsbruch. Denken nach Auschwitz. Aus dem Englischen und Amerikanischen übersetzt von Susanne Hoppmann-Löwenthal u. a. Fischer Taschenbuch-Verlag 1988 (Fischer-Taschenbücher; 4398).

Donin, Chajim Halevy: Jüdisches Leben. Aus dem Englischen von Fanny S. Breuer. Israel: Verlag u. Buchvertrieb Morascha 1987 (Originalausgabe: To be a Jew. New York: Basic Books 1972).

Franzos, Karl Emil: Aus Halb-Asien. Kulturbilder aus der Bukowina, Galizien, Südrussland und Rumänien. 2. Aufl. Leipzig: Duncker & Humblot 1878.

– Die Juden von Barnow. Geschichten von Karl Emil Franzos. Stuttgart, Berlin: Cotta 1929.

– Der Pojaz: eine Geschichte aus dem Osten. Mit einem Nachwort von Jost Hermand. Nach der Erstaufl. von 1905. Frankfurt am Main: Athenäum 1988 (Juden in Deutschland. Athenäums Taschenbücher; 112).

– Erzählungen aus Galizien und der Bukowina. Hg. von Joseph Peter Strelka. Berlin: Nicolai 1988.

– Kritik und Dichtung. Eine Auswahl seiner Schriften. Hg. von Fred Sommer. New York, Berlin, Bern u. a.: Lang 1992.

Frey, Hans Jost: Palinurus. Die Unerfahrbarkeit des Endes. In: Assmann (Hg.), Texte und Lektüren, S. 67–75.

Gadamer, Hans-Georg: Wahrheit und Methode. Grundzüge einer philosophischen Hermeneutik. Tübingen: Mohr 1960.

Genette, Gérard: Palimpseste. Die Literatur auf zweiter Stufe. Aus dem Französischen von Wolfram Bayer und Dieter Hornig. Frankfurt am Main 1993. (Originalausgabe: Palimpsestes. La littérature au second degré. Paris 1982)

– Die Erzählung. Aus dem Französischen von Andreas Knop, mit einem Nachwort hg. von Jochen Vogt. 2. Aufl. München: Fink 1998 (UTB für Wissenschaft; 8083). (Franz. Originalausgaben: Discours du récit. o. O. 1972. Nouveau discours du récit. o. O. 1983).

Girard, René: Das Heilige und die Gewalt. Übersetzt von Elisabeth Mainberger-Ruh. Zürich: Benziger 1987.

Grözinger, Elvira: Judenmauschel. Der antisemitische Sprachgebrauch und die jüdische Identität. In: Karl E. Grözinger (Hg.), Sprache und Identität im Judentum, S. 173–198.

Grözinger, Karl E. (Hg.): Sprache und Identität im Judentum. Wiesbaden: Harrassowitz 1998 (Jüdische Kultur; 4).

Hamacher, Werner: Entferntes Verstehen. Studien zu Philosophie und Literatur von Kant bis Celan. Frankfurt am Main: Suhrkamp 1998 (Edition Suhrkamp; 2026).

Hilberg, Raul: Die Vernichtung der europäischen Juden. Aus dem Amerikanischen von Christian Seeger u. a. Frankfurt am Main: Fischer Taschenbuch-Verlag 1990.

Hirsch, Samson Raphael: Siddur. Israels Gebete. Übersetzt und erläutert von Samson Raphael Hirsch. Zürich, Basel: Morascha 1992. (1. Aufl. 1894).

Hödl, Klaus (Hg.): Der Umgang mit dem »Anderen«. Juden, Frauen, Fremde. Wien, Köln,Weimar: Böhlau 1996.

Hörisch, Jochen: Die Wut des Verstehens. Zur Kritik der Hermeneutik. Erweiterte Neuaufl. Frankfurt am Main: Suhrkamp 1988 (Edition Suhrkamp; 1485).

Horkheimer, Max/Adorno, Theodor W.: Dialektik der Aufklärung. Philosophische Fragmente. 12. Aufl. Frankfurt am Main: Fischer 2000. (1. Aufl. 1988, Originalausgabe 1947).

Jakobson, Roman: Linguistik und Poetik. Übersetzt von Heinz Blumensath und Rolf Kloepfer. In: Jens Ihwe (Hg.): Literaturwissenschaft und Linguistik. Ergebnisse und Perspektiven. Bd 2.1. Frankfurt am Main: Athenäum 1971, S. 142–178.

Jauß, Hans Robert: Probleme des Verstehens: Das privilegierte Du und der kontingente Andere. In: Gerhart von Graevenitz/Odo Marquard (Hg.): Kontingenz. In Zusammenarbeit mit Matthias Christen. München: Fink 1998 (Poetik und Hermeneutik; 17), S. 457–488.

– Ich selbst und der Andere: Bemerkungen aus hermeneutischer Sicht. In: Reto L. Fetz/Roland Hagenbüchle/ Peter Schulz (Hg.): Geschichte und Vorgeschichte der modernen Subjektivität. Berlin, New York: de Gruyter 1998 (European Cultures; 11), S. 369–379.

– Das Verstehen von Geschichte und seine Grenzen. In: ders.: Probleme des Verstehens. Ausgewählte Aufsätze. Mit einem Nachwort von Rainer Warning. Stuttgart: Reclam 1999 (Universal-Bibliothek; 9764), S. 188–210.

Jelinek, Elfriede: In den Alpen. Drei Dramen. Berlin: Berlin-Verlag 2002.

Joachimsthaler, Jürgen: Das »Eigene« und sein »Anderes« als hermeneutische Aporien (am Beispiel Paul Celans und des Begriffs »Jude«). In: Jürgen Joachimsthaler/Maria K. Lasatowicz (Hg.): Assimilation – Abgrenzung – Austausch. Interkulturalität in

Sprache und Literatur. Frankfurt am Main, Berlin, Bern u. a.: Lang 1999 (Oppelner Beiträge zur Germanistik; 1), S. 91–109.

Kafka, Franz: Nachgelassene Schriften und Fragmente. Bd 2. Hg. von Jost Schillemeit. Frankfurt am Main: S. Fischer 1992.

Kolmar, Gertrud: Frühe Gedichte (1917–22). Das Wort der Stummen (1933). Hg. von Johanna Woltmann-Zeitler. München: Kösel 1980.

Kramer, Sven: »Wahr sind die Sätze als Impuls [...]«. Begriffsarbeit und sprachliche Darstellung in Adornos Reflexion auf Auschwitz. In: Deutsche Vierteljahresschrift für Literaturwissenschaft und Geistesgeschichte 3 (1996), S. 501–523.

Landmann, Salcia: Jiddisch. Das Abenteuer einer Sprache. 2. Aufl. Olten, Freiburg i. Br.: Walter 1970.

Lenzen, Verena: Jüdisches Leben und Sterben im Namen Gottes. Studien über die Heiligung des göttlichen Namens (Kiddusch HaSchem). München, Zürich: Pendo 2002.

Liessmann, Konrad Paul: Der gute Mensch von Österreich. Essays 1980–1995. Mit einem Nachwort von Karl Markus Michel. Wien: Sonderzahl 1995.

Lukács, Georg: Werke 9. Die Zerstörung der Vernunft. Neuwied u. a.: Luchterhand 1962.

– Die Theorie des Romans (1920). Vorwort von 1962. Darmstadt und Neuwied: Luchterhand 1971.

Lyotard, Jean-François: Der Widerstreit. Übersetzt von Joseph Vogel. Mit einer Bibliographie zum Gesamtwerk Lyotards von Reinhold Clausjürgens. München: Fink 1987.

Mandelstam, Ossip: Gesammelte Essays I. Aus dem Russischen übertragen und hg. von Ralph Dutli. Zürich: Ammann 1991.

– Über den Gesprächspartner. In: ders., Gesammelte Essays I, S. 7–16.

Mayer, Hans: Deutsche Literatur seit Thomas Mann. Reinbek bei Hamburg: Rowohlt 1968 (rororo; 1063).

Mosès, Stéphane: »Ich werde sein, der ich sein werde«. Die Offenbarung der Namen in der biblischen Erzählung. In: Carola Hilfrich-Kunjappu/Stéphane Mosès (Hg.): Zwischen den Kulturen. Theorie und Praxis des interkulturellen Dialogs. Tübingen: Niemeyer 1997 (Conditio Judaica; 20), S. 65–77.

Pätzold, Kurt/Schwarz, Erika (Hg.): Tagesordnung: Judenmord. Die Wannsee-Konferenz am 20. Januar 1942. Berlin: Metropol 1992 (Reihe Dokumente, Texte, Materialien/Zentrum für Antisemitismusforschung der Technischen Universität Berlin; 3).

Roseman, Mark: Die Wannsee-Konferenz. Wie die NS-Bürokratie den Holocaust organisierte. München: Ullstein 2002.

Rosenfeld, Alvin: Ein Mund voll Schweigen. Literarische Redaktionen auf den Holocaust. Göttingen: Vandenhoeck & Ruprecht 2000.

Rosenzweig, Franz: Der Ewige. Mendelssohn und der Gottesname. In: Gesammelte Schriften 3. Haag: Nijhoff 1984, S. 801–815.

Schäfer, Martin J.: Schamzeichen – Nachlese zu Adorno und Celan. In: Anja Lemke/Martin Schäfer (Hg.): In die Höhe fallen. Grenzgänge zwischen Literatur und Philosophie. Würzburg: Königshausen & Neumann 2000, S. 213–229.

Scheible, Hartmut : Theodor W. Adorno. Reinbek bei Hamburg: Rowohlt 1989.

Schiller, Friedrich: Theoretische Schriften. Hg. von Rolf-Peter Janz. Frankfurt am Main: Deutscher Klassiker Verlag 1992 (Bibliothek deutscher Klassiker; 78).

Schleiermacher, Friedrich D. E.: Hermeneutik und Kritik. Hg. und eingeleitet von Manfred Frank. Frankfurt am Main: Suhrkamp 1977 (Suhrkamp-Taschenbücher Wissenschaft; 211).

– Kritische Gesamtausgabe. Hg. von Hans-Joachim Birkner, Gerhard Ebeling, Hermann Fischer, Heinz Kimmerle und Kurt-Victor Selge. 5 Abteilungen. Berlin, New York: de Gruyter 1980ff.

– Schriften. Hg. von Andreas Arndt. Frankfurt am Main: Deutscher Klassiker Verlag 1996 (Bibliothek deutscher Klassiker; 134).

Schlör, Joachim: Siebzehntes Bild: »Der Urbantyp«. In: Schoeps/Schlör (Hg.), Antisemitismus, S. 229–240.

Schmid Noerr, Gunzelin/van Reijen, Willem (Hg.): Grand Hotel Abgrund: eine Photobiographie der Kritischen Theorie. Hamburg: Junius 1988.

Schoeps, Julius H./Schlör, Joachim (Hg.): Antisemitismus. Vorurteile und Mythen. München, Zürich: Piper 1995.

Scholem, Gershom: Die jüdische Mystik in ihren Hauptströmungen. Zürich: Rhein-Verlag 1957.

– Judaica 2. Frankfurt am Main: Suhrkamp 1970 (Bibliothek Suhrkamp; 263).

– Über einige Grundbegriffe des Judentums. Frankfurt am Main: Suhrkamp 1996 (Edition Suhrkamp; 3317). (1. Aufl. 1970).

Seraphim, Peter-Heinz: Das Judentum im osteuropäischen Raum. Hg. unter Mitwirkung des Instituts für Osteuropäische Wirtschaft. Essen: Essener Verlagsanstalt 1938, S. 427.

Stanzel, Franz K.: Theorie des Erzählens. Göttingen: Vandenhoeck & Ruprecht 1979 (UTB; 904).

Stein, Peter: »Darum mag falsch gewesen sein, nach Auschwitz ließe kein Gedicht mehr sich schreiben.« (Adorno). Widerruf eines Verdikts? Ein Zitat und seine Verkürzung. In: Weimarer Beiträge 42 (1996), H. 4, S. 485–509.

Sontag, Susan: Against Interpretation. New York: Picador 1966.

Szondi, Peter: Schriften. 2 Bände. Hg. von Jean Bollack u. a. Frankfurt am Main: Suhrkamp 1978.

– Briefe. Hg. von Christoph König und Thomas Sparr. Frankfurt am Main: Suhrkamp 1993.

Taubes, Jacob: Der dogmatische Mythos der Gnosis. In: Terror und Spiel. Probleme der Mythenrezeption. Hg. von Manfred Fuhrmann. München: Fink 1971 (Poetik u. Hermeneutik; 4), S. 145–156.

Turczynsky, Emanuel: Geschichte der Bukowina in der Neuzeit. Zur Sozial- und Kulturgeschichte einer mitteleuropäisch geprägten Landschaft. Wiesbaden: Harrassowitz 1993.

Valéry, Paul: Über Kunst. Essays. Übersetzt von Carlo Schmid. Frankfurt am Main: Suhrkamp 1959.

– Windstriche. Aufzeichnungen und Aphorismen. Übersetzt von Bernhard Böschenstein, Hans Staub und Peter Szondi. Wiesbaden: Insel-Verlag 1959.

Vogt, Jochen: Aspekte erzählender Prosa. Eine Einführung in Erzähltechnik und Romantheorie. 7., neubearbeitete und erweiterte Aufl. Opladen: Westdt. Verlag 1990 (WV-Studium; 145).

Weigel, Sigrid: Entstellte Ähnlichkeit. Walter Benjamins theoretische Schreibweise. Frankfurt am Main: Fischer Taschenbuch-Verlag 1997 (Fischer-Taschenbücher; 12964).

– Ingeborg Bachmann. Hinterlassenschaften unter Wahrung des Briefgeheimnisses. Wien: Zsolnay 1999.

Weimar, Klaus: Text, Interpretation, Methode. Hermeneutische Klärungen. In: Danneberg/Vollhardt (Hg.), Wie international ist die Literaturwissenschaft, S. 99–122.
– Lesen: Zu sich selbst sprechen in fremdem Namen. In: Heinrich Bosse/Ursula Renner (Hg.): Literaturwissenschaft. Einführung in ein Sprachspiel. Freiburg i. Br.: Rombach 1999 (Rombach Grundkurs; 3), S. 49–62.
Weinberg, Werner: Die Bezeichnung Jüdischdeutsch. Eine Neubewertung. In: Zeitschrift für deutsche Philologie 100 (Sonderheft) 1981, S. 253–290.
Weinreich, Uriel: College Yiddish. An Introduction to the Yiddish Language and to Jewish Life and Culture. With a preface by Roman Jacobson. Zweite, überarbeitete Ausgabe. New York: Yiddish Scientific Inst. 1953. (1. Aufl. 1949).
– Yiddish Language. In: Encyclopaedia Judaica. Bd 16. Berlin: Eschkol 1971, Sp. 789–798.
Wellbery, David E.: Interpretation versus Lesen. Posthermeneutische Konzepte der Texterörterung. In: Danneberg/Vollhardt (Hg.), Wie international ist die Literaturwissenschaft, S. 123–137.
Wiggershaus, Rolf: Theodor W. Adorno. 2. Aufl. München: Beck 1998. (1. Aufl. 1987).
Witte, Bernd: Literaturwissenschaft heute. »Oralität« und »Literalität« als Kategorien eines Paradigmenwechsels. In: Anne Bentfeld/Walter Delabar (Hg.): Perspektiven der Germanistik. Neueste Ansichten zu einem alten Problem. Opladen: Westdt. Verlag 1997, S. 59–74.
Yerushalmi, Yosef Hayim: Zachor: Erinnere dich! Jüdische Geschichte und jüdisches Gedächtnis. Berlin: Wagenbach 1988. (Englische Originalausgabe: Zakhor. Jewish History and Jewish Memory. Seattle, London: University of Washington Press 1982).
Young, James Edward: Beschreiben des Holocaust. Darstellung und Folgen der Interpretation. Aus dem Amerikanischen von Christa Schuenke. Frankfurt am Main: Jüdischer Verlag 1992. (Englische Originalausgabe: Writing and Rewriting the Holocaust Narrative and the Consequences of Interpretation. Bloomington/Ind.: Indiana University Press 1988).
Zirus, Werner: Der ewige Jude in der Dichtung, vornehmlich in der englischen und deutschen. Leipzig: Mayer & Müller 1928.
– Ahasverus. Der Ewige Jude. Berlin, Leipzig: de Gruyter 1930.
Zunz, Leopold: Namen der Juden. Eine geschichtliche Untersuchung. Hildesheim: Gerstenberg 1971.

Bibelübersetzungen

Die fünf Bücher der Weisung. Verdeutscht von Martin Buber gemeinsam mit Franz Rosenzweig. 11., verb. Aufl. d. neubearb. Ausg. von 1954. Heidelberg: Schneider 1987.
Die Bibel oder die ganze Heilige Schrift des Alten und Neuen Testaments nach der deutschen Übersetzung Martin Luthers. Neu durchgesehen nach dem vom Deutschen Evangelischen Kirchenausschuss genehmigten Text. Taschen-Ausgabe. Stuttgart: Privileg. Württembergische Bibelanstalt 1936.
Die Bibel. Altes und Neues Testament. Einheitsübersetzung. Freiburg, Basel, Wien: Herder 1980.

Lexika, Wörterbücher und Handbücher

Aichele, Dietmar/Golte-Bechtle, Marianne: Was blüht denn da? Wildwachsende Blütenpflanzen Mitteleuropas. 50. Aufl. Stuttgart: Franckh 1986. (1. Aufl. 1968).

Binz, August: Schul- und Exkursionsflora für die Schweiz. Bestimmungsbuch für die wildwachsenden Gefäßpflanzen. Vollständig überarbeitet und erweitert von Dr. Christian Heitz. 18. Aufl. Basel: Schwabe 1986. (1. Aufl. 1920).

Brockhaus-Enzyklopädie in 24 Bänden. 19., völlig neu bearbeitete Aufl. Bd 10. Mannheim: Brockhaus 1989.

Brockhaus-Wahrig: Deutsches Wörterbuch in sechs Bänden. Stuttgart, Wiesbaden: Brockhaus 1982.

Duden. Das große Wörterbuch der deutschen Sprache in acht Bänden. 2., völlig neu bearbeitete und stark erweiterte Aufl. Mannheim, Leipzig, Wien, Zürich: Dudenverlag 1994.

Francillon, R.: Petit lexique de termes techniques pour l'étude de la littérature française moderne. Versification, rhétorique, narratologie. Université de Zurich 1989.

Encyclopaedia Judaica. Das Judentum in Geschichte und Gegenwart. 16 Bände. Berlin: Eschkol 1928–1934.

Encyclopaedia Judaica. Jerusalem: Keter 1971–1972.

Grimm, Jacob und Wilhelm: Deutsches Wörterbuch. 16 Bde (in 32 Teilbänden). Leipzig: S. Hirzel 1854–1960.

Hawthorn, Jeremy: Grundbegriffe moderner Literaturtheorie. Ein Handbuch. Tübingen, Basel: Francke 1994 (UTB für Wissenschaft: Uni-Taschenbücher; 1756).

Historisches Wörterbuch der Philosophie. Hg. von Joachim Ritter. Völlig neubearbeitete Ausgabe des »Wörterbuchs der Philosophischen Begriffe« von Rudolf Eisler. Darmstadt: Wiss. Buchges. 1971.

Horn, András: Theorie der literarischen Gattungen. Ein Handbuch für Studierende der Literaturwissenschaft. Würzburg: Königshausen & Neumann 1998.

Jüdisches Lexikon. Ein enzyklopädisches Handbuch des jüdischen Wissens in 4 Bänden. Begründet. von Georg Herlitz und Bruno Kirschner. Frankfurt am Main: Athenäum 1987. (1. Aufl. 1927).

Laplanche, Jean/ Pontalis, Jean-Bertrand: Das Vokabular der Psychoanalyse. Aus dem Franz. von Emma Moersch. 12. Aufl. Frankfurt am Main: Suhrkamp 1994.

Lexikon literaturtheoretischer Werke. Hg. von Rolf Günter Renner und Engelbert Habekost. Stuttgart: Kröner 1995 (Kröners Taschenausgabe; 425).

Lorenz, Otto: Kleines Lexikon literarischer Grundbegriffe. München: Fink 1992 (UTB; 1662).

Metzler Lexikon Literatur- und Kulturtheorie. Ansätze – Personen – Grundbegriffe. Hg. von Ansgar Nünning. Stuttgart, Weimar: Metzler 1998.

Reallexikon der deutschen Literaturwissenschaft. Neubearbeitung des Reallexikons der deutschen Literaturgeschichte. Gemeinsam mit Harald Fricke, Klaus Grubenmüller und Jan-Dirk Müller hg. von Klaus Weimar. Berlin, New York: de Gruyter 1997.

Söhns, Franz: unsere pflanzen. Leipzig: Teubner 1899.

Sachwörterbuch der Literatur. Hg. von Gero von Wilpert. 7., verbesserte und erweiterte Aufl. Stuttgart: Kröner 1989 (Kröners Taschenausgabe; 231).

Personenregister